四国遍路と旅の文化

近世後期民衆の信心

西 聡子――著

晃洋書房

目　次

序　章　四国遍路研究の成果と課題……1
第一節　四国遍路研究の現在　(1)
第二節　民衆思想史・地域文化史と四国遍路研究　(5)
第三節　課題と方法　(7)
第四節　本書の構成と各章の概要　(9)

第一部　地域文化のなかの四国遍路
――阿波半田商人酒井弥蔵の風雅と信心――

第一章　近世後期の遍路日記に関する基礎的考察……19
――酒井弥蔵の「旅日記」を例に――
はじめに　(19)
第一節　酒井弥蔵の「旅日記」　(20)
第二節　『さくら卯の花旅日記』の基礎的研究　(24)
第三節　道中案内記の影響と遍路日記の多様性　(27)
おわりに　(32)

第二章　四国遍路の旅にみる信心と俳諧……46
——酒井弥蔵を例に——
はじめに（46）
第一節　酒井弥蔵と四国霊場への旅（47）
第二節　地域における信仰の営みと俳諧活動（55）
おわりに（59）

第三章　民衆の信心と地域文化……64
——酒井弥蔵の旅と俳諧・石門心学——
はじめに（64）
第一節　酒井弥蔵と俳諧を通じた交友（65）
第二節　石門心学活動と生活実践（71）
第三節　信仰実践としての寺社参詣（78）
第四節　風雅の交流の変容（82）
おわりに（83）

補　章　民衆の旅に見る歴史人物への関心と庶民文化……97
——阿波半田商人酒井弥蔵の旅を通して——
はじめに（97）
第一節　酒井弥蔵の旅と庶民文化への関心（98）
第二節　歴史人物と年忌意識（108）
おわりに（111）

第二部　行き倒れ人からみえる遍路

第四章　近世後期阿波における行き倒れ人と村の対応……117
——四国遍路の扱いをめぐって——
はじめに　(117)
第一節　阿波における行き倒れ人と四国遍路　(118)
第二節　遍路のさなかに行き倒れた者への対応——秋本家文書を例に——　(122)
第三節　行き倒れ人への対応手続き——木内家文書を例に——　(130)
おわりに　(137)

第五章　行き倒れ人関係史料にみえる遍路……146
——近世後期阿波を事例に——
はじめに　(146)
第一節　阿波における行き倒れ人と村　(147)
第二節　病気の遍路　(151)
第三節　「困窮人」の遍路　(153)
第四節　「辺路体」と遍路　(155)
おわりに　(157)

終　章　近世後期の四国遍路からみえる民衆意識……166
第一節　四国遍路の独自性と他の旅との共通性　(166)
第二節　四国遍路と地域文化——通俗道徳との関係を視野に——　(168)

第三節　幕末・維新期への展望　(171)
あとがき　(175)
別　表

序　章　四国遍路研究の成果と課題

第一節　四国遍路研究の現在

(1)　四国遍路とは何か

本書は、近世後期において四国遍路の旅を行った人々と旅をとりまく周囲の人々の信心や意識のありようを検討することで、四国遍路の歴史的特質及びそこから見える当該期の民衆意識について考察しようとするものである。

ここでいう四国遍路とは、弘法大師の遺跡とされる四国地方に点在する八十八ヶ所の聖地群をめぐる巡礼と巡礼者のことである。そもそものはじまりは、平安時代末期に聖の修行の一つとして「四国辺地」修行があったことが関係しているものと考えられている[1]。鎌倉時代以降には「四国辺路」という表記が一般化し、修験道の存在が明確化する一二世紀頃、四国辺路は山伏が行う修行に位置づけられたと指摘されている[2]。そしてこの時代は山伏や勧進聖が行っていたものとみられている。室町時代から江戸時代初期にかけては、四国辺路の本来のあり方としての海岸巡りに準拠しつつ安全性の高い内陸の経路を基本とする巡礼へと再編されていき、その過程で弘法大師の聖跡巡礼や諸霊場への参詣との融合も進み、庶民も行うようになってきた。

現在の研究において、札所の「八十八ヶ所」という文言が現れるのは寛永八（一六三一）年の『せつきようかるかや』であるとされているが[3]、数字が見られるだけでその内実については分からない段階であると言われている。大師信仰に基づく巡礼として八十八ヶ所の番号と札所が初めて一対一で対応させられたのは、貞享四（一六八七）年に出版された真念『四国辺路道指南』においてである。また、八十八ヶ所の順序・基点は大坂との交流（海上交通）、四国外からの眼差しによって成立し、すべてを弘法大師空海ゆかりのものとして包括することによって、山伏や六十六部聖の影響などといった様々な経緯や、札所個々の由緒等が何であろうと、同レベルで統合されたと指摘される[4]。

以上がこれまでの研究によって、近世初頭までの四国遍路に関して指摘されていることである。では、戦後、四国遍路研究は、どのような関心・視点から取り組まれてきたのだろうか。近世の四国遍路に言及したものを中心に整理したい。ただし、本書の課題解明に関わる他の時代を扱ったものについても取り上げたい。

(2)　戦後の四国遍路研究

戦後、「民間信仰の一形態としての巡礼」の一つとして四国遍路を最初に取り上げたのは、日本宗教学会の一九五〇年第九回学術大会における小池長之氏の学会発表である。[5]巡礼者は何を信仰しているのかという問いをたて、その実践が複合的で多岐にわたることから、仏教型や神道型などと明確に区分できない「民間信仰」の一つのものとして巡礼を位置づけた。一年後には「四国遍路をめぐる信仰」として日本宗教学会で初めて「遍路」を主題にした論考を発表した。[6]その後の研究において、四国遍路が聖地をめぐる宗教的実践として理解されて取り組まれていることからも、[7]小池氏の着目は先駆的な意味を持ったといえよう。

一九七〇年前後になると、四国遍路研究は本格的に始まり、一九八〇年代にかけて様々な分野からの業績が積み上げられるようになる。まず、社会学では前田卓氏が『巡礼の社会学』を著し、寺に残された近世の「過去帳」からその地に人別のない他所者の死亡人を「遍路」と見なして遍路の出身地や年代別の増減等について調査し、遍路の人数の最盛期は文化・文政期（一八〇四―一八三〇年）であると指摘した。[8]民俗学の分野では、武田明氏や真野俊和氏が四国遍路に関する伝説や霊験譚等の分析を行い、遍路の習俗を明らかにした。[9]また、近世の四国遍路の道中案内記である『四国遍路道指南』・『四国遍路道指南増補大成』や、『四国偏礼功徳記』等の紹介・解説を行った近藤喜博氏や、遍路道にある石造物の調査や四国遍路に言及した近世―近代の文書の解読を精力的に進める喜代吉榮徳氏などの諸研究によって、前近代の四国遍路についての史料の発掘・読解が進んだ。[10]

このようなか、日本近世史研究における一九八二年の論考で四国遍路を「一種の宗教的社会運動」と捉えたのは三好昭一郎氏である。[11]三好氏は「民衆史の視点」から、近世（特に元禄期以降）の四国遍路の盛行を「民衆宗教運動としての側面をもった社会的現象」として捉える必要があることを提起した。三好氏は、藤谷俊雄氏の『「おかげまいり」と「ええじゃないか」』[12]に示唆を受け、「寺檀制度の枠を超えた遍路の行動」を「「世直り」に対する期待や願望をもった運動形態の一種」と捉えた。そのうえで三好氏は、四国の諸藩が遍路と領民の接触により反封建的な状況が発生するのを恐れて遍路への取締りを強化したと位置づけ、「諸藩の対応策」の内容を検討した。三好氏の研究は、四国遍路研究が、一九六〇年代半ばから始まった民衆思想史・民衆宗教史研究の議論にもつながり得る重要な分野であることを提起したことに大きな意義がある。ところが三好氏が提示した「一種の宗教的社会運動」という論点は後の遍路研究で深められず、その後の遍路研究は三好氏が提示したなかでは「諸藩の対応策」の検討にのみに関心を寄せてきたといえよう。[13]

近世の四国遍路に関する歴史学的な研究で、最も大きな影響力があったのは、三好氏の論文と同年に刊行された新城常三『新稿　社寺参詣の社会経済史的研究』[14]である。新城氏は一九六四年にも『社寺参詣の社会経済史的研究』[15]を刊行しており、「交通行為としての参詣」は、「交通の狭義的概念である人の移動・旅の根幹的な内容をなすものであるから……日本交通史の重要課題」であると位置づけ、交通史の視点から古代から近世までの様々な寺社参詣の歴史的変遷を検討した。一九八二年の『新稿　社寺参詣の社会経済史的研究』は、とりわけ江戸時代の四国遍路の内容を増補している（分量でいうと一五頁から八四頁）[16]。この背景には一九七〇年前後からの四国遍路研究の本格化にともない、近世の四国遍路に関する史料の発掘が進んできたことがあると考えられる。

新城氏は四国遍路の特徴を他の寺社参詣と比較して次のように言う。

「苦行性は相当高く、伊勢参宮その他のように遊山半分でできるものではなく、内心から湧き立つ真摯な篤い信仰心（「ひたすら大師にすがって歩む」）がなければ、とうてい達成できるものではない」[18]。「遍路には、平均的市民のほか、女性・貧しい人々等、経済的非独立者」、「平癒祈願の病人」、「社会的脱落者や、はては乞食や不良の徒が多く、これが一般参詣界の中で、遍路を特徴づけている」[19]。「四国民衆の厚い援助とくに接待は」「（「遍路を大師の化身・分身と考える」）弘法大師信仰があってこそであり……遍路独自のものであり、四国以外の巡礼・参詣には容易に求め難い」[20]と。

新城氏の指摘をまとめると、①苦行性が高い点、②遍路を行う者の信仰心の篤さ、③遍路を行う者の階層や境遇、④「四国民衆」の弘法大師信仰を背景とした遍路に対する援助・接待、主にこの四点を四国遍路の特徴・独自性と捉えていると言うことができよう。新城氏の研究は、藩政史料・四国内外の村方文書（道中日記や遍路の行き倒れに関するもの等）・遍路関係の書物（出版物）などの様々な史料を使用して近世の四国遍路像を提示したため、総合的な成果となり、その後定説となっていった[21]。一九九〇年代以降の遍路研究では、遍路は「苦行性が強く、行楽的要素は排除され、真摯な信仰心によるもの」で、「病気を患い……物乞いをする人々」が多く、地元住民等の「接待が経済的に貧しかった遍路を支えることになった」[22]というように理解され、新城氏が提示した前述の①–④に示したような四国遍路像が継承された。日本近世史では交通史の分野で、近世の寺社参詣の旅が一般的には物見遊山のような旅が盛んに行われるようになったものの四国遍路は「敬虔な信仰心」にもとづく代表として挙げられる等、近世の寺社参詣のなかで特殊な位置にあると理解された[23]。

しかしながら、筆者は新城氏の見解について、いくつか検討の余地があると考える。遍路を行う者の信仰心については、人物の意識に踏み込んで分析がなされているのではなく相対的に苦行性が高いという点からの推測であること、遍路の行う者の階層や境遇については諸藩の触れ等から読み取ったもので実態を表すものかどうかは分からないこと、そして「四国民衆」が接待を行った事実は主に巡礼者が残した道中日記等の記述から明らかにしているが、乞食をしながら遍路を行っている者（「乞食遍路」）には接待を行っていない可能性も示唆するなど四国民衆の弘法大師信仰についても実態が不明であること等が挙げられる。

以上のように、一九八〇年代からの遍路を取り上げた近世史研究では、民衆史の視点から四国遍路を「一種の宗教的社会運動」と捉えた三好氏の研究や、交通史の視点から四国遍路の特徴を捉えた新城氏の研究が大きな成果を上げ、両者の研究はその後の様々な分野の遍路研究の進展に寄与するものとなった。

一方で、次のような問題点があると考えられる。一つは、新城氏の指摘が（前述のように筆者には検討の余地があると思われるが）定説化し、結果的に遍路特殊論ともいうべき見方につながったことである。もう一つは、四国遍路が民衆思想史・民衆宗教史の論点にもつながり得る重要な分野であることを提示した三好氏の議論が深まらなかったことである。これらのことから、四国遍路は近世史研究の主要な論点に関わる考察対象とはならず、四国遍路の独自性・特殊性に十分注意しつつも近世社会に生きた人々の営みのなかに四国遍路をいかに位置づけるかという課題が残った。

（3）二〇〇〇年以降の活発化と研究の課題

ところで、二〇〇〇年代に入ると、四国の地域文化として遍路に注目があつまり、四国の大学や研究会主催のシンポジウムが続けて開催された[24]。こうした動きと相俟って、近世の遍路の旅の記録や各寺・家に残る納札の調査、古文書等の史料の発掘が進み、近世の四国遍路研究は大きく進展した[25]。八十八ヶ所の成立時期[26]、遍路の数量的な推移[27]、遍路の出身地[28]、諸藩の遍路取締り[29]、行き倒れ遍路への村の対応[30]、四国住民等による接待の内容[31]、近世演劇関係の書物に描かれる遍路[32]、遍路の案内記等の出版物相互の関わりなど[33]の諸点についての実態が次々と明らかにされつつあるのである。

このような研究成果にともない、近世の四国遍路について従来とは異なった視点からも研究が行われるようになった。その一つは、四国遍路と他の旅との共通性や関連性を探る視点である。二〇一三年度の愛媛大学「四国遍路と世界の巡礼研究会」公開シンポジウムでは「江戸時代の旅文化」の中で熊野街道（主として伊勢参宮後に西国三十三ヶ所巡礼に赴く際に用いられた）を通った参詣者が残した道中日記等から、四国遍路との関連性を探る塚本明氏の講演が行われた[34]。また、同シンポジウムでは胡光氏が九州からの「遍路日記」（四国遍路の旅で作成された記録）と讃岐からの「遍路日記」を紹介したうえで、「遍路日記」からは道中の見物先が多いことや土産料や案内料等の費用がかさんでいることを読み取れるとし、このことから一九世紀に至るまでに遍路の旅が「信仰の旅から観光の旅へと変化」したと指摘した[35]。これは、新城氏の指摘（「苦行性は相当高く……遊山半分でできるものではない」）の再考を促す、いわば遍路特殊論から解放されようとする動きとも見ることができる。このような研究動向は、四国遍路とそれ以外の旅との共通性や差異性を明らかにすることが、四国遍路研究の大きな課題の一つとなっていることを示している。

二つめは、遍路を行う者の信仰や意識についてである。前述した胡氏が紹介した「遍路日記」は狂歌を交え文章表現に創意工夫が見られる等、著者の教養や文化的関心の高さも窺える。一方で、近藤浩二氏は、越後からの四国遍路の旅（天保一四（一八四三）年）の道中日記から旅の行程と費用等を検討するなかで、「「娯楽という文字でくくられがちな」旅とは本質・目的が大きく異なる道中だったように見える。……なぜ遠方から四国での苦行を志したのかを考えると、信仰心の発露という点に結びつくだろう」という新城氏の研究を継承した指摘をしている[36]。これらの研究から、「信仰」と「観光」、そして日記の著者の教養や文化的営為がいかに関係して遍路の旅が行われていたのかがこれからの遍路研究の課題として浮上してきたといえる。また、近藤氏の指摘を踏まえると、遍路を行う者の信仰・信心の内実を個別具体的な事例に則して解明していくことも求められているといえよう。

三つめは、新城氏が指摘した自ら記録を残さない「貧しい人々」「病人」「社会的脱落者」「乞食」等の遍路の存在をいかに明らかにするかという視点である。浅川泰宏氏は土佐藩の「遍路政策」を検討し、藩は信仰的実践としての遍路を正統なものと認めていたが、天保期から幕末にかけては「貧者」を新たに排除の対象としたと述べている。そして、同時期から遍路の正統と異端を分かつ境界性が変化したと指摘した[37]。町田哲氏は浅川氏の指摘に注目したうえで、身分的周縁論の視点から「四国遍路を、とりわけ周辺の諸存在（乞食＝勧進層）や地域との関係、つまり社会の広がりのなかで把握することで、「乞食＝勧進所有」の実現を本源とする諸存在」の地域における存在形態を解明しようとした。そして、徳島藩が文久三（一八六三）年以降に他国遍路の阿波国への実質的な入国禁止を打ち出すに至る過程を、取り締まりの対象が他国無切手者（阿波に入国する際の切手を持たない者）から乞食＝勧進層全般に拡大し、さらに往来手形を持つ四国遍路にも及んだという流れのなかで明らかにした(38)。これらの研究を踏まえると、自ら記録を残さなかった（乞食＝勧進層を含む）遍路の実態と意識や、こうした人々と接する四国の人々の意識の解明という観点をまじえて、藩や村の行政的対応を取り上げることが必要であるといえる。

以上、二〇〇〇年以降の近世の四国遍路に関する研究では、様々な実態解明がめざましく進み、右に指摘した三点の研究動向に見られるように遍路特殊論から解放されようとする動きや、時代や社会のなかで遍路を捉えようとする動きも出てきた。しかしながら、いまだに遍路を特殊なものと見る見方が生きており、近世社会に生きた人々の営みのなかに四国遍路をいかに位置づけるのかという課題はいまだほとんど解決されていない。

このような課題に取り組むうえで注目したいのは、一九八〇年代から現代に至る右の研究動向のいずれもが、四国遍路にまつわる信仰・信心のありようが近世の四国遍路の歴史的特質解明の重要な問題であることを示していることである。右の三点の研究動向を踏まえると、今後は四国遍路にまつわる人々の信仰・信心について、（a）四国遍路の独自性と他の旅との共通性を明らかにすること、（b）人々の教養や文化的営為のなかで明らかにすること、（c）四国の藩や村の行政的対応から自ら記録を残さなかった遍路の意識や四国住民の遍路に対する意識の解明という観点をまじえて明らかにすることが、今後の四国遍路研究の課題として挙げられよう。

では、このような四国遍路研究の課題は、近世史研究の論点といかに関連するのだろうか。四国遍路に注目することで、近世史研究の論点にいかにアプローチできるだろうか。

第二節　民衆思想史・地域文化史と四国遍路研究

(1) 民衆の信心・意識に関する研究
――民衆思想史・民衆宗教史――

近世後期の四国遍路の歴史的特質を、人々の意識や信心のありように焦点を当てて考察するうえで重要な視座を与えてくれるのが、一九六〇年代半ばから登場した安丸良夫氏らによる民衆史・民衆思想史研究である。安丸氏は近代化する日本において、民衆の勤勉・倹約・孝行等の通俗道徳の実践による自己規律を通じて噴出した社会的エネルギーが日本近代化の原動力となったと位置づけ、日本の近世中後期の民衆的諸思想に共通する特色として「通俗道徳」に着目した(39)。そのうえで民衆宗教（一九世紀初頭から明治初年に成立した創唱宗教）が「人々をとらえた直接の契機は、圧倒的に病気の問題であり、ついで貧乏や不和の問題だった。これらの諸宗教において、病気・貧乏・不和などは、精神に由来するものであり、精神の変革を迫っているものとしてとらえられた。だから精神を改めないなら病気⇅貧乏をくりかえして没落せざるをえないのであり、ここでもこうした危機感にゆさぶられて思想形成がすすめられた」と指摘する(40)。また民衆宗教の簇生に関しては、通俗道徳の真摯な実践によって平穏な生活を求める民衆の平凡な理想が、現実の生活のなかでは実現しないことが明らかになったとき、「民衆はみずからの理想を支配のイデオロギーから分離して表現するために宗教という媒介を必要とした」と指摘している。[41]民衆宗教が人々をとらえた契機（病気・貧乏・不和等）と、背景にある人々の思想形成をうながす危機感・課題意識の関係に着目し、さらにこうした意識を近世から近代に移行する時代の変容と関わらせて理解しようとする安丸氏の議論は、本書の課題解明にとって示唆的である。

では、民衆宗教が人々を引きつける基盤にある民衆の信仰の営為はいかなるものであろうか。これについて、戦後民衆宗教史研究の分野を切り開いた村上重良氏は、民衆宗教の基礎には民衆の現世利益的・呪術的信仰があると指摘する。現世利益的・呪術的信仰として具体的に挙げているのは「四国遍路・西国三十三箇所などの札所めぐり（巡礼）や有名寺社の参詣」や「全国に散在する諸霊山の登拝・信仰」のための講社、流行神や義民信仰、山伏の祈祷などであり、四国遍路を挙げていることは注目される。[42]安丸氏も（当初は呪術性は主体形成の過程で克服されるべきものと捉えていたが）民俗信仰など民衆を取りまく宗教世界を「民俗的なもの」と呼んで重視している。[43]このように見ると、一九八〇年代に四国遍路を「一種の宗教的社会運動」と捉えた三好昭一郎氏の指摘が改めて重要な提起であることが分かる。四国遍路に赴く人々の信心や意識についても、民衆思想史研究での議論を意識しながら、信仰を求める契機や民衆の思想形成をうながす危機感・課題意識との関係において理解することが一つの重要な課題となってくるのである。

（2）地方文人・地域文化・在村文化に関する研究

一方で、右のような民衆思想史研究の視角では、「理念化され固定化された「地域民衆文化像」を生み出すことにならないだろうか」と一九七〇年代に提起し、「民衆思想もまた変化発展するし、文筆をこととするひとびととの接触がその大きな契機となり得ることを重視」して地方文人に光を当てたのが塚本学氏の研究である。[44]塚本氏は「地方の文人は、都の文人と文字なき生活者との接点に位置するものと考え」、地方名望家層を中心に各地様々な地方文人を描いた。青木美智男氏は、叙述の中心を、小林一茶・鈴木牧之・葛飾北斎・二宮尊徳らにおきながら、「底辺の民衆が、文化の享受者になり得た」という、享受者側の可能性を基準に民衆文化としての地方文化を描出した。[45]また、民衆教育史や民衆の村落生活文化史に取り組む高橋敏氏は、「農民の生活の営為」＝「近世の村の農民の生活、そしてそこから生み出されるはずのさまざまな文化（狭義の文化だけでなく生活様式、伝承、信仰等を含め村落における歴史創造へのひろがりをもつ）」についての解明をめざすとし、「小農を……生産し消費する主体的存在として追求し」、小農が「豊かな文化創造」を行ってきた実態を明らかにした。[46]さらに杉仁氏は、仁政イデオロギー[47]を意識し、「仁政」として恵与された近世的「自由」と「幸福」がとりあえずは庶民の文化的力量を発揮しうる小さな出発点」であると提起して地域文化・在村文化の諸相を明らかにし、俳諧等を通した文化交流圏と経済・生産交流圏の一体性を明らかにした。[48]

これらの研究によって、近世の民衆の意識や思想については、民衆思想史の視角のみならず、地域文化・在村文化の営みのなかで読み解いていくことが重要であると提起され、民衆の豊かな文化的営為の実相が次々と明らかにされた。

（3）旅に関する研究

こうした地域文化に関する研究の深化と相俟って、一九九〇年代から寺社参詣を中心とする旅の研究が盛行した。その背景には主に一九八〇年代から交通史や歴史地理学等の観点から取り組まれている参詣経路をめぐる研究[49]及びそこから出てきた近世の旅の目的は信仰か遊山かのいずれであったのかという議論の発展があった[50]。これにともない、各寺社・各霊山の参詣に関する実態解明も進み、人の移動が旅先地域の「観光地」化を進めたとする青柳周一氏の研究[51]や、近世の行動文化論のなかで寺社参詣を読み解いた原淳一郎氏の研究[52]も登場するなど、活況を呈している。

このような旅の研究の盛行を受け、旅先での行動と芸能知識や書物知等との関連が指摘され、旅が地域における文化活動と不可分な関係にあることも明らかにされつつある[53]。先に取り上げた高橋敏氏の研究では、余暇を利用した「骨休みの旅」を小農の消費生活の一種として重視し、こうした旅が文化の創造につながるものと位置づけた[54]。大藤修氏は、旅は共同体と領主の支配から脱却し、開放感にひたれる機会であったこと、そして異郷での見聞が社会的視野を広め、様々な知識や農業技術などを身につける機会ともなったこと等から農民の生活文化の向上にとって旅のもつ意義はきわめて大きいものがあったと指摘した[55]。青木美智男氏は地域における俳諧活動及び活動を通して形成される人的交流の場が漂白の旅へと憧憬を抱かせると指摘した[56]。さらに鈴木理恵氏は、旅が「地域文化人」の自己形成の契機となることを考察し、旅が地域文化の担い手の形成に大きな意味を持つことを明らかにした[57]。これらの研究は、旅の研究を旅の内容分析だけで事足れりとするのではなく、旅人自身を地域文化の担い手であると捉え、地域文化の営み・人的交流のなかで旅が行われていると理解することが重要であると示唆している。

ところで、このような旅の研究では、寺社参詣（信仰）を名目にしながら遊山・行楽そのものを目的とする旅も少なくなかったと理解されることが多い[58]。これについては信仰と遊山の両面に注意しながら、両面がいかに関わり合いながら近世の旅が展開されているのかを理解しなければならないとされている[59]。加えて『近世の宗教と社会1地域のひろがりと宗教』（二〇〇八年）や『近世民衆宗教と旅』（二〇一〇年）、『勧進・参詣・祝祭』シリーズ日本人と宗教 近世から近代へ4（二〇一五年）で寺社参詣の旅が取り上げられているように、近世から近代にかけて展開した宗教や人々の信心のありようを解明するために、旅が不可欠な考察対象として浮上しているのである[60]。このように考えてみると、四国遍路の旅も、宗教的な営みを含めた地域文化のなかで捉えられるのではないだろうか。

第三節　課題と方法

（1）本書の課題

以上、四国遍路研究の課題が、近世史研究の論点といかに関連するのか、言い換えれば四国遍路に注目することで、近世史研究の論点にいかにアプローチできるのかを見てきた。第一節・二節をまとめると、①遍路を行った人々の信心の内実を、民衆思想研究において取り組まれてきた民衆の思想形成をうながす危機感・課題意識や信仰を求める契機を視野に入れながら明らかにすること、①その場合、著述を残した人だけでなく、自ら記録を残さない（「乞食遍路」のような）存在にも十分注意すること、②遍路の旅を地域文化の営み・人的交流のなかで捉えることで、遍路にまつわる意識や信心のありようを考察すること、③右の①②を明らかにするために、四国遍路の独自性と他の旅との共通性を明らかにすること、これらの課題が導き出せる。

これら諸点の検討にあたって本書では、一つ目に遍路の旅に関する著述を残すような（「地方文人」のような）人物に即して検討すること、二つ目に遍路のさなかに行き倒れた人々に関する史料をもとに、自ら著作を残さなかった。より下層と想定される人々に着目して検討すること、この二つの方向から取り組みたい。

（2）思想形成過程への注目

一つ目に関して、本書では若尾政希氏が提起した「思想形成を問う思想史」[61]の方法を援用させ、四国遍路の旅を行った個別の人物が、近世後期という時代において何を考えながらどのような関心・課題意識を形成して旅に赴いたのかという検討を行うことを基軸に据えて考察を進めたい。若尾氏は、一八世紀を生きた安藤昌益の思想形成過程を追跡するなかで、昌益はいかなる書物を読み、そこから何を学び何を否定していったのかを考察し、昌益の時代や社会との葛藤から日本近世という時代を描けることを示した。本書が一人の人物に着目するのは、このような研究成果を受けている。

また、近年は書物を史料として分析の対象とすることで、時代や社会を把握しようとする研究が一つの潮流となっている[62]。横田冬彦氏は、書物の出版・作者側だけでなく読者の側での読まれ方に焦点を当て、書物が人々の教養形成や通俗道徳に代表される日常的な生活規範の形成の契機ともなったこと等を明らかにしている[63]。また、杉仁氏は地域の文化活動を「書き物」（書物）として作り出す営みそのもの（例えば句集・漢詩集を編む等）に重点を置き、在村文化の豊かな諸相を描いている[64]。これらを踏まえると、四国遍路の旅を行った人物が、いかなる書物知の影響を受け、どのような地域文化の営み・人的交流のなかで、関心や課題意識が形成されて旅に赴いているのかを個別具体的な人物に即すことで明らかにし得るのではないだろうか。

（3）行き倒れ人への注目

一方で、右の方法は、自ら記録や蔵書を残すような教養のある人物の信心や意識を分析するには有効な方法である。しかしここで注意しなければならないのは、四国遍路には、自ら記録を残さないより下層と想定される「経済的非独立者」「病人」「社会的脱落者」「乞食」（前述の新城氏の指摘）等が多く来ていることが遍路の特徴として挙げられていることである。こうした自ら記録を残さなかった人々が、遍路の旅に赴いた背景にはいかなる事情があったのか、その旅にはいかなる信心が込められていたのか。この点を追究しなければ、近世後期の四国遍路の歴史的特質やそこから見える当該期の民衆意識の考察としては不十分である。

このように考えたときに注目されるのが、二つ目の方法として挙げた遍路のさなかに行き倒れた人々に関して残された史料である。近世の行き倒れ人に関する先行研究では、その地に人別のない他所者（流入者や行旅難渋者）の病人・死亡人を行き倒れ人として捉え、行き倒れ人に対処する行政の手続きのなかで作成される記録には、「病死者」の渡世や身分、移動理由（奉公・参詣の旅等）等が記されていることが明らかとなっている[65]。また、松本純子氏は行き倒れ人の発見時の様子や行き倒れ人を埋葬する場面に注目し、他所者を看病・埋葬する人々の意識にも迫ろうとしている[66]。これらのことから、遍路のさなかに行き倒れた人々に関する記録からは、行き倒れ人の身分や境遇及びそこから見える信心のありようや、行き倒れ人と接した四国の人々の遍路に対する意識をも読み取り得る可能性があるのである。

（4）四国の地域住民への着目

では、これらの二つの方向から課題に取り組むにはどのような地域の人々を取り上げるのが有効だろうか。この点で着目したいのは、「遍路総数に占める四国民衆の極めて高い比率」という新城常三氏の指摘である[67]。遍路を実践する側でもあり、また遍路を迎える側でもある四国の地域住民は、日頃の生業の途中で霊場へ立ち寄ることもあれば、近所の人が遍路の旅に出たり、あるいは他所からやってくる遍路を目にする機会がある等、遍路と地域文化が密接に関わっていることが想定できる。遍路にまつわる信心と地域文化の関係を考察するうえで改めて注目すべき存在なのである。

以上を踏まえ、本書は次のような構成によって検討していきたい。

第四節　本書の構成と各章の概要

本書は、第一部「地域文化のなかの四国遍路――阿波半田商人酒井弥蔵の風雅と信心――」、第二部「行き倒れ人からみえる遍路」の二部構成となっている。第一部は遍路の旅を含め多くの寺社参詣の旅を行った阿波国美馬郡半田村（現、徳島県つるぎ町）の商人酒井弥蔵（一八〇八―一八九二）に即した検討を行うことで、民衆の四国遍路の旅に対する信心や意識のありようを地域文化の営みのなかから考察する。

第一章「近世後期の遍路日記に関する基礎的考察」では、四国遍路の旅で作成された記録である遍路日記の特徴を、酒井弥蔵の「旅日記」に即して考察する。分析にあたっては、遍路日記を含む弥蔵の一連の「旅日記」（一一部）の特徴をおさえたうえで、遍路日記の特徴を検討し、あわせて近世の旅のなかでの四国遍路の位置についても展望する。

第二章「四国遍路の旅にみる信心と俳諧――酒井弥蔵を例に――」では、四国遍路の旅に込められた信心の内容を明らかにするとともに、信心が俳諧文化への関心といかに結びついて旅の背景をなしていたのかを酒井弥蔵に即して検討する。検討にあたっては、旅が地域の文化活動と密接な関係にあることを考察した近年の旅に関する研究を参照し、日常を過ごす地域において信仰の営みと俳諧活動がいかに関わり合っているのかを考察することを重視した。

第三章「民衆の信心と地域文化――酒井弥蔵の旅と俳諧・石門心学――」では、地域文化の営みのなかでの四国遍路及び寺社参詣の旅の意義について酒井弥蔵に即して考察する。弥蔵は地域においていかなるネットワークを基盤として、いかなる課題意識を持ちながら旅に赴いているのか、民衆思想史・地域文化史の視点を取り入れながら、俳諧と石門心学活動、信仰の営みに焦点を当てて検討する。

補章「民衆の旅に見る歴史人物への関心と庶民文化――阿波半田商人酒井弥蔵の旅を通して――」では、弥蔵が日頃いかなる庶民文化を享受しながら「神仏」をどのように捉えて信心が形成されているのか、酒井弥蔵の旅にみる旧跡及び歴史人物への関心に焦点を当てて考察の足がかりを得たい。

第二部は「行き倒れ人からみえる遍路」と題し、遍路の途中で行き倒れてしまった人々に関する史料の分析を通して、自ら記録を残さない遍路たちの信心や境遇や、そうした人々と接する地域住民の遍路に対する意識を考察する。

第四章「近世後期阿波における行き倒れ人と村の対応——四国遍路の扱いをめぐって——」では、行き倒れた遍路の境遇や信心を考察する前提として、行き倒れ人に関する記録がどのような行政手続きの過程で作成されているのかを検討し、あわせて遍路とそれ以外の行き倒れ人に対する四国住民の対応に違いがあるのかを分析する。検討にあたっては、阿波国（現、徳島県）に現存する記録から見出した近世後期の一二九事例の行き倒れ人に関する史料を用い、各々の事例のデータ化をはかる。そのなかには遍路のさなかに行き倒れた者の記録が多く含まれていることに注目して四国遍路を理由に来ている者がどのように表現されているのかについても検討する。

第五章「行き倒れ人関係史料にみえる遍路——近世後期阿波を事例に——」では、遍路のさなかに行き倒れた者に対処する行政手続きの過程で作成された記録には、遍路に来る前の境遇や遍路の旅に込められた信心が少なからず記されていることに着目し、近世後期の阿波における一二九事例の行き倒れ人に関する史料を用いて阿波の村人の目を通してみえる行き倒れた遍路の境遇や信心、遍路としての存在形態を考察する。分析にあたっては第四章の検討によって作成した行き倒れ人の事例のデータを使用する。

以上の構成によって、本書は近世後期における四国遍路に光を当てることで、人々の信心や意識のありようを民衆思想史・地域文化史の視点を取り入れながら総合的に考察することをめざす。

註

（1）新城常三『社寺参詣の社会経済史的研究』（塙書房、一九六四年）、近藤喜博『四国遍路』（桜楓社、一九七一年）、五来重『遊行と巡礼』（角川書店、一九八九年）、頼富本宏『四国遍路とはなにか』（角川学芸出版、二〇〇九年）。

（2）長谷川賢二「弘法大師信仰・巡り・霊場ネットワーク——四国遍路の歴史をめぐって——」（徳島県立博物館『四国霊場開創一二〇〇年記念四県連携事業　空海の足音四国へんろ展［徳島編］』二〇一四年）。

（3）内田九州男「四国八十八ヵ所の成立時期」（四国遍路と世界の巡礼研究会編『四国遍路と世界の巡礼』（法藏館、二〇〇七年）。

（4）前掲註(2)長谷川論文。

（5）小池長之「民間信仰の一形態としての巡礼」（『宗教研究』一二三、一九五〇年）。

（6）小池長之「四国遍路をめぐる信仰〔要旨〕」（『宗教研究』一二七、一九五一年）。

（7）星野英紀「四国遍路における接待の意味——有田接待講の場合——」（『宗教研究』二一七、一九七四年）、同『巡礼——聖と俗の現象学——』（講談社、一九八一年）。また、『宗教研究』（日本宗教学会）で巡礼研究が増えたことからも裏づけられる。これについては浅川泰宏『巡礼の文化人類学的研究——四国遍路の接待文化——』（古今書院、二〇〇八年）が整理している。

（8）前田卓『巡礼の社会学』（ミネルヴァ書房、一九七一年）。前田氏の成果は、死亡した他国者を遍路と見なして良いかどうかという点と、死亡した人数で遍路の人数の最盛期と言えるかどうかという点には検討の余地を残したが、一三四五名の「遍路」者数を抽出しての調査はその後の遍路研究に大いに参照された。
（9）　武田明『巡礼の民俗』（岩崎美術社、一九六九年）、真野俊和『旅のなかの宗教――巡礼の民俗学――』（日本放送出版協会、一九八〇年）、なお真野氏は同『日本遊行宗教論』（吉川弘文館、一九九一年）も上梓している。
（10）　近藤喜博『四国霊場記集』（勉誠社、一九七三年）、同『四国霊場記集　別冊』（勉誠社、一九七四年）、喜代吉榮徳『四国遍路　道しるべ――付・茂兵衛日記：弘法大師御入定一一五〇年記念――』（海王舎、一九八四年）。喜代吉氏はその後『四国辺路研究』一―二九（海王舎、一九九三―二〇〇九年）等を刊行し続けている。なお、この他に近世の遍路を扱った論考・史料紹介をしたものに広江清『近世土佐遍路資料』（土佐民俗学会、一九六六年）、稲飯幸生『粟飯原家文書四国順拝諸扣帳解説』（私家版、一九七二年）、宮崎忍勝校注解説『澄禅「四国邊路日記」』（『大東出版社、一九七七年）、伊予史談会『四国遍路記集』（愛媛県教科図書、一九八一年）、白井加寿志「四国遍路の実態」（石躍胤央・高橋啓編『徳島の研究』七民俗篇、清文堂出版、一九八二年）等がある。
（11）　三好昭一郎「四国遍路史研究序説――遍路の民衆化と諸藩の遍路政策――」（徳島地方史研究会『史窓』一〇、一九八二年、のち真野俊和『講座日本の巡礼第二巻　聖蹟巡礼』雄山閣出版、一九九六年）に収録）。
（12）　藤谷俊雄『「おかげまいり」と「ええじゃないか」』（岩波書店、一九六八年）。藤谷氏は民衆の集団的な伊勢参宮である「おかげまいり」を民衆の自己解放運動と見る立場に立ち、「おかげまいり」が「世直り」を願う民衆運動としての性格を持つようになったと指摘した。
（13）　真野俊和「聖蹟巡礼の研究成果と課題」（同編『講座日本の巡礼第2巻 聖蹟巡礼』雄山閣、一九九〇年）において、三好氏の研究を、近世以降の史料のかたるところに即して遍路の習俗を考察したと評価する視点から、「諸藩の対応策と遍路霊験譚という二つの問題はたしかに重要なテーマ」と指摘する。また、三好氏の研究を引用する場合は、ほとんどが「藩の対応策」の内容を引用している（前掲註(7)浅川書、二六六頁、井馬学「徳島藩の遍路対策と村落の対応」（『四国遍路の研究Ⅱ』鳴門教育大学「四国遍路八十八ヵ所の総合的研究」プロジェクト報告書、二〇〇五年）、同「同」（『鳴門史学』一九、二〇〇五年）等）。
（14）　新城常三『新稿社寺参詣の社会経済史的研究』（塙書房、一九八二年）。
（15）　前掲註(1)新城書。
（16）　なお、『新稿社寺参詣の社会経済史的研究』は江戸時代の各寺社・霊山参詣についての内容自体を大幅に増補している（分量のみ比較すると三五〇頁から六七八頁）。
（17）　この引用は前掲註(14)新城書、一〇五二頁。
（18）　前掲註(14)新城書、一〇四三頁。
（19）　前掲註(14)新城書、一〇六三、一〇九七頁。
（20）　前掲註(14)新城書、一〇六七、一〇九六、一〇九七頁。
（21）　最近でも四国遍路を通史的に眺めた場合、近世の四国遍路については新城氏の研究が引用され、相対的な意味での苦行性の強さや「病人」「窮民」が多いことがなおも強調されている。例えば星野英紀・浅川泰宏『四国遍路――さまざまな祈りの世界――』（吉川弘文館、二〇一一年）に見られる。
（22）　佐藤久光『遍路と巡礼の社会学』（人文書院、二〇〇四年、一一八頁）及び同『遍路と巡礼の民俗』（人文書院、二〇〇六年、二三六頁）。

なお、佐藤氏は一九九〇年から二〇〇一年に発表した論文を二〇〇四年の著書に収録しており、引用したような遍路に対する考え方・理解は一九八〇年代後半―二〇〇〇年代前半にかけて形成されたものと考えられる。また、星野英紀『四国遍路の宗教学的研究――その構造と近現代の展開――』（法藏館、二〇〇一年）第二章「四国遍路の構造的特質」では、近世の四国遍路の特徴として、新城氏の研究を引用し、修行性が高いことや、「病人」・「乞食」・「女性」等が遍路に多く来ていることを挙げている。四国遍路の歴史的過程を「学術整理報告書」として出した愛媛県生涯学習センター『四国遍路のあゆみ』（平成一二年度遍路文化の学術整理報告書、二〇〇一年）では近世の四国遍路について、新城氏の研究の引用が至るところで見られる。

(23) 山本光正「旅日記にみる近世の旅について」（『交通史研究』一三、一九八五年）等。

(24) 二〇〇〇年から始まっている愛媛大学「四国遍路と世界の巡礼」研究会の一連の成果（『四国遍路と世界の巡礼公開講演会・公開シンポジウムプロシーディングズ』（二〇〇四年―）、『四国遍路と世界の巡礼』（法藏館、二〇〇七年）、『巡礼の歴史と現在――四国遍路と世界の巡礼――』（岩田書院、二〇一三年）、愛媛大学四国遍路・世界の巡礼研究センター編『四国遍路の世界』（筑摩書房、二〇二〇年）、同研究会と四国地域史研究連絡協議会の共同開催した報告集である四国地域史研究連絡協議会編『四国遍路と山岳信仰』（岩田書院、二〇一四年）や、鳴門教育大学「四国遍路八十八ヵ所の総合的研究」プロジェクト（『四国遍路の研究』一―三、二〇〇三―二〇〇六年）など。

(25) 日本近世史以外の分野での主な研究を挙げると、巡礼体験を宗教学・人類学的に解釈する前掲註(22)星野書、密教学の視点から四国遍路にまつわる信仰を様々な観点から考察した、頼富本宏・白木利幸『四国遍路の研究』（国際日本文化研究センター、二〇〇一年）・前掲註(1)頼富書、現代の巡礼者を対象としたアンケートによる社会調査を実施し、近世の遍路の出版物や道中日記から遍路の習俗を考察した前掲註(22)佐藤二〇〇四年・二〇〇六年書、「道の社会学」の視点を切り口として現代社会と巡礼構造の関係や巡礼を存在せしめる社会的メカニズムの解明をめざす早稲田大学道空間研究会（長田攻一・坂田正顕・関三雄編『現代の四国遍路――道の社会学の視点から――』学文社、二〇〇三年）、宗教実践や死生観などを通して主に現代宗教を比較宗教研究を行うイアン・リーダー氏（同「現代世界における巡礼の興隆――その意味するもの――」（『現代宗教』二〇〇五年等）や、文化地理学の視点から近現代の四国遍路を描いた森正人『四国遍路の近現代――「モダン遍路」から「癒しの旅」まで――』（創元社、二〇〇五年）、文化人類学の視点から四国遍路における接待を事例として「巡られる」地域社会から見た四国遍路・遍路認識を考察した前掲註(7)浅川書などがある。また、徳島地方文化研究会編『徳島地方文化研究』三（二〇〇五年）では、特集として四国遍路が取り上げられ、八本の論文が掲載されている。

(26) 前掲註(3)内田論文、武田和昭『四国辺路の形成過程』（岩田書院、二〇一二年）、胡光「四国八十八ヶ所霊場成立試論――大辺路・中辺路・小辺路の考察を中心として――」（愛媛大学「四国遍路と世界の巡礼」研究会編『巡礼の歴史と現在――四国遍路と世界の巡礼――』岩田書院、二〇一三年）。

(27) 井上淳「近世後期における四国遍路の数量的考察――「於仏木寺接待」の分析――」（愛媛大学「四国遍路と世界の巡礼」公開シンポジウム実行委員会編『「巡礼と救済――四国遍路と世界の巡礼――公開シンポジウム・研究集会プロシーディングズ』二〇〇八年）は文政八

（一八二五）年から嘉永七（一八五四）年の「於仏木寺接待」（吉田（現、宇和島市吉田町）の商人が四十二番札所の仏木寺（現、宇和島市三間町）で四国遍路へ接待を行った際の記録）の記述のなかで接待を受けた遍路の数に着目してその年次的変遷を検討した。それによると、天保三（一八三二）年をピークに天保一〇年ぐらいまではほぼ二〇〇名を超える遍路に接待を行っているという。従来から飢饉時に遍路が増えるという指摘があるが（前掲註(8)前田書）、従来の指摘通り天保の飢饉時に遍路が増えているという傾向が見いだせるとしている。

(28)　喜代吉榮徳『四国辺路研究』二・三・六・一〇・一四（海王舎、一九九三—一九九八年）、内田九州男・クワメナタリー「江戸時代の一三〇八枚の史料について——伊予国阿方村越智家の遍路札——」（『愛媛大学法文学部論集人文学科編』二、一九九七年）、稲田道彦『寒川家旧蔵の俵に詰められた札に関する研究』（さぬき市教育委員会、二〇〇四年）。

(29)　内田九州男「近世における四国諸藩の遍路統制」（愛媛大学「四国遍路と世界の巡礼」研究会『第一回四国地域史研究大会——四国遍路研究前進のために——公開シンポジウム・研究集会報告書』（二〇〇九年）、前掲註(13)井馬両論文等。

(30)　清水正史「今治街道の変遷と行旅病者」（『伊予史談』三〇〇、一九九六年）、前掲註(13)井馬両論文、町田哲「近世後期阿波の倒れ遍路と村」（『徳島自治』八八、二〇〇六年）、同「同」（『阿波の遍路文化』徳島地方自治研究所、二〇〇七年）、拙稿「近世後期における行き倒れ遍路と村の対応——阿波の村落の人々が残した行き倒れ人の事例を手がかりに——」（菅原憲二編『記録史料と日本近世社会5』千葉大学大学院人文社会科学研究科、二〇一〇年。なお、これは本書第四章の初出である）。

(31)　井原恒久「四国遍路における接待の「援助性」」（愛媛大学「四国遍路と世界の巡礼」研究会『現代の巡礼——四国遍路と世界の巡礼——公開シンポジウムプロシーディングス』（二〇〇七年）等。

(32)　河合眞澄「近世演劇にみる四国遍路」（四国遍路と世界の巡礼研究会編『四国遍路と世界の巡礼』（法藏館、二〇〇七年）等。

(33)　松尾剛次「四国遍路図考」（『山形大学歴史・地理・人類学論集』二、二〇〇一年）、同「四国遍路八十八札所の成立——四国遍路絵図を手がかりとして——」（『宗教研究』三三三、二〇〇二年）、同「四国遍路の成立と四国遍路絵図」（『日本仏教総合研究』三、二〇〇五年）、田中智彦「『四国徧礼絵図』と『四国辺路道指南』」（『聖地を巡る人と道』岩田書院、二〇〇四年、ただし初出は「同」『神戸大学文学部紀要』一四、一九八七年）、内田九州男「再論：四国遍路と作法の変遷」（愛媛大学「四国遍路と世界の巡礼研究会」『二〇一一年度四国遍路と世界の巡礼公開講演会・研究集会プロシーディングズ』二〇一二年）等。

(34)　塚本明「公開講演　江戸時代の巡礼たちの諸相——熊野古道沿いの資料から——」（愛媛大学「四国遍路と世界の巡礼」研究会『二〇一三年度四国遍路と世界の巡礼公開講演会・公開シンポジウムプロシーディングズ』二〇一四年）。

(35)　胡光「「遍路日記」に見る四国、その内と外と」（愛媛大学「四国遍路と世界の巡礼」研究会『二〇一三年度四国遍路と世界の巡礼公開講演会・公開シンポジウムプロシーディングズ』二〇一四年）。

(36)　近藤浩二「越中からの四国遍路——「道中小遣留帳」を素材に——」（愛媛大学「四国遍路と世界の巡礼」研究会『二〇一三年度四国遍路と世界の巡礼公開講演会・公開シンポジウムプロシーディング

ズ』二〇一四年)。

(37) 前掲註(7)浅川書。なお、真野俊和氏は幕末・維新期には藩や県による遍路取り締まりが強化されるにともない、「旅人あるいは巡礼をむかえる人々のなにかが、確実にかわってしまったのだと考えざるをえない」と述べ、「訪れてくる巡礼や旅人を受け入れることができない社会」すなわち「乞食を貧民として社会的脱落者として遇することしかできない社会」の成立を「伝統的乞食観にかわる、いわば近代的乞食観の形成」と位置づけた(前掲註(13)真野書)、浅川氏はこれを踏まえて近世から近代への遍路に対する認識の変化を検討した。

(38) 町田哲「近世後期阿波における「他国無切手・胡乱者」統制と四国遍路——打廻り・番非人・御救小屋——」(『部落問題研究』一九三、二〇一〇年)。

(39) 安丸良夫「日本の近代化と民衆思想」(『日本史研究』七八・七九、一九六五年)、のち同『日本の近代化と民衆思想』(青木書店、一九七四年)に収録。通俗道徳・通俗道徳論については拙稿「通俗道徳」(木村茂光監修、歴史科学協議会編『戦後歴史学用語辞典』東京堂出版、二〇一二年)を参照。

(40) 前掲註(39)安丸書、一六頁。なお安丸氏の民衆宗教に関する議論は、その後、小沢浩『生き神の思想史——日本の近代化と民衆宗教——』(岩波書店、一九八八年)、同『民衆宗教と国家神道』(山川出版社、二〇〇四年)、神田秀雄『如来教の思想と信仰——教祖在世時代から幕末期における——』(天理大学おやさと研究所、一九九〇年)、島薗進「一九世紀日本の宗教構造の変容」(小森陽一ほか編集委員会『岩波講座近代日本の文化史二 コスモロジーの「近世」』(岩波書店、二〇〇一年)、桂島宣弘『幕末民衆思想の研究——幕末国学と民衆宗教——』増補改訂版(文理閣、二〇〇五年)等の民衆宗教研究や、大橋幸泰『キリシタン民衆史の研究』(東京堂出版、二〇〇一年)などに引き継がれていった。また、通俗道徳と真宗信仰についての近年の研究として上野大輔「近世後期における真宗信仰と通俗道徳」(『史學』八二巻第一・二号、二〇一三年)がある。

(41) 前掲註(39)安丸書、八二—八四頁。

(42) 村上重良『近代民衆宗教史の研究』増訂版(法藏館、一九六三年、二一頁)。

(43) 安丸良夫「近代化の思想と民俗」(『風土と文化——日本列島の位相——』日本民俗文化大系第一巻(小学館、一九八六年)、のち同『文明化の経験——近代転換期の日本——』(岩波書店、二〇〇七年)に「民俗の変容と葛藤」として収録。安丸氏は「民俗的なもの」を重視する視点から「民俗的なもの」と近世の支配秩序や近代国家との対抗関係を強調するようになった。

(44) 塚本学『地方文人』(教育社、一九七七年)。塚本氏らの地方文人・地域文化研究が登場する背後には柴田一『近世豪農の学問と思想』(新生社、一九六六年)等が影響を与えた。柴田氏は、封建的危機段階に藩校や藩政改革に登用される豪農＝村役人最上層を中心に、「在郷町富裕商人・寄生地主＝豪商層」や、「中央在住離農離村型文人」をあわせ、出身階層と文化特質(主に学問)を時期ごとに整理し「地方文化の類型」として提示した。

(45) 青木美智男『文化文政期の民衆と文化』(文化書房博文社、一九八五年)、のちに「地域文化の生成」(朝尾直弘ほか編『岩波講座日本通史』第一五巻近世五、岩波書店、一九九五年)でさらに展開した。

(46) 高橋敏『近世村落生活文化史序説——上野国原之郷村の研究——』(未來社、一九九〇年)。なお同『日本民衆教育史研究』(未來社、一九七八年)も参照。

(47) 領主は百姓の「成立」のために仁政を施すべきであり、百姓はそれに応えて領主に年貢を皆済すべきだという領主・百姓間の関係意識をもとにした支配イデオロギー。詳しくは若尾政希「仁政イデオロギー」（木村茂光監修、歴史科学協議会編『戦後歴史学用語辞典』東京堂出版、二〇一二年）を参照。

(48) 杉仁「化政期の社会と文化」（青木美智男・山田忠雄編『天保期の政治と社会　講座日本近世史6』（有斐閣、一九八一年）、のち同『近世の地域と在村文化——技術と商品と風雅の交流——』（吉川弘文館、二〇〇一年）、同『近世の在村文化と書物出版』（同、二〇〇八年）でさらに展開。

(49) 前掲註(23)山本論文、桜井邦夫「近世における東北地方からの旅」（『駒沢史学』三四、一九八五年）、小野寺淳「道中日記にみる伊勢参宮ルートの変遷——関東地方からの場合——」（『筑波大学人文地理学的研究』一四、一九九〇年）、岩鼻通明『出羽三山信仰の歴史地理学研究』（名著出版、一九九二年）、田中智彦『聖地を巡る人と道』（岩田書院、二〇〇四年）、高橋陽一「多様化する近世の旅——道中記にみる東北人の上方旅行——」（『歴史』九七、二〇〇一年のちに同『近世旅行史の研究』（清文堂出版、二〇一六年）第二章に収載）等。

(50) これに関しては鈴木章生「社寺参詣をめぐる研究の動向と展望——江戸およびその周辺を中心として——」（『交通史研究』五六、二〇〇五年）、佐藤顕「近世後期における高野山参詣の様相と変容——相模国からの高室院参詣を中心に——」（『地方史研究』三三九、二〇〇九年のちに同『紀伊の霊場と近世社会』（清文堂出版、二〇一九年）第三章に収載）に詳しい。

(51) 青柳周一『富嶽旅百景——観光地域史の試み——』（角川書店、二〇〇二年）、同「近世における寺社の名所化と存立構造——地域の交流関係の展開と維持［含　討論と反省］——」（『日本史研究』五四七、二〇〇八年）、同「一八世紀における地域の「成り立ち」と名所——下坂本村と唐崎社について——」（幡鎌一弘編『近世民衆宗教と旅』法藏館、二〇一〇年）、同「近世の「観光地」における利益配分と旅行者管理体制——近江国下坂本村を事例に——」（『ヒストリア』二四一、二〇一三年）等。

(52) 原淳一郎『近世寺社参詣の研究』（思文閣出版、二〇〇七年）、同『江戸の寺社めぐり——鎌倉・江ノ島・お伊勢さん——』（吉川弘文館、二〇一一年）、同『江戸の旅と出版文化——寺社参詣史の新視角——』（三弥井書店、二〇一三年）等。

(53) 難波信雄「道中記にみる近世奥州民衆の芸能知識と伝承」（東北学院大学『東北文化研究所紀要』二六、一九九四年）、前掲註(52)原二〇〇七年書、特に第六章「鎌倉の再発見と歴史認識・懐古主義」、青柳周一「近世における地域の伝説と旅行者」（笹原亮二編『口頭伝承と文字文化——文字の民俗学　声の歴史学——』思文閣出版、二〇〇九年）等。

(54) 前掲註(46)高橋一九九〇年書。

(55) 大藤修『近世の村と生活文化——村落から生まれた知恵と報徳仕法——』（吉川弘文館、二〇〇一年）。

(56) 青木美智男『日本文化の原型』（日本の歴史別巻）（小学館、二〇〇九年）。

(57) 鈴木理恵『近世近代移行期の地域文化人』（塙書房、二〇一二年）。

(58) 前掲註(23)山本論文、同「旅から旅行へ——近世・近代の旅行史とその課題——」（『交通史研究』六〇、二〇〇六年）、前掲註(55)大藤書、前掲註(56)青木書等。

(59) 前掲註(50)鈴木論文等。

(60) 青柳周一・高埜利彦・西田かほる編『近世の宗教と社会1　地域のひろがりと宗教』(吉川弘文館、二〇〇八年)、幡鎌一弘編『近世民衆宗教と旅』(法藏館、二〇一〇年)、島薗進・高埜利彦・林淳・若尾政希編『勧進・参詣・祝祭』(シリーズ日本人と宗教 近世から近代へ4)(春秋社、二〇一五年)。

(61) 若尾政希『安藤昌益からみえる日本近世』(東京大学出版会、二〇〇四年)。

(62) 「特集　書物と読書からみえる日本近世」(『歴史評論』六〇五、二〇〇〇年)、「特集　日本近世の書物・出版と社会変容」(『歴史評論』六六四、二〇〇五年)、「特集　日本における書物・出版と社会変容」(『一橋論叢』七八〇、二〇〇五年)や『書物・出版と社会変容』一―(二〇〇六年―)、『シリーズ本の文化史』1―(二〇一五年―)等。

(63) 横田冬彦「『徒然草』は江戸文学か?――書物史における読者の立場――」(『歴史評論』六〇五、二〇〇〇年)、同「「牢人百姓」依田長安の読書」(『一橋論叢』七八〇、二〇〇五年)。

(64) 前掲註(48)杉二〇〇八年書。

(65) 例えば松本純子「行き倒れ人と他所者《ヨソモノ》の看病・埋葬――奥州郡山における行き倒れ人の実態――」(『東北文化研究室紀要』四二、二〇〇〇年)、同「近世における行き倒れの一分析」(『日本歴史』六五一、二〇〇二年)、柴田純「近世のパスポート体制――紀州藩田辺領を中心に――」(『史窓』六一、二〇〇四年)等。近世の行き倒れ人に関する先行研究は、第四章で取り上げる。

(66) 前掲註(65)松本両論文。

(67) 前掲註(14)新城書、一〇三一頁。

第一部　地域文化のなかの四国遍路

――阿波半田商人酒井弥蔵の風雅と信心――

第一章　近世後期の遍路日記に関する基礎的考察

――酒井弥蔵の「旅日記」を例に――

はじめに

江戸時代は旅の隆盛とともに、旅に関する多くの記録が生み出された。かつては旅に関する諸記録について、「道中日記」・「道中記」[1]等の語が区別されずに混用されるなど、史料としての性格に十分注意が払われてこなかったが、近年では人々が実際に旅に赴いて日付や費用・訪問先等を記した記録を道中日記と呼ぶことが定着してきた[2]。他方で、①名所・旧跡に重点が置かれ、歌などが詠み込まれているもの、②年月日・宿泊地・費用及び若干のコメントが記してあるもの、③諸経費を中心としたものをあわせて旅日記と呼ぶ場合もある[3]。

これらの研究により、旅に関する諸記録の性格に対する認識が格段に深められた。例えば道中日記については、講中への報告や次に旅に赴く者の参考に供するために作成されたため、その作成には本屋から刊行された道中案内記等の情報が参照されたことが明らかになってきたのである[4]。参詣経路をめぐる研究[5]や、旅の習俗・女性の旅についての研究[6]、旅がもたらす知とその広がり等[7]に関する研究の進展も、道中日記をはじめとする旅の諸記録に関する史料的考察の深化と密接に関係していると考える。

ところで、旅のなかでも四国遍路の旅で作成された記録である遍路日記については、右記のような道中日記についての研究のなかではほとんど考察の対象とはされていない。これまで、遍路日記については、「巡礼者自身が筆記した」「四国遍路の道中記」とされ[8]、九点か一〇点程度しか見つかっていないとも言われる[9]。こうした検討対象の少なさが研究の現状をもたらす一因となっていると見ることもできよう。さらに、四国遍路は、他の旅に比して「篤い信仰心」に基づいて行われ、観光的要素も少ないと指摘される等、近世の旅のなかで特異な位置を占めていると理解されてきたことも関係しているように思われる[10]。

これに対して、二〇〇〇年以降の遍路研究の活発化にともない、新たに見出された「遍路日記」が複数にわたり紹介されるようになった[11]。支出記録が淡々と記されたものから、文章表現に創意工夫が見られ狂歌や画を付しながら書かれたものまで紹介され[12]、巡礼者自身の手になる諸記録を「遍路日記」と捉えて考察の対象とすることの必要性を示唆している。これまで、遍路日記の記述のなかで関心が寄せられてきたのは、巡拝地である八十八ヶ所の札所の参拝経路や、費用、日数、接待（巡礼者に対する物品・金銭・宿等を提供する行為）の内実等であった[13]。しかし各々の遍路日記がどのような特徴を持って記されているのか、四国遍路以外の道中日記と比較して記述項目が違うのか等については十分に意識されていない。四国遍路と他の寺社参詣の旅との関連性や共通性を探る試み[14]をさらに発展させるためにも、遍路日記の基礎的考察が求められてきていると考える。

そこで本章では、個別具体的な事例に即した検討を行って、遍路日記の史料としての特徴について考察してみたい。あわせて、近世の旅のなかでの四国遍路の位置についても展望したい。

第一節　酒井弥蔵の「旅日記」

(1) 酒井弥蔵について

本章で取り上げる阿波国美馬郡半田村の商人酒井弥蔵（一八〇八―一八九二）は、自身の旅に関する多数の記録を残した人物として知られ、遍路日記の著者として紹介されることもある。[15]事実、弥蔵が残した旅の記録には、後述の「旅日記」のほか、旅における金銭出納だけを記録した帳面[16]や、参詣した神社仏閣の名前を箇条書きにした「参詣覚」[17]等、多くの記録・書物が含まれているのである。

一方で弥蔵は、「芭蕉をめざした男」とも言われ、[18]春耕園農圃という俳号を持ち、俳諧・石門心学活動を活発に行う人物であったこと、「記録魔」とも呼ばれるほど諸活動の記録を多く残したことでも知られている。[19]これらの記録は徳島県立文書館寄託酒井家文書と広島県福山市酒井氏蔵酒井家文書に含まれている。[20]

以上を踏まえ、ここで酒井家及び弥蔵について確認しておきたい。

酒井家は「堺屋」と号し、弥蔵が慶応元（一八六五）年に書いた「堺屋先祖早繰系図」によれば徳島佐古町七丁目の町人堺屋吉左衛門を初代として元禄一五（一七〇二）年から半田村に居住した。[21]なお、酒井家の檀那寺は半田口山村にある龍頭山神宮寺（真言宗）である。

半田村は、吉野川の右岸（一部左岸）に位置する。吉野川の舟運により撫養・徳島・半田・祖谷を結ぶ物資の集散地に位置するという地理的条件により、商人や職人が多く居住した。村高は文化一〇（一八一三）年四四七石余、[22]旧高旧領取調帳によると四六八石余（うち蔵入地三七石余、残りは藩家老稲田九郎兵衛ら給人四人の知行地）、家数は安政三年に三六八軒、人数は九八四人である。[23]

弥蔵は文化五年に堺屋武助の長男として生まれる。大福帳を分析した真貝宣光氏によれば、弥蔵の生業は半田村の小野浜での川舟への積み込み・川舟からの浜揚げや運送（弥蔵はこれらを「運賃」収入としている）、他の商人に「雇れ」て配送業・出張代行業・委託販売業等（弥蔵は「日雇」収入としている）、さらに、「家徳」収入として農業生産物の販売（葉藍、荏胡麻、粉麦、鶉卵、飼葉、芋蔓、竹皮、笹皮、小竹、山草、棕梠皮、茶、麦、桑、麦種等）を行っていた。元治元（一八六四）年からは前年に病気をしたことでそれまでの「運賃」収入が減少し、それに替るものとして易筮による謝金が収入源の一つとなる。慶応元年からは従来の細々とした日雇い仕事に替り、半田村の商人敷地屋兵助[24]に「雇れ」、長期間出張するようになる。[25]このような生業形態により、弥蔵は「小売商」あるいは「雑貨商」であったと指摘されている。[26]以上を前提に、次項で弥蔵の旅と「旅日記」の特徴について検討したい。

(2) 弥蔵の旅と「旅日記」

酒井家文書に残された旅に関する史料のなかで、特に注目されるのが、遍路日記『さくら卯の花旅日記』を含む一連の「旅日記」が現存することである。以下に掲げる一一部（天保一二（一八四一）年（弥蔵三四歳）―安政五（一八五八）年（弥蔵五一歳））がそれである。(27)

A『見る若葉聞く郭公旅日記』（天保一二年・弥蔵三四歳）
B『見る青葉聞く郭公旅日記』（天保一四年・弥蔵三六歳）
C『弘化二年乙巳春中旅日記』（弘化二年・弥蔵三八歳）
D『仏生会卯の花衣旅日記』（弘化三年・弥蔵三九歳）
E『踊見旅日記』（弘化三年・弥蔵三九歳）
F『散る花の雪の旅日記』（弘化四年・弥蔵四〇歳）
G『出向ふ雲の花の旅』（嘉永二年・弥蔵四二歳）
H『旅日記法農桜』（嘉永三年・弥蔵四三歳）
I『極楽花の旅日記』（嘉永四年・弥蔵四四歳）
J『梅の花見の旅日記』（嘉永五年・弥蔵四五歳）
K『さくら卯の花旅日記』（安政五年・弥蔵五一歳）

　表題からも窺えるように、これらの「旅日記」は一般に道中日記として扱われる史料とは趣を異にし、一定の文芸作品的修飾が施された内容であることが予想されよう。また、これらは「他人に見せるため」(28)に作成された、すなわち、読まれることを前提とした書物としての性格を持つものと想定される。このなかに含まれる遍路日記の史料としての特徴を考察するには、これらの「旅日記」全体の特徴をおさえておく必要がある。

　そこでまず、どのような旅においてこれらの「旅日記」が著されたのか、という点について確認したい。章末の**表1-1**は、この一一部の「旅日記」について、旅をした年月日、旅の契機、目的地、旅の同行者、行程・主な名所旧跡と寺社参詣記事をまとめたものである。四国遍路の巡拝地に指定されている八十八ヶ所の札所については太字で示した。この分析に基づき、最初に「旅日記」から読み取れる弥蔵の旅の概要を見たい。

　まず、旅の契機と目的地である。旅の契機は、寺社の宝物開帳（A・C・D）、念仏踊の会式（E）、神代神楽の見物（G）、弘法大師忌日の法会である正御影供・百味講（F・I）、天満宮九百五十年忌（J）等、何らかの宗教的な行事となることが多い。

　目的地は讃岐にある善通寺（A・F・H・I）、金毘羅（A・C）、伊予仙龍寺（H）、讃岐仏生山法然寺（D）、讃岐滝宮天満宮（E・J）、伊予石鎚山（B）、出雲杵築大社（G）、そして阿波・淡路の霊場（K）となっている。居住地半田村からおよそ三―五日の日数で行ける讃岐や伊予を中心とした神社仏閣であることが多い。最も遠方に赴いたのは、出雲杵築大社を目的地とした旅（G）であるが、これには二三日間の時間をかけている。

　次に、旅の同行者について触れておきたい。妻と姉（A）、という場合もあるが、だいたいは半田村に居住する弥蔵と取引のある商人と見られる者の名前が書かれている。一番多いのは、二二人が同行した出雲杵築大社参詣の旅（G『出向ふ雲の花の旅』に記録）である。俳号を持っている人物（四人）と、石門心学活動を弥蔵と共に行っていた人物（二人）、大福帳等酒井家の経営帳簿に名前のある人物（一七人）で構成されている。百味講という弘法大師の信心に基づく宗教行事に参加するための旅（F『散る花の雪の旅日記』に記録）には、半田村から一一人が同行している。同行者が一人である旅では、大坂屋嘉吉（H）、井川鶴作（I）、春田宗三郎（J）、大道芳助（K）という名前が見える。讃岐善通寺と伊予仙龍寺を目的地にした旅（H『旅日記法農桜』に記録）に同行する大坂屋嘉吉は、弥蔵と取引のある商人でありかつ石門心学の活動を共に行っていた人物でもあり、Fの旅の同行者（百味講員）としても名前を連ねている。善通寺を目的地にした旅（I『極楽花の旅日記』に記録）に同行した井川鶴作は、半田村に隣接する半田口山村の人物である。同じ年の正月、讃岐国の象頭山参詣のときに知り合い、帰り道も一緒であったため、「薄々此度の事を契りあり」であったという。実際にIの旅で「同道」できたことは、「誠に神仏の引合せと喜ひ」と述べている。同行者なく弥蔵一人で赴いた旅もあった（D・E）。

（3）「旅日記」の特徴

それでは以上をふまえて「旅日記」の特徴を検討してみよう。

まず一点目に指摘したいのは、費用についての詳細な記述が書き載せられていることである。弥蔵は、費用のかかった旅先での地名や費目が分かるように、その時々に子細に書き込んでいるのである。

例えば、H『旅日記法農桜』の三月一八日の箇所には次のようにある。

……其村続き左に記す、毛田・中の庄・西の庄・賀茂・東井の川、爰に辻町と言ふて町家あり、昼支度
一、弐分四厘　　井関　東屋伊左衛門
次に西井ノ川・池田町過て坂野と言ふ所にて
一、壱分四厘　　草鞋一足買
それより白地村へ芳野川を渡る、今朝より雨降りて少し水かさ増り舟賃高値なり、尤舟子ハ二人
一、四分　　渡銭
馬路村、此辺谷川数度の渡りにて、迷惑なからも暮方に漸佐野村に着て、此所にて泊るなり
一、弐匁　　柏屋文平宿料（後略）（『旅日記法農桜』）

『旅日記法農桜』は、芳野川（吉野川）を渡る際の「舟賃高値」となった理由が記されていたり、どこで、何に費用がかかったのかが、詳細に分かる記述となっている。他の「旅日記」も同様の記述がなされ、旅における費目には、食事・宿料・草鞋・渡船のほか、参銭（賽銭）・寺社縁起・開帳料・「大師様尊前御蝋燭料」（H）等の参詣・信仰に関するものや、「檀の浦画図代」（I）、書物（「俳書花降道と云本買」（G）等）、「土産飴代」（H）、髪結賃等がある。

先述したように、弥蔵は、「旅日記」とは別に、旅における金銭出納だけを記録した帳面をつけている。その帳面である嘉永三年の「覚帳」には、三月一八日の記述として、次のようにある。

三月十八日与州三角寺の奥院（金光山仙龍寺のこと）、讃州善通寺
金毘羅其余西讃東予霊場参詣諸造用覚
一、弐分四厘　辻井関支度　東屋伊左衛門
一、壱分四厘　草鞋一足
一、四分　　白地渡銭
一、弐匁　　佐野村泊り　柏屋文平（「覚帳」[29]）

これは、H『旅日記法農桜』（嘉永三年三月一八日から二二日）に記

録した旅と同じ旅（における金銭出納）のことを記している。これを見ると、三月一八日は、伊予仙龍寺に向けての移動のための費用（支度＝食事代や、草鞋代、川を渡る船代である渡銭、佐野村に泊まった宿料）がかかったことが分かる。

ここで気づくのは、「覚帳」に記された内容と、『旅日記法農桜』に記された月日・費用・費目は、齟齬なく一致していることである。『旅日記法農桜』は、旅から帰った二日後である嘉永三年「三月念四日」に「書之」とある。おそらくは、「覚帳」を先に記し（旅に携行して記した可能性も高い）、「覚帳」の記載をもとに『旅日記法農桜』における費用・費目の記述がなされたと考えられる。当時の道中日記の多くには、費用の記載があることが指摘されているが、旅における費用を詳細に記した弥蔵の「旅日記」も、当時の道中日記と同じような性格を持っていると考えることができる。

二点目に指摘したいことは、日付、地名、次の目的地までの距離が日次に記されていることである。例えば、「廿二日、淀より乙立村へ壱里（G）、「玉（棚）野村に泊る、廿八日、是より鶴林寺迄十八丁上り坂」（K）のように、今いる場所の地名と、次の目的地までの距離を記している。一点目に指摘した費用と同様、日付・地名・距離は、当時の道中日記の記載項目としてよく見られる基本要素として挙げられているものである(30)。これらのことから、弥蔵の「旅日記」は、近世の道中日記としてこれまでの研究で取り上げられてきたものと同じ性格を持つものであるといえよう。

三点目は、川・難所の有無や、神社仏閣・名所旧跡の所在についての記述であるが、これも当時の道中日記に記載される項目としてはよく見られるものと指摘されている。例えば「川あり」「坂あり」、「けハ敷岩山あり」（B）、「一里半の山道なん（難）所なり」（K）のような、道中の移動に際しての必要な情報が記される。また、歌碑・芭蕉塚、旧跡、通りがけに参詣した寺社等が有る場所の名前や、そこに伝わる歴史の内容（例えば「一夜庵興正寺ハ足利尊氏公建立の寺也」（H）等）にも関心を示している。時には「里人」に次の目的地までの距離や土地の名を聞き、知り得たことも記す（B・D・I）。

四点目として、見聞したことに対して感想を記していることが挙げられる。例えば「此所よき町家なり」「広島城見物見事也」（G）や、旅先で知り合った今治城下の「面白き男」との「種々の咄の中に狂歌の名歌有」ったこと（H）等である。感想を書き留めるようなものは、当時の道中日記のなかでは珍しいという指摘が注意されよう(31)。

五点目は、「旅日記」の最初に、序文が付けられ、旅の目的地や旅に込める願いが記されていることである。例えば、西日本最高峰の霊山として知られる伊予石鎚山に赴いた記録（B『見る青葉聞く郭公旅日記』）には、冒頭に次のようにある。

> 我、此たひ伊予国石鎚山へ参詣に趣しハ、富貴満福を祈るにもあらす、又祈らぬにもあらす、此身、息災堅固なる冥加をおもひ、登山に極りぬ（B『見る青葉聞く郭公旅日記』）

このような記述は、特にD『仏生会卯の花衣旅日記』からK『さくら卯の花旅日記』に顕著に見られる。「……宝物諸仏の開帳があると聞き、予、参詣に思いたつ」（D）、「（百味講に参加することは）現当二世安楽疑ひなきと言事を人々に進る者也」（F）、「即身成仏の悟りを聞き極楽浄土に入る」（H）、「迷（冥）土の旅の稽古」（K）であると述べている。こうした序文の挿入は、道中日記には見られない場合が多い。つまり弥蔵の「旅日記」は、近世によく見られる道中日記とは異なり、紀行文にも通じる要素を持っているのである。

六点目は、五点目とも関わるが、随所で詠んだ俳諧（時には狂歌も）を交えている点で、これも紀行文に通じる側面と言えよう。例えば

今朝より雨晴渡り、笠・合羽抔を取置、心よく宿を出立
行春や見失ふたる雨の脚（H『旅日記法農桜』）

のように、天候や眺望を見て感じたこと等を詠み、「旅日記」の折々に交えて記しているのである。

なお、旅中に光明真言を読誦した回数も「旅日記」の最後に記している（ただしB・D・F・Iのみ）。D『仏生会卯の花衣旅日記』を例に挙げると、旅の最中に読誦した回数を、「旅中光明真言日課覚」として、「九日　四千辺　十日　三千五百辺……」と、日毎に読んだ回数と合計回数「壱万弐千辺」を記している。

以上のように、弥蔵の「旅日記」は、日付・費用・地名等が記されるような道中日記と同じような性格と、序文が付けられ、折々に詠んだ俳諧が記されるような紀行文にも通じる性格を兼ね備えたものであるといえよう[32]。

では、これらの「旅日記」のなかで、遍路日記はどのような特徴が見られるのだろうか。

第二節　『さくら卯の花旅日記』の基礎的研究

(1)「旅日記」と遍路日記の異同

本節では弥蔵の遍路日記について検討したい。取り上げるのは、これまでに遍路日記として紹介されてきたK『さくら卯の花旅日記』（安政五年（弥蔵五一歳）、以下、『さくら』）である。『さくら』の内表紙には、札の写しと思われる次のような記述がある。

天下太平　国家安全　安政五戊（ママ）午歳
奉納四国八十八ヶ所之内阿波国廿三ヶ所遍路同行二人
奉順礼淡路三拾三所四十九薬師　為二世安楽也　阿州美馬郡半田村願主堺屋弥蔵
日月清明　五穀成就　季春孟夏大吉日

この旅で弥蔵は、阿波国の霊場十一―二十三番を巡拝し、淡路国の三十三ヶ所、四十九薬師を巡り、その後阿波国に戻り、霊場一―十番を巡るという行程を辿っている。引用史料を見ると、弥蔵は、四国八十八ヶ所の札所の内、阿波国の二十三ヶ所（阿波国にある札所全て）を「同行二人」（弘法大師と共に遍路（巡礼）を行うこと）で遍路を行う、ということを意識していることが窺える。これまで『さくら』が遍路日記と呼ばれてきたのはこうした点を踏まえてのことであると考えられる。

では、弥蔵が記した遍路日記は、どのような特徴を持っているのだろうか。第一節で検討した各項目を踏まえ、検討してみたい。まず、他の「旅日記」と同様に、序文と、随所で詠んだ俳諧・狂歌が記され

ている。[33]『さくら』には、他の「旅日記」と同じように紀行文に通じる要素が主要な記載項目の一つとなっているのである。一方で、序文に記された内容を見てみると、「阿淡両国の霊場を巡る」ことが目的であり、阿波国の霊場を巡ることは「高祖大師（弘法大師）の御修行の御跡を慕ひ」、淡路国の霊場を巡ることは「観音薬師の浄土を拝見するためだということが強調されている。弥蔵の遍路日記は、他の「旅日記」と同じ様式で書かれているものの、それは「高祖大師の御修行の御跡」を巡拝するということを強く意識して書かれているといえよう。この点に関して、この旅より以前の天保一四年（弥蔵三六歳）には、以下のように述べていた。[34]

右京雅君は此たび遍照尊の御跡を慕ひて、四国霊場を巡りしと聞、予も是を久しく望むといへ共、未ダ火宅の離れかたくして、けふや君の門出を見送かく

霜まれに行杖笠ぞ羨し　春耕（酒井弥蔵の俳号）

右京（半田村凢友＝大久保岩吉の母）から「遍照尊（弘法大師）の御跡を慕ひて四国霊場を巡りしと聞」き、弥蔵も「久しく望」み、「羨し」と言っている。弘法大師の「御跡を慕」って四国霊場を巡ることは弥蔵の念願だったのである。天保一四年には「火宅の離れかたく」、つまり火宅（＝苦しみに満ちた俗世）から解放されることができずに行けなかった。これが安政五年の『さくら』では「日数二十一日、火宅の苦しミを逃れしも、迷途の旅の稽古にもならんかと思ふ」とあり、「火宅の苦しミ」から解放され、「迷（冥）土の旅の稽古」としての旅をする思いで出発したと述べている。さらに、『さくら』には続けて「扨、此道にも三途川、死出の山路あり、此辛抱ハ我等平生望む処にして、心のうちに満足せりとしか言う」とある。この旅には「辛抱」が必要であると認識しており、ある種の修行としての意味合いもあったと見ることもできる。このような弥蔵の霊場巡拝に対する念願が、『さくら』成立の前提となっていたと考えられるのである。

次に、日付、地名、次の目的地までの距離を見てみたい。これについては次のようにある。

是よりきりはた迄廿五丁、成当村日くれて宿を貸ふと云家ありて、此村にて泊る
十五日
秋月村・切幡村阿波郡也
四国第十番霊場、得度山切幡寺灌頂院、本尊千手観音、大門・中門其余建もの多し伽藍
　慾心を只一筋に切はたし
　　后の世迄の障りとそなる
此寺にて札打仕舞、是より古郷江趣く、

右の史料からは、次の目的地までの距離、地名、日付が記されていることが分かる。これについては、「廿六日、是より常楽寺迄十五丁、此間川有」、「是より大龍寺迄一里半、大井村川舟渡しなり、是登り坂」等のように、他の箇所でも同様である。道中の川・難所の有無等の記述が加えられることもある。これらは他の「旅日記」とも同じ記載項目・形式であるといえよう。

一方で、史料の後半にある各霊場に到着したときの記述には、札所

の番号や詠歌（「慾心を……」）が記されていることは注目される。先に述べたように弥蔵は十一―二十三番、一―十番霊場の順に巡っているが、その全てに「四国第十四番霊場、盛寿山常楽寺」や「四国第廿一番霊場、舎心山大龍寺」のように、霊場の番号を記して順に巡拝するということを強く意識しながら日付や地名（霊場名）についての記述を行っているのである。さらに弥蔵は、札所で詠歌を詠み（書き留め）、「此寺にて札打仕舞」のように、札所の参拝は札を打つという表記をしている。札を打つとは、もともと巡礼者は札を霊場内の堂宇の壁や柱に釘で打ち付けて納めたことから、巡礼で訪れる霊場を「札所」、札所へ詣でることを「打つ」「札打ち」と表現するようになったと言われている。札所での参拝行動に関する詠歌や札打ちの記述も、霊場巡拝を行うという意識を示すものといえよう。

次に、旅中の費用や費目について書いている点も他の「旅日記」と同じである。[35]食事、宿料・「米代木賃共」、賽銭、手引賃（案内料）、「大師様御影二十枚買」、「土産物」等、出費の内容も同様である。しかし、「米代木賃共」にあるように、煮炊きに必要な米や薪代を渡して安い料金で泊まったことを表わす表記が複数ある。この「米代木賃共」を支払って泊まった宿について、『さくら』には「巡行道法并泊り宿附覚」として、日付・歩いた道法とどこに泊まったのかが別途記されている。宿については「〇」と「一」の印を付けており、弥蔵によれば「〇印ハ宿料有宿屋也、一印ハ善根宿也」であるという。この「〇印」がついている「宿料有宿屋」が、「米代木賃共」とある宿名と一致しているのである。つまり、弥蔵はこの旅で、善根宿を複数利用していることが分かる記述となっている。善根宿は、遍路中に巡礼者が施しを受ける接待の一つとも言われるが、この点、『さくら』には、接待で受けた物品について「御接待頂戴覚」として例えば次のように記している。

三月廿四日

一、菓子一盆　小島村一里松鹿蔵殿

藤井寺ニ而

一、餅三ツ　麻植郡千田塚村講中

廿五日

焼山寺ニ而

一、餅三ツ　麻植郡別枝山講中

当時、遍路の旅の特徴の一つに接待があるという認識が人々にあったことが指摘されている。[36]日付と、どこで、何を、誰から接待をしてもらったのかを記録している弥蔵にも、そのような認識があったと見ることができよう。

以上のように序文、俳諧・狂歌、日付、地名、次の目的地までの距離、道中の川・難所の有無や、費用等、『さくら』の記載項目については、他の「旅日記」と同様である。その一方で、『さくら』には他の「旅日記」には見られない特徴的な記述もある。霊場・詠歌・接待についての記述にも表れているように、この旅は弘法大師の「御修行の御跡」を「慕」（序文）って霊場（中心は札所）を巡拝するという意識を強く持って右の記載項目が記されていることが注目されよう。このような意識のもとで、霊場を巡拝した際に成立した諸記録・書物をひとまず遍路日記と呼ぶことができる。

（２）「旅日記」と遍路日記の意識面での共通性

ただし、こうした意識に関して注意すべきことは、札所以外の「神社仏閣名処旧跡」も「参詣」したと記し、由緒や所在についても記載していることである。ここで、この点についても少し触れておきたい。

五番地蔵寺から六番安楽寺に向かう途中の記述には次のようにある。

是より安楽寺へ八壱里なれ共、大山寺へ参詣仕候、壱里余り寄り、神宅村牛頭天王社あり、との宮明神より右へ入、廿丁程行て麓の茶屋荷物を預け置、山に登る、十八丁並松あり、仏王山大山寺本尊観世音、三重塔あり、二王門其外方丈・庫裏等建ものあり、奥院は三丁上にあるよし、黒岩大権現と承り候也、大門の外ニ源九郎義経公の馬の基《（ママ　墓カ）》もあり

弥蔵は、六番霊場である安楽寺までは「壱里なれ共」と断って、大山寺へ参詣に行くと記している。そして、大山寺までの道中や境内の様子、奥院の情報を詳しく記している。大山寺は、源義経が屋島合戦の折り、奥の院の黒岩山太郎坊をたずね勝利を祈願した場所と伝えられる等、源義経ゆかりの地とされる(37)。このように、札所とはなっていない寺へも参詣に行ったことが記されているのである。

十七番明照寺真福院（井戸寺）から十八番恩山寺の間では、

日開谷村西つか村、此所の西手に

一、丈六寺と言ふ禅宗寺あり、当国太守様を始、家老中老一家中の石碑あり、山上に鎮守秋葉山大権現六社也、其外堂塔多し、中門、大門并松等あり、松林広し、前ニ勝浦川有

とあり、弘法大師信仰とはほとんど関わりのない藩主ゆかりの禅宗の寺（曹洞宗）も訪れ、由緒や境内の様子を記している。

その他、「府中村明神の社遙拝」「諏訪大明神遙拝」等、随所で明神「遙拝」をしている。これらのことは、弘法大師との関係の有無にかかわらず「神社仏閣」はもちろん、「名処旧跡」に関心を持ってそれらを訪れながら遍路を行っていたことを示している。

遍路日記には、霊場を順拝するという意識が強く表れていると指摘したが、それにとどまらない他の旅と共通する関心が見られるのである。遍路日記を取り上げる際は、このような点も見落とせないと考える。

第三節　道中案内記の影響と遍路日記の多様性

（１）『四国偏礼道指南増補大成』の影響

では、以上に見てきた『さくら』の記述内容は、どのような知を背景としているのだろうか。これを考えるときに手がかりとなるのは、四国遍路の道中案内記の存在である。酒井家文書には、文化一二年版の『四国偏礼道指南増補大成』が現存している(38)。

『四国偏礼道指南増補大成』は、四国八十八ヶ所の札所への参拝方法、道中通過する村や川の情報等、道中案内に関する内容が掲載されたものである。真念『四国辺路道指南』（貞享四年初版）をさきがけとして「増補大成」と銘打って出版された。だが実際は「増補」ではなく簡略化したものであると指摘されている(39)。

貞享四年版の『四国辺路道指南』は、「初の本格的な四国遍路案内

記であり、当時のベストセラーとなったものである」[40]と言われ、遍路研究ではよく知られたものである。これの改変版である『四国偏礼道指南増補大成』は明和四（一七六七）年、文化四年、文化一一・一二年、天保七年と版を重ね[41]、各地の公共図書館や地方文書のなかに現存している。『四国辺路道指南』も『四国偏礼道指南増補大成』も、当時需要が高かったことは多くの研究で指摘されているが、実際にどのような影響力があったのか、どのように利用されていたのかは明らかになっていない。

『さくら』は、『四国偏礼道指南増補大成』（以下、『増補大成』）に影響を受けて書かれているのだろうか。

まず、『増補大成』に述べられた遍路の参拝作法とでもいう内容に注目したい（傍線は筆者、以下同）。

> 紙札打やうの事　其札所の本尊・大師・太神宮・鎮守・惣して日本大小の神祇・天子・将軍・国主・主君・父母・師長・六親・眷属、乃至法界平等利益と打べし、常に同行の恩得を感し、宿札茶礼用心あるへし、男女ともに光明真言・大師の宝号にて回向し、其札所のうた三べんよむなり（『増補大成』）

ここには、札を打つ（参拝する）際の、祈りの対象や方法について書かれている。傍線部は、光明真言や大師の宝号を唱え、詠歌（「札所のうた」）を詠むことを勧めた記述となっている。詠歌については先に触れたが、光明真言・大師の宝号についても、『さくら』の一丁裏に、「南無大師遍照金剛」（大師の宝号）と、光明真言「唵阿謨伽……」が書かれている。弥蔵は旅のなかで、これらを唱えることを意識していたものと思われる。このように、『増補大成』に述べられた遍路の参拝作法と、『さくら』に見られる参拝行動に関する記述が類似している。

また、『さくら』には、四国遍路の旅とは「高祖大師御修行の御跡を慕」って「霊場」を巡ることであると記されていることは先に述べた通りである。この点に関して、『増補大成』が多く取り上げていることの一つに、大師が修行をしたと伝えられる場所の情報がある。例えば二十一番大龍寺の記述に「此所大師少年の時、霊を感じ、求聞持を修し給へり」とあったり、八十七番長尾寺から八十八番大窪寺に向かう途中の「かく村」には「こゝに大師御修法の所あり」や、八十八番奥院も「大師こゝにて求聞持修行あそバされしとなり」等があり、『さくら』に見られる弘法大師の「御修行の御跡を慕」って巡拝するという意識とも通じていると見ることができる。

札所以外の「旧跡」に関する記述も『さくら』と『増補大成』で重なりが見られる。『さくら』では「神社仏閣名処旧跡」を「参詣」すると述べていた。実は『増補大成』でも「拝所其外村つゞき旧跡并由来諺等をかきのせたり」と、札所以外の「旧跡」を載せており、「旧跡」を訪れることを暗に促しているのである。では、どのような「旧跡」かといえば、弘法大師関係の記事が多い。例えば『増補大成』の十八番霊場恩山寺の記述には、「次ニつるまき坂下釈迦庵宝亀五甲寅年六月十五日弘法大師誕生尊像をあんちし」とある。この部分、『さくら』にも、「南の山つるまき坂と言、埜の釈迦庵宝亀五年寅六月十五日弘法大師誕生の尊像を安置す」とある（傍線は『増補大成』と『さくら』で記述の一致が見られる箇所。破線は傍線の間に挟まれているものの記述が一致していない箇所）。傍線部のように記述がほぼ一致している。

二十番鶴林寺奥院の情報についても以下の傍線部分に重なりが見える。『増補大成』を見ると次のようにある。

○月頂山慈眼寺、右の瀧より八丁のぼる、是を鶴林の奥院と云、本尊不動又三丁余西に堂有、十一面不動大師御作也、此上方千尺のけハしき岩端に壱丈ばかりの卒都婆有、大師立玉ふと云、人間のわざにおよぶ所にあらず、又傍に岩屋あり、二十間ほど行、自然石の仏ぼさつ、色々のふしぎなる事あり、是よりよこせへもどり（『増補大成』）

この部分、『さくら』には次のようにある。

一　月頂山慈眼寺、右の瀧ゟ五丁登る、本尊不動明王、弘法大師、又三丁余西に堂有、十一面観音、不動明王大師御作、此上に岩屋あり、寺より案内者出て灯を燈し見せる也（中略）是より岩屋へ這入也、奥行二十一間、始左りをさして入る、又左りをさして下りて行、右をさして入る、又左りをさしてそつて入る、此中広し、自然石のの（ママ）仏菩薩、護摩檀、幡、天蓋、戸帳石、法螺貝石等あり、是より戻り道胎内くゞり、其余数多不思義有、是より横瀬へ戻り（『さくら』）

『さくら』の引用部分の三行目に見える「案内者」には「月頂山岩屋禅定手引賃」（『さくら』後方の「諸入目覚」に記述あり）を支払い、岩窟の案内を頼んでいることが窺える。案内を頼んだ部分は『増補大成』以上の情報を記しているが、岩屋までの移動、本尊や堂の様子、岩屋の中に対する「其余数多不思義有」という認識も、『さくら』・『増補大成』双方に一致している。この記述部分は、『増補大成』の知識を参考にしながら、案内者から得た情報を加えて『さくら』を書いたのではないかと考えられる。

さらに、札所となっていない神社についても、『さくら』・『増補大成』双方で載せている所がある。例えば『さくら』では一番霊山寺から二番極楽寺の道中、「是より七丁北に大麻彦神社　中宮　西宮」とあり、『増補大成』では「（霊山寺から）五里、三丁北に大麻彦大明神伴社、中宮西宮あり、かならす参詣すべし」（傍線部は記述の重なるところ、以下同様）と、記述が類似している。

実は、記述形式も非常によく似ている。まず、札所についての記述を見てみると、『さくら』では十一番藤井寺について、次のようにある。

四国第十一番霊場金剛山藤井寺、本尊薬師如来
詠歌
色も香も無比中道のふしい寺
真如の波のたゝぬ日もなし（『さくら』）

同じ部分、『増補大成』を見ると、次のようになっている。

十一番藤井寺　金剛山と名づく、大師此寺を始め給ひ、薬師如来御長三尺に作り本尊とし給ふ
【本尊図】色も香も無比中道のふじゐ寺

しんによの波のたゝぬ日もなし（『増補大成』）

どちらも霊場の番号・寺院の山号・霊場名（山号と霊場名の順序には違いがあるが）、本尊に安置される仏、詠歌の順に記している点が類似している。

道中の移動に関する記述形式についても言える。十三番大日寺から十四番常楽寺までの道中を、『さくら』では「是より常楽寺迄十五丁、此間川有、名東郡延命村」と記す。この部分、『増補大成』を見ると、「是ゟ常楽寺迄十五町●此間川有●ゑんめい村」（●は「村々の隔」に記されている）とある。また、『さくら』では「是ゟ立江寺迄一里、天王村、瀧宮牛頭天王社遙拝、田の、中山、立江村石橋八ッ有、此橋上に白鷺居る時ハ通らずと言ふ」とあるが、この部分、『増補大成』では「是より立江寺迄一里●天王村●たの中山●たち江村●石はし八ッ有、此橋上に白鷺居るときハ通らずと云つたふ」とあり、「瀧宮牛頭天王社遙拝」（『さくら』）以外は、次の目的地までの距離や、通過する村名、道中通過する土地の伝承を記している点が一致しているばかりでなく、記載順も全く同じなのである。このように『さくら』と『増補大成』では、霊場間の移動についての記述形式においても類似しているのである。

では、全体的にどれくらい記述に重なりが見られるのかを見てみたい。『さくら』と『増補大成』の記述を、札所ごとに次の札所までの移動に関する記述を含めて並べてみたのが章末の**表1-2**である。記述に重なりがあるところには下線を引いた。これをみると、霊場と、霊場間の移動に関する記述、弘法大師の修行の跡についての記述内容、札所以外の神社仏閣や旧跡の内容に、類似している点が多数あることが分かる。そして、『さくら』・『増補大成』双方とも、霊場（札所）を順々に巡れるように、道中の移動距離や旧跡等の情報を記すという基本的スタンス自体が非常によく似ているのである。

以上のことから、弥蔵の『さくら』は、記述形式・内容とも『増補大成』に強く影響を受けて書かれていることが分かる。近世の道中日記は、刊行された道中案内記の内容や形式に強く規定されて著されるようになったことが指摘されている[42]。これを踏まえれば、『さくら』は、『増補大成』などの遍路の道中案内記の知を背景に著されたことをよく示すものといえよう。

（2）遍路日記の多様性

このように見ると、実は『さくら』以外にも、『増補大成』からの影響を受けたことが窺える「旅日記」があることが注目される。例えば『極楽花の旅日記』は、善通寺を目的地にした旅の記録であるが、四国八十八ヶ所のうちの十四ヶ所の札所を含んだ寺社参詣をしたことが記されている。この『極楽花の旅日記』は、『増補大成』の記述といくつか重なる箇所が確認できるのである。

『極楽花の旅日記』では、金倉寺（七十六番霊場）の記述に「此所は智證大師御誕生の所にて御影堂に安置す、本堂は薬師如来也」（『極楽花の旅日記』）とある。この部分、『増補大成』を見ると、「此寺ハ智證大師誕生の地なり、智證大師ハ弘法大師の御おい（甥）なり、本尊薬師如来……」（『増補大成』）とあり、傍線部に重なりが見られる。同様に、天皇寺（七十九番霊場）の記述「此宮は天皇崩御被遊し時に金棺しハらく爰に置奉りし所也、今の宮有所也」（『極楽花の旅日記』）という部分、『増補大成』には「七十九番崇徳天皇、……崇徳天皇崩御あそばされし時金棺しバらくこゝにおき奉しより爰にも御廟を立といへり」とあり、傍線部は内容と表現が一致している。白峰寺（八十一番霊場）での「崇徳天皇宮結構也」（『極楽花の旅日記』）という記述は、「崇徳天皇を此山にほうむり奉つる御廟けっこうなり」（『増補大成』）と、感想も一致している。

札所以外についてはどうであろうか。特に弘法大師とは関係のない旧跡についてはどうか。『極楽花の旅日記』には源平合戦にまつわる旧跡の記事が多い。例えば八十四番屋島寺から八十五番八栗寺に向かう道中では、

> 遠くハ良に小豆島見ゆる、又東の出口に血の池あり、昔時源氏の士血刀を洗ひし池と言水赤し、東の坂を下りて檀の浦に佐藤次信（ママ）碑名あり、此処にて休足……此辺名所一見を同道と申て是より見巡る也、
> ○内裡跡安徳帝の御所跡・菊王丸の墓・黄牛か崎、夫より見返り橋を渡りて武倒（ママ 例カ）村掛りて洲崎寺・祈り石・駒蹄石・惣門・佐藤次信墳・太夫黒馬の墓　是は次信追善の為に義経より法師の元へ送りし馬の墓也　世に太夫黒と言　源氏の木戸　今は田の中　瓜生山　源氏陣屋の跡なり　六万寺　悉く見物相済……（『極楽花の旅日記』）

とある。弥蔵が源平合戦にまつわる「名所」を多く見物しているこの部分、『増補大成』を見ると、「東坂十町くだりて佐藤次信墓あり、洲崎の堂観音大師御作、瓜生山とて源氏の本陣所あり」とある。『増補大成』にも源平合戦に関係した名所旧跡記事があり、部分的に記述が重なっているのである。

では、この旅はどのような目的があったのか、『極楽花の旅日記』に記された序文を見てみたい。それによれば、「今年も正御影供に当たりて、五岳山善通寺弘法大師の尊前に参詣と定り」、「発足」したと述べている。『極楽花の旅日記』には『さくら』に見られるような霊場巡拝を目的にするとは記していないが、弘法大師の忌日の法会である正御影供に際し、大師の「尊前に参詣」するという意識を持って善通寺に向けて出立している。

参詣した寺社を見ると、善通寺に参詣した後、「東讃岐神社仏閣参詣に趣」くと記し、「氏神八幡宮の末社石神大明神」→**鶏足山金倉寺**→**桑多山道隆寺**→**鶏足津道場寺**→**崇徳天皇社**→**白牛山国分寺**→**松山白峯寺**→**青峯山根香寺**→**一宮田村大明神**→仏生山法然寺→石清尾八幡宮→高松大天神→高松之御坊→**南面山屋嶋寺**→**五剣山八栗寺**→**補陀洛山志度寺**→日内山霊芝寺→**補陀山長尾寺**→白鳥大神宮→**医王山大窪寺**という順で寺社参詣をしている。太字は八十八ヶ所に含まれる札所を示している。札所のみに注目すれば、この旅では七十五―八十八番を巡っている。

このように、『極楽花の旅日記』は、序文に弘法大師への信心を意識した記述があり、四国八十八ヶ所に含まれる複数の札所を参詣したことが記され、さらに『増補大成』に部分的であれ影響を受けて記されている。これらのことから、『極楽花の旅日記』は、遍路日記の性格も併せ持つものと考えることができるのではないだろうか。このような観点で見れば、F『散る花の雪の旅日記』やH『旅日記法農桜』等、これまで遍路日記として認識されていなかったものも、同様に遍路日記としての側面も持つ「旅日記」であると見ることができるので

ある。弥蔵の「旅日記」の例は、多様な遍路日記の存在を示唆するものであるといえよう。

おわりに

本章は、遍路日記の著者である酒井弥蔵に即して、弥蔵が書いた遍路日記の特徴を考察した。

弥蔵は、これまで遍路日記と呼ばれてきた『さくら卯の花旅日記』を含む一一部の「旅日記」を記していたが、そこには、日付・地名・距離・費用・川渡しや難所の有無等、当時の道中日記によく記される項目とともに、序文や折々に詠んだ俳諧が記された紀行文のような文芸作品的な要素も含まれていた。遍路日記『さくら卯の花旅日記』は、他の「旅日記」と基本的に記載項目は同じであり、俳諧や札所以外の神社仏閣・名所旧跡への関心が強く表れていることも他の「旅日記」と同じであった[43]。このことは、近世の旅のなかで四国遍路がきわめて特殊であるというわけではないことを示唆するものといえよう。

一方で、『さくら卯の花旅日記』では、弘法大師の「御修行の御跡を慕」って霊場を巡拝するという意識を強く持って、右に挙げる各項目が記されていた。このことは、『さくら卯の花旅日記』の遍路日記としての性格を端的に表すもので、四国霊場巡拝意識（行動）とも言うべきものを伴って作成された諸記録を遍路日記と呼ぶことができるのである。このような規定は自明のことのようではあるが、この点を自覚化することは遍路日記を見つける際の手がかりとなり得るという意味で重要性を持つと考える。すなわち、これまで遍路日記として認識されていなかった弥蔵の「旅日記」を見ると、弘法大師への信心を意識した記述があったり、四国八十八ヶ所に含まれる複数の札所を参詣したことを記したものが含まれていた。このような「旅日記」も、遍路日記としての性格を併せ持つものと捉えることができるのである。これまで、遍路日記は九点か一〇点程度しかないとも言われてきたが、本章の検討からは、遍路研究の検討対象となる史料の幅を広げ、その基礎的研究を積み重ねていくことが必要であることが明らかになったといえよう。

加えて本章の検討により明らかになったのは、『さくら卯の花旅日記』に見られるような霊場巡拝意識に関する記述の背景に、四国遍路の道中案内記『四国偏礼道指南増補大成』の強い影響があったことである。近世の道中日記は、本屋等から刊行された道中案内記等の書物に強く規定されて書かれ、次に旅に赴く者への情報提供という役割も果たしていたという指摘がある[44]。四国遍路の道中日記である遍路日記も、同様のことが言えるのである。

遍路日記は、先行研究が示すように遍路の旅の実態や、遍路特有の順拝意識（詠歌や札打ち、接待に関する記述等に示されるような）等を読み取れ、遍路研究の進展にとって今後も掘り起こすべき重要な史料である。近世の一般的な道中日記の特質を意識しつつ、各々の遍路日記の特徴にも注意しながら、発掘していく必要があるだろう。

本章の検討により、弥蔵の遍路日記は弘法大師の「御修行の御跡を慕」って霊場を巡拝するという意識を持って記されているとともに、遍路日記には俳諧や名所旧跡への関心が強く表れていることが明らかになった。では、実際の弥蔵の四国遍路の旅にはいかなる信心が込められ、信心と俳諧等の文化的関心はいかに結びついているのだろうか。次章で検討したい。

註

（1）道中記については、現在では五街道や主要な名所の簡単な情報を含み、且つ携帯に容易な小型な出版物と認識されている（原淳一郎「近世寺社参詣史の現状と展望」（『原淳一郎・中山和久・筒井裕・西海賢二『寺社参詣と庶民文化』岩田書院、二〇〇九年）、山本光正「旅行案内書の成立と展開」（『国立歴史民俗博物館研究報告』一五五、二〇一〇年）等）。

（2）道中日記の史料としての特質を論じた塚本明「道中記研究の可能性」（『三重大史学』八、二〇〇八年）は、かつては道中記と呼ばれる史料には、旅人が実際に著したものと、本屋などが刊行・販売し、旅の便宜に供されたものとを混用していたことから、前者を道中日記、後者を道中案内記として区別して表記した。本章もこれに従って記す。

（3）山本光正「旅日記にみる近世の旅について」（『交通史研究』一三、一九八五年）。なお、①は文芸作品のような紀行文のような性格を持ちながら、「日付と費用のほか、訪問先と宿泊先を記す道中日記の狭間にあって、紀行文か道中日記か明確に区別をつけがたい作品」（原淳一郎『江戸の旅と出版文化――寺社参詣史の新視角――』三弥井書店、二〇一三年）と言われるものと近いものと思われる。山本氏の分類の②③が道中日記の中核をなすものといえよう。

（4）前掲註(2)塚本論文等。

（5）前掲註(3)山本論文、桜井邦夫「近世における東北地方からの旅」（『駒沢史学』三四、一九八六年）、小野寺淳「道中日記にみる伊勢参宮ルートの変遷――関東地方からの場合――」（『筑波大学人文地理学研究』一四、一九九〇年）、岩鼻通明『出羽三山信仰の歴史地理学的研究』（名著出版、一九九二年）、田中智彦『聖地を巡る人と道』（岩田書院、二〇〇四年）、高橋陽一「多様化する近世の旅――道中記にみる東北人の上方旅行――」（『歴史』九七、二〇〇一年）等。

（6）旅の習俗をめぐる研究は主に民俗学の立場からなされている。全てを挙げることはできないが、例えば真野俊和『旅のなかの宗教――巡礼の民俗誌――』（日本放送出版協会、一九八〇年）、同『日本遊行宗教論』（吉川弘文館、一九九一年）等。女性の旅については深井甚三『近世女性旅と街道交通』（桂書房、一九九五年）、柴桂子『近世おんな旅日記』（吉川弘文館、一九九七年）等。

（7）難波信雄「道中記にみる近世奥州民衆の芸能知識と伝承」（『東北文化研究所紀要』二六、一九九四年）、落合延孝「旅を通して見た幕末の日本」（同『幕末民衆の情報世界――風説留が語るもの――』有志舎、二〇〇六年）、原淳一郎『近世寺社参詣の研究』（思文閣出版、二〇〇七年、特に第六章「鎌倉の再発見と歴史認識・懐古主義」）、青柳周一「近世における地域の伝説と旅行者」（笹原亮二編『口頭伝承と文字文化――文字の民俗学　声の歴史学――』思文閣出版、二〇〇九年）、鈴木理恵「旅の学び」（同『近世近代移行期の地域文化人』塙書房、二〇一二年）等。

（8）内田九州男「公開講演　コメント」（愛媛大学「四国遍路と世界の巡礼」研究会『二〇一三年度四国遍路と世界の巡礼公開講演会・公開シンポジウムプロシーディングズ』二〇一四年）。内田氏によれば、「四国遍路の道中記を私どもは遍路日記と呼んでいます」とある。内田氏のいう「道中記」とは、「巡礼者自身が筆記した記録」と述べていることから、いわゆる道中日記のことを指しているものと考えられる。

（9）前掲註(8)内田コメント。

（10）新城常三『新稿 社寺参詣の社会経済史的研究』（塙書房、一九八二年）。新城氏は、「（近世の四国遍路においては）心洗われるような景勝の美はあっても、目立つ観光地もなく、日々険路を歩み続けなければならない。……苦行性は相当高く、伊勢参宮その他のように遊山半分でできるものではなく、内心から湧き立つ真摯な篤い信仰心がなければ、とうてい達成できるものではない」というように、他の参詣とは異なる位置を占めていると理解している。新城氏の研究は、四国遍路以外の寺社参詣も取り上げ、それと比較しつつ、藩政史料や四国内外の村方文書等の多くの史料によって近世の四国遍路像を提示したため、総合的な研究成果と受けとめられ、定説とされている。

(11) 背景には二〇〇〇年から始まっている愛媛大学「四国遍路と世界の巡礼」研究会の一連の成果（『四国遍路と世界の巡礼公開講演会・公開シンポジウムプロシーディングズ』等）や、鳴門教育大学「四国遍路八十八ヵ所の総合的研究プロジェクト（『四国遍路の研究』一―三、二〇〇三―二〇〇六年）などがある。

(12) 近藤浩二「越中からの四国遍路――「道中小遣留帳」を素材に――」（愛媛大学「四国遍路と世界の巡礼」研究会『二〇一三年度四国遍路と世界の巡礼公開講演会・公開シンポジウムプロシーディングズ』二〇一四年）、胡光「「遍路日記」に見る四国、その内と外と」（『同』）。

(13) 佐藤久光『遍路と巡礼の民俗』（人文書院、二〇〇六年）、井原恒久「四国遍路における接待の「援助性」――文政期・天保期を中心に――」（「四国遍路と世界の巡礼」公開シンポジウム実行委員会『「現代の巡礼――四国遍路と世界の巡礼――」公開シンポジウム・プロシーディングズ』二〇〇七年）等。

(14) 塚本明「公開講演　江戸時代の巡礼たちの諸相――熊野古道沿いの資料から――」（愛媛大学「四国遍路と世界の巡礼」研究会『二〇一三年度四国遍路と世界の巡礼公開講演会・公開シンポジウムプロシーディングズ』二〇一四年）。

(15) 須藤茂樹「古文書からかいま見る四国遍路」（『空海と遍路文化展――四国霊場八十八ヶ所――』毎日新聞社、二〇〇二年）。「遍路日記を読む」という項目で「半田の庄屋堺（ママ）弥蔵も阿波二十三ヵ寺を巡礼した『さくら卯の花旅日記』（安政五年三月）などを記している」と紹介されている。

(16) 広島県福山市酒井氏蔵酒井家文書、文書の整理番号ｻｶｲ01805～01910、ｻｶｲ01836～01844に「万覚帳」あるいは「覚帳」と題した帳面がある。これらは弥蔵が他の商人から受けた注文等を主に記録したものであるが、このなかに「旅日記」という項目がある。ここには商用のために日帰りで出かけたことも寺社参詣を目的にしたものも「旅」と記され、旅における費目・費用を月日ごとに記している。なお、今回は徳島県立文書館にある紙焼き資料を使用した。

(17) 「参詣覚」とは、表題に「参詣覚」等がつけられた一連のものをここでは便宜的に言っている。徳島県立文書館寄託酒井家文書には以下の七部が現存している。ｻｶｲ00121「讃州象頭山参詣覚」、ｻｶｲ00140「神社佛閣参詣所覚帳」、ｻｶｲ00074「神社佛閣参詣覚」、ｻｶｲ00133「神社佛閣参詣覚」、ｻｶｲ00109「象頭山五岳山参詣覚帳」、ｻｶｲ00073「神社佛閣参詣覚帳」、ｻｶｲ00134「神社佛閣参詣覚帳」。

(18) 「徳島県立文書館特別企画展　芭蕉をめざした男――酒井弥蔵の旅日記――」（徳島県立文書館、二〇〇八年）。

(19) 徳島県立文書館『酒井家文書総合調査報告書』（一九九七年）で取り上げられている。

(20) 本章で使用する酒井家文書は、徳島県立文書館に寄託された一八〇四点（文書の整理番号ｻｶｲ00001～01804）と、広島県福山市に居住されている所蔵者酒井氏宅に四七〇二点（同ｻｶｲ01805～06506）がある。

以下、酒井家文書中にある史料は特に断りがない限りサカイ＋番号で示す。
(21) サカイ03252「左海屋系図上」。このなかに弥蔵が慶応元年に書いた「堺屋先祖早繰系図」が収められている。
(22) 「阿波国村々御高都帳」（『阿波藩民政資料』徳島県物産陳列場、一九一四年、六二二頁に所収）。
(23) 「半田村夫役御改下調帳」（半田町誌出版委員会『半田町誌』上巻、一九八〇年、五一〇頁に所収）。
(24) 半田村には近世中後期頃から台頭した敷地屋系・木村系という二系統の大商人が存在した。漆器・質・酒造・油締・米穀等の主要商品を取扱い、また、半田村における俳諧・石門心学等の文化的活動の中心的役割を果たしていた。敷地屋兵助は敷地屋系の商人である。
(25) 真貝宣光「酒井弥蔵の生業について」（徳島県立文書館『酒井家文書総合調査報告書』一九九七年）。
(26) 半田町誌出版委員会『半田町誌』下巻（一九八一年）、徳島県立文書館「第十一回企画展［酒井家文書総合調査］江戸時代人の楽しみ――旅・俳句・芝居――」（一九九六年）。
(27) サカイ00081「見る若葉聞く郭公旅日記」、サカイ00082「見る青葉聞く郭公旅日記」、サカイ00083「弘化二年乙巳春中旅日記」、サカイ00084「仏生会卯の花衣旅日記」、サカイ00141「踊見旅日記」、サカイ00085「散る花の雪の旅日記」、サカイ00086「出向ふ雲の花の旅」、サカイ00084「旅日記法農桜」、サカイ00088「極楽花の旅日記」、サカイ00080「梅の花見の旅日記」、サカイ00254「さくら卯の花旅日記」。
(28) 前掲註(26)徳島県立文書館「第十一回企画展」。
(29) サカイ01810「覚帳」。
(30) 前掲註(2)塚本論文。
(31) 前掲註(2)塚本論文。
(32) 前掲註(3)山本論文によると、庶民が記した旅日記には、①名所・旧跡に重点が置かれ、自作の歌などが詠み込まれているもの、②自己の行動を中心に記述したもので年月日・宿泊地・費用及び若干のコメントが記してあるもの、③諸経費を中心としたものに分類されるという。この分類にしたがえば、弥蔵の「旅日記」は、一見すると、①に分類されようが、本節の検討を踏まえると①―③いずれも兼ね備えた内容であると見ることができる。
(33) なお、俳諧・狂歌については「口合狂歌発句之部」という項目を立て、何日に、どのような場所・状況で詠んだものか分かるように記している。
(34) サカイ00965「俳諧雑記」巻二。
(35) 費用や費目については、「諸入目覚」という項目を立てて月日ごとにまとめて記してある。
(36) 前掲註(12)胡論文。
(37) 上板町史編纂委員会『上板町史』下巻（一九八五年）。弥蔵がここで源義経の旧跡に関心を示しているのは、源平合戦に関する歌舞伎・浄瑠璃を繰り返し見ていたことも関係していると考えているが、この点は別稿を期したい。ただし、『上板町史』下巻によると、大山寺は真言宗寺院であり、弘法大師との関係も深いと伝えられていることから、弥蔵が大山寺へ赴く理由は弘法大師関係の旧跡を訪れるという可能性があることも考慮に入れなければならない。
(38) サカイ03241「四国偏礼道指南増補大成」。文化一二年一一月求板、大坂心斎橋南江五丁目佐々井治郎右衛門版。
(39) 近藤喜博『四国霊場記集別冊』（勉誠社、一九七四年）。
(40) 引用は長谷川賢二「弘法大師信仰・巡り・霊場ネットワーク」（徳

島県立博物館『空海の足音 四国へんろ展［徳島編］――四国霊場開創一二〇〇年記念――』四国へんろ展徳島実行委員会、二〇一四年）。『四国辺路道指南』に早くから注目した近藤喜博『四国霊場記集別冊』（勉誠社、一九七四年）には、「遍路のガイドブックとして『四国辺路道指南』は、江戸期を通して、その右に出ずるものがない。名ガイドブックである。それだからして、以後のものもすべてこれに準拠して遍路案内書は編まれてきた」とある。『四国辺路道指南』についての近年の研究として、稲田道彦「最初期の四国遍路ガイドブック「四国邊路道指南」と「四国徧禮道指南」の相違について」（『香川大学経済論叢』八五―一・二、二〇一二年）がある。

（41）『四国偏礼道指南増補大成』についての近年の研究は喜代吉榮徳「『四国徧禮道指南増補大成』本について」（『善通寺教学振興会紀要』一三、二〇〇七年）、内田九州男「再論：四国遍路と作法の変遷」（愛媛大学「四国遍路と世界の巡礼研究会」『二〇一一年度四国遍路と世界の巡礼公開講演会・研究集会プロシーディングズ』二〇一二年）等。内田氏は、四国遍路の作法に関わった記述をもとに、『四国偏礼道指南増補大成』の諸本を比較している。

（42）前掲註（2）塚本論文。

（43）このような弥蔵の遍路日記は、これまで紹介されている遍路日記のなかでは、胡光氏が紹介した文章表現に工夫が見られ狂歌や画を付した遍路日記と近い特徴（特に文学的な修飾が施されている点において）を持っていると考えられる。前掲註（12）胡論文を参照のこと。

（44）前掲註（2）塚本論文。

表1-1　「旅日記」一覧

番号	「旅日記」の表題	旅の期間［日数］	旅の契機	目的地	同行者	行程・参詣記事（**太字**は四国霊場八十八ヶ所）・名所旧跡記事
A	見る若葉聞く郭公旅日記	天保12（1841）年（34歳）3月晦日～4月4日［5日］	五岳山善通寺開帳	讃岐国象頭山金毘羅大権現・五岳山善通寺	妻・姉（善通寺まで）	半田村 → 讃岐中通村 → 松尾町内二着仕ル、犬の馬場ゟ四厘……夫ゟ（象頭山）参詣仕」→ 是ゟ**善通寺**迄壱里半（開帳拝見、霊宝録購入）、巳ノ刻妻姉ハ我等と別れて是ゟ帰る」→ 善通寺出立仕、**曼茶羅寺**参詣仕、未の刻**本山寺**着、善通寺ゟ四里、観音参詣仕」→ 讃岐大野原村 →「是ゟ箸蔵寺まで三里、則参詣」→「三日、今日ハ孫之丞芝居見物と用意仕……忠臣蔵にて面白く見物仕」→ 半田村
B	見る青葉聞く郭公旅日記	天保14（1843）年（36歳）5月24日～29日［5日］	（石鎚山参詣）	伊予国石鎚山	川野屋浅之助・大泉利三郎・大道芳助・中島常次（毛田村で加わる）	半田村 →「此所に弘法大師御杖を立置し旧跡あり、今其御杖椿と成り、枝葉茂りある也、寺有参詣仕る、世に爰を椿堂と言」→「雌鳥島・三島、町家なり、此所に三島明神の社あり参詣」→ 伊予西条城下見物 → 大町 →「あんちう村・すの内村過て、たんと言所に里**前神寺**あり、此寺は石鎚山別当にて本堂蔵王権現、四国第六十四番の札所也」→「扨、成就に登り見れハ池有、爰にて手水を遣ひ参詣、石鎚山社本社・拝殿等あり……大悲蔵王権現・石鎚山蔵王権現・金剛蔵王権現　則礼拝仕」→ **前神寺**・川の江八幡宮 → 和田の観音 → 讃岐金比羅大権現 → 半田村
C	弘化二年乙巳春中旅日記（※この「旅日記」は弘化二年の春中に行った旅の記録である）	弘化2（1845）年（38歳）①正月29日～2月2日②2月8日～10日③3月11日～13日④3月26日～29日⑤月7日～8日⑥4月22日～24日	①金毘羅大権現参詣 ②象頭山金堂御入拂供養 ③象頭山開帳 ④象頭山開帳 ⑤「要用を兼なからも象頭山御開帳」 ⑥象頭山開帳	①讃岐国象頭山金毘羅大権現 ②象頭山金堂 ③象頭山 ④象頭山 ⑤象頭山・ ⑥象頭山・善通寺	④嵐友（大久保岩吉） ⑥母・「国蔵殿末子源兵衛」	※行程は最初の旅のみ記載する （正月29日）金毘羅大権現 →（2月1日）「夫より二月朔日に**西讃霊場六ヶ所**巡る」夫より**善通寺**に至り拝する……**甲山寺・曼茶羅寺・出釈迦寺**参詣仕、是より我拝師山捨身の嶽に登りて参詣……、**弥谷寺**に参詣……夕暮**本山寺**を参詣し、見て廻るに御詠歌の桜も花の景色なきなれハ　手折との花まだ咲ず本山寺」→ 西野村 →（2月2日）半田村
D	仏生会卯の花衣旅日記	弘化3（1846）年（39歳）4月9日～11日［3日］	宝物諸仏の開帳	讃岐国香川郡仏生山法然寺	なし	半田村 →「夫より仏生山へ掛る、岩部より三里、八ツ半時なり、開帳を問へハ最早今日ハ閉帳なり、……十日早朝支度仕、開帳に趣く」→「日ハ九ツ前なり、雨降出し漸いそき瀧宮に着ぬ、仏生山より三里、抑此所ハ、其昔菅公当国を治め給ひし旧跡にして、本地ハ祇園牛頭天王なり、法然上人旧跡も西手の河に数多有」→「八ツ時金毘羅に着仕、夫よりそこ爰参詣致」→「箸蔵寺へ参詣せんと内より思ひ定めしなれ共、大雨なれは帰宅をいそき」→ 半田村
E	踊見旅日記	弘化3（1846）年（39歳）7月24日～26日［3日］	念仏踊の会式	讃岐国阿野郡瀧宮村祇園社牛頭天王并大日在天満宮	なし	半田村 →「重清村三頭山を次手なからも参詣せんとて登る……三頭山権現奉拝して是より讃岐の方に趣く」→「夕暮、瀧の宮二着致して宿につく……夕飯仕廻、是より夜市を見物に出る……天満宮社有、拝殿に額を掛たり、菅公治所旧跡」→ 天満宮の東に弘法大師の御影堂西向二有、前に鳥居あり、夫ゟ横町へ出るなり、五ツ時宿江帰りて寝所に入臥ぬ……廿五日早朝支度仕、両社共参詣奉拝……五ツ半時分踊入込其行れつ左之通り」→「是ゟ金

						比羅へ趣き……夕暮参詣仕……廿六日早朝御本社伽藍不残参詣して北の方を眺めて　○見渡せハ海春〳〵と今朝の秋」→ 半田村
F	散る花の雪の旅日記	弘化4（1847）年（40歳）3月19日～22日［4日］	百味講	讃岐国善通寺	半田村百味講中11名	半田村 → 象頭山（金毘羅）→「百味講出席も早けれハ、是より霊場五ヶ所参りに趣、**弥谷寺**をさして行、則参詣仕……是より山越に**出釈迦寺**へ参詣す、奥院捨身山ハ、十三丁西の山上にあり……夫より**曼荼羅寺**へ参詣仕……夫より**甲山寺**を参詣して　君か代の春を笑ふや甲山　夫より**善通寺**参詣」→（百味講出席）「今宵ハ　大師様御宝前にて御通夜仕」→「早朝（3/21）、百味講中へ大師様の御開帳有、其跡にて御影一幅𮦀取有、当り者三好郡昼間村高田忠助と申者なり……夫より方丈にて大僧正誕生院の御さつけあり、其跡にて七色の御宝物開帳あり……以上開帳相済、其跡にて百味の御膳の御時被下、扨、夜前夕飯より今朝迄、三度者茶漬被下候なり」、善通寺 →（3/22）西野村 → 半田村
G	出向ふ雲の花の旅	嘉永2（1849）年（42歳）3月11日～4月3日［23日］	神代神楽の見物	出雲国杵築大社	半田村22名	（3/11）半田村 →（3/12）（讃岐）象頭山・**善通寺**、多度津 →（3/13）（渡船）鞆の津 →（3/14）「鞆津所々参詣」祇園宮・円福寺・阿伏兎の観音 →（渡船）尾道（浄土寺・八幡宮・西国寺・大山寺天満宮・千光寺参詣）→（渡船）（3/15）三ツ口 → 熊野村氏神熊野大権現 →（3/16）（渡船）→（3/17）（渡船）宮島厳島大明神・奥院弥山 →（渡船）広島 →（3/18）東照大権現・八幡宮・饒津大明神・厳島御旅所 → 岩国 →（渡船）→（3/19）広島江波入江 → 広島城見物 →（3/20）三次・布野・室市 →（3/21）石畑の町　須佐大宮 →（3/22・～24）杵築大社・日の御崎兎大明神 →（3/25）鰐淵山学円寺 → 秋鹿町 →（3/26）佐陀大社・松江城内稲荷大明神 → 安来町 →（3/27）米子 → 伯州大仙宮・大智明大権現 → 三ツ杭（御机）→（3/28）久世 →（3/29）木山宮 → 福渡 →（3月晦日）吉備津宮・中帯江景光山観世音 →（4/1）瑜伽大権現 → 下村　鴻八幡宮（渡船）（4/2）丸亀 → 象頭山（金毘羅大権現）大向 →（4/3）半田村
H	旅日記法農桜	嘉永3（1850）年（43歳）3月18日～22日［5日］	（善通寺参詣、金光山仙龍寺の「（弘法）大師四十二歳厄除自作の尊像」参詣）	讃岐善通寺・伊予国金光山仙龍寺	半田村大坂屋嘉吉	（3/18）半田村 → 辻町 → 佐野村 →（3/19）（伊予）「今治領分」→「金光山に着、参詣礼拝し･･･夫より**三角寺**参詣致し、同者の人三島明神参詣を望む故次手に三嶋へ趣く」→ 三嶋大明神 → 川之江 → 川之江八幡宮 →「讃岐国丸亀領」→ 和田浜八幡宮「和田浜に至りて八幡宮参詣し、是より観音寺の方へ趣く……黒渕村通りて観音寺ニ着、**琴弾八幡宮・観音寺**共に参詣」→「一夜庵興正寺ハ足利尊氏公建立の寺也」→「是より**弥谷寺**へ趣……弥谷寺迄登り坂八丁、扨、弥谷寺ハ大師稚き時の御遊び場にて、種々の仏・菩薩を石に切付給ふ也、本堂本尊観世音、護摩堂は岩屋也、其（他脱ヵ）多宝塔・位牌堂・鐘楼・庫裏・大門・中門等あり、奥院の岩屋ハ大師学問を被遊し所也、悉く参詣相済、是より**出釈迦・曼荼羅寺**へ趣く……**出釈迦・曼荼羅・甲山寺**等皆々参詣相済、七ツ時**善通寺**着いたし此所にて泊りと定る」→（3/21）「早朝、大師様伽藍等を参詣……夫より方丈にて百味講中打揃ひ、七種の宝物拝見相済、僧正の御真言をさづけ

						ありて、その后　大師様御宝前にて御開帳尊影の鬮取有り」→「是より金比羅の方へ趣く……榎井六條町興泉寺に開帳有り則拝見……夫より象頭山参詣」→（3/22）「廿二日早朝、金比羅大権現様を参詣」→ 半田村
I	極楽花の旅日記	嘉永4（1851）年（44歳）3月20日～25日［6日］	正御影供・百味講	讃岐国善通寺	半田口山村井川鶴作（善通寺まで）	半田村 →「夕暮**善通寺**に着」→「廿一日天気能く日和にて伽藍西院参詣……夫より講中打揃ひて今年は先　大師様御開帳して御宝前にて尊影の鬮取、其講中名面左之通」→「井川の鶴作は爰より帰宅と言ふ、我は是より東讃岐神社仏閣参詣に趣……夫より**金倉寺**、此所は智證大師御誕生の所にて御影堂に安置す、本堂は薬師如来也、次に**道隆寺**、此寺は多度津城主京極壱岐守様の御菩提所にて大地也」→「夫より**天皇**境内に入て参詣……此宮は天皇崩御被遊し時に金棺しハらく爰に置奉りし所也、今の宮有所也」→「扨、**白峰寺**は谷間にありて松・杉・柏生ひ茂り……昔時保元平治の乱に崇徳天皇当国に流され、此所に皇居し給ふ故に松山の御所と言」→「夫より八島の方へ趣、**八嶋（屋島）寺**、麓かた本村迄に川五ツあり」→「是ゟ**八栗山**迄登り坂也、源平の戦ひと見る躑躅かな　八栗山大門二王あり、中門二天あり、本堂御影堂南向」→「是より**志度寺**へ趣、東の岡に石の鳥居あり、此辺源氏の峯と言、昔時義経此岡に登りて、源平両郡の気を見し所也、腰掛石もありと言ふ……志度寺大門二王あり」→「日内山へ参詣に趣く也、志度より一里……是より**長尾寺**へ半里余有と答ふ **長尾寺**は少しの町の中に有、南向、本堂の東に御影堂有」→ 白鳥大神宮 →「是より**大窪寺**の方へ趣く、問へハ四里有と言ふ……次に大窪寺〇本堂南向大師堂東向、后の山岩窟也、八丁上に奥の院有と聞、日暮此所にて一宿、是より当国脇町迄四里」→「廿五日、宿部より雨降出し止す、故に奥の院参詣ハ止て添山谷を脇町さして帰る」→ 脇町・半田村
J	梅の花見の旅日記	嘉永5（1852）年（45歳）2月24日～2月28日［5日］	天満宮九百五拾年御忌	讃岐国滝宮天満宮	「春田宗三郎との春水子」	半田村 →「七ツ時、瀧の宮に着して先参詣し、市の様子を見るに、人ハ散りてすくなけれ共、御本社の前に上り物多し」→「廿六日**国分寺**参詣」→「夫ゟ**白峰寺**参詣、松山千手院図」→「坂出村塩浜広し、家居もよき町家也、鵜足津町**道隆寺**参詣」→「是ゟ松尾の方へ趣く、与北村を過て山の上に櫛梨の神社を遙拝して七ツ時松の尾に至りて、金毘羅大権現様礼拝、夕陽の飯の山眼瞳殊によし」→ 半田村
K	さくら卯の花旅日記	安政5（1858）年（51歳）3月24日～4月15日［21日］		阿淡両国の霊場	大道芳助	半田村 →「**四国第十一番霊場金剛山藤井寺**」→「**四国第十二番霊場摩廬山焼山寺性寿院**」→「建治の瀧本社蔵王権現其余仏菩薩あり、霊地也」→「**四国第十三番霊場大栗山大日寺花蔵院**」～「**四国第十六番霊場、光耀山千手院観音寺**」→「府中村明神社遙拝」→「**四国第十七番霊場瑠璃山明照寺真福院**」→「諏訪大明神遙拝」→「此所の西手に　一、丈六寺と言ふ禅宗寺あり、当国太守様を始、家老中老一家中の石碑あり」→「**四国第十八番霊場勝浦郡母養山恩山寺**」→「**四国第十九番霊場、橋池山立江寺地蔵院**」～「**四国第廿三番霊場、医王山薬王寺無量寿院**」→ 本社津峯大権現・勢見金毘羅大権現・宮島金毘羅大権現・木津金毘羅大権現 → 下福井村 → 徳島佐古 →

					鳴門岡崎～（渡船）～福良（淡路島） 須本大明神 → 淡路西国33ヶ所・淡路49薬師霊場巡り →（渡船）鳴門岡崎・**「四国第一番霊場霊山寺」～「四国第十番霊場切幡寺」** → 半田村

出所）ｻｶｲ 00081「見る若葉聞く郭公旅日記」、ｻｶｲ 00082「見る青葉聞く郭公旅日記」、ｻｶｲ 00083「弘化二年乙巳春中旅日記」、ｻｶｲ 00084「仏生会卯の花衣旅日記」、ｻｶｲ 00141「踊見旅日記」、ｻｶｲ 00085「散る花の雪の旅日記」、ｻｶｲ 00086「出向ふ雲の花の旅」、ｻｶｲ 00087「旅日記法農桜」、ｻｶｲ 00088「極楽花の旅日記」、ｻｶｲ 00080「梅の花見の旅日記」、ｻｶｲ 00254「さくら卯の花旅日記」により作成。

表1－2　酒井弥蔵「さくら卯の花旅日記」と真念『四国偏礼道指南増補大成』の比較

弥蔵「さくら卯の花旅日記」	『四国偏礼道指南増補大成』
四国第十一番霊場金剛山藤井寺、本尊薬師如来 詠歌 色も香も無比中道のふしい寺 真如の波のたゝぬ日もなし 壱里山へ登りて 長門庵弘法大師、此庵ニ而泊る、 廿五日半里行て柳の水大師堂、又半里行て峠に一本杉大師堂 是ゟ廿余町下りて左右内村、川橋あり、是より焼山寺迄十八丁登り坂、坂中に薬師堂あり、名西郡左右内村	十一番藤井寺　金剛山と名づく、大師此寺を始め給ひ、薬師如来御長三尺に作り本尊とし給ふ 【本尊図】色も香も無比中道(むひちうだう)のふじゐ寺 しんによの波のたゝぬ日もなし 是ゟしやうさんじ迄三里山坂也、一里半ゆきて柳の水と云有、是ハ旅人渇せし時、大師楊枝を以て加持し給ひ、水ほとはしりいてあたへ給ひし所也、其楊枝をさしおき給へバ柳となり、其水往来の人渇をやすめ、利をうるもの也、今柳の水に大師堂有、宿かす也、しるし石有●これよりさうぢ村●谷川道こりとり川と云、人皆こりをとる、焼山寺へ十八町のぼる坂中に薬師堂あり
四国第十二番霊場、摩廬山焼山寺性寿院、本尊虚空蔵菩薩 後の世を思へハ恭敬焼山寺 死出や三途の難所ありとも 奥院ハ十八丁登る、五、六丁行て三ツ峯権現社あり、其神を爰に遙拝、又五、六丁行て蛇の窟(イワヤ)あり、岩屋の口に牛頭天王社あり、素盞烏尊 岩屋のうへに大国神社あり、大己貴命なり 池の跡あり、大師御杖にて底を突抜き給ふ故に水なし、護摩の窟本尊不動明王求聞持の窟本尊虚虚空蔵菩薩、胎内くぐり岩屋を抜る、北の峯役行者是を下りて階子を上りて、中の峯蔵王大権現、南の峯杖立権現猿田彦命、 是より寺へ戻り、道下り坂、大門より十八丁坂を下りて、右衛門三郎墓庵あり、右衛門三郎ト大師トの木像あり、是より一の宮へ五里、左右内村、阿川村、広野村、入田村 一、建治の瀧本社蔵王権現其余仏菩薩あり、霊地也、名東郡一の宮村	十二番焼山寺　名西郡摩廬山性寿院と号ス、山高く聳たり、本尊虚空蔵大師御作、坐像四尺五寸、奥院へハ寺より十町余あり、護摩窟蛇窟なといふあり、大門より十八町坂をくたりて右衛門三郎墓あり、大杉大サ七かいありといふ 【本尊図】のちの世をおもへハ恭敬しやうさん寺 死出や三途のなんじよありとも 是より一の宮へ五里●さうち村へもとり一の宮へ行てよし●あかハ村●ひろの村●いりた村二本木の茶やと云有、しやうさんじゟ是迄山道谷間川あまた有
四国第十三番霊場大栗山大日寺花蔵院、本尊十一面観音 阿波の国一の宮とハゆふたすき 懸て頼めや此世後の世 廿六日 是より常楽寺迄十五丁、此間川有、名東郡延命村	十三番一宮寺　名東郡、寺ハ大栗山花蔵院大日寺と云、大師大日如来の像を作り安置し給ふとなん、今の本尊ハ十一面観音一の宮の御本地と聞ゆ、此寺奥院と号する所有、是より十八町西にあり霊地なり 【本尊図】阿波の国一の宮とハゆふたすき かけてたのめや此世のちの世 是ゟ常楽寺迄十五町●此間川有●ゑんめい村
四国第十四番霊場、盛寿山常楽寺、本尊弥勒菩薩 常楽の岸にハいつか到らまし ぐぜいの舟に乗りをくれずハ 是より国分寺迄八丁、矢野村、	十四番常楽寺　名東郡、盛寿山と云、本尊弥勒ぼさつ坐像八寸、大師の御作、俗此てらを矢野延命と云 【本尊図】常楽のきしにハいつかいたらまじ ぐぜひの舟にのりおくれずバ 是ゟこくぶんじ迄八町●やの村
四国第十五番霊場、法養山国分寺金色院、本尊薬師如来 薄く濃く分けく色を染ぬれハ 流転生死の秋のもミぢ葉 是より観音寺迄十八丁、観音寺村、	十五番国分寺　法養山金色院と云、国分寺といふハ聖武天皇詔して丈六の釈迦二ぼさつを作り、大般若を写し天下一国に一寺づゝこん立し給ふにより、国分寺と国々にて名付、今此寺薬師如来坐像長一尺五分作者しれず 【本尊図】うすく濃わけく色をそめぬれバ 流転生死のあきのもミぢ葉 是ゟくハんおんじ迄十八町●観音寺村
四国第十六番霊場、光耀山千手院観音寺、本尊千手観音 忘れすも導引給へ観音寺 西方世界弥陀の浄土へ 是より井戸寺迄十八丁、府中村明神社遙拝、岩延村、井戸村、	十六番観音寺　名東郡、光耀山千手院と云、本尊千手観音御長六尺大師の御作 【本尊図】わすれずも導引玉へくハんおんじ さいほう世界ミだのじやうどへ 是ゟ井土寺迄十八町●かうの村明神のやしろ有

四国第十七番霊場瑠璃山明照寺真福院、本尊薬師如来、鎮守八幡宮あり、 　佛を移して見れハ井戸の水　結べハ胸の垢や落なん 是より恩山寺迄五里、鮎喰川、蔵本村、佐古町五丁目、 諏訪大明神遙拝、新町、富田、二軒屋出離れ、つめた川橋あり、法花川橋あり、日開谷村、西つか村、此所の西手に 一、丈六寺と言ふ禅宗寺あり、当国太守様を始、家老中老一家中の石碑あり、山上に鎮守秋葉山大権現六社也、其外堂塔多し、中門、大門并松等あり、松林広し、前ニ勝浦川有（貼紙は略） 前原村、志保村、田野村	十七番井土寺　名東郡、瑠璃山明照寺真福院と云、聖徳太子の建立といひ、又ハ行基とも云、大師あそび給ひ本尊薬師如来御長五尺両脇士ぼさつ、四天王作り安置し給へり、鎮守八幡楠明神あり 【本尊図】おもかげをうつして見れハ井土の水 　　　　　むすべバむねのあかやおちけん 是ゟおんさんじ迄五里●あくひ川徳嶋までハ家つゞき、徳嶋●せミがはな●二けんや町此間につめた川はし有、ほつけ川はし有、壱丁ほど行、しるし石有●にしつか村●ゑた村●しぼ村●たの村しるし石有
四国第十八番霊場勝浦郡母養山恩山寺、本尊薬師如来、行基菩薩の御作、 　子をうめる其子母の恩山寺　とふらひかたき事ハあらじな 南の山つるまき坂と言、禁の釈迦庵宝暦五年寅六月十五日弘法大師誕生の尊像を安置す、 是ゟ立江寺迄一里、天王村、瀧宮牛頭天王社遙拝、田の、中山、立江村石橋八ツ有、此橋上に白鷺居る時ハ通らずと言ふ、爰に歌有、 御関所五ツの罪ハ立江寺　頼めハ免し通し給へや	十八番恩山寺　勝浦郡、此寺聖武天皇の勅に仍て行基ぼさつ造立し給ひ、本尊薬師の坐像行基ミつから作り給ふ、其後大師いたり給ひて再興し、御母の骨をおさめ、御はかを築それゟ母養山恩山寺と号すとなん 【本尊図】子をうめる其父母のおんさんじ 　　　　　とふらひかたき事ハあらじな 次ニつるまき坂下釈迦庵宝亀五甲寅年六月十五日弘法大師誕生尊像をあんちし次に薮の下むつきを納し所也、是より立江寺迄一里●天王村●たの中山●たち江村●石はし八ツ有、此橋上に白鷺居るときハ通らずと云つたふ
四国第十九番霊場、橋池山立江寺地蔵院、本尊地蔵菩薩 　いつかさて西の住居の我か立江　愚生の船に乗て到らん 廿七日、是より鶴林寺迄三里、立江村、櫛渕村、泥（ママ 沼ヵ）江村、森村より鶴林寺へ十八丁、坂なり、右森村より勝浦川を北へ渡りて星谷村より十二丁登りて星の岩屋あり、三間四方あり、中に小社三ツあり、石仏有、前に岩有、階子にて登る、上の宮ハ北斗星を祭る、此岩屋の上より軒を落る数丈の瀧あり、大師堂観音堂あり、横瀬村、鶴林寺奥院へ行ハ、此所まで打戻り、道六十五丁と川内村、坂本村、黄檗村、大久保村少し行て、灌頂が瀧、毎朝五ツ時より四ツ時まで日輪に向て、不動明王の御来迎あり、 一、月頂山慈眼寺、右の瀧ゟ五丁登る、本尊不動明王、弘法大師、又三丁余西に堂有、十一面観音、不動明王大師御作、此上に岩屋あり、寺より案内者出て灯を燈し見せる也、先岩屋の口に十六の階子有、小社ハ熊野大権現、鞍石鳴る右之方へ少し行、小社あり、二タ葉権現、此神ハ大師此窟を開き給ふ時御案内し給ふ時、御案内し給ふ神也、是より岩屋へ這入也、奥行二十一間、始左りをさして入る、又左りをさして下りて行、右をさして入る、又左りをさしてそつて入る、此中広し、自然石のの（ママ）仏菩薩、護摩檀、幡、天蓋、戸帳石、法螺貝石等あり、是より戻り道胎内くゞり、其余数多不思義有、是より横瀬へ戻り、勝浦川を南へ渡りて玉（ママ 棚ヵ）野村に泊る、 廿八日、是より鶴林寺迄十八丁登り坂、勝浦郡鶴敷地村（貼紙は略）	十九番立江寺　橋池（きやうち）山地蔵院と云、此寺聖武天皇御願といへり、本尊地蔵ぼさつ小像なりしを大師爰にわたらせ給ひて六尺の像を作り、かの小像をおさめ給ふとなり 【本尊図】いつかさて西のすまひのわがたちえ 　　　　　ぐぜひのふねにのりていたらん 是ゟくわくりんじ迄三里●たてえ村●くしふち村しるし石有、左の方三十町程わきにいはわき村取星（しゆせい）寺といふあり、此寺大師加持し給ふと云星石あり、是より又三十町ほど過ぎて星谷（ほしたに）といふあり、星の岩屋三間四方もありなん半（なかば）に数丈の瀧あり、名区な り、此星谷より行て坂本といふ村有、此所に大師宿し給ふ時、霜いたくふり人寒気になやめり、大師きこしめし加持し給ひしより此里霜ふら ず、となり村ハ殊に霜ふかし、星谷より半里川はたを行、●よこせ村● 星谷へよらずくわくりんじへすぐに行時ハ●もり村、是ゟくわくりんじへ十八町坂也●奥院へかくる時ハもり村ゟ二里半、此間かつら川有●与川内村●坂本村●きハた村●大くぼ村すこし行て灌頂が瀧不動明王つねに現じ給へり ○月頂山慈眼寺、右の瀧より八丁のぼる、是を鶴林の奥院と云、本尊不動又三丁余西に堂有、十一面不動大師御作也、此上方千尺のけハしき岩端に壱丈ばかりの卒都婆有、大師立玉ふと云、人間のわざにおよぶ所にあらず、又傍に岩屋あり、二十間ほど行、自然石の仏ぼさつ、色々のふしぎなる事あり、是よりよこせへもどり●たなこ村
四国第二十番霊場、霊鷲山鶴林寺宝珠院、本尊地蔵菩薩、三重塔あり、其外建もの多し、 　茂りつる鶴の林をしるへにて　大師そいます地蔵帝釈 是より大龍寺迄一里半、大井村長川舟渡しなり、是	廿番鶴林寺　霊鷲山宝珠院と云、此寺のはしめ大古なり、大師いたり給ふ時樹上に鶴有、翅（つばさ）の下より光明現ぜしを、大師御覧じけれハ、地蔵の金像也、其とまりし木を切、御長三尺の地蔵を作り、かの金像を納め、伽藍を立給ふ

登り坂、那賀郡加茂村	【本尊図】しけりつる鶴のはやしをしるへにて 大師そいます地蔵帝釈 是ゟ大龍寺迄一里半●加茂村へ行時ハ二里也●大井村なか川舟わたし●わかすき村家四五軒あり
四国第廿一番霊場、舎心山大龍寺常住院、本尊虚空蔵菩薩、三重塔あり、其余建物多し、 大龍の常に住むぞやげに岩屋 しやしん聞持ハ守護のためなり 四 五丁南に大師求聞持をハ修し給ひし岩窟あり、堂の前に橋あり、三十丁程ハ深山也、龍の岩屋奥行五十五間有、中に龍の姿石、せり割石、見返り石、其奥に大師を安置す、其外袈裟懸石、法螺貝石等あり、是より平等寺迄二里、阿瀬比村、おゝね坂上り下り、大根谷、大師堂本尊地蔵菩薩、那賀郡荒田野村	廿一番大龍寺　那賀郡、舎心山常住院と云、本尊虚空蔵大師御作也、此所大師少年の時、霊を感じ、求聞持を修し給へり、霊験大師ミづから三教指帰等にのべ給ふ名区なり 【本尊図】大龍のつねにすむぞやけに岩屋 しやしん聞持ハしゆごのためなり 是ゟ平等寺迄二里、卅町程深山、本道ハ山口村にかゝる三里也、●あせび村●おゝね坂●あらたの村
四国第廿弐番霊場、白水山平等寺醫王院、本尊薬師如来、大師御作 平等にへだての無きと聞時ハ あらたのもしき仏とぞ見る 是より薬王寺迄五里、寺のまへに川橋あり、廿町程ハ家続、月夜村大師堂あり、此処に大師御加持水の泉あり、参詣、月夜坂上り下りて川有橋有、鉦打茶屋あり、鉦を打し石あり、逆瀬川橋あり、小野村爰にて泊る 廿九日　松坂、此所古道新道の別れしるし石有、左りへ古道へ行、たい村、笘越坂、由岐浦、おほ坂、木々浦、日和佐、たい村、をた坂下りて川有、北河内村、日和佐浦御陣屋あり、町家也、海部郡也	廿二番平等寺　白水山医王院と号す、此寺大師開き給ひ、薬師御長二尺坐像作り安置し玉ふ 【本尊図】平等にへだてのなきときく時ハ あらたのもしきほとけとそ見る 是ゟ薬王寺迄七里、寺のまへ川わたり廿町ほどは村つゞき●月夜村●かねうち坂ふもとに茶屋あり●さかせ川此川の蜷貝人の足にたちていためるより大師加持し給ひわたる所ばかり、貝のとがりなし●小野村此間松坂しるし石あり●たい村●とまこえ坂●おほ坂(ぜんにん有)●ひわさたい村をた坂くたり川あり、北かわち村●ひわさ村浦川あり
四国第廿三番霊場、医王山薬王寺無量寿院、本尊薬師如来、大師御作、 ミな人の病ミぬるとしの薬王寺 瑠璃の薬をあたへましませ 是より新道を戻る、四十丁程遠しと言へ共坂無し、北河内村、大藤村、是より松坂へ行合、鉦打迄戻り道、此所より右へ上福井村、下福井村、湊と言所にて泊る、日和佐より津の峯権現へ参詣、同行あり女三人 四月朔日、橘浦、答嶋、是より津の峯へ十八丁上り坂、鳥居有、一、本社津峯大権現 別当真言宗本尊薬師如来 式内賀志姫命 是より富岡へ五十丁下り坂、富岡町家也、川あり船渡し、三栗村、大京原村川あり、船渡シ、赤石浦、金磯新田、小松島浦、町家なり、中田村、輪田浦、是より法花へ戻り、徳島へ夕暮に来りて佐古町五丁目にて泊る 二日御郡代御役所にて切手頂戴仕、是より淡州へ趣く、徳島助任より大岡へ出て、鈴江川船渡し、広島浦、新喜来村船渡し、徳長村、木津村、撫養四軒家町、林崎浦船渡し、岡崎村、此所にて泊る、今日参詣の神社左之通 一、勢見金毘羅大権現 一、宮島金毘羅大権現 一、木津金毘羅大権現	廿三番薬王寺　海部郡医王山無量寿院といふ、行基ぼさつ開基なり、後に大師あそハせ給ひ、薬師如来の像を作り安置し給へり、塔の本尊千手観音脇士二十八部ミな行基の御作、是ゟ西六十余町をへだて奥院あり、あやしき岩やに大師御作の本尊ましませり、奇瑞の事有 【本尊図】ミな人のやミぬるとしのやくわうし るりのくすりをあたへましませ 右阿波分是ゟ土佐ひがし寺迄廿一里内十里阿波分●かた村●よこかう坂●山川内村こゝにうちこし寺真言道場遍礼いたハりにて国主ゟこんりう有、少ゆき●かんばう坂山越●たちはな●こまつ●ほとり●かうち●むぎ浦●ひわさゟ是迄山谷川多し
是より板東村へ三里 四国第壱番霊場、竺和山霊山寺一乗院、本尊釈迦如来 霊山の釈迦の御前に巡り来て 万の罪も消失にけり 是より七丁北に大麻彦神社 中宮 西宮 板野郡極楽迄十丁、檜村	一番霊山寺 阿州板野郡竺和山一乗院と号す、此寺弘法大師・釈迦・大日弥陀の三尊を作り、三堂別にて給ひ、就中釈迦を本尊とし、天竺の霊山を和国に移せしにより竺和山霊山寺といふ、鳴戸見物の人ハ爰にてたづねらるべし、五里、三丁北に大麻彦大明神伴社、中宮西宮あり、かならす参詣すべし 【本尊図】霊山の釈迦のみまへにめぐりきて よろづのつミもきへうせにけり 是よりごくらくじ迄十町、板野郡檜(ひのき)村

四国第弐番霊場日照山ト云、本尊阿弥陀如来 極楽の弥陀の浄土へ行たくハ 南無阿弥陀仏口くせにせよ 是より金泉寺迄廿五丁、川端村・大寺村	二番極楽寺 日照山といふ、此寺行基ぼさつのはじめ給ふといへり、本尊阿弥陀坐像、御長四尺五寸、行基の御作なり、左に薬師如来右に弘法大師の御影あり 【本尊図】極らくの弥陀の浄土へゆきたくバ 南無あミだぶつくちくせにせよ 是ゟ金泉寺迄廿五町●河はた村●同郡大寺村●
四国第三番霊場亀光山金泉寺釈迦院、本尊釈迦如来 極楽の宝の池を思へたゝ黄金の泉澄ミたゝへたる 是より黒谷迄一里、岡の宮大師堂あり、吹田村・犬伏村・那東村・黒谷村此所に橋有、歌に 御仏に結ふえにしの法りの橋往かふ人の罪ハ消へつゝ	三番金泉寺 亀光山釈迦院といふ、此寺大師ひらき玉ひ、釈迦如来御長三尺大師御作、亀山法皇の御廟あり 【本尊図】極楽のたからのいけをおもへたゞ こがねのいづミすミたゝへたる 是よりくろだに迄一里、おかの宮大師堂あり●ふき田村●いぬふし村●なとう村より十八町谷へ入ゆく、板野郡●黒谷村
四国第四番霊場、黒岩山大日寺遍照院、本尊大日如来 眺むれハ月白妙の夜半なれや唯黒谷に黒染の袖 是より地蔵寺迄十八丁、矢武村	四番大日寺 黒岩山(こくがんさん)遍照院といひ、又ハ黒谷(くろたに) 寺とも云、本尊大日坐像御長一尺五寸、大師御作なり 【本尊図】ながむれバ月しろたへの夜半なれや たゞくろたににすミそめの袖 是ゟぢぞうじ迄十八町●同郡矢武(やたけ)村
四国第五番霊場、無盡山地蔵寺荘厳院、本尊地蔵大菩薩、此寺大伽藍にして五百羅漢有 六道の能化の地蔵大菩薩ミちひき給へ此世後の世 是より安楽寺へハ壱里なれ共、大山寺へ参詣仕候、壱里余り寄り、神宅村牛頭天王社あり、との宮明神より右へ入、廿丁程行て麓の茶屋荷物を預け置、山に登る、十八丁並松あり、仏王山大山寺本尊観世音、三重塔あり、二王門其外方丈・庫裏等建ものあり、奥院は三丁上にあるよし、黒岩大権現と承り候也、大門の外ニ源九郎義経公の馬の基（ママ 墓ヵ）もあり 御詠歌 さしもくさ頼む誓ひも大山の松にも法りの花や咲らん 是より埜へ下り、七条村へ出て曳野村へ行	五番地蔵寺　無尽山荘厳院といふ、熊野権現御夢想の妙薬有、寺にて受らるべし、此寺ハ大師此所にて熊野権現出たまひ、霊木を大師へまひらせられ、大師其木にて地蔵ぼさつ一寸八分の尊像を刻給ふ、国民(くに たみ)霊異を慎ミ、伽藍を立といへり、其後後宇多の院の御時住持霊感 の事ありて、御尺一尺七寸の地蔵を作らしめ、彼一寸八分の古像を新像のむねにおさめ、又阿弥陀薬師の二像を作り、両脇に置、熊野権現天照太神のやしろ有 阿州地蔵寺 奥院 五百羅漢集所、本順ぎやくうちぬけ 【本尊図】六道の能化(のうけ)の地蔵大ぼさつ ミちびきたまへこの世のちの世 是ゟあんらくじ迄一里●かんやけ村●七条村●ひきの村
四国第六番霊場、温泉山安楽寺瑞雲院、本尊薬師如来 借りの世に知行争ふ無役也 安楽国のしゅこを望よ 是より十楽寺迄十丁、此間ニ熊野庄権現社あり、高尾村	六番安楽寺又ハ瑞運寺とも云、板野郡なり、大師薬師如来の坐像御長一尺三寸に作り、伽藍を立、安置し給ふと也、大師のころ迄此所に温泉あり、薬師を本尊となされ温泉山と云よし 【本尊図】かりの世に知行争ふむやくなり あんらく国のしゆこをのそめよ 是より十らくじ迄十町●同郡たかを村
四国第七番霊場十楽寺、本尊阿弥陀如来 人間の八苦を早く放れなば到らんかたハ九品十らく 是より熊谷迄一里、吉田村・藤原村・土成村此所阿波郡也	七番十楽寺　本尊坐像の阿弥陀如来極楽の十らくをとりて寺の名とせり 【本尊図】人間の八苦をはやくはなれなば いたらんかたハ九ほん十らく 是よりくまたに迄一里、此間のはら也、今ハ吉岡といふ●あわ郡となり村
四国国（ママ）第八番霊場、普明山熊谷寺真光院、本尊千手観音、三重塔・大門・中門あり 薪取水くま谷の寺に来て　難行するも后の世のため 是より法輪寺迄十八丁、此所、田野にはさめり故ニ田中ト云	八番熊谷寺 普明山真光院と云、谷深く水涼し、本尊千手千眼観音、作者不知、立像御長六尺 仏舎利百廿六粒御くしに納るよし、御足のうらに記文有、脇立不動毘沙門運慶作、御筆の額をかけたり 【本尊図】薪(たきぎ)とり水くま谷の寺にきて なんぎやうするものちの世のため 是よりほうりんじ迄十八町
四国第九番霊場白蛇山法輪寺、本尊釈迦如来 大乗の秘方も科もひるがへし 転法輪の円とこそき	九番法輪寺 白蛇山といふ、此地田野(でんや)にはさめり、本尊坐像の釈迦如来、御長一尺八寸

け 是よりきりはた迄廿五丁、成当村日くれて宿を貸ふと云、家ありて、此村にて泊る 十五日 秋月村・切幡村阿波郡也	【本尊図】大乗のひはうもとかもひるがへし 転法輪のゑんとこそきけ 是ゟきりはた迄廿五町●あきつき村●きりはた村
四国第十番霊場、得度山切幡寺灌頂院、本尊千手観音、大門・中門其余建もの多し伽藍 慾心を只一筋に切はたし 后の世迄の障りとそなる 此寺にて札打仕舞	十番切幡寺 得度山灌頂院と云、寺の名を以て村の名とせり、本尊千手観音不動毘沙門を両におけり、皆大師の御作、中門多門持国大門の二王ミな運慶の作なり 【本尊図】よくしんをたゝ一すちに切はたじ のちの世までの障とそなる 此所にて藤井寺焼山寺とゆき戻りて、田中法輪寺へ行といふ事を教る人多し、益なし、吉野川と云大河を二度わたり、道のそん二里斗有、大窪寺より来る人ハ、一番之霊山寺迄此書を逆に見るべし、霊山寺ゟ是まで十里十ケ所と云、是ゟ藤井寺迄一里半●大野しま村●大八嶋村●此間吉の川と云舟わたし有●それより麻植村にいたる

出所）徳島県立文書館酒井家文書ｻｶｲ 00254「さくら卯の花旅日記」と真念『四国偏礼道指南増補大成』（同酒井家文書ｻｶｲ 03241「四国偏礼道指南増補 大成」を使用）により作成。

第二章　四国遍路の旅にみる信心と俳諧
――酒井弥蔵を例に――

はじめに

前章において、阿波国美馬郡半田村の商人酒井弥蔵（一八〇八―一八九二）の遍路日記には、弘法大師の「御修行の御跡を慕」って霊場を巡拝するという意識と、俳諧や名所旧跡への関心が強く表れていることを指摘した。本章では、遍路の旅にいかなる信心が込められているのかを検討するとともに、信心は俳諧への関心といかに結びついて旅の背景をなしていたのかを考察する。

近世後期は寺社参詣を中心とした民衆の旅が隆盛した時代である。民衆の旅が寺社参詣の形をとることが一般的であったのは、神仏を参拝して御利益にあずかりたいという希求のみならず、宗教行為である参詣を理由とすることで長期の移動が比較的大目に見られたことがある。こうした参詣（信仰）の旅とは名ばかりとなり、行楽そのものを目的として旅に出ることも少なくなかったことが指摘されている。[1]

ところで、こうした旅のなかでも四国遍路については、弘法大師信仰を核とした「篤い信仰心」で行われていたことが指摘されている。[2]しかしながら遍路を行った人物の「信仰心」の内実については、ほとんど明らかになっていないのが現状であり、個別具体的な事例に即して明らかにしていくことが求められている。

一方で、四国遍路が「篤い信仰心」で行われていたことを根拠に、近世の旅のなかで特殊な位置を占めていると理解されてきたことも再検討の必要がある。[3]前章の検討により、弥蔵の遍路日記には、他の「旅日記」同様に、俳諧や名所旧跡への関心が強く表れていることが明らかになったのである。このように見ると、遍路の旅に込められた意味を、信心のみでは読み解けないことが窺える。

このような観点から近年の旅に関する研究で注目されるのは、俳諧文化（松尾芭蕉等の紀行文を読む等）が旅へと誘う面があることや、和歌修養のための文人層の旅があったこと等、旅と日常の文化活動には密接な関わりがあることを示唆していることである。[4]こうした指摘を踏まえると、旅に出たときとは異なる日常における文化活動のあり方にも注目していく必要があるだろう。

そこで、本章では引き続き酒井弥蔵に即して遍路の旅に込める信心の内容を明らかにするとともに、信心が俳諧への関心といかに結びついて旅の背景をなしていたのかを、旅での行動と、日常を過ごす地域での活動に焦点を当てて考察する。

第一節　酒井弥蔵と四国霊場への旅

(1) 四国霊場の巡り方

弥蔵の四国遍路の旅には、いかなる信心が込められているのかを考える前提として、弥蔵は四国霊場をどのような巡り方で巡拝しているのかを検討する。

弥蔵の旅に関してはこれまで、徳島県立文書館の展示で取り上げられたり、一部の「旅日記」は史料紹介がなされている。[5] そのなかで、弥蔵は「数多くの旅行をしていた」ことや「その中で特に印象深いものを「旅日記」という形で記録している」ことが指摘されている。ただしこれまでは、「旅日記」と他の旅の記録とを関連させて論じられていないため、弥蔵の旅の意味づけや旅の頻度について十分に明らかになっていない。そこで本節では弥蔵の寺社参詣記録「参詣覚」と「旅日記」を中心に見ていく。

弥蔵の旅の一つの主要な目的は寺社参詣の旅であった。それは、弥蔵が神社仏閣へ参詣すると、「参詣覚」という帳面に年月日と訪れた神社仏閣名を箇条書きにして自分の控えとしていたことから分かる。現存するのは次の七部である。[6]

①「讃州象頭山参詣覚」（文政九（一八二六）年三月晦日から嘉永二（一八四九）年一〇月一一日までに讃岐象頭山及び善通寺への参詣記録）
②「神社仏閣参詣所覚帳」（文政一三年三月二七日から天保一二（一八四一）年三月二一日までの神社仏閣参詣記録、以下同）
③「神社仏閣参詣覚」（天保一二年正月一日から七月七日）
④「神社仏閣参詣覚」（天保一二年七月二二日から八月二四日）
⑤「象頭山五岳山参詣覚帳」（嘉永三年正月晦日から明治一七年三月二一日）
⑥「神社仏閣参詣覚帳」（天保一四年三月二一日から嘉永四年三月）
⑦「神社仏閣参詣覚帳」（嘉永五年二月六日から明治三年六月二七日）

「参詣覚」には弥蔵が参詣した全ての神社仏閣が記されているわけではないようであるが、[7] 弥蔵が参詣した所をある程度把握できる史料であると考えることができる。「参詣覚」を見ると、伊勢、高野山、畿内、安芸、讃岐、伊予など弥蔵は様々な場所へ寺社参詣に行っていることが確認できる。それは旅先で購入したり写したものと考えられる神社仏閣の縁起や霊宝録類が酒井家に多く残ることからも分かる。

表2-1は、①—⑦を使用して弥蔵が訪れた神社仏閣名を年別にまとめたもの及びそのなかで四国八十八ヶ所霊場を太字で示したものの一部である。[8] これを見ると、弥蔵は数日に渡る寺社参詣の旅（ただし旅に出る契機は商用であった場合もある）[9] を年三—六回程行っていることが分かる。これは当時の民衆の旅の頻度としては比較的高い方であると考えられる。

ところで、**表2-1**を一見すると、四国霊場と他の参詣地は区別されておらず、四国霊場への旅も他の旅・参詣と同じようにも見える。例えば次の史料を見てみたい（傍線や太字は筆者による。以下同）。

同年（嘉永三年）三月豫讃霊場拝礼

表２－１　「参詣覚」（天保13年～嘉永3年）に見る弥蔵が訪れた神社仏閣

年	弥蔵の年齢	月日	訪れた神社仏閣	所在地等
天保13（1842）年	35	2月24日	**讃岐霊場六箇所（善通寺・甲山寺・曼荼羅寺・出釈迦寺・弥谷寺・本山寺）**	讃岐
		3月10日～11日	木津金毘羅宮・大麻彦神社・**奉納十里十ヶ所**	阿波
		3月21日	**讃岐霊場七箇所順拝（金倉寺・道隆寺・弥谷寺・曼荼羅寺・出釈迦寺・甲山寺・善通寺）**・白方熊手八幡宮・白方海岸寺・善通寺佐伯八幡宮	讃岐
天保14（1843）年	36	3月21日	**讃岐霊場五ヶ所（弥谷寺・曼荼羅寺・出釈迦寺・甲山寺・善通寺）**	讃岐
		4月1日	諏訪大明神・庚申堂・**四国十六番観音寺**	阿波
		5月26～27日	石鎚大権現・**前神寺**	伊予国
		9月29日	種穂忌部神社	阿波
		10月11日	宝珠山箸蔵寺大権現	阿波
		11月12日	瀧宮牛頭天王・天満宮	讃岐
天保15（1844）年→弘化元年	37	3月21日	**讃岐霊場五ヶ所（善通寺・甲山寺・曼荼羅寺・出釈迦寺・弥谷寺）**	讃岐
弘化２（1845）年	38	2月1日	**讃岐霊場六ヶ所（善通寺・甲山寺・曼荼羅寺・出釈迦寺・弥谷寺・本山寺）**・出釈迦寺奥院捨身山	讃岐
		2月9日	象頭山金堂御入仏庭議音楽大曼荼羅供	讃岐
		3月27～28日	**讃岐霊場九ヶ所（善通寺・甲山寺・曼荼羅寺・出釈迦寺・弥谷寺・本山寺・観音寺・琴弾宮・小松尾寺）**・徳田社天満宮	讃岐
		10月10～11日	象頭山	讃岐
		10月12日	宝珠山箸蔵寺	阿波
弘化３（1846）年	39	4月9～11日	仏生山法然寺開帳・瀧宮天満宮・牛頭天皇・象頭山	讃岐国香川郡・阿野郡・那賀郡
		7月24～25日	祇園牛頭天皇・天満大自在天神宮	讃岐国阿野郡瀧宮村
		7月25～26日	象頭山金毘羅大権現	讃岐国那賀郡
		9月15日	**四国第十一番霊場藤井寺**	阿波
		10月11～12日	象頭山金毘羅大権現・宝珠山箸蔵寺・奥院箸蔵谷禅定	讃岐国多度郡・阿波国三好郡州津村
弘化４（1847）年	40	3月11～12日	箸蔵寺大権現・**本山寺**	讃岐国三野郡
		3月20日	象頭山・**讃岐霊場五ヶ所（弥谷寺・出釈迦寺・曼荼羅寺・甲山寺・善通寺）**・佐伯八幡宮	讃岐
		9月22～23日	**十里十ヶ所霊場巡拝**	阿波
弘化５（1848）年→嘉永元年	41	3月20日	**金倉寺・善通寺**・象頭山・宝珠山箸蔵寺	讃岐国多度郡・阿波国三好郡州津村
		10月10～12日	象頭山金毘羅大権現・宝珠山箸蔵寺	讃岐国多度郡・阿波国三好郡州津村

嘉永2（1849）年	42	3月12～4月4日	金毘羅大権現・**善通寺**・祇園牛頭天皇・円福寺・浄土寺・八幡宮・西国寺・大山寺天満宮・艮宮・千光寺・厳島大明神・奥院弥山・東照大権現・八幡宮・饒津大明神・厳島御旅所地御前・須佐大宮・杵築大社・神代神楽・日御崎日沉宮・兎大明神・鰐淵山学円寺・佐蛇大社・松江城内稲荷大明神・天満宮・伯州大仙宮・大智明大権現・本山宮・吉備津宮・中帯江景光山観世音・瑜伽大権現・鴻八幡宮・金毘羅大権現・金毘羅大権現氏神八幡宮・慈雲庵観世音	讃岐・備後国⊠津・尾道・安藝国・出雲国飯石郡宮中村・伯耆・美作・備中・備前・讃岐
		5月25日	**無尽山地蔵寺**・奥院五百羅漢	阿波
		6月16日	福大山大瀧寺・西照大権現	阿波
		9月24日	髙越山蔵王権現・種穂忌部神社	阿波
		10月10日	金毘羅大権現	讃岐
嘉永3（1850）年	43	正月晦日	象頭山	讃岐
		正月25日	当村五社参り（中藪新田大明神・木ノ内三宝大荒神・逢坂建権現・中島三社大明神・小野八幡宮）	半田村
		2月1日	象頭山	讃岐
		3月	豫讃霊場拝礼（金光山仙龍寺・**由霊山三角寺**・三島大明神・川之江八幡宮・和田浜八幡宮・**琴弾八幡宮・七宝山観音寺・本山寺宝持院・剣五山弥谷寺・我拝師山出釈迦寺・我拝師山曼荼羅寺・医王山甲山寺・五岳山善通寺**・象頭山松尾寺）	伊予・讃岐
		10月10～11日	象頭山	讃岐

注）太字は江戸時代の道中案内記である真念『四国遍礼道指南増補大成』に八十八ヶ所霊場として付番されている霊場。
出所）ｻｶｲ 00140「神社佛閣参詣所覚帳」（「参詣覚」②）、ｻｶｲ 00109「象頭山五額山参詣覚帳」（「参詣覚」⑤）、ｻｶｲ 00073「神社仏閣参詣覚帳」（「参詣覚」⑥）により作成。

金光山仙龍寺　**由霊山三角寺**　三島大明神　川之江八幡宮
和田浜八幡宮　**琴弾八幡宮**　**七宝山観音寺**　**本山寺宝持院**　**剣五山弥谷寺**　**我拝師山出釈迦寺**　**我拝師山曼荼羅寺**　**医王山甲山寺**　**五岳山善通寺**　象頭山松尾寺　（「参詣覚」⑥）

右の史料は、「参詣覚」のなかで弥蔵が嘉永三（一八五〇）年三月に伊予・讃岐にある寺社・霊場を「拝礼」した記録である。太字は四国八十八ヶ所の札所を表している。これを見ると、札所も札所以外の寺社も区別ない記述となっている（同様の記述は嘉永四年・文久三年にも見られる）。ところが、八十八ヶ所の札所のみを参詣したときには、他と違う記述をしていることに気づく。例えば「讃岐霊場六ヶ処　**本山寺**　**弥谷寺**　**曼荼羅寺**　**出釈迦寺**　**甲山寺**　**善通寺**」（「参詣覚」②）や、「西讃霊場五箇所　**善通寺**　**甲山寺**　**曼荼羅寺開帳**　**出釈迦寺**　**弥谷寺**」（「参詣覚」⑦）を「順拝」・「参詣」するといった表記となっており、旅のなかで八十八ヶ所の札所のみを、ある程度まとめて参詣したときは、「霊場〇ヶ所」と記しているのである。同様の記述は「参詣覚」のなかで一三回程確認される。他にも、「参詣覚」には四国八十八ヶ所を意識した記述として、「十里十ヶ所」がある。これは、酒井家文書にもある四国遍路の道中案内記『四国偏礼道指南増補大成』に「霊山寺（第一番札所）ゟ是（第十番札所切幡寺）まて十里十ヶ所と云」とあるように、第一―十番札所を巡ることを言う。弥蔵はこの「十里十ヶ所」を約二日かけて九回程巡拝していることが「参詣覚」により確認できる。また、例えば四国八十八ヶ所の一つ藤井寺を参詣したときに、「四国第十一番霊場藤井寺」といった「四国第〇番霊場」であるということを意識した記述が随所に見られる。これらのことから、四国八十八ヶ所を中心とした四国霊場を一つの区分として意識し、いくつかの霊場を複数回に渡って巡るという形態で巡拝している弥蔵の姿が見えてくるのである。

それでは、弥蔵はどのような意識を持って四国霊場へ赴くのかを「旅日記」からいま一度確認しておきたい。第一章で述べたように、弥蔵は四国霊場を巡ることを、「高祖大師（弘法大師）御修行の御跡を慕ひ」（『さくら卯の花旅日記』）と位置づけていた。このような意識は、俳諧を通じて交友していた右京（半田村単友（大久保岩吉）の母）が、天保一四（一八四三）年に四国霊場へと出発する際の以下のような記述にも表れている[10]。

右京雅君は此たび遍照尊の御跡を慕ひて、四国霊場を巡りしと聞、予も是を久しく望むといへ共、未ダ火宅の離れかたくして、けふや君の門出を見送かく

霜まれに行杖笠ぞ羨し　　春耕（酒井弥蔵の俳号）

右京から「遍照尊（弘法大師）の御跡を慕ひて四国霊場を巡りしと聞」き、弥蔵も「久しく望」み、「羨し」と言っている。そして、当時、在村文化として広く民衆に広がっていた俳諧で見送っている。このように四国霊場が弘法大師の「御跡」であるという意識は弥蔵のみにとどまるものではなかったことが理解されよう。

では、こうした弘法大師の「御跡」である四国霊場への旅にはいかなる信心を込めて赴いているのだろうか。

(2) 信心

讃岐にある善通寺（四国霊場第七十五番札所）は、弥蔵が高頻度で訪れている寺である。善通寺は弘法大師誕生の地と伝えられる寺であり、四国霊場のなかでもひときわ重要な位置を占めている。弥蔵自身も「旅日記」のなかで善通寺について説明している。それによると「五岳山善通寺弘法大師の尊前に参詣と定り……」（『極楽花之旅日記』）、「予が隣国に弘法大師御誕生の霊場讃岐多度郡善通寺あり……」（『旅日記法農桜』）と述べている。さて、善通寺には百味講がある。百味講について弥蔵は「毎年三月正御影供百味御膳講之記」を著し、次のように説明する。[11]

○抑讃岐之国善通寺は弘法大師第一の旧跡たる事皆人の知る処にして其むかしより①毎年三月廿一日信心の輩百味の飲食を求る事久し、一度其講中に縁を結ひ候へハ真言をさつかり、又七色の御宝物を拝し奉りて有かたさの数々短き筆にしるしかたし、誠に此世におもひ出此事にして②現当二世安楽うたかひなきといふ事を人々に進るもの也

　弘化三年丙午三月廿一日

讃岐国屏風浦善通寺
弘法大師御誕生所誕生院

善通寺の百味講とは、正御影供（後述）の際の、①毎年三月二一日に「信心の輩百味の飲食を求」めるものである。講中に縁を結べば真言を授かり、「七色の御宝物」を拝見することで、②「現当二世安楽うたかひなきといふ事を人々に進るもの」である、と述べている。実際に行うことは「七色の御宝物開帳」の後に「百味の御膳の御時（斎《とき》＝寺で出す食事。または法要その他仏事の参会者に出す食事のこと）被下」というように、宝物開帳の後に斎（＝食事）が出されるようである。[12]以下、傍線部①②に注目して弥蔵にとって百味講に参加することの意味を見てみたい。

まず、①「毎年三月廿一日」に「信心の輩」が集うとあるが、三月二一日とは弘法大師の入定の日とされる日である。弘法大師入定に関しては、現存する記録のなかで、弥蔵が書いた一番年代が古いものに、「開帳由来書」[13]がある。これは、文政五（一八二二）年（弥蔵一五歳）に弥蔵の檀那寺である半田口山にある神宮寺での開帳の際に写したものと思われ、「是に掛奉るハ弘法大師の御作に添へ給ふ御衣御袈裟御数珠御沓御末広でござる……御衣一領を高野山大師入定の廟窟に送り給ふ勅使に……」とあり、弘法大師が高野山入定という知識に触れている。

また、文政八年（一八歳）には『行状記第九』という冊子を作成し、『高野大師行状図画』第九巻の「入定留身事」という項を抜き書きしている。[14]これには弘法大師の入定の場面について「入定ノ期、既ニ近付シカハ、御弟子タチ、弥勒ノ宝号ヲソトナヘ給ヒケル、終ニ承和二年三月廿一日寅ノ剋ニ結跏趺座シ、奄然トシテ入定シ給ヘリ」と書かれている。さらに嘉永二年（四二歳）には『弘法大師御入定由来』という冊子を作成し、『野山名霊集』のなかにある「御入定の事」を、抜き書きしている。[15]弥蔵は書物によって弘法大師入定に関する知識を深め、その知識に後押しされて「信心の輩」として百味講に参加しているのである。

ここでいう「信心」とは、弘法大師への信心・信仰とともに、講中

に縁を結んで真言を授かることで、②「現当二世安楽うたかひなき」を「信」じる「心」である。つまり、弘法大師への信心の表明と、「安楽」を求める「信心」を持って四国霊場へと赴いているのである。次の事例もこれと共通している面を持っている。

　弥蔵が居住した半田村の近辺（現在のつるぎ町貞光・半田両地区）には端四国《はぼしこく》八十八ヶ所（以下、「端四国」と略記）と呼ばれる写し霊場がある。弥蔵はこの「端四国」を嘉永三年（四三歳）三月二九日から四月三日の五日間に渡って「順拝」した。そのときに「端四国」の由来や道しるべ、詠歌等を記録した『法楽書』を作成している。[16] 弥蔵によれば「端四国」は文政一一（一八二八）年以降、堂舎などが建立されていたものの巡る人がいなかった。そのようななか、弘化三（一八四六）年に「東端山白村の住、亀蔵と言ふ人」が心願を起し、弘法大師へ深く報恩の為、数度遍礼した。不思議なる霊験を幾度も蒙ったことにより「信厚の人多く」参詣の群集をなしたという。そして弥蔵は亀蔵の「消んせし奉燈をかかげし事の尊さをいさゝか爰に記し……詠歌を綴り、道の遠近を書記」したのである。注目すべき点は、弥蔵が亀蔵の行為の尊さを感じたことの背景に、亀蔵の弘法大師への報恩があることである。弥蔵の「端四国」巡拝の背景には、次のような事情があった。

> 去年季秋より初冬に至りて敷地屋国蔵殿大痢におかされ、已に九死一生に及ひ、此偏礼三度の心願を掛け、程無く平癒し、御礼の為此度順拝する、我等事代参に雇れ参詣
>
> 奉納霊場八十八ヶ所同行二人　願主　国蔵
>
> 代参　悴源蔵
>
> 代参　弥蔵

敷地屋国蔵が「大痢」（痢病か）にかかり、「偏礼三度の心願を掛け、程無く平癒し、御礼の為此度順拝する」ことになった。弥蔵は代参をしている。敷地屋国蔵とは、弥蔵の生業形態の一つである「日雇」の雇い主として「大福帳」に最も多く名前が挙がっている人物である。[17]

　これらの記述から、この旅は弘法大師への報恩の為に「遍礼」した亀蔵の行為への尊さを背景に、ひいては弘法大師への信心を背景に、敷地屋国蔵の病気平癒のために「遍礼三度」の心願を掛け、平癒のお礼のための「順拝」として赴いたものであった。[18] 弘法大師への「報恩」を背景にした遍礼の心願、結果として病気平癒をもたらすという信心、お礼のための「順拝」という構図が見えてくる。このように、弥蔵の四国霊場への旅には、弘法大師への信心及びそれを背景にした安楽・病気平癒などの功徳を求める信心が込められていたのである。

（3）俳諧行脚の旅

　ところで、先に四国霊場巡りをする右京という人物に、俳句を詠んで見送っていたことを述べた。実は、弥蔵の旅には俳諧が大きく関わっている。弥蔵の旅の記録「旅日記」には、旅の理由、道中の出来事、地誌情報、路銀の算用が記されているが、随所に俳諧記事が鏤められているのである。**表2－2**は弥蔵の「旅日記」一覧と、各所で詠んだ句の回数、旅先で句碑等を写した回数、同行者の詠句回数等を示したものである。ここで注目されるのは、弥蔵は同一の旅に出ると、参詣記録（「参詣覚」）と「旅日記」という二つの記録が作られる場合があることである。[19] なぜ二つの記録が作成されるのだろうか。以下、

表2－2　旅日記中の俳諧関連記事の回数

番号	旅日記の表題・表紙の署名	旅の期間［日数］	旅の目的・目的地	句碑・御詠歌等の写し	同行者の句	句を詠む回数	和歌	狂歌	餞別・迎えられて
1	見る若葉聞く郭公旅日記	天保12（1841）年（34歳）3月晦日～4月4日［5日］	金毘羅大権現・五岳山善通寺開帳参詣			1			
2	見る青葉聞く郭公旅日記	天保14（1843）年（36歳）5月24日～29日［5日］	伊予国石鎚山参詣	1		19		2	
3	弘化二年乙巳春中旅日記	弘化2（1845）年（38歳）正月29日～2月2日、2月8日～10日、3月11日～13日、3月26日～29日、4月7日～8日、4月22日～24日	善通寺他5ヶ所等			12		5	
4	仏生会卯の花衣旅日記	弘化3（1846）年（39歳）4月9日～11日［3日］	讃岐国香川郡仏生山法然寺開帳			33			
5	踊見旅日記	弘化3（1846）年（39歳）7月24日～26日［3日］	東讃阿野郡瀧宮村祇園社牛頭天王・大日在天満宮「念仏踊の会式」見学			24			
6	散る花の雪の旅日記	弘化4（1847）年（40歳）3月19日～22日［4日］	百味講・善通寺他5ヶ所巡り	西行の歌の写し10		19			
7	出向ふ雲の花の旅	嘉永2（1849）年（42歳）3月11日～4月3日［23日］	「杵築大社（出雲大社）の神代神楽の見物」	句碑3、御詠歌2	7	38			餞別に3句、迎えられて2句
8	旅日記法農桜	嘉永3（1850）年（43歳）3月18日～22日［5日］	善通寺参り			17		1	
9	極楽花の旅日記	嘉永4（1851）年（44歳）3月20日～25日［6日］	「正御影供に当たりて」善通寺参り			20		3	
10	梅の花見の旅日記	嘉永5（1852）年（45歳）2月24日～2月28日［5日］	当社天満宮九百五拾年御忌、庭議音楽大曼茶羅供執行	（西行の歌等の写しもあり）	11	26			
11	さくら卯の花旅日記	安政5（1858）年（51歳）3月24日～4月15日［21日］	阿淡両国の霊場を巡り	（詠歌等の写しもあり）		2		21	

出所）ｻｶｲ 00081「見る若葉聞く郭公旅日記」、ｻｶｲ 00082「見る青葉聞く郭公旅日記」、ｻｶｲ 00083「弘化二年乙巳春中旅日記」、ｻｶｲ 00084「仏生会卯の花衣旅日記」、ｻｶｲ 00141「踊見旅日記」、ｻｶｲ 00085「散る花の雪の旅日記」、ｻｶｲ 00086「出向ふ雲の花の旅日記」、ｻｶｲ 00087「旅日記法農桜」、ｻｶｲ 00088「極楽花の旅日記」、ｻｶｲ 00080「梅の花見の旅日記」、ｻｶｲ 00254「さくら卯の花旅日記」により作成。

四国霊場巡りを行った旅を記録した「旅日記」の俳諧記事を具体的に見てみよう。

弥蔵にとって善通寺百味講は弘法大師への信心を表明する重要な行事であることは前節で述べた。弥蔵が百味講中を連れて（後述するように弥蔵は百味講の半田村世話人をしている）善通寺へ参詣した旅も『散る花の雪の旅日記』（弘化四年三月一九日―二二日）として記録が残っている。これには、四日間の旅のなかで弥蔵が詠んだ一九の俳句（と、道中見つけた西行の歌碑にある歌十首）を記している。その最初が出発の日の朝であり、次のように述べている。

> 爰に内藤氏利刀軒美山なる者、予に参銭を頼ミ、大師の宝前に捧け呉れよとの真義をかんして　散る花や人のこゝろも実を結ぶ
> （『散る花の雪の旅日記』）

美山[20]が弥蔵に参銭（賽銭）を頼んだことから、弥蔵は弘法大師の宝前に捧げてくれという「真義」を感じたという。そして弥蔵が句を送って出発している。また、讃岐善通寺と伊予仙龍寺を訪れた旅を記録した『旅日記法農桜』には、「今宵善通寺西院伽藍共に鳥渡参詣して吟す　経陀（羅）尼花も綛（紐ヵ）とく宵つとめ」とあり、善通寺西院伽藍に参詣して陀羅尼（真言）をよんだことを吟じている。弥蔵は、例に挙げた他にも参詣地・道中での出来事や、四季の眺望など、様々な場面で俳句を詠んでいるのである。

表2－2を見ると、弥蔵の「旅日記」は天保一四年（三六歳）頃から俳諧を多く交えた記述となっていることが分かる。この時期の弥蔵にどのような出来事があったのだろうか。実は、弥蔵は天保一四年に半田村において、「雲雀塚」という句碑の建立を行う（後述）。碑に刻む句は芭蕉の「雲雀よりうへに休らう峠かな」である。弥蔵によればこの句は「先年五畿内行脚の時、大和の国臍の峠（現、奈良県桜井市細峠）にて高吟を写し有し[21]」とある。「先年畿内行脚」とあるのは、先に見た「参詣覚」によると天保一一年二月、一二年二月・八月に畿内を訪れていることから、このいずれかである可能性が高い。注目されるのは、この時期に「行脚」を行っていたということである。句碑に刻んだ大和の国臍の峠にあった芭蕉の高吟とは、松尾芭蕉の紀行文『笈の小文』にある句である。弥蔵は『笈の小文』を、芭蕉塚のできる一年四カ月前、天保一二年一一月一九日に購入したと記している[22]。

このように見ると、青木美智男氏の指摘が想起される。氏によれば松尾芭蕉の紀行文の「多くの読者は漂白の旅へと誘われ異郷へと旅立つようになった。こうして俳聖芭蕉の足跡をたどる俳行脚が、一人前の俳人となるための重要な条件となった。全国の俳人たちはどこかへ旅に出ると芭蕉に倣って、きまって紀行文を残した」という[23]。弥蔵にとって、「旅日記」は芭蕉に倣った紀行文（特に『笈の小文』を意識した可能性が高い）であり俳諧行脚の記録でもあったと見ることができるのではないだろうか。このように見れば、旅に関する記録として「参詣覚」と「旅日記」が作成されているのは、弥蔵にとっての旅が、信心・参詣の旅であると同時に、俳諧行脚の旅でもあったということが考えられるのである[24]。

以上のように、弥蔵の四国霊場への旅には、弘法大師への信心と俳諧行脚という意味づけがあり、それは弥蔵のなかで矛盾なく併存していたといえよう。旅のなかで、信心と俳諧という二つの意味づけが併存している背景には、日常を過ごす地域での文化活動が基盤となって

いるのではないだろうか。以下で検討したい。

第二節　地域における信仰の営みと俳諧活動

（1）弥蔵と俳諧

まず、弥蔵の旅が俳諧行脚としての意味づけがあったことの背景として、半田地域における弥蔵の俳諧活動について見てみたい。酒井家文書にある俳諧関係の史料は俳書（版本・写本）が一〇部一五冊、句集（刊行された句集と神社仏閣への奉納句集等）が三八二点、俳諧関係の著述物（『俳諧雑記』や弥蔵が俳句を書き付けた帳面等）が三七点、その他（一句書付、俳句募集札の一枚刷り等）約二六〇点、計六九四点程確認できる。これは公開されている酒井家文書一八〇四点の三分の一以上を占める。弥蔵は年間どのくらい俳諧興行に参加しているのかを検討してみると、安政二（一八五五）年は三二回であることが分かった[25]。これは月に二―三回参加している計算となり、弥蔵は活発に俳諧活動を行っていたと考えられる。

では、弥蔵と俳諧の関わりを『俳諧雑記』（巻一―三）・『俳諧年行司』（巻四―十二[26]）という記録を中心に見ていきたい。『俳諧雑記』・『俳諧年行司』（以下、『雑記』『年行司』と略記）とは、天保五（一八三四）年（二七歳）から明治二二（一八八九）年（八二歳）までの五六年間に起きた、年行事・旅・交友・家族や自身の出来事等を、述懐や句・狂歌を交えて書かれたものとして知られている[27]。執筆の動機が『雑記』巻一の序文に「俳諧の神ありや、夢に我を進めて曰、汝よくも俳諧に思ひつきたり、今名聞に更る共、必老後の楽ミうたがひあるべからず、と告て、夢ハ覚めに梟、夫より此集をおもひたちて筆を取、人々の笑ひもかへり見ず、記し置物也」とある。夢に出てきた「俳諧の神」が俳諧は「老後の楽ミ」となることを告げ、「此集」を思いついたと述べている。

弥蔵は一九歳のときに（文政九年）俳諧を始めた。それは天保七年（二九歳）に「此人（＝孤竹庵梅雅）に手を曳れて遊ぶ事早十年」（『雑記』巻一）という記述から分かる。孤竹庵梅雅とは実名は木村由蔵（一七七一―一八五三）、半田俳壇の指導者であり、半田俳諧社である半田水音分社二世「社長」であることが先行研究で明らかとなっている[28]。弥蔵二八歳のとき（天保六年）に父武助が死去する。父（＝春陽亭梅月）は辞世の句を詠み、弥蔵（＝春耕園農圃）は父の死に「悲しミ」の句を詠み、さらに吉野川対岸の脇町に住む伯父（＝花山）が「老の身」のため「里をへだて、逢」うことが叶わなかった「兄弟」（＝弥蔵の父）の死に際しての句を詠んでいる（『雑記』巻一）。この頃、弥蔵は祖父（＝農人）からの俳諧系譜を次のように記す[29]。

春里庵農人（寛政十一巳年正月十六日没　行年七十四）
├─春日亭花山──春明堂桃雫
└─春陽亭梅月（天保六乙未十一月廿一日没　行年七十四）──春耕園農圃

これらの記述から弥蔵は、俳諧活動の活発な地域で祖父の代から父・伯父とともに俳諧を嗜んでいたという背景を持っていることが分かる。

弥蔵は、俳書などの俳諧に関わる書物によって学習も行っている。例えば先に紹介した「俳諧は老後の楽しミ」であるという記述は松尾芭蕉の遺書にある言葉と言われ、この内容は各務支考『俳諧十論』や『十論為弁抄』に言及されている。弥蔵は『十論為弁抄』を天保五年三月に該当箇所を含め抜き書きしている。[30] さらに、『雑記』巻一に「中冬の比、我屋敷の哀れなるを見て、冬枯や女主じの破れ垣隣から憎む榎の落葉哉」と記しているが、これは『徒然草』の榎の僧正の話を踏まえた記述と見ることができる。弥蔵は『徒然草』を嘉永七年（四七歳）に写しているのである。[31]

また、弥蔵は三五歳（天保一三年）のときに芭蕉から孤竹庵梅雅（俳諧の師）の道統を記しているが、[32] 五一歳（安政五年）には芭蕉からの道統を次のように書く。[33]

芭蕉翁九世　春耕園農圃主人

道統

芭蕉翁桃青　獅子庵支考　黄麗園蘆元　五竹房琴左　朧庵再和
轉化坊雲行　楊柳園梅室　孤竹庵梅雅　春耕園農圃

芭蕉に連なる弟子のなかに自分を位置づけ、「芭蕉翁九世」にあたる道統を有しているという意識を持っていたことが窺える。

そして弥蔵は三六歳（天保一四年）のとき、半田村小野峠にある慈雲閣境内における「雲雀塚」という芭蕉句碑（芭蕉塚）の建立の際に大きな役割を果たす。弥蔵は塚建立の発願人の一人であり、[34]「座配」という役を勤める。この塚建立には半田村木ノ内・逢坂・小野の三地区から六四名が参加している。弥蔵は雲雀塚建立の興行の様子を『雲雀集』[35]に記している。それによると「この雲雀塚ハ……今年祖翁の百五十年遠忌に当りぬれば、この地の社中と喋し合いて造立し」とあり、天保一四年は芭蕉一五〇年遠忌であったことが分かる。

さて、弥蔵は四二歳（嘉永二年）のとき、『俳諧雑記』を『俳諧年行司』と改題し、理由を『年行司』巻四の序文で述べている。「四時（四季）の眺望を順紀《ママ》しているので、『年行司』は「雑記全」にまさる。しかし、「神祇、釈教、恋、無常、述懐、旧懐、旅、祝喜等を集る」ので「雑記の名なきにもあらね共、年行司の評題面白く、改革するものなり」とある。注目したいのは「神祇」「釈教」という宗教的な内容を持つものと、「恋、無常……旅、祝喜」という人生の節目となるような様々な出来事を、俳諧という表現手段によって記していることである。例えば、「無常」・「旅」と関わる記述には、次のようなものがある。

亡き父に経木を流し、大師加持水を手向けるに雉子の声しきりにあれバ、彼の祖翁高野にての高吟におもひ合せしに……亡父の影さへも更ニ見へざりけるをなげきてかく侍る

父の声せぬぞ恨めし山の雉子

これは、弥蔵の父が亡くなった約一〇年後の弘化二年、旅先の讃岐弥谷寺で詠んだものである。「雉子の声」がしきりに聞こえたので、「彼の祖翁高野にての高吟」（芭蕉の高野山にての吟、父母のしきりに恋し雉の声（『笈の小文』））を思い合わせたが、「亡父の影さへも更ニ見へ」ないのを嘆いて句を詠んでいる。この記述からは弥蔵の俳諧の素養が窺えるとともに、亡き父への思いや感情を素直に表現する手段として俳諧は重要であったことが分かる。また、「恋」について例を挙げると、一人目の妻と離縁した翌年の天保一四年、「おもひきや独寝

広き蛔の中、此節不快の吟、題恋、夏病ミと云ふも恥かし顔の痩」（『雑記』巻二）とある。弥蔵にとって俳諧は日々の出来事・感じたことを表現する重要な手段であったのである。

このように弥蔵は、俳諧の活発な地域で祖父の代から俳諧を嗜んでいるという背景を持ち、地域における句会や芭蕉塚建立へ積極的に参加し、芭蕉からの道統を意識していた。そして俳諧関係の書物によって知識を深めながら、日々の出来事を俳諧を交えて表現することで俳諧の素養を高め、芭蕉に倣って俳諧を交えた紀行文（「旅日記」）を書いたと理解することができよう。

（2）信心と俳諧

①御影供と俳諧

では、このような弥蔵の俳諧活動は、弘法大師への信心行為といかなる関わりがあるのだろうか。先に三月二一日が弘法大師入定の日とされる日であることを述べたが、この日に主に真言宗寺院で行われる講会を御影供（もしくは正御影供）と言う。弥蔵は御影供の日に、年によって旅先の善通寺にいるときと、居住地である半田にいるときの両方が確認できる。旅先では「御影供や耀く寺の朝日の出」（天保一二年）、「御影供や経読鳥の爰かしこ」（弘化四年）、「御影供や雉子も雲雀も楽の声」（安政六年）というように、三月二一日は御影供を意識して俳句に詠んでいる。[36]また、半田では御影供に合わせて奉燈句会が開催されている。弥蔵は、確認ができただけでも天保五年、嘉永四・五年に参加している。[37]

天保五年は弘法大師千年忌に当たる年であり、半田口山村にある真言宗寺院龍頭山神宮寺（弥蔵の檀那寺）で奉燈句会が行われている。句会に参加している人物は弥蔵を含めて半田村の者が一〇人、脇町井尻が四人、その他が六人おり、このなかで弥蔵は句の集者の「補」という役を担っている。嘉永五年も句会のなかで集めた句を清書する役を担っており、開催する側としての役割も果たしていた。嘉永四・五年の正御影供の句会は、表紙に「篁連」（半田村小野地区の篁連のこと）とあり、嘉永期頃には半田小野篁連を中心に月並句会（「月並奉燈」（嘉永四年）とある）の一つとして開催されていたと考えられる。[38]このように、御影供の奉燈句会は、御影供という弘法大師への信心に基づく宗教行事と、俳諧興行という二つの意味合いを持って行われていた。

②百味講員と俳諧を通じた交友関係にある人物の人的重なり

先に、善通寺百味講は弥蔵にとって、信心を表明する重要な行事であると述べた。弥蔵は百味講の「半田村引請」の世話人を（記録が残されている分だけでも）弘化三・四年に勤めている。この半田村の百味講員の名前は、「毎年三月正御影供百味御膳講之記」に記されており、これによると弘化三・四年には一三人、文久四年には一〇人が加わり二三人と増えている。[39]

表2－3の左の列は、「毎年三月正御影供百味御膳講之記」に書かれた弘化三・四年の百味講員の弥蔵以外の人名を記したものである。このなかで、『雑記』・『年行司』において弥蔵と俳諧を通じた交流していることが確認される人物は、次の列に〇を記し、『雑記』・『年行司』での人名表記を示した。『雑記』・『年行司』には、大概は俳号によって人名表記がなされており、「毎年三月正御影供百味御膳講之記」には実名が記されている。そのため、人物の特定が難しいが、[40]「毎年三月正御影供百味御膳講之記」と『雑記』・『年行司』双方に名前があ

表2－3　弘化3・4年の百味講員の中で俳諧を通じた交友関係にある者

人名	「俳諧雑記」「俳諧年行司」の人名表記	交友の具体相
敷地屋国蔵	○ 「敷地屋国蔵」	嘉永2年「大痢」になり、平癒祈願の御礼参りとして嘉永3年に弥蔵が端四国順拝をする／安政2年6月28日、敷地屋国蔵・芳太郎、郡代より親孝行により表彰された際、弥蔵、一句作る。（実際は「此吟、不送文」とある）
敷地屋兵助	○ 「雅弘」	天保8年、敷地屋兵助子息名付に招かれ、句を送る／嘉永2年「朋友雅弘」の不惑を賀す／嘉永6年弥蔵が後妻を迎え、雅弘が祝す／他、明治10年雅弘の追善に「時なるや惜めど今は散紅葉」と「捧る」まで交友が続く
冨右衛門		
鹿蔵		
坂本屋銀左衛門		
坂本屋伊代吉		
大泉為之丞	○ 「大泉為之丞」	安政6年「大泉為之丞、庄司（庄屋）に昇身せしを賀」して句を送る／明治13年、「大泉大君還暦の賀」として句を送る
大坂屋嘉吉		
山口茂八郎		
今津屋角蔵	○ 「今津屋角蔵」	嘉永7年、今津屋角蔵どの度々家に来て「悟りを開きし」と話した。これに対し弥蔵が「其可笑さを」吟じる。
川野屋吉兵衛		
大久保熊三郎	○ 「安斎」	嘉永7年、3月辞世の句を用意し、弥蔵に「遣」わしたが、「右の用意御一笑希候」と弥蔵に述べる／安政5年筍の馳走に合い（誰からの馳走かは不明）、安斎が詠んだ狂歌を弥蔵が書き留める。

出所）ｻｶｲ 00007「毎年三月正御影供百味御膳講之記」、ｻｶｲ 00963～00974「俳諧雑記」「俳諧年行司」により作成。

る人物を五人（敷地屋国蔵、敷地屋兵助、大泉為之丞、今津や角蔵、大久保熊三郎）確認できた。このなかで特に見ておきたいのは敷地屋兵助（俳号雅弘、一八〇九―一八七七）である。弥蔵の一歳下の同世代であり、**表2-3**からも分かるように親しい交友関係にあった。敷地屋兵助は半田村小野篁連の一人として先述の「雲雀塚」の建立に参加しており、自身の日記に「当（天保一四年）卯三月より発起いたし候、弥相決まり候、子細は当村内外風雅一統心願にて峠庵へ芭蕉翁を追尊て塚を建て名を雲雀塚と言」とあるように、「当村内外風雅一統心願」の一人であることが窺える。[41]また、慶応元年から弥蔵は敷地屋兵助に「雇れ」て「目薬入替」の旅にも出ており、弥蔵の生業上関わりの深い人物でもある。百味講のような弘法大師への信心に基づく活動を行っていた人物のなかには、俳諧活動にも深く関わっている者が存在していたのである。

以上のように、弥蔵が日常を過ごす半田地域における行事や人的交流のなかで、弘法大師への信心に基づく活動と俳諧活動は重なりをもって行われていることが分かる。信心に基づく活動と俳諧活動が、いつ頃から活発に行われていたのかを弥蔵が残した記録に即してもう一度整理したい。弥蔵が弘法大師の入定に関する記事を書物から筆写しているのが確認できるのは文政八年（一八歳）、俳諧を始めたのは文政九年である。天保五（一八三四）年（二七歳）には弘法大師の千年忌の奉燈句会へ句の集者の「補」として参加している。天保一四年（三六歳）頃から芭蕉に倣って俳諧を交えた紀行文（「旅日記」）を執筆し、弘化四（一八四七）年（四〇歳）の百味講中を連れての旅の記録『散る花の雪の旅日記』には、霊場へ赴くことの意味として弘法大師への信心を表明した記述が見られる。また、嘉永期には弘法大師忌日の奉燈句会が半田村篁連の「月並奉燈」の一つとして開催されていた可能性がある。現存する記録を追いかけた結果、弥蔵は天保期頃には弘法大師への信心に基づく活動と俳諧活動を、矛盾なく併存・両立して行っていたことが窺える。

おわりに

最後に本章のまとめと次章への課題を示したい。本章は、近世後期において民衆が四国遍路の旅にいかなる信心を込めていたのか、信心は俳諧への関心といかに結びついて旅の背景をなしていたのを、阿波半田商人酒井弥蔵に即して検討した。

弥蔵は四国八十八ヶ所霊場のうちのいくつかを巡るという形態で四国霊場巡りを行っていた。この四国霊場巡りの旅には、弘法大師への信心及びそれを背景にした安楽・功徳を求める信心と、芭蕉を意識した俳諧行脚の旅としての意味づけが矛盾なく併存していた。このような旅の意味づけがあった背景には、日常を過ごす地域での信心に基づく活動と俳諧活動の密接な関わりがあった。それを象徴するものとして、御影供という弘法大師への信心に基づく宗教行事と、俳諧興行という二つの意味合いを持って行われていた奉燈句会がある。この句会に、弥蔵は句の集者の「補」として主体的に関わっていた。そして、半田村において弘法大師への信心に基づく活動を行っていた人物と、俳諧活動を行う人物には重なりがあることも分かった。つまり、旅での行動、半田地域での文化活動、活動の人的重なりという面から、弘法大師への信心に基づく行為・活動と俳諧文化が、両立するものとして弥蔵の基層に流れていたと見ることができる。この点を踏まえて近世後期にどのような「遍路文化」が営まれていたのかについて見通しを述べたい。

　二〇〇〇年以降の遍路研究の進展にともない、遍路を行う人物の意識や旅先での行動も、遍路に関わる文化＝「遍路文化」の形成にとって重要な構成要素と捉えられている(42)。そのなかで遍路を行う人が拠り所にするものとして必ず挙げられるのが、弘法大師信仰であるが、信仰にまつわる人々の具体的営為は特に近世に関してはほとんど明らかになっていない。本章は、近世後期における民衆の遍路の旅の背景を、酒井弥蔵に即して検討した。すると、弘法大師信仰の具体相の一端が明らかになったとともに、これまでの研究で指摘されていなかった点として、信仰と俳諧文化が両立して遍路文化が営まれていたということを挙げることができるのではないだろうか。

　本章の検討から明らかになった点としてもう一つ指摘したいのは、遍路の旅に限らず弥蔵の旅においては、参詣（信仰）が一つの主要な目的であったことである。このように見ると、遍路の旅に赴いた人物の信心は、他の寺社参詣等に見られる神仏信仰・信心を合わせて考察する必要がある。さらに、こうした信心は、本章の検討からも窺えるように、地域の人々との俳諧を通じた交友関係のなかでいかに意識されていたのかという点も考察する必要がある。これらの点については次章で検討したい。

註

（1）山本光正「旅日記にみる近世の旅について」（『交通史研究』一三、一九八五年）、同「旅から旅行へ――近世・近代の旅行史とその課題――」（『交通史研究』六〇、二〇〇六年）をはじめとする近世の旅に関する研究や、大藤修『近世の村と生活文化』（吉川弘文館、二〇〇一年）・青木美智男『日本文化の原型』（日本の歴史別巻）（小学館、二〇〇九年）等の生活文化に関する研究においても指摘されている。

（2）新城常三『新稿社寺参詣の社会経済史的研究』（塙書房、一九八二年）。

（3）前掲註（2）新城書。新城氏の指摘については第一章註（10）を参照。

（4）前掲註（1）青木書、原淳一郎「近世出版文化と旅の情報受容」（『交通史研究』七〇号、二〇〇九年）、河合真澄「浄瑠璃に見る四国遍路と順礼」（『平成十六年度四国遍路と世界の巡礼国際シンポジウムプロシーディングズ』愛媛大学「四国遍路と世界の巡礼」研究会、二〇〇四年）。

（5）金原祐樹「旅日記「出向ふ雲の旅」解題」（『酒井家文書総合調査報告書』、一九九七年）、徳島県立文書館（徳島の古文書を読む会五班）『史料集（三）　堺屋弥蔵の旅日記』（二〇〇五年）、徳島県立文書館「特別企画展　芭蕉をめざした男――酒井弥蔵の旅日記――」（二〇〇八年）。

（6）①サカイ 00121「讃州象頭山参詣覚」、②サカイ 00140「神社佛閣参詣所覚帳」（主に文政一三年からの記録だが、寺社によっては他の年代にも参詣したことを示す記述も見える。その年月日は文化一三年閏八月から明治三年六月二七日にまたがる）、③サカイ 00074「神社佛閣参詣覚」、④サカイ 00133「神社佛閣参詣覚」、⑤サカイ 00109「象頭山五岳山参詣覚帳」、⑥サカイ 00073「神社佛閣参詣覚帳」、⑦サカイ 00134「神社佛閣参詣覚帳」。

（7）例えば、サカイ 00782「廻国記」という史料は元治元年に「我等左之国々を巡見して参詣の神社仏閣と名所旧跡を荒々如斯記し置物也」として挙げられている国のなかに「土佐」、そのなかに「四国霊場十六ヶ所」とあるが、一連の「参詣覚」には土佐の霊場巡りの記載がない。

（8）四国八十八ヶ所のなかには、現在の札所の名前とは異なる場合がある。そこで、酒井家蔵書中にもある、近世の道中案内記『四国偏禮道指南増補大成』（真念著、今回参照したのは文化一二年一一月求板、大坂心斎橋南江五丁目佐々井治郎右衛門版）に記載のある八十八ヶ所霊場名から判断して、**表2-1**を作成した。

（9）弥蔵は商用のため各地へ出かけることが多かった。弥蔵自身はこれも「旅」と表現していることにも注意をしなければならないと考えるが、今回は寺社参詣と後述する俳諧行脚としての旅を取り上げることにする。

（10）キカイ 00965「俳諧雑記」巻二天保一四年正月—二月頃の記述。

（11）キカイ 00007「毎年三月正御影供百味御膳講之記」。

（12）キカイ 00085「散る花の雪の旅日記」。なお、『善通寺市史』によれば江戸時代、善通寺では三月二〇日から二二日にかけて正御影供があり、二〇日は寅の上刻（午前四時頃）に開帳、門中が集まり法要が始まる。会式が終わってからは料理が出されていたという（総本山善通寺『善通寺市史』五岳、二〇〇八年）。

（13）キカイ 00104「開帳由来書」。また、同史料には「文政五壬午年十月廿五日より霜月朔日迄開帳神宮寺　右一七日の間大法事修行　説法大師御一生御伝記」とあり、大師入定等の内容を含んだ弘法大師伝記に関する説法を文政五年段階に聞いた可能性は高い。

（14）キカイ 00046「行状記第九全」（『高野大師行状図画』第九巻のうち「門徒雅訓事」「入定留身事」という項の抜書がなされている）。

（15）キカイ 00118「弘法大師御入定由来（写）」（嘉永二年著）。

（16）キカイ 00116「法楽書　完」によれば「抑此八拾八ヶ所遍礼の由来を尋るに過し文政十一戊子年西端山浦山の藤三郎と言ふ人　大師の御夢想を蒙り、半田口山の原太兵衛と言ふ人をかたらひ、開基せしとぞ、爰に太兵衛心願を起し厚く建立して堂舎造営を十方の施主に頼ミ、或は道しるへの教へを立るを言へ共、しかと巡れる人もなかりしに、于時弘化三丙午年に東端山白村の住亀蔵と言ふ人心願を起し、大師へ深く報恩の為、数度遍礼せしニ、不思議なる霊験を幾度も蒙りしより、世に信厚の人多く参詣のくん集をなせしなり、嗚呼亀蔵なる者ぞ消んせし奉燈をかかげし事の尊さをいさゝか爰に記し、予か愚毛の詠歌を綴り、道の遠近を書記せしハ、此春参詣の時を得て、見聞の侭を残し、人々の笑ひを恥とせず、折々なぐさみの双紙をするものなり……」とある。「端四国」に関しては、「貞光谷見聞録」（大正五年、徳島県立文書館寄託武田家文書タケタ 000260）に「端四国」の由来が書かれていることが知られている。それによれば、文政年間、東端山白村の亀蔵が中興し、天保九年に整備したことが記してあり、現在、一般的には「貞光谷見聞録」の記述を端四国の由来として理解されている（森英男『阿波国写し霊場巡拝記』自刊、一九七九年）。

（17）ここで注目されるのは、四国住民である弥蔵が、弘法大師への信心を背景に病気平癒の心願を立てて「遍礼」（遍路）していることである。当時、他国から来る遍路のなかには「癩病」や「疝気」等の病気を持つ者がいたことは遍路のさなか四国で行き倒れた者の史料に出てくることは第一章の検討により明らかである。弥蔵の例から、四国の住民が信心を背景に病気平癒祈願のために遍路をするという認識があり、四国では病気の遍路を受け入れてくれるという前提があるからこそ、近世に他国から「癩病」や「疝気」等の病気の者が集ってきた可能性がある。真念『四国偏礼功徳記』（一六九〇年）にも遍路をする功徳として病気平癒の巡礼功徳譚がいくつか見える。四国遍路の巡礼地域住民が遍路を迎える背景として上記のような認識があったことは本書の課題としても重要である。

(18) 敷地屋国蔵が弥蔵の生業上、重要な商人であるということから、「遍礼」の背景に、商人・商いと信仰の関係という問題も関わる可能性もあるが、この点は今後の課題としたい。

(19) 例えば天保一四年五月二六日—二七日に伊予石鎚山への参詣の旅の記録は「参詣覚」⑥のなかで記されると同時に、「見る青葉聞く郭公旅日記」(キカイ 00082)としても残されている。同様に「参詣覚」と「旅日記」の二種の記録がつけられている旅は他にも確認できる。

(20) 美山とは、筆道に長け門人がいる俳人である(キカイ 00965「俳諧雑記」巻二)。

(21) キカイ 00381「雲雀集全」。

(22) キカイ 00313「笈の小文」。

(23) 前掲註(1)青木書、三一二頁。

(24) 弥蔵の旅に好知や物見遊山等の意味づけもあったかもしれないが、この点に関しては今後の課題である。

(25) キカイ 00902・00903「冠上勝句集」巻三・四。この史料は佐藤義勝氏によれば、「主に阿波の神社・仏閣に奉納した奉燈・奉額発句集を中心に、角力集・年忘集等の高点入選句(勝句)を集めたものである」。ただし、天保四年—嘉永六年、明治六—七年が欠けている(佐藤義勝「酒井弥蔵の俳諧活動と阿波月並俳諧」徳島県立文書館『酒井家文書総合調査報告書』、一九九七年)。

(26) キカイ 00963〜00974。なお、白井宏氏らによる「酒井農圃『俳諧雑記』翻刻・略注」(『凌霄』第一一—一四号、平成一六—一九年)も参照した。

(27) 佐藤義勝「酒井弥蔵の俳諧活動と阿波月並句会」(徳島県立文書館『酒井家文書総合調査報告書』一九九七年)。

(28) 米澤恵一『俳蹟阿波半田』(自刊、一九八二年)。

(29) キカイ 01002「山吹塚墨直会式集」。

(30) キカイ 00980「十論為弁抄」。

(31) キカイ 01439「上(徒然草写)」。俳諧と『徒然草』の関係に関して、『徒然草』は俳諧の古典的教養の一つであることが指摘されている(横田冬彦「『徒然草』は江戸文学か?——書物史における読者の立場——」『歴史評論』六〇五号、二〇〇〇年)。

(32) キカイ 00396「三冬発句相撲合」の末尾に「俳諧道統相伝」として載せている。

(33) キカイ 01075「安政五年(瀧寺奉燈雲園評抜萃写)」。

(34) 半田村の商人敷地屋兵助の日記に「発願人　志道　農圃」とある(半田町誌出版委員会『半田町誌』別巻(半田町誌出版委員会事務局、一九七八年)に所収。一〇一八頁)。

(35) キカイ 00381「雲雀集全」。

(36) キカイ 00965・00966「俳諧雑記」巻二・三、キカイ 00971「俳諧年行司」巻八。

(37) キカイ 00444「法楽発句」、キカイ 0467「正御影供奉燈集」、キカイ 00419「正御影供発句合」。

(38) 正御影供の句会がいつから、誰が主導して始まったのかは現在のところ不明だが、文政一〇年には半田で行っていたことが分かる(キカイ 00900「冠上勝句集」)。

(39) キカイ 00007「毎年三月正御影供百味御膳講之記」。

(40) 俳号で表記のある人物の実名は、前掲註(28)米澤書や酒井家文書の諸史料により判断した。

（41）「兵助日記」（半田町誌出版委員会『半田町誌』別巻（半田町誌出版委員会一九七八年）に所収。一〇一八頁）。

（42）愛媛県生涯学習センター『四国遍路のあゆみ（平成一二年度遍路文化の学術整理報告書）』（二〇〇一年）、同『遍路のこころ（平成一四年度遍路文化の学術整理報告書）』（二〇〇三年）、徳島地方自治研究所『阿波の遍路文化』（二〇〇七年）、浅川泰宏『四国遍路文化論――接待の創造力――』（川崎市生涯学習財団かわさき市民アカデミー出版部、二〇〇八年）。

第三章　民衆の信心と地域文化
——酒井弥蔵の旅と俳諧・石門心学——

はじめに

前章において、阿波国美馬郡半田村の商人酒井弥蔵（一八〇八—一八九二）の遍路の旅に込める信心は、他の寺社参詣等に見られる神仏への信心を含めて考察する必要があること、及び信心は地域の人々との俳諧活動を通した交友関係と不可分の関係にあることが窺えると指摘した。本章では、地域における俳諧等の文化活動を通して形成されるネットワークのあり方と交友関係から、地域文化の営みのなかでの旅の意義を考察する。

江戸時代の旅の盛行は、地域の教育・文化の発展に大きく寄与するものであった。近世の旅に関する研究の進展により、旅先での行動と芸能知識や書物知との関連が指摘される等、旅が地域における文化活動と密接な関係にあることが次々と明らかになりつつある。(1)さらに、旅が「地域文化人」の自己形成の契機となることや地域社会に及ぼす影響も考察され、旅が地域文化の担い手の形成に大きな意味を持つことが明らかにされた。(2)これらの研究は、旅が地域の人々にとってどのような意味を持ったのかという点の考察につながる重要な成果であるといえよう。旅に赴いた人々はどのようなネットワークを基盤としていかなる関心のもとに交友関係を取り結んだのだろうか。この点を明らかにすることが、地域の人々にとっての旅の意味を読み解くために肝要ではないだろうか。

このように考えたとき、日常の文化活動を通して形成されるネットワークと旅との関連性が問題となってくる。この点、「在村文人」たちが農村地帯に海のように広がる俳諧ネットワークを基盤にしながら技術・生産・商業など生産文化の交流も行い、自らの生活信条を鍛え上げていったとする杉仁氏の研究が注目される。(3)地域に生きる人々の旅もこうした「在村文人」のつながり・営みと無関係ではないのではないか。というのも、俳諧を通した人的交流の場が、漂白の旅へと憧憬を抱かせる場となると指摘されているからである。(4)

そこで本章も、引き続き四国遍路を含め多くの寺社参詣の旅を行った阿波半田商人酒井弥蔵に即して地域文化の営みのなかでの旅の意義を考察したい。弥蔵は地域における俳諧・石門心学活動を活発に行い、蔵書や活動の記録も多数残した。また、「神仏信仰に熱心だった」(5)と言われる弥蔵は、百味講の世話人や氏神である八幡宮の祭礼には「宰領人」をつとめ、(6)地域における宗教的な活動も精力的に行う等、本章の検討にあたりきわめて興味深い人物である。これらの記録は徳島県立文書館寄託酒井家文書と広島県福山市酒井氏蔵酒井家文書に含まれている。[7] 酒井弥蔵を通して見える文化活動を通した人的交流のあり様と、弥蔵がその交流を基盤にいかなる課題意識を持ちながら、旅に赴いているのかについて考察したい。

第一節　酒井弥蔵と俳諧を通じた交友

(1)『俳諧雑記』『俳諧年行司』に見る交友

弥蔵は半田地域における文化活動を通して人々とどのような関係を取り結んでいたのだろうか。弥蔵が熱心に取り組んだ俳諧活動に焦点を当てて検討したい。第二章でも使用した『俳諧雑記』（巻一―三、以下『雑記』巻〇）・『俳諧年行司』（巻四―一二、以下『年行司』巻〇）により、まずはどのような人物と交友しているのかを見ていきたい。[8]

『雑記』・『年行司』については佐藤義勝氏が取り上げ、天保五（一八三四）年（弥蔵二七歳）から明治二二（一八八九）年（弥蔵八二歳）までの五六年間の「弥蔵の俳諧日記ともいうべき」もので、「年行事・旅・交友・そして私的記録を含めて、その時々の事柄が述懐や句・狂歌を交えて書かれ……農圃（弥蔵）の行動範囲や人間関係」等が分かる「農圃を知るための貴重な資料」と位置づけているが、その内容に関しては精緻に分析がなされていない。[9] 表題と記録がなされる期間は以下のようになっている。

『俳諧雑記』巻一　天保六年正月―天保一四年三月（※ただし文政期に詠んだ句も貼紙によって加えられている）
『俳諧雑記』巻二　天保一四年三月五日―弘化三年七月
『俳諧雑記』巻三　弘化三年八月―嘉永二年正月廿二日
『俳諧年行司』巻四　嘉永二年正月廿五日―嘉永五年正月
『俳諧年行司』巻五　嘉永五年正月廿五日―嘉永七年三月
『俳諧年行司』巻六　嘉永七年四月廿五日―安政三年五月
『俳諧年行司』巻七　安政三年六月一日―安政五年一二月
『俳諧年行司』巻八　安政六年正月元日―文久二年八月
『俳諧年行司』巻九　文久二年八月一五日―慶応元年八月
『俳諧年行司』巻十　慶応元年九月廿五日―明治六年正月
『俳諧年行司』巻十一　明治六年正月廿五日―明治一二年一二月
『俳諧年行司』巻十二　明治一三年正月―明治二二年六月一七日

『雑記』『年行司』には、弥蔵と俳句や狂歌を通じて直接やりとりがあった人物が出てくる。これを一人ひとり挙げたのが、章末の**表3－1**である。**表3－1**を作成するにあたり、人名表記は『雑記』『年行司』にしたがって記入し（多くの場合は俳号）、実名や他の号については米澤恵一『俳蹟阿波半田』や『半田町誌』等から判断して記入した。[10] また、各人物の居住地については、半田村以外に居住する者は「（阿波国三好郡）辻町如岱」（81）のように村名・町名を肩書きにした表記があるので、これにしたがった。半田村に居住する人物は、基本的に俳号のみの表記で、村名・町名が記されていない場合が多い。そこで前述の『俳蹟阿波半田』や酒井家文書の諸史料から判断して居住地を記入した。人物の生年は、例えば還暦を迎えた年が『雑記』『年行司』によって確認できる人物については、その年から一回り前の干支の西暦を記入した。人物の没年も『雑記』『年行司』に死去に関する記述がある人物については、その年の西暦を記した。**表3－1**の右側三列については後述する。

表3－1を見ると、総数は一七一人、うち女性が九人確認できる（**表3－1**における番号＝4・39・73・92・95・102・107・108・149）。

人物の居住地は、半田村が多く（少なくとも七二人）、なかでも半田村の二系統の大商人と言われる敷地屋（大久保）系と木村系の商人が各一四人以上は確認できる。[11] 敷地屋系の商人は近世中期頃から、木村系は近世後期頃から台頭し、漆器・質・酒造・油締・米穀等の主要商品を取り扱い、「半田経済界はこの二系統の商家の寡占状態にあった」[12]と言われ、半田における文化活動（俳諧や石門心学）の中心も担っていたと言われている（弥蔵はこのどちらの系統にも属さない商人）。

半田村以外に居住する人物については、徳島藩領内では三好郡東井川村（「辻町」）が八人、美馬郡脇町が六人、美馬郡郡里村が四人、美馬郡重清村が四人、三好郡池田村が二人、三好郡清水村が二人、三好郡中ノ庄村が一人、美馬郡貞光村が一人、美馬郡拝原村が一人、麻植郡学村が一人、三好郡昼間村が一人、板野郡西條村が一人確認できる。脇町は、弥蔵の伯父花山（7）も居住しており、脇町で編んだ句集には半田村の俳人も集う（その逆も然り）等、半田村と俳諧を通じたつながりが深いとされている。[13] また、池田・辻・中ノ庄・重清・脇町（井尻）は、**図3－1**「堺屋の商圏図」に見られるように弥蔵の「商圏」にある地域である。さらに清水・貞光・拝原・昼間・学村は、これらの「商圏図」にある地と半田村を結ぶ線上かその線上から近い距離にある村である。このような地域の人物は、弥蔵の日常の生業や取引で結ばれる人々であると予想されるのである。

他方で、**表3－1**には徳島藩領外の人物も含まれているが、そのほとんどは一度きりの登場である。例えば嘉永四（一八五一）年に「平戸の行脚」として来た松甫（62）や、弘化四（一八四七）年に弥蔵が訪れた善通寺花蔵院の僧（45）等、半田村に訪れたり、弥蔵が旅先で会った人物であると考えられる。

人物の身分については、徳島藩中老である稲田筑後（長方）の「御家臣」（26・27）が一度登場している（天保一四（一八四三）年閏九月二二日夜、に「前田氏（稲田氏家臣）へ君臨」したときに弥蔵が易筮を乞われた）が、ほとんどが百姓身分である商人と思われる。

弥蔵はこれらの人物たちとどのような交友関係にあったのだろうか。**表3－2**は、後述する活動において出てくる人物を中心に弥蔵との交友の諸相をまとめたものである。弥蔵の交友関係で目を引くのは、半田村に居住する人物との関係である。例えば、雅弘＝敷地屋兵助（1）は、後述するように弥蔵と石門心学の師の墓碑建立の際に「世話人」をし、嘉永七（一八五四）年から「筆小屋」の師をしていた人

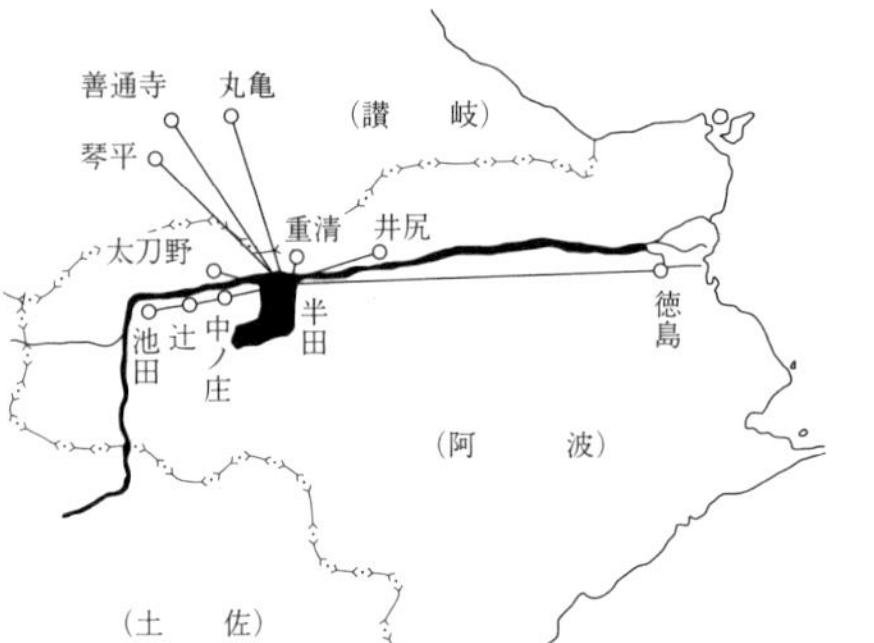

図3－1　堺屋の商圏図

出所）半田町誌出版委員会『半田町誌』下巻（半田町、1981年）354頁より転載。

物であるが、雅弘の病気が快方したときに弥蔵が酒と句を送っていたり、雅弘の父が亡くなったときには「孝子雅弘雅君の悲涙を推察して」弥蔵が句を送っている。また、弥蔵の俳諧の師であり半田村における石門心学の学舎設立の際の出銀者の一人であった孤竹庵梅雅＝木村由蔵（5）や、孤竹庵の嗣子で明治二（一八六九）年に「小高取」格（郷士格に近い格式の百姓で、御目見も許される）[14]となった梅似＝木村総平（22）、弥蔵の「大福帳」において「日雇」で「雇れ」ることの多い人物であり安政二（一八五五）年に徳島藩から親孝行の表彰を受けた敷地屋国蔵（84）、度々家を訪れ合い、「眼疾全快の様子を見て」弥蔵が句を送る等折々に交流した単友＝大久保岩吉（2）などは、『雑記』『年行司』において度々登場している。これらの人物たちとは、歳旦・端午の節句・月見、二月一五日の涅槃会、三月二一日の御影供（弘法大師忌日の法会）、四月八日の仏生会、八月一五日の放生会、一〇月一二日の芭蕉忌等の年中行事として集い、句を詠み合っている。また、各人物の節目の年齢（初老・不惑・耳順・還暦・古稀等）や、人生の節目となる出来事（病気と平癒、婚姻、「男子出生」、旅立ちの見送り、庄屋役「昇身」（96）[15]など）には句を送り合い、人物が死去したときには複数の人物が集い、追悼・手向けの吟を送っている。このように半田村に居住する人物とは俳諧を通じて頻繁に交流をしている。ただし半田村以外の地域に居住している人物のなかにも、例えば辻町の井後蘆州（31）には、嘉永元（一八五二）年に「長男の誕生ありしを賀」（『雑記』巻三）し、同年に「内室身まかりしを悔ミて」句を送る等のように、弥蔵と親密な交流をしていることが窺える人物もいる。

（2）蕉風の継承

こうした交流を通じて、弥蔵は蕉風（正風）の継承者という自己認識を持つに至る。安政五年に、弥蔵は芭蕉からの道統を次のように書く[16]（傍線は筆者、以下同）。

芭蕉翁九世　春耕園農圃主人
　道統
芭蕉翁桃青　獅子庵支考　黄麗園蘆元　五竹房琴左　朧庵再和
轉化坊雲行　楊柳園梅室　孤竹庵梅雅　春耕園農圃

芭蕉に連なる弟子のなかに自分を位置づけ、「芭蕉翁九世」にあたる道統を有しているという認識を強く持っていることが窺える。このような記述は、天保一三（一八四二）年にも見られる[17]。ただしこのときは芭蕉から孤竹庵梅雅までを書いたものであり、今示したように弥蔵が「芭蕉翁九世」であるという認識は、俳諧活動を重ねることで深まっていったものと考えられる。

　このような蕉風を継承するという意識は、半田村における芭蕉塚（句碑）建立の活動となって表れている。天保一四年、芭蕉一五〇年遠忌にあたり、小野峠にある慈雲閣境内に「雲雀塚」という芭蕉塚が建立された。そのときに歌仙を巻いた一人である敷地屋兵助＝雅弘（1）の「年代見聞録」には次のようにある[18]。

　当卯三月より発起いたし候、弥相決まり候、子細は当村内外風雅一統心願にて峠庵へ芭蕉翁を追尊て塚を建て名を雲雀塚と言……（中略）……石工は備前国児島久六也、則三月下旬迄成就にて、

表3－2　『俳諧雑記』・『俳諧年行司』に見る各人物との交友

番号	人名表記	名称・他の号	居住地	生没年・事跡等	交友の諸相
1	雅弘（雅厚）	敷地屋兵助、謙山居雅弘	半田村	1809～1877。敷地屋系の商人。嘉永7年正月「筆小屋」を始める。	文政13年雅弘・鼡友・北斗へ四国行（四国巡礼）の送別の吟を送る（巻一）／天保8年子息名付けに招かれる（巻一）／弘化4年（病気）快方にあたり弥蔵が酒と句を送る（巻三）／嘉永元年雅弘の父二夕没：「孝子雅弘雅君の悲涙を推察して」句（巻三）／嘉永2年朋友雅弘の不惑を賀す（巻四）／嘉永2年雅弘妻死去を「悔ミて」句（巻四）／嘉永6年弥蔵に「后妻」を迎え雅弘祝吟（巻五）／安政4・6歳旦の句（巻七・八）／元治2年弥蔵、雅弘に「雇れ」て西讃・備中・備後・安芸・周防五ヶ国へ目薬入替に廻る（巻九）／慶応2・4・明治2年年春興三節（巻十）／慶応三年雅弘初孫誕生、名弘めの賀に招かれる（巻十）／明治2年雅弘還暦の賀（巻十）／明治十年雅弘没。追善の句（巻十一）／明治十一年雅弘一周忌（巻十一）／明治十二年雅弘三回忌（巻十一）
2	鼡友（鼠友・素友・素遊）	大久保岩吉、福寿堂鼡友	半田村	1814～。敷地屋系の商人。文久元年長州「征伐」に動員。	文政13年雅弘・鼡友・北斗へ四国行（四国巡礼）の送別の吟を送る（巻一）／天保14年鼡友と志道弥蔵の家を訪ねて句（巻二）／鼡友雅君の「眼疾全快の様子を見て」句（巻二）／天保15年月見の句（巻二）／弘化2・3年春興三節（巻二）／弘化3年「春耕園の主人（弥蔵）を茅宅に向へて嬉しさに」句（巻二）／弘化3年弥蔵の（3回目の）婚礼を祝して花暁・鼡友・右京の句（巻三）／弘化4年鼡友の伊勢参詣を見送る（巻三）／嘉永2年鼡友、「朋友農圃子」の初老を賀す（巻四）／嘉永2年鼡友の男子出生を祝う（巻四）／嘉永6年箒星顕れ句（巻五）／嘉永7年弥蔵の仲介で鼡友の山林を其翠に譲渡（巻五）／安政元年安政に改元、年号の替りし狂歌「年号を嘉永とゆつた大地震 としも替りて民は安政」。鼠友によるこの狂歌のもじり「異国から来た禍ひハゆり嘉永納る御代は天下安政」（巻六）／安政4年鼡友、「風邪劇（ママ）敷痛ミ此世の限りと思へバ」辞世の句を作るが快気する（巻七）／安政5年「九月三日の夜（素遊と）二人終夜遊びて」句（巻七）／安政7年志道・農圃（弥蔵）・雨柳・鼡友が迎月亭（志道宅）に会す（巻八）／文久4年「農圃雅君の養子して安堵なる躰を誉て吟ず（巻九）／元治元年素遊、領主長州「征伐」の人足御供として出立（巻九）／元治2年長州征伐の御供人足として出立した素遊、征伐が途中で延期になり帰宅して句（巻九）／明治元年年号改元の狂歌（巻十）／明治8年鼡友還暦の賀（巻十一）／明治18年歳旦の句「福寿堂鼡友七十一才翁」（巻十二） ※嘉永6年～明治11年ほぼ毎年歳旦の句を詠み合う
4	女 右京	大久保岩吉母	半田村	1787～	天保6年弥蔵父武助（梅月）への追悼の句（巻一）／天保14年右京雅君の四国霊場巡りを見送る（巻二）／弘化2年右京氏を訪れる（巻二）／弘化3年右京雅君の耳順の賀を祝す（巻二）／弘化3年弥蔵の（3回目の）婚礼を祝して花暁・鼡友・右京の句（巻三）／嘉永2年右京雅友の病気全快を祝す（巻四）／嘉永2年弥蔵の初老を賀す（巻四）／安政2年右京古稀の賀（巻六） ※嘉永7～文久3年ほぼ毎年歳旦の句
5	孤竹庵（梅雅）	木村由蔵	半田村	1771～1853。木村系の商人。俳諧水音分社二代「社長」。弥蔵の俳諧の	天保6年弥蔵の父武助（梅月）への追悼の句（巻一）／天保11年弥蔵伊勢参宮の出立に際し句（巻一）／弘化5年「農圃雅友を草庵に向へて今年の運気を考え囉ふに、其妙術ハ云ふもさらなり」（巻三）／嘉永2年乙孫の誕生祝いに招かれる（巻四）／嘉永3年孤竹庵の嫡孫に嫁を迎えるにあたり「雇れ」て徳島へ買い物に行く（巻四）／嘉永5・4年歳旦の句（巻五）／嘉永6年土蔵造作を手伝う（巻五）／嘉永6年孤竹庵の辞世の句と農圃の「見

				師。	送り」の句（巻五）／嘉永7年一周忌に手向の句（巻六）／安政2年三回忌に手向の句（巻六）
9	花暁	兼松氏、春月堂花暁	半田村	～1852	天保6年弥蔵の父武助（梅月）への追悼の句（巻一）／天保11年弥蔵の家内不和合により家を借りる（巻一）／天保15年兼松花暁の舎弟、四国順拝に出たが、未だ帰らず。亡くなったものと考え、追善を営む（巻二）／弘化2年「農圃雅君に酒を振舞れて」句（巻二）／弘化3年兼松氏花暁子の舎弟三回忌の追善（巻三）／弘化3年弥蔵の（3回目の）婚礼を祝して花暁・嵐友・右京の句（巻三）／弘化4年八朔の句（巻三）／「花暁雅兄の黄泉に趣しを見送りて」句（巻四）
10	硯渕	沖津鹿太何龍	半田村小野		天保6年弥蔵の父武助（梅月）への追悼の句（巻一）／天保6年武助（梅月）への手向けの吟／天保9年「何龍」（硯渕）より病気快気の句（巻一）／天保14年硯渕・農圃が如流の齢不惑（40歳）を賀す句（巻二）／弘化2年の年賀に『徒然草』や『笈日記』の引用（巻二）／弘化3年婚礼を祝して句（巻三）／弘化4年三節（巻三）
12	松柏堂	松柏堂	半田村		天保9年農圃（弥蔵）婚姻を祝す（巻一）
19	如水				天保12年「春耕園家内和合と聞、猶々已後を慎ミ給へと示して　我物としがたき玉や芋の露」（巻一）／嘉永2年雅弘の父一周忌に際し、弥蔵とともに句（巻四）
22	梅似	木村総平、孤竹庵	半田村	1809～	文久元年9月19日、梅似病快気を喜ぶ。10月11日、梅似病気平癒の賀宴（巻八）／文久3年農圃（弥蔵）病気平癒に対する梅似の祝吟（巻九）／明治2年梅似「小高取御目見へ格式ニ撰」ばれ、還暦と「立身出世」を祝う（巻十）
23	志道	迎月亭	半田村	1807～	天保14年嵐友と志道、弥蔵の家を訪ねて句（巻二）／天保14年弥蔵の家を訪ねるが、留守のため書付と句を残す（巻二）／弘化2年志道雅友の父「身まかりぬすを悔ミて」句（巻二）／弘化2年12月16日、迎月亭（志道宅）にて素仁・疊波・農圃（弥蔵）とともに俳諧興行（巻二）／弘化4年11月9日夜、志道を自宅に招く（巻三）／嘉永2年7月26日夜、志道に誘われ、「当演船にて夜終遊」ぶ（巻四）／嘉永2年11月8日夜、志道を招き馳走（巻四）／嘉永6年弥蔵后妻（4人目の妻）を迎え、志道、雅弘、其翠が祝す（巻五）／安政7年志道・農圃（弥蔵）・雨柳・嵐友が迎月亭（志道宅）に会す（巻八） ※嘉永6年以降たびたび歳旦の句を詠み合っている
31	井後蘆州	中村屋、蕙州	三好郡東井ノ川村辻町		嘉永元年、井后氏に長男の誕生ありしを賀す（巻三）／嘉永元年井后氏芦州子の内室身まかりしを悔ミて句（巻三）／安政7年辻町井后蕙州没（巻八）
84	敷地屋国蔵		半田村	1801～	安政2年、敷地屋国蔵・芳太郎、郡代より親孝行により表彰。弥蔵、一句作るが「此吟、不送文庫ニ置」（巻六）／安政7年敷地屋国蔵の還暦祝い（巻八）／文久4年2月1日、敷地屋国蔵内室還暦の賀（巻九）
96	大泉為之丞	（大泉為之丞）	半田村	1821～。安政6年から半田村庄屋。	安政6年大泉為之丞、「庄司に昇身せし」を賀す（巻八）／万延2年2月1日大泉為之丞に招かれる。半田村庄官の不惑を賀す（巻八）／明治13年正月25日、大泉大君還暦の賀（巻十二）

出所）ｻｶｲ 00963～00974『俳諧雑記』（巻一～三）・『俳諧年行司』（巻四～十二）により作成。

卯月十二日開眼の後四方雅人同莚に集て、当日俳諧七十二作を修行して手向く、委敷義は農甫志道両君の書蔵に有

発願人農甫　志道

これによると、雲雀塚の建立は半田村「内外風雅一統」の心願であったこと、弥蔵（農甫）は志道（23）とともに「発願人」であり、当日は「俳諧七十二作を修行して手向」けたこと、「委敷義は農甫志道両君の書蔵に有」とある。実際に酒井家文書にはこのときに弥蔵が作成した『雲雀集』[19]があり、雲雀塚建立の興行の様子や半田村木ノ内・逢坂・小野の三地区の六四名と、脇町等の八名、計七二人（「七十二作」）の句を載せている。この七二人のなかで『雑記』『年行司』に登場している人物は二八人確認できる（**表3－1**の右から三列目「芭蕉塚建立」の列に○をつけた人物）。

(3) 人物評価の応酬

このような交流に関して注目されるのは、婚姻や病気平癒、還暦に際しての俳句のやりとりのなかに、相手を思い合い、評するような言葉があることである。例えば次の史料は、文久二（一八六二）年に梅似（22）が、農圃（＝弥蔵）の病気平癒を「悦び」、一句を送ったもので、『年行司』（巻九）に弥蔵が書き留めたものである。

此人にして是病なりとの古言の当れるかな、農圃雅鳳ハ心栄へ正敷賢を尊み、世の濁れるに染ず風雅に心を澄しけるが、斗らず流行の病におかされたり。予も同年の因ミ浅からず歩行を運び病脳を尋ぬべきに名にしおふ小野の峠を隔、老足の心に任せず、音信のミにて信薄といふべし。しかハあれど日をおふて快気に赴き虎口を逃れるを蔭ながらも悦び一句を呈し侍る

薄氷を踏み勝老の肥立哉　　（『年行司』巻九）

この史料は、弥蔵の文化活動に対する評価を端的に示しているといえよう。冒頭は『論語 雍也篇』にある「斯人也而有此疾也」から出た「古言」（＝このような善人がこんな悪い病気にかかるとは）を引き、「心栄へ正敷賢を尊み」、「風雅に心を澄しける」人であると評価している。『雑記』『年行司』にはこのように弥蔵を評している人物が七人、逆に弥蔵が各人物を評しているのが四人確認できる。**表3－3**は弥蔵が評し評された言葉を、やりとりをした年代順にまとめたものである。これを見ると、弥蔵は「諸芸に達し中にも俳諧正風の道をもつぱらに修行して楽しむハ世の人の知る所」（松柏堂12の評価）であり、「はたちに四ツ余れる孝にまさつて篤敬」があり（硯渕10からの評価）、「唐倭の書籍に遊び、はた易道に通達し給ひ、実に此人ハ此里の賢人とやいはん、又一村の宝とや言ハん」（如跡90からの評価）とも評されていることが分かる。酒井家文書にある俳書・歌書、易学、漢学等の書籍と弥蔵による写本の多さは「唐倭の書籍に遊び」という評価を裏づけるものである。句集を筆写・作成したり、芭蕉塚建立への積極的な関与が「俳諧正風の道をもつぱらに修行して楽しむ」という評価につながっているものと考えられる。

一方、弥蔵も安政七年に敷地屋国蔵（84）の還暦にあたり、「敷地屋の主じハ、若冠より家業に出情（ママ）し、財宝乏からず。酒飯に飽満し其余慶に家門の棟梁余多建立ある。今年還暦の春を迎へるに、子孫の衆より時腹（服）数々献進する。誠に此君の齢の長き事ハ予が易術の天

眼通にもよく知れり。別而其趣意を述るものなり　衣更着や是から先きの日ハ長し　春耕」（『年行司』巻八）との言葉と俳句を送っている。「家業に出情し、財宝乏からず」が弥蔵の国蔵に対する評価であろう。だから、「酒飯に飽満し其余慶に家門の棟梁余多建立ある」のだという。

　このような人物評価の応酬に関する交流からは、「家業に出精」しながら風雅（俳諧・諸芸・「唐倭の書籍に遊」ぶこと等）に没頭するような、近世の在村文人がめざす業と雅の両立＝業雅両立論[20]にも通じる生き方が、交流のなかで意識されていたと見ることができるのである。

第二節　石門心学活動と生活実践

（1）俳諧による交友と通俗道徳

　一方で注目されるのは、このような交友関係のなかでのやりとりに、「孝子」や「篤敬あり」等という評価があるように、純粋に風雅に特化した交友というわけではなかったことである。次の史料は明治四年、里跡＝木村林右衛門（122）が還暦を迎えた際に弥蔵が送ったものである。

　里跡雅君ハ若冠より家業に出情（ママ）し父母に孝行なる人也、今年還暦の春を迎へ志す風流に遊び其祝物のかちんを予も賞翫す、此人の心栄へ廉直なるハ天道に叶ひ金銀有福にて万貴長者と調べし
　正直な人に実はあり花の春　　農甫（『年行司』巻十）

これを見ると、弥蔵が里跡を「家業に出情し父母に孝行」と評し、「正直な人に……」という俳句を送っている。いわゆる通俗道徳の徳目の実践が交友のなかで意識されていることが窺えるのである。安政二年に敷地屋国蔵（84）・芳太郎（85）親子が徳島藩から親孝行の表彰を受けたときには、次のように記述している。

　敷地屋国蔵殿同芳太郎殿、御郡代御役処より六月廿八日、御召出シにて、親孝行御誉有て、御褒美として国蔵殿へ鳥目五貫文、芳太郎殿へ三貫文下し給ふ也、誠に面目此上なし、予、此事羨敷賀して、蕗茗荷芽出度家の茂りかな　　春耕（『年行司』巻六）

郡代役所から「親孝行」の誉れがあり、褒美をもらった。弥蔵はこのことを「羨」しいと述べ、「賀し」た[21]。

　このような通俗道徳に関する記述は他にも見られる。弥蔵は生涯四人と結婚しているが、最初の妻（「重清村某藤田氏の息女」）とは弥蔵が三一歳のときである天保九（一八三八）年に結婚し、天保一三年に離縁する。そのときの経緯について次のように記している。

　亥七月六日妻を親里に滞留さして
　七夕や我ハ今宵を独寝る
　八月朔日当家の不和合によつて、農甫夫婦の者を閑居さして、
　別家して両家栄る世秋最中　　花山
　八月朔日より、小野西与次郎殿の家をかりて、同月十八日迄此所に住ける　　（『雑記』巻二）

妻と不和合になり、天保十年七月六日に妻を「親里に滞留さ」せた。

表3－3　『俳諧雑記』・『俳諧年行司』に見る各人物との評価の応酬

年【弥蔵の年齢】	人名（表1における番号）	居住地	内容
天保6（1835）年・天保9（1838）年【弥蔵28・31歳】	硯渕（10）	半田村小野	天保6年武助（梅月）への手向けの吟：「春陽亭梅月翁（弥蔵の父武助）ハ若きより正門に入て、草木に春秋の栄枯、獣鳥に花の夕べ露の朝の哀楽を弁へ、世の反化道の虚実に自在を得、二十年の峠より跡へ戻れバ、修行地ハ三十余歳なるべし。鶴に乗術も阿提羅波羅提羅に功徳無量有事も羨まず、是も非も因縁に任せ、娑婆も易一期の夢と悟り、日々夜々風雅百練に近かるべし。ことし雪見月廿一日無常の風誘ひ来り終に冥道の旅立あり。**孝子農甫雅友其別れを惜事少からず。香花ハ言もさらなり。手向の水に魂を浮め奉らんと吊ひけるに捧る　父慕ふ殊勝や雪の墓参り　硯渕観何龍**」（巻一） 天保9年「何龍」（硯渕）より春耕園（弥蔵）病気快気によせて：**「春耕園の主人ハ正門に入て平生を能く慎ミけり、はた諸道に進む。その中にも易学に抽して元龍の悔ひ有事を忘れざれば、其功ものにことなりける。母公にハはたちに四ツ余れる孝にまさつて篤敬あり**。老母も又獨り子のよふに朝夕思ひけるとなん。実に志しを世に惑せざるハなし。然るに仲秋の比より流行の痾痎に取伏られ、終の首途も明やけふやと粗からぬ人々の神仏を祈り、良医を撰び、厚き介抱に助りしと快気の後眉を合せ語りけるに　野分にハあふた色せず笹の露　何龍」（巻一）
天保9（1838）年【弥蔵31歳】	松柏堂（12）	半田小野	天保9年農圃（弥蔵）婚姻を祝し「**春耕園農甫雅君ハ、諸芸に達し中にも俳諧正風の道をもつぱらに修行して楽しむハ世の人の知る所なり**、今年葉月末七日隣村某より月雪花の風情にもまさりし息女を輿入、猶幾千代の契り目出度を祝して一句を捧る」（巻一）
天保14（1843）年【弥蔵36歳】	志道（23）	半田村小野	天保14年農甫（弥蔵）の家を訪ねるが、留守のため書付と句を残す：「**農甫雅君の徳行ハ今に始ざりし事ながら、予信友の深きにつれ数度此庵を訪ふに、いつとなふもてなし呉るに、折から主人留守なれども、誠に其信躰の備ハりしを見て　鴬や何あさからぬ薮の主 志道　と書机の上に残して立帰ぬ**」（巻二）
天保14（1843）年【弥蔵36歳】	杏邨酔者草（28）	？	天保14年閏9月22日夜（弥蔵、稲田氏家臣藤本氏・定方氏が「前田氏へ君臨ありて」、筮を乞われた後）：「**農圃雅友のトに遊べる事、予始て前田氏の宅に相しる。其占活溌さするに云言葉なし。しかはあれど、云ざれば又腹ふくるゝのならひ、酒も止まず。**一時雨洗ひ出し梟山の骨 好ひ花も咲くと指さす落葉哉　右杏邨酔者草」（巻二）
安政7（1860）年【弥蔵53歳】	敷地屋国蔵（84）	半田村	安政2年、敷地屋国蔵・芳太郎、郡代より親孝行により表彰（巻六）／安政7年「敷地屋の主じハ、若冠より家業に出情し、財宝乏からず。酒飯に飽満し其余慶に家門の棟梁余多建立ある。今年還暦の春を迎へるに、子孫の衆より時腹（服）数々献進する。誠に此君の齢の長き事ハ予が易術の天眼通にもよく知れり。別而其趣意を述るものなり　衣更着や是から先きの日ハ長し　春耕」（巻八）
文久3（1863）年【弥蔵56歳】	梅似（22）	半田村	文久3年農圃（弥蔵）病気平癒に対する梅似の祝吟：「**此人にして是病なりとの古言の当れるかな、農圃雅鳳ハ心栄へ正敷賢を尊み、世の濁れるに染ず風雅に心を澄しけるが、斗らず流行の病におかされたり**。予も同年の因ミ浅からず歩行を運び病脳を尋ぬべきに名にしおふ小野の峠を隔、老足の心に任せず、音信のミにて信薄といふべし。しかハあれど日をおふて快気に赴き虎口を逃れるを蔭ながらも悦び一句を呈し侍る　薄氷を踏み勝老の肥立哉」（巻九）
慶応4（1868）年【弥蔵61歳】	如跡（90）	半田村	農圃（弥蔵）還暦祝いに際して：「**農圃雅君ハ農事を業とし其閑を閑とせず唐倭の書籍に遊び、はた易道に通達し給ひ、実に此人ハ此里の賢人とやいはん、又一村の宝とや言ハん、今年還暦の賀莚を開き、世は丸かれの餅と和歌とを贈られける其厚志を感じ侍る　真心を照す春日の耳順哉　如跡**」（巻十）

明治2（1869）年 【弥蔵62歳】	雅弘（1）	半田村 小野	明治元年雅弘還暦の祝吟：「謙山居雅弘君ハ若年より筆道を好ミ習ふに上達し今此里の文章博士とハ言ん、今年還暦の賀莚を開くといへ共其形躰筆勢共に健なる事昔に替らず、猶此人の齢長かれと祝し侍る　命長き遊びや筆芽花　春耕」（巻十）
明治2（1869）年 【弥蔵62歳】	梅似（22）	半田村	明治2年「梅似雅君の富貴有福ハ世の人の知る所なれバ言ふも更なり、国主より小高取御目見へ格式ニ撰ミ出され給ふ、齢ハ還暦にして万事取扱ふ事健なり、誠に此人の立身出世思ふ侭なるを羨み敬首百拝して　仰ぎ見る雲井の春や鶴の舞」（巻十）
明治4（1871）年 【弥蔵64歳】	里跡（122）	半田村	還暦に際し：「里跡雅君ハ若冠より家業に出情（ママ）し父母に孝行なる人也、今年還暦の春を迎へ志す風流に遊び其祝物のかちんを予も賞翫す、此人の心栄へ廉直なるハ天道に叶ひ金銀有福にて万貴長者と調べし　正直な人に実はあり花の春　農甫」（巻十）
明治13（1880）年 【弥蔵73歳】	烏旭（94）	半田村	明治13年春興：「**竹岸居（弥蔵の俳号）大人の易学廣きを称美して　明らけき聖の教へ学び得て 見るにたがはぬ易術めど　烏旭**」（巻十二）

出所）ｻｶｲ 00963～00974『俳諧雑記』（巻一～三）・『俳諧年行司』（巻四～十二）により作成。太字は弥蔵が評された言葉。下線は弥蔵が各人物を評した言葉である。

脇町に住む伯父の花山（7）は「農甫夫婦の者を閑居さし」、弥蔵は八月朔日から家を転々として過ごしていた。その間に行った家は半田村小野西の与次郎（17）、「鍛治屋帋八殿（18）母公の家」、兼松氏花暁（9）の家である。伊勢参宮へも行っている。そしてついに約二年後の天保一二年七月に家に帰ってくる。

己亥（天保一〇）年八月より今月（七月）に至迄二たとせ也、今我家に帰るを侍りて、
　二巡り廻りて戻る踊かな
家内和合を喜びて、
盆の月弥陀の浄土ハ是ならん　　（『雑記』巻　）

不和合から「二とせ」経って「我家に帰」り、「家内和合」を喜んだ句を弥蔵が詠んでいる。さらに、如水（19）からは、次のような句を送られる。

春耕園家内和合と聞、猶々已後を謹ミ給へと示して
我物としがたき玉や芋の露　　如水（『雑記』巻二）

春耕園（弥蔵の家）が「家内和合と聞」き、以後「謹ミ給へと示して」、「我物としがたき玉や芋の露」（芋の葉に置く露は玉のように美しいがそれを我が物にしようとして手を触れると玉は壊れこぼれ落ちてしまう。だからわがままを慎むように、という意味であろう）[22]という句を送っている。しかし「和合」から一年も経たない天保一三年四月、「妻の心変りたるに」「離縁」となった。離縁後の約一年間は『雑記』巻一に「独寝」の吟をしばしば記述しており、弥蔵の人生にとっては大きな出来事であったことが窺える。

これらのことから、俳諧を通じた交友を基盤にしながら、その交友のなかでは風雅の交流だけでなくいわゆる通俗道徳の実践による人格形成・修養が強く意識されていたといえよう。

（2）半田村根心舎と弥蔵の石門心学活動

この点に関して注目されるのは、弥蔵が石門心学に取り組んでいたことである。弥蔵は、自身の石門心学活動について『心学御題控』巻一―五という会輔（心学の修行）の問答記録を残している。[23]『心学御題控』巻一の表紙には文政一一（一八二八）年（弥蔵二一歳）とあり、巻五には「天保九年」（一八三八）とある。巻五の中を開くと「天保十亥年二月九日答之」という記述があり、その後も八丁続く。おそらくは、『心学御題控』の作成は文政一一年―天保一〇・一一年頃であると推定される。

中身を開くと、心学の師に対する質問とそれに対する答えというように、問答が記されている。例えば『心学御題控』巻一には、次のようにある（丸数字、傍線は筆者）。

一、男伊達の仕様ハいかに
　①誠の男伊達と言ハ主人江忠義を尽し、親江孝行を尽し、夫婦兄弟朋友和合する事なり、②此絵の五人男ハ父母抔を泣し人を殺したる者故、人之除て通すを強と心得たる弱みそなり、骸にいき筋を張たるか看板也、
　歌に

天に負己に勝て我たてす義理を立るが男伊達也

傍線部は脇坂弘道編『やしなひ草』上（脇坂弘道編、京都書林、天明四辰年刊）の一部である。『やしなひ草』上を見ると、「男伊達のはなし」という項目で「②此絵の五人男は父母一家などをなかし、心をいためくるしめたるつはものゆゑ、人のよけて通すをつよいとこゝろえたるよわみそなり、からだにいきすぢを張たるがまことの勇気なきよわもの、看板なり、①まことのをとこだてといふは主人へ忠義をつくし親に孝行をつくし夫婦兄弟朋友和合する事なり　人にまけおのれにかちて我をたてず義理をたつるがをとこだてなり　勇気とはわが人欲のわたくしにちつとも負ずかちぬくをいふ」とある。[24] 丸数字・傍線は『心学御題控』巻一との対応・一致部分である。これを見ると、全てに一致が確認できないため、『心学御題控』の史料の性格についての考察はまた別の課題にする必要があろう。

引用した『心学御題控』巻一の前半の内容を見ると、「親江孝行」や「夫婦兄弟朋友和合」等、弥蔵が俳諧を通じて意識をしていた徳目が記されている。孝行や和合に焦点を当てて他の巻も見てみると、天保二―七年の間に書かれた『心学御題控』巻三には次のようにある。

一、孝立而万善調此訳を示し給へ

答　孝行さへ能とゝのふときハ五倫の更り《ママ》よりも余日用万事万端よく斉ふものなり。如何となれば先主君へ臣として不忠なれば。父母の心安からず。故に主君へよく忠を尽すなり。主君として臣に礼なく不仁なれハ父母の心安からず。故に臣によく仁恵を施し尽すなり。又妻の夫トへ貞順あらざれバ、父母の心安からず。故によく節操を守りて貞順を尽す也。夫トにして妻へ義和を失ひ不和合なれハ、父母の心安からす。故に能教へ導き別義を正して夫トの道を尽す也。又弟として敬義を失ひ兄に背けば父母の心安からず。故に恭敬にしてよく弟の道を尽くすなり。兄として友愛に違ひ不和合なれば父母の心安からず。故によく弟をとし恵みて兄の道をつくすなり。又朋友のあいだ互ひに真実を失ひ更り悪しければ父母の心安からず。故に朋友の更りよく。真実を尽す也。又家業を怠れハ渡世乏しく父母の心安からず。故に我受得たる職業を太切にし、力を尽すなり。其外日用万事万端すくしにても道に違ふときハ父母の心安からすと也

亀屋九兵衛

問いに対し、亀屋九兵衛（＝中沢道二、手島堵庵に師事）が答えたというものである。傍線部については後述する。内容に注目すると「孝行」をよく調えれば、「万事万端よく斉ふ」ということの具体的な実践例が挙げられている。そのなかに夫婦が不和合となれば・家業を怠れば「父母の心安からず」、故に「夫トの道を尽す」ことや「我受得たる職業を太切にし、力を尽すなり」と説かれている。つまり、石門心学の会輔で、孝行や家内和合、家業へのつとめ等は徳目として出てきており（弥蔵はそれを書き留めており）、実際の生活の場でこれらの徳目を実践することで人格形成をはかるということが、弥蔵の俳諧を通じた交友関係のなかで意識されていたのである。

さて、『心学御題控』に記された様々な問答を見ると、その多くは心学の書物の抜き書き集であることが分かる（各々どの書物からの引用かは記されていない）。今引用した史料の傍線部に関して、次に示す手島堵庵『会友大旨』（安永二年刊）の「講義旨趣」の一節を見てみたい。[25]

主君へ臣として不忠あれば其本心安からず。これ心徳を欺くゆへなり。

父母へ子として不孝あれば其本心安からず。これ心徳を欺くゆへなり。

夫婦の間、夫は義和を失ひ、婦《つま》は貞順に背けば其本心安からず。是心徳を欺くゆへなり。

兄弟の交り、兄友愛にたがひ弟敬宜をわするれば其本心安からず。是心徳を欺くゆへなり。

朋友に信実をうしなへば其本心安からず。これ心徳を欺くゆへなり。

家業は農工商とも我が物好にて其家へ生れしにあらず。不思議にしてうけ得たる家業なればこれ天命也。然れバ我が家業を少しも麁略にしぬれば則天命に背て大罪也。恐れつゝしむべき大事也。惣じて家業を怠れば渡世乏しく、父母の心安からざるの第一なり。さればをのれ家業うとければ其本心安からず。これ心徳を欺くゆへ也

傍線は『心学御題控』と『会友大旨』で言葉の一致が確認される部分である。内容についても、随所にある「父母の心」を「本心」に置き換えれると非常によく似ている。(26)

この『会友大旨』について述べておくと、京都明倫舎によって半田の心学講社根心舎の「読書次第」に指定されていることが、大久保熊三郎（82）の父太兵衛が残した記録にある。(27) また、先に引用した『やしなひ草』上下・第二篇上下は、酒井家文書に版本として現存しており四冊とも「弘化五年歳次戊申四月三日堺屋弥蔵」と記されている。(28) 弥蔵は弘化五年に購入したか少なくとも手に取って引用箇所を含め知識を深めようとしていたのである。酒井家文書にある石門心学関係の蔵書を見ると、石田梅岩『都鄙問答』巻一―四・『倹約斉家論』や、手島堵庵『私案なしの説』・『前訓』・『かなめぐさ』新板上・下、『道二翁道話』等いずれも版本があるが、(29) このうち『かなめぐさ』にも「弘化二年歳次乙巳二月廿九日堺屋弥蔵」とある。すなわち、弥蔵は会輔に励むとともに、書物により知識を深めていたのである。

ここで半田村の心学講社根心舎について述べておこう。先行研究によると、半田村に石門心学が普及したきっかけは、半田村の庄屋篠原長久郎が、寛政五（一七九三）年春、大坂で中井典信（静安舎舎主、堵庵直弟）に入門したことであるという。(30) 寛政六年に撫養の里見平兵衛（「上田翁（上田唯今）初入」）・南方の林喜十郎（「手嶋先生直弟」）が来村し、篠原長九郎宅で道話をしたのが半田村における講義のはじまりであった。寛政七年、篠原長九郎は上田唯今（紀州・和歌山の修敬舎舎主、中沢道二に入門）の講話を徳島城下で聴聞し、半田村に彼を招聘した。そのときに数十人が入門した。文化元（一八〇四）年、桑原源兵衛（冬夏、貞光村出身）・田村祐之進（備中の人、丹波伝習舎舎主谷川物外の門人）の来村により再び活況を呈し、半田村での石門心学への入門者が増えるに従って心学講舎設立の機運が高まった。そして文化二年二月、三六名の出銀者によって半田村木ノ内に根心舎が造立された。徳島県立文書館寄贈大久保家文書にある「根心舎夜驚」(31)（文化二年二月）には、そのときの出銀者の名前がある。弥蔵の俳諧の師木村由蔵（5）（「芳蔵」）や、半田村において俳諧の宗匠格でもあったと言われ(32)『雑記』において弥蔵と俳諧のやりとりをしていることが確認で

きる大久保（油屋）十兵衛（一貫斎南香16）、そして田村祐之進から講師を認可され、弥蔵の心学の師でもあった敷地屋卯平（「路友先生」、一七七一―一八三二）がいた。

弥蔵が「路友先生」に私淑していたことは『心学御題控』（巻三）の末尾にある次の記述から分かる。

石田先生―手島先生―手島先生―上河先生
勘平　嘉左ヱ門　和庵源右衛門　庄左衛門
物外先生―田村先生―路友先師生―五養齊
助之進　敷地屋卯平　堺屋弥蔵

『心学御題控』巻三は天保二（一八三一）年から書かれ、次の巻四は天保七年三月から書き始められている（表紙に「天保七年三月」とある）。この記述は「路友先生」の没（天保三年）後、自身の石門の系譜を確認しようとしていたものと考えられる。

この時期、半田村では路友先生の「石碑」（墓碑）建立を行うために動き出す。弥蔵が残した「路友先生石碑造立控帳」[33]を見ると、次のようにある（傍線・破線は筆者）。

それ聖学は色々諸家の教しへ有といへ共、忠孝に止る所が肝要ならんか、然るに　石田勘平梅巖先生は此道に厚志し、始て性理を開闢し給ひ、猶二世の道統　手島嘉左衛門堵庵先生に至給ひて多くの人を導き、令此道普く海門にさかん也、爰に其流れを汲、根心舎の社中三四人ハ、師に後れてあんかんとくらす事三ト年なり、家業遊興其外世用に行当る事多くして、或日うち寄て是をなげくといへ共、更に其甲斐なし、中にも横田の何某人々に向ふて曰く、我々師に請し恩ハ須弥よりも高くし報しかたきといへ共、金玉をあたへられしを蔡にて返せし譬も有は、せめて石碑を建てしかるべしと言、人々喜び、是ぞ誠に報恩ならむと俄に同志の人々をかたらひて石碑を造立する事とハなりぬ　発願主遺弟

天保六未年正月日　敬白

根心舎社中

一、南鐐壱片　春田為之助
一、銀札四匁　三宅沢蔵
一、同八匁　敷地屋兵助
一、同四匁　堺屋弥蔵
一、同四匁　今津屋角蔵
一、同弐匁　綿屋熊三郎
一、弐匁　西浦屋善兵衛
一、壱朱壱片　大倉彦三郎
價三匁九分
一、銀札弐匁　三宅熊三郎
一、同弐匁　同沢蔵
一、同四匁　中屋忠右衛門
一、同弐匁　大久保小三郎
一、同拾匁　大久保熊三郎
一、同弐匁　南馬平
一、同弐匁　同虎吉
一、同四匁　敷地屋長兵衛

一、同弐匁　敷地屋岩蔵
一、同八匁　大坂屋嘉吉
一、同四匁　奥　同　雷蔵
一、同六匁　西浦屋吉右衛門
一、同　敷地屋国蔵
　脇町社中
一、銀札拾匁　林勘蔵
一、同弐匁　いつゝや唯助
一、同弐匁　門たや幸吉
（中略）
世話人
敷地屋兵助
堺屋弥蔵
弘化三丙午年二月下旬成就

石田梅巌・手島堵庵の「流れを汲」む「根心舎の社中三四人ハ」師が天保三年に没した後、「あんかんとくらす事三ト年」（天保六年）となった。そこで「横田の何某」が言うには「我々師に請し恩ハ須弥よりも高くし報しかたきといへ共」、「せめて石碑を建てしかるべし」と。そこで、人々は「喜び、是ぞ誠に報恩ならむ」として石碑を造立することとなったという。実際に石碑造立が「成就」したのは、「弘化三丙午（一八四六）年二月下旬」であった。注目されるのは、出銀者として名前のある「根心舎社中」のうち傍線を引いた人物は、第一節で見たように弥蔵と俳諧を通じて交友のあることが明らかな人物である。[34]ただし、石門心学活動は実名で記し、俳諧活動は俳号で人物名を表記しているため、現段階では俳号・実名両方とも判明している人物のなかでの重なりということになる。[35]さらに注目されるのは、破線部にあるように先述の雲雀塚建立について記していた敷地屋兵助（雅弘1）と当の弥蔵が「世話人」をしていることである。敷地屋兵助は、石川謙氏によると京都明倫社の『年中行事記』の記述に「弘化二年三月改」として根心舎の「都講」に掲げられている三人のうちの一人である。[36]また傍線を引いた大久保熊三郎（＝安斎82）と、大倉岩次郎（詳細不明）も都講として名前が挙げられている。すなわち、敷地屋兵助や大久保熊三郎のような半田村における石門心学活動の中心人物と、俳諧を通じて交流を行っていた人物には人的な重なりがあり、弥蔵は地域における石門心学活動を支えていたのである。

文化二年の根心舎造立と文化年間初期にできたと言われる半田の俳諧社半田水音分社とはほぼ同時期の活動であるが、俳諧については弥蔵の祖父の時代である天明三（一七八三）年の脇町井尻の句集に半田の俳人の名が数人確認できるという。[37]このことから、半田地域では俳諧を通じた交友関係を一つの基盤にしながら石門心学活動が展開されていたことが窺える。そして弥蔵は地域における俳諧・石門心学活動の双方とも支えていたのである。

第三節　信仰実践としての寺社参詣

(1) 弥蔵の信仰実践

第一・二節で見てきたように、地域における俳諧活動や石門心学活動において中心的な役割を果たしてきた弥蔵だが、地域との関係でももう一つ見落とせないのが、弘化三（一八四六）年から百味講（弘法大師忌日の法会に集う講）の世話人をつとめたり、安政五（一八五八）年九月二八日の氏神八幡宮の祭礼には「宰領人」をつとめる等、(38)地域における宗教的な行事も精力的に行ったことである。このような活動の背景には、弥蔵個人の信仰があったと見られるが、この点を弥蔵の行動と記録に注目して確認してみよう。

現存する記録において、ある程度まとまった数の寺社を参詣したことが確認できる最初は、文政四（一八二一）年（弥蔵一四歳）正月の「拾箇所」（十里十ヶ所遍路のことと思われる）を巡拝したことである。(39)文政五年（弥蔵一五歳）には、檀那寺龍頭山神宮寺（半田口山村）での宝物開帳の様子を「開帳由来書」として残している。(40)これによれば、この開帳の際に、「説法（弘法）大師御一生御伝記」を聞いた。文政六年七月一四日から光明真言を読誦し始める。(41)光明真言を読誦することは、弥蔵の信仰にとって重要な意味を持ち、旅の最中に読誦していたり、天保六（一八三五）年の父武助の臨終の様子を記録した「堺屋武助臨終書」によると、「家内病床を放れず……皆光明真言を唱」え、また亡くなってから「忌中一七日の間は、家内者光明真言を唱え」た。(42)文政九年（一九歳、弥蔵が俳諧を始めた年）には「讃州象頭山参詣覚」をつけ始める。(43)これは、讃岐象頭山金毘羅宮と弘法大師誕生の地と伝えられる讃岐善通寺に参詣した年月日を記録したもので、同年四月から嘉永二（一八四九）年一〇月一一日までを記している（続けて「象頭山五岳山参詣覚帳」〈嘉永三年正月—明治一七年三月二一日〉を作成する）。(44)文政一三年（二三歳）には伊勢参宮へのおかげ参りへ行き、その記録「天照皇太神宮・豊受皇太神宮御影参り」(45)を残した。同じ年の正月からは弥蔵が参詣した神社仏閣の名前を年月日ごとに箇条書きにした「神社仏閣参詣所覚帳」を記録し始める。(46)弥蔵は、寺社参詣に行くと、このような「参詣覚」を記すことで、どの神仏に「参詣」したのかを分かるようにしているのである。これを見ると、商用で赴いた先で寺社参詣を頻繁に行っているとともに、二—三カ月に一度は遠方の寺社参詣の旅に行き、旅の出発と帰村後は、氏神である八幡宮へ参詣に行っていることが分かる。

弥蔵は開帳にも高頻度で訪れており、開帳目録・霊宝録を購入あるいは筆写した。(47)さらに弥蔵は寺社において講釈・説法を聴聞し（嘉永五（一八五二）年弥蔵の檀那寺龍頭山神宮寺にて法華経講釈、安政三（一八五六）年郡里村願勝寺にて「播州寂明師」による説法、安政四年四月貞光村真光寺にて播州の寂明師による説法、文久三（一八六三）年半田口山村神宮寺・貞光村真光寺・郡里村願勝寺にて「播磨国寂明上人の説法」、『年行司』巻五—九）、安政三年の説法の内容は「聞書控」として記録を残している。(48)このような信仰の実践は明治期まで継続し、明治一七（一八八四）年（弥蔵七七歳）の弘法大師一〇五〇年忌の際も弥蔵は「世話人」として集めた「献備金」を讃岐善通寺へ寺納していたり、明治二〇年（弥蔵八〇歳）にも阿波十里十ヶ所遍路（四国霊場一番から十番までの遍路）を、妻や孫（養子の子）とともに行っている。(49)

以上のように、弥蔵の信仰に関する実践（以下信仰実践とする）は寺社参詣を主とし、そのなかで開帳を訪れ、光明真言を読誦し、説法の聴聞を行い、さらにその記録を膨大に作成した。このような行動と記録が「神仏信仰に熱心だった」と言われる所以の一つであると考えられる。

（2）半田村における信仰実践活動

このような寺社参詣も、地域の俳諧を通じた交流のなかで見送り合っていることが分かる。例えば文政一三（一八三〇）年に雅弘（1）・単友（2）・北斗（3）が「四国行」（四国遍路）に出発する際、弥蔵が「送別の吟」を送っている（『雑記』巻一）。また、天保一一（一八四〇）年には弧竹庵（5）に伊勢参宮の「見送り」の吟を送られている（『雑記』巻一）。

彼らはこのような寺社参詣を行うことでどのような功徳を求めていたのだろうか。嘉永三（一八五〇）年、弥蔵は端四国八十八ヶ所（現在のつるぎ町貞光・半田両地区にある写し霊場）を「順拝」した。その理由は「去年季秋より初冬に至りて敷地屋国蔵殿大痢におかされ、已に九死一生に及ひ、此偏礼三度の心願を掛け、程無く平癒し、御礼の為此度順拝する、我等事代参に雇れ参詣」[50]とある。敷地屋国蔵（84）とは、『雑記』『年行司』に登場し、石門心学の師路友先生の墓碑建立の際の出銀者の一人であるが、この国蔵が「大痢」（痢病ヵ）にかかり「遍礼」（遍路）を三度するという願を掛けた。その後程無く平癒したので弥蔵は「代参に雇れ」、「御礼の為此度順拝する」こととなったという。文久元（一八六一）年、梅似（22）の病気が平癒したときも「神仏の守護」と思い、弥蔵は句を「捧」げている（『年行司』巻八）。これらの記述から病気平癒は神仏信仰に込める一つの主要な願いであったことが窺える。

このような信仰に込める願いは「旅日記」からも分かる[51]。第一章で述べたように「旅日記」の序文には旅の目的が記されているが、それによれば、「富貴万福を祈るにもあらず、祈らざるにもあらず、この身、息災堅固なる冥加を思い」（『見る青葉聞く郭公旅日記』）、「現当二世安楽疑ひなき」（『散る花の雪の旅日記』）、「即身成仏の悟りを聞き極楽浄土に入る」（『旅日記法農桜』）、「迷（冥）土の旅の稽古」（『さくら卯の花旅日記』）を願うものであった。

さらに、これらの寺社参詣の記録である「旅日記」は、地域の人々に見せるために作成された。その一つである『散る花の雪の旅日記』は、弘化四（一八四七）年讃岐善通寺百味講に参加するために善通寺へ赴いた旅の記録であるが、ここには弥蔵が半田村の百味講を組織する発起人となり、「半田村引講」の世話人をつとめた様子や百味講に集う半田村の講員の名前が一一人書かれている。また、その講員は「毎年三月正御影供百味御膳講之記」に弘化三年と文久四年に加入した人物名二三人が書かれており、先に見た石門心学の師＝路友先生の石碑造立への出銀者と八人重なっている[52]。さらにこのような参詣の旅に同行する者のなかには、『雑記』・『年行司』に名前が確認され、弥蔵と日常的に俳諧を通じて交友していることが明らかな者もいるのである（**表3－1**の右側「旅の同行者」の列に○をつけた人物）。

このように、地域における信仰実践活動も、俳諧や石門心学活動を通して交流のあった人物とともに行われ、弥蔵は百味講を組織する等重要な役割を果たしていたのである。

（3）信仰実践と通俗道徳

弥蔵がこのように精力的に信仰実践をした背景を考えるうえで注目したいのは、弥蔵が『心学御題控』巻五に書いた父武助の教訓である（傍線は筆者）。

春陽亭梅月翁教訓書写
天之道可守事
神仏信心可致事

親孝行可尽事
正直可致事
殺生可慎事
非道可慎事
強キ人ニ不恐弱人ニ可恐事
右七ヶ条よくよく可相守是専一之人道也
享和三亥年五月廿八日
堺屋武助謹書
○
古人刻苦光明筆盛大也　（『心学御題控』巻五）

これは、天保九―一一年頃の記述である。武助＝春陽亭梅月は天保六年に死去しており、天保一一年には「亡父の石塔」を建立した(53)。右の記述は、この頃に今一度父の教訓を書き留めておきたいという意識のもとに書かれたものであると推定される。これが弥蔵の石門心学活動の記録（『心学御題控』）に書かれていることは、弥蔵が父の教訓を、石門心学の教えと密接に関わっていると意識していることを窺わせる。

さて、このなかで特に注目したいのが、孝行・正直といういわゆる通俗道徳とともに、「神仏信心可致事」が挙げられていることである。弥蔵が熱心に修行した石門心学と父の教訓が、弥蔵の信仰実践に正当性を与えるとともに、神仏への信心は通俗道徳的な生活実践の一環として意識されていたのである。

では、このような通俗道徳の実践としての神仏への信心は、どのように意識されているのだろうか。地域の人々とのやりとりのなかから検討したい。安政四（一八五七）年、貞光村真光寺で播州寂明の説法を聞いた際に、元女(95)と次のようなやりとりをしている。

四月十六日より廿五日迄、貞光、真光寺にて説法、播州寂明師、仝廿六日より五月三日迄なり、願勝寺ニ而同断、此説法に信心随喜して、狂歌をつらねて予にした丶め呉よと持参して也、直我筆を取出て遣る其狂哥、
説法の教へを厚く重ねきて　心に残す錦成けり
有難や弥陀の浄土の安楽も　寂明さまの御手曳で行
説法の教への綱に取付て　放さぬ様に弥陀の浄土へ
極楽の道は闇かハしらね共　心の鏡有明の月　右四首　元女
右四首の返しに
綾錦仏の教へ重ね着し　心の衣永く破るな　春耕園
寂明の手曳で行ハ愚か也　弥陀の教へで極楽へゆけ
説法の教への綱ハ放しても　心の駒の手綱放すな
極楽の明さ暗さハおのづから　真如の月の照り曇り哉（『年行司』巻七）

「元女」（居住地は不明）が「狂歌をつらねて予にした丶め呉よと持参して」四首を詠み、それに対する弥蔵の返歌が記されている。注目されるのは、第一に「弥陀の教へで極楽へゆけ」に見られるように、弥陀への信心を強く意識していることである。そして第二に「綾錦仏の教へを重ね着しても心の衣永く破るな」や、「説法の教への綱ハ放しても心の駒の手綱放すな」に見られるように、「心の駒」（激しく働く抑えにくい心）の手綱を放してはいけない、と言っていることである。「心の駒の手綱」については、安丸良夫氏が「日本の近代化と民

衆思想[54]」のなかで引用している但馬の地主平尾作太郎の家訓の一つ（＝「引かれなば悪しき道にも入りぬべし　心の駒の手綱ゆるすな」）にもある言葉である。安丸氏は、近代化する日本において、民衆が「心」の変革を求め、真摯な自己変革の努力をしようとしていたことを物語る例として位置づけている。これを踏まえれば、弥蔵の歌には「弥陀の教へ」を信心の拠り所としつつ自己変革の努力を怠りなく行うという、神仏への信心と通俗道徳の実践が表裏一体のものとして意識されていることが窺えるのである[55]。

このように、神仏信仰実践にも通俗道徳の実践にも風雅の実践にも精力的に取り組んできた弥蔵であるが、そのような生き方と現実には齟齬を感じることもあった。それを象徴するのが安政五（一八五八）年の次のような狂歌である。

我が生得と浮世との違ひあり、此頃世渡りのはしを悟りて狂歌
だまされてだまして渡る世の中に　誠を語る孔孟は馬鹿　春耕
（『年行司』巻七）

自分の「生得」と、「浮世」（現実）が違う、このような「浮世」＝「だまされてだまして渡る世の中」には、「誠を語る孔孟は馬鹿」と「悟」った、と述べている。ここでいう「誠を語る孔孟」とは、孔子や孟子の言葉を取り入れた石門心学の教えを主に念頭に置いていると考えられる（実際に孔子・孟子の言葉が『心学御題控』に引用されている）。この記述からは、「だまされてだまして渡る世の中」には「誠を語る孔孟は馬鹿」なのだ、と世の中を皮肉る意識が窺えるのである。

第四節　風雅の交流の変容

以上のように、半田地域では俳諧を通じた交友関係を基盤にしながら石門心学活動や信仰実践の活動が行われてきたが、安政期頃から、俳諧を通じた交流のなかでの句・狂歌に「世なをり」（『年行司』巻六）・「世上」（『年行司』巻七等）に言及したものが出てくる。**表3-4**は『雑記』『年行司』の記述のなかから政治社会状況に対する記述を抜粋したものである。これを見ると、天保一五年の上郡一揆以外は、特に嘉永六年ペリー来航以降に記述が増加しており、政治社会状況に関心が高まっていることが分かる。このような関心の高まりは、政治社会状況に関する情報を書き留めた冊子を同時期に弥蔵が活発に作成していることからも分かる[56]。

ではどのように政治社会状況に言及するような句・狂歌を詠み合っているのだろうか。まず、多く登場している人物として目を引くのが鼡友（素遊・鼠友2）である。鼡友とは、「四国行」（四国遍路）に鼡友が出発する際に弥蔵が送別の吟を送ったり、互いの家を訪れ合う等親しいつきあいがあった人物である。嘉永から安政に年号が改元する際（一八五四年）、直前に安政大地震があったことから鼡友は次のような狂歌を詠み、弥蔵が書き留めている。

年号の替りし狂歌
年号を嘉永とゆつた大地震　としも替りて民は安政　読人不知
此狂歌のもじり
異国から来た禍ひハゆり嘉永納る御代は天下安政　鼠友（『年行

司』巻六)

この時期、大地震を世直りとして捉える狂歌や瓦版、「鯰絵」が広まっていたことが指摘されているが[57]、そのようなものの一つであると考えられる狂歌を丱友が「もじり」、「異国から来た禍」は「ゆり」(行・揺り)、天下は「安政」となる、と詠んだ。丱友と弥蔵は、この後も安政五年八月に「異国船ニ寄せて此星(帚星)を題」した狂歌を詠み合う等、たびたび政治情報を話題にした。元治元年に丱友が「長州征伐の人足御供を蒙」り、長州へ旅立つ。この旅立ちに弥蔵は「雪を見て進め源氏の旗印」という吟を「捧」げている。元治から慶応改元するとき(一八六五年)は、この「長州征伐」を意識してか、丱友は「二タとせも元治と言へどおさまらず治乱も天の時と慶応」という狂歌を詠み、弥蔵が書き留めている。

注意したいのは、このような政治社会状況に関するやりとりは、丱友のような特定の人物とのみではないことである。例えば安政二(一八五五)年の春興(聖節)三節の句のなかで「辻町　七十三翁一章」(77)が詠んだ三句の一つ目に「世なをりを告る戦ぎや門の松」というような「世なをり」を意識するような句があったり、文久三(一八六三)年の年始の三節を、梅似(22)・春水(67)・丱友(2)・右京(4)と詠み合っているなかにも「世の浪を降静め梟除夜の雨」(丱友)がある。このように、日頃の俳諧を通じた交友のなかに、風雅の交流だけでは済まされない政治社会状況・情報が意識されてくるのである。

慶応二(一八六六)年の第二次長征は、異常な物価騰貴の直接的原因となり、百姓一揆と打ちこわしとを激発させ、開港とともに激化していた民衆の生活不安がさらに激化していった時期であると言われているが[58]、弥蔵は第二次長征について次のように述べている。

五月廿八日大雨降てなり、此節　将軍様にも直ニ長州征戌《(ママ)》とありて大坂表迄御出張、去年十一月より御普代御大名四五頭は廣島表へ御出張、先月の四月中旬にハ備中表に騒動あり、右ニ付諸物等高直、米ハ八百弐拾目位、白米ハ壱升ハ八目八分位、麦壱石ニ付四百五拾目位、夫故世の人気おもしろからず

乱れたる世を泣　人や虎が雨　春耕(『年行司』巻十)

第二次長征にあたり「備中表に騒動」があり、それにより「諸物高直(値)」となった。それゆえ、世の気風がよくない、だから「乱れたる世」を泣いている、人や「虎が雨」(曽我兄弟が討たれた陰暦五月廿八日に十郎祐成と契った大磯の遊女虎御前の涙が雨になったという話がもとになった季語)と句を詠んでいる。弥蔵自身も「乱れたる世」、社会が不安定である状態を肌で感じていたのである。

このように、ペリー来航・異国船、長州戦争、世直り等の世相や政治情報が、日頃の俳諧を通じた交友の話題・関心にも入るようになり、このような交友を通じて弥蔵自身の意識も「乱れたる世」に焦点が当てられるようになったのである。

おわりに

以上、本章は旅に赴いた人々がいかなるネットワークを基盤としていかなる関心のもとに交友関係を取り結んだのかについて、阿波半田

表3－4 「俳諧雑記」「俳諧年行司」に見る政治社会状況に関する記述

和暦（西暦）	年齢	記述内容	俳諧雑記・年行司の巻数
天保12（1841）年	34		巻1
天保13（1842）年	35	正月6日夜、賀茂山百姓一揆（上郡騒動と呼ばれる） 「天保十三壬寅正月六日之夜、三好郡加茂山より百性（ママ）一騎起、組頭庄屋三ヶ所打破りしを狂歌 瀧下屋秋田河原打破る　加茂山風をあらしといふらん　　雨柳 　右は、加茂北村組頭庄屋河原源左衛門、辻瀧下屋馬場基太郎、足代村秋田庫之助と三ヶ所打砕く、其後重清庄屋河野文兵衛打砕く、阿波郡組頭川人藤三郎打砕く、香賀美村ニ有、祖谷山ニ有」	
天保14（1843）年	36		巻1→巻2
天保15年→弘化元（1844）年	37		巻2
弘化2（1845）年	38		
弘化3（1846）年	39		巻2→巻3
弘化4（1847）年	40		巻3
弘化5年→嘉永元（1848）年	41	2月11日、上方より相場帖来る	
嘉永2（1849）年	42		巻3→巻4
嘉永3（1850）年	43		巻4
嘉永4（1851）年	44		
嘉永5（1852）年	45		巻4→巻5
嘉永6（1853）年	46	7月17日、夕暮より乾の方、太刀野山に十間ばかり離れて「箒星」顕れ、初夜戌の刻に入る「見馴ざる星を見出しぬ秋の空　鼡友」／6月3日以降の記述：「六月三日相州浦賀と云ふ所へ亜墨利賀舩四艘来り、同十二日に帰りぬ、其船又八月にハ来ると言ふたる由なれバ、御上にハ御心配にて軍用の御拵の沙汰あれバ　初秋や世の塵拂へ帚星　農圃	巻5
嘉永7年→（11月27日改元）安政元（1854）年	47	11月4日、朝五ツ時辰の刻比に地震／11月14日「世の変ハ雪に埋めて仕舞鳧」／聞書狂歌「太平の御代に言成す世直りハ国もゆったり家もゆつたり」「世直りと人も言うなり地震にハ国もゆつたり余處もゆつたり」「大地震諸国ゆるゆる取沙汰に卯の年より豊年のつげ」／12月27日安政に改元、年号の替りし狂歌「年号を嘉永とゆつた大地震 としも替りて民は安政」。鼠友によるこの狂歌のもじり「異国から来た禍ひハゆり嘉永納る御代は天下安政」	巻5→巻6
安政2（1855）年	48		巻6
安政3（1856）年	49		巻6→巻7
安政4（1857）年	50		巻7
安政5（1858）年	51	8月24日「当月十日頃より戌の方に見馴ぬ星の出る。初夜戌の刻までに入ぬ」。狂歌異国舟に寄せて此星を題す：「月の出へ来れば異船は塵芥星の箒で掃捨る秋　異国船掃捨に出る箒星神の御末の国ぞ貴き　右之通、九月十日頃には坤の方藤野の峯へ入出止ぬ　△京都土御門様よりの御触にハ、八月五日より出始、九月十五日限」／8月下旬「・・・世上頓転りと言う病ひ流行、死人幾千万との評判也。依之御上よりも諸社御祈禱被仰付、厚く御手当あり。猶又亜墨利加人誹廻して海川井戸抔へ毒薬を入れる沙汰もあり。此比役人内廻り有難き御仁恵也。是にハそむけ共おどけの狂哥：我こそハ死るに好む頓転り 甘いあめりか鳥渡ねぶりて」／9月28日、将軍（第十三代家定）薨去のため8月8日より50日間穏便延期になっていた当所の祭礼が執行される	
安政6（1859）年	52	9月9日、「今年ハ世上に病ひ流行あれバ　長命の薬ともなれ菊の酒」	巻8
安政7年→万延元（1860）年	53	閏3月万延改元。「何事も唯堪忍の思安政治る御代の教へ万延　安政は七を限りに申の年五風十雨の庚万延　水戸井伊（見と言>）と聞事成りし騒動ハ安政の七庚申のとし」	
万延2年→文久元（1861）年	54	3月14日改元について「万延は三月限り辛酉後文久と伝ふ年号」／5月24日、亥子の間の空に箒星	
文久2（1862）年	55	5月頃より、諸国林疹病流行る「豊作の麦取込て其後ははしかはしかと家々に言ふ」／8月1日頃、亥の方の空に帚星	巻8→巻9
文久3（1863）年	56	ある日、一宿させた浪人の話：「我等先年江戸表へ行きし時、前将軍　家齋公御位御昇身ありし時蜀山人の狂哥を聞し云ふて曰く　参内もせずに太政大臣は日本一の武将なりけり」	巻9
文久4年→元治元（1864）年	57	2月21日、「二月廿一日の勅定、元号を元治元年と改元なり、当国へ二月廿九日御届けとあり。此折三月十日御触れ・・・是迄の文ハ久しく取置て元へ治る甲子のとし」／12月8日、素遊、領主長州征伐の人足御供として出立	巻9→巻10
元治2年→（4月7日）慶応元（1865）年	58	正月25日、長州征伐の御供人足として出立した素遊、征伐が途中で延期になり帰宅／「此節、将軍様大坂表へ御登りありて再び長州を征戎の沙汰ありけれバ、閏月の端午によせて　節句も二度の幟の旗印」／9月25日、「俳諧年行司」巻十の序を書く：「･･･我が身のうへに家の業の暇なく書見を好めども心のうちにたる事なし。此節、世上の騒がしき事を聞て、上々様の御心配御苦労も	

		嘸あらん。凡人間界に生を受てあだに月日を送るものハなし・・・」	
慶応2（1866）年	59	5月28日「此節、将軍様にも直ニ長州征戎とありて、大坂表迄御出張、去年十一月より御普代御大名四五頭は廣島表へ御出張、先月の四月中旬にハ備中表に騒動あり、右ニ付、諸物等高直、米ハ八百弐拾目位･･･世の人気おもしろからず　乱れたる世を泣人や虎が雨」	
慶応3（1867）年	60		
慶応4年→明治元（1868）年	61	「聞書恋哥　江戸遊女異国人をふりて肌ふれざる哥　露だにもいとふ倭の女郎花降あめりかに濡るゝものかハ　日の本の秋の野に咲女郎花降あめりかをいかゞしのぐぞ」／9月8日、京都にて年号改元、10月4日爰元御触、「慶應の四年ハ九月八日までけふ九日ハ明治元年」、「逆賊を辰ハ慶應四年迄　明治となれバ天下泰平　素遊」「慶應の四ツで逆賊辰のとし　己（巳）ハ太平に明治とぞ成る　仝（素遊）」	巻10
明治2（1869）年	62	「慶應ハ四年を限り辰のとし巳ハ明らかに治れる春　春耕」	
明治3（1870）年	63		
明治4（1871）年	64		
明治5（1872）年	65		
明治6年(1873)	66	「此比西洋人の姿を見習ひ諸役人ハ天窓の髪切たれバ」	
明治7（1874）年	67		
明治8（1875）年	68		
明治9（1876）年	69		
明治10（1877）年	70		巻11
明治11（1878）年	71	9月25日、「王政御一新にて神佛御取分けなる世なれ共･･･夜明けの夢に天満宮のお告の哥に　受らじなあまみつ神の影向ハ両部行ふ人にこそあれ」	
明治12（1879）年	72	聞書：夏より初秋の頃までコレラ流行。「上役人も移らざる手当と号し、其病人を山へ連れ行、親類に逢さず遠ざけ死すれバ焼捨て、兎角親類を遠ざける、諸人是を嫌ふ･･･お上ミにはいらぬお世話の焼場までこれらの事ハ止めに西洋」	
明治13（1880）年	73		
明治14（1881）年	74	6月上旬より北方の空に彗星顕れる。「六月や何を掃出す箒星」	
明治15（1882）年	75	8月10日頃より夜明け前寅の刻に辰巳の方の空に大長星顕れる。長さ二間位	
明治16（1883）年	76		
明治17（1884）年	77		
明治18（1885）年	78	7月上旬、「人を恨みミて神に祈誓を懸たれ共、更に願望叶はざるを侍る　祈れどもしるし無きこそ我が不運霊験厚き神を頼むに　世ハ移り替りて今ハ切支丹　神も佛も無き世かとぞ思ふ」／8月7日、「有卦に入る数も七年七福の神を迎へて笑ひくらせよ」／「此の頃、旧墓地廃止と聞て・・・」	巻12
明治19（1886）年	79	「此頃世上の有様を見て吟ず　敷島を穢す異国の屎まびれ　神風祓ひ清め給へや」	
明治20（1887）年	80		
明治21（1888）年	81		
明治22（1889）年	82		

出所）ｻｶｲ 00963～00974『俳諧雑記』（巻一～三）・『俳諧年行司』（巻四～十二）により作成。

の商人酒井弥蔵に即して検討した。弥蔵は半田村に居住する人々や生業で結ばれる地域の人々との俳諧を通じたネットワークを築き、蕉風を目指したその取り組みは高く評価されていた。こうした俳諧のネットワークは石門心学活動の基盤としての役割も果たしており、その交友のなかでは通俗道徳の実践による人格形成が強く意識されていた。俳諧と石門心学については、美濃派の俳論（例えば各務支考の俳論）が心学的哲理を基盤にしている等、蕉門俳諧と石門心学には共通の性格があることが指摘されているが[59]、哲理の問題にとどまらず、現実の地域における文化活動（俳諧と石門心学活動の人的交流の重なりとそこに見られる意識の両面）に明瞭に見えてくる。また、これまでの在村文化に関する研究で指摘されている在村文人の生活信条（業雅両立論等）[60]に、通俗道徳の実践による人格形成という側面も加わった形で見出せる例として本章の検討が位置づけられるように思われる。

さらに地域における信仰実践活動もこうした俳諧や石門心学活動を通して築かれたネットワークの結びつきと不可分な関係にあった。注意したいのは、ネットワークと百味講員等に人的重なりが見られるばかりでなく、俳句のやりとりによって互いの信仰について確認し合っていたこと、さらに石門心学の教えが神仏信仰の実践を正当づけていたことである。ここで注目されるのは、弥蔵の神仏信仰の実践の中心が寺社参詣であったことである。というのも、近世の寺社参詣の旅は参詣（信仰）を名目としながら実際は娯楽・楽しみの面が強いと指摘されている[61]一方で、通俗道徳についてはこうした娯楽とは対照的な厳しい自己鍛錬として論じられてきたからである[62]。これらを踏まえると、娯楽と通俗道徳の実践という一見相反する現象が表裏一体の関係で近世の寺社参詣が行われていたということを本章の事例から読み取れるのではないだろうか。

弥蔵がこのように行ってきた信仰実践・寺社参詣に関して、最後に幕末・明治期について展望しておきたい。幕末（特にペリー来航以降）になると、俳諧を通じた交友の話題にも世直り等の世相や政治情報に焦点が当たるようになることは本章で指摘した通りである。このような時期の文久二（一八六二）年八月一五日、弥蔵は『年行司』巻九の序文に次のような言葉を書いている（傍線は筆者）。

> 神明仏陀聖賢の教へを守り、天下太平を喜び国主の御恩を忘れず、家業怠り無く勤め、其餘力に風流を楽しむに金鳥玉兎の巡りの早き事ハ三五の名の夜哉

注目したい一つ目は弥蔵が信じている「神明仏陀聖賢の教へ」を守ることが最初に挙げられていることである。二つ目は世直り等の世相を認識しつつも「天下太平を喜び国主の御恩を忘れず」と述べ、それとともに「家業怠り無く勤め」にあるような通俗道徳の実践が意識されていることである。そして三つ目は「其余力に風流を楽しむ」とあるように、近世の在村文人が理想としている生活信条、すなわち風雅・風流というものはすべて「家業之余力」でやるべき道で、「余力」を口実に（『論語』の「行有余力、則以学文」を根拠に）様々な生産活動に携わりながら寝る間も惜しんで風雅に没頭するという「業余風雅論」[63]にも通じるようなことを述べていることである。つまり、①「神明仏陀聖賢の教へ」を守ることを信心の拠り所にし、②「天下太平を喜」ぶことを含んだ通俗道徳の実践の「余力」に③風流（弥蔵の場合、中心は俳諧）に最大限力を発揮して取り組むという生き方が、幕末に

なってもなお弥蔵の人格形成にとって重要であったと見ることができるのではないだろうか。

さらに慶応四（一八六八）年閏正月、弥蔵は半田村の人々と七福神に扮した連を結成して「ええじゃないか」として讃岐金毘羅へ向かい、そのときの記録を「御影参り諸事控帳」に残している。[64]桑原恵氏によると、このような七福神に扮して連を結成して赴く「ええじゃないか」のあり方は珍しく、このことから「ええじゃないか」参加者の意識には、従来指摘されるような狂乱の状況に乗じて富裕な家に踊り込んで施行を受けようとするような無秩序状態での精神状況の者だけではなかったことを示していると指摘する。[65]「ええじゃないか」については今後検討していきたいが、弥蔵はこの「ええじゃないか」の旅においても「我等去ル子年（元治元年）春病気の節、八栗山へ心願有て、此度参詣ニ趣候」と、一行から離れて一人で八栗山（四国八十五番霊場）等の寺社参詣をしてから帰っている。

以上のことを踏まえると、幕末期の弥蔵の信心は、これまで同様病気平癒等を願うものに加えて、「天下太平」（ここで言う「天下太平」とは長州戦争にともなって認識した「乱れたる世」がおさまってほしいという意味）への願いも込められていったと見ることができるのではないだろうか。

また、明治一一年には『年行司』巻十一に次のように記している。

王政御一新にて神仏御取分けなる世なれ共、九月廿五日夜明の夢に
天満宮のお告の歌に
受らじなあまみつ神の影向ハ両部行ふ人にこそあれ（『年行司』巻十一）

「天満宮のお告の歌……両部行ふ人にこそあれ」には、「王政御一新にて神仏御取分けなる世」に対する批判・反発意識が込められていることが窺える。[66]弥蔵が長い時間をかけて醸成・実践してきた神仏信仰とその継続が、「王制御一新」の世への反発意識の根拠・支点となっていったと展望しているが、これについては今後の課題としたい。

註

（1）難波信雄「道中記にみる近世奥州民衆の芸能知識と伝承」（『東北文化研究所紀要』二六、一九九四年）、原淳一郎『近世寺社参詣の研究』（思文閣出版、二〇〇七年、特に第六章「鎌倉の再発見と歴史認識・懐古主義」）、青柳周一「近世における地域の伝説と旅行者」（笹原亮二編『口頭伝承と文字文化――文字の民俗学　声の歴史学――』思文閣出版、二〇〇九年）等。

（2）鈴木理恵『近世近代移行期の地域文化人』（塙書房、二〇一二年）。

（3）杉仁『近世の地域と在村文化』（吉川弘文館、二〇〇一年）。

（4）青木美智男『日本文化の原型』（日本の歴史別巻）（小学館、二〇〇九年）。

（5）佐藤義勝「酒井弥蔵の俳諧活動と阿波月並句会」（徳島県立文書館『酒井家文書総合調査報告書』一九九七年、一〇六頁）。

（6）徳島県立文書館寄託酒井家文書サカイ00007「毎年三月正御影供百味御膳講之記」、同サカイ00266「八幡宮祭礼御勇」。

（7）本章で使用する酒井家文書は、徳島県立文書館に寄託された一八〇四点（文書の整理番号サカイ00001〜01804）と、広島県福山市に居住し

ている所蔵者酒井氏宅に四七〇二点（同ｷｻｲ 01805～06506）がある。以下、酒井家文書中にある史料は特に断りがない限りｷｻｲ ＋番号で示す。なお、福山市酒井氏蔵酒井家文書の半分くらいは徳島県立文書館においてマイクロフィルムとなって所蔵されている。

（8）ｷｻｲ 00963～00974「俳諧雑記」巻一―三、「俳諧年行司」巻四―一二。

（9）前掲註(5)佐藤論文。『俳諧雑記』・『俳諧年行司』については、白井宏「美濃派俳諧資料としての酒井家文書」（徳島県立文書館『酒井家文書総合調査報告書』一九九七年）で取り上げられている他、白井宏・四国大学大学院「近世文学特論」受講生らによる「酒井農圃『俳諧雑記』翻刻・略注」・「同」（二）―（四）（『凌霄』一一―一四、二〇〇四―二〇〇七年）もある。

（10）米澤恵一『俳蹟阿波半田』（一九八二年）、半田町誌出版委員会『半田町誌』下巻（半田町、一九八一年）。また、これらと合わせて白井宏「阿波俳人別称索引稿」（『凌霄』二、一九九五年）も参考にした。

（11）木村系・敷地屋系の商人と思われる人物には**表3-1**に「木村系」「敷地屋系」と記している。木村・敷地屋の判断は、前掲註(10)米澤書や、前掲註(10)『半田町誌』下巻の記述に従った。

（12）前掲註(10)『半田町誌』下巻、徳島県立文書館「第十一回企画展［酒井家文書総合調査］江戸時代人の楽しみ――旅・俳句・芝居――」（一九九六年）。

（13）前掲註(10)米澤書。

（14）これについては高田豊輝『阿波近世用語辞典』（自刊、二〇〇一年）を参考にした。

（15）半田町誌出版委員会『半田町誌』上巻（半田町、一九八〇年）にある庄屋名一覧表でも確認できる。

（16）ｷｻｲ 01075「安政五年（瀧寺奉燈雲園評抜萃写）」。

（17）ｷｻｲ 00396「三冬発句相撲合」の末尾に「俳諧道統相伝」として載せている。

（18）「年代見聞録」（『半田町誌』別巻（一九七八年）「兵助日記」として所収）。『半田町誌』別巻によれば、「年代見聞録」は、文政期頃―天保一五年までに書かれたもの一点（現存）、弘化から明治三年までに書かれたもの二点、計三点と言われているそうだが、弘化以降の二冊は紛失しているとのこと。

（19）ｷｻｲ 00381「雲雀集全」。

（20）前掲註(3)杉書。

（21）敷地屋国蔵・芳太郎が表彰を受けたことは逢坂左馬之助『半田町史』（半田町史出版委員会、一九五〇年、一八六頁）所収の「覚」にも「右者（国蔵）義両親へ仕方宜孝養の志厚者之趣相聞、奇特之事ニ候、依之為御褒美鳥目五貫文被下候」とあり、弥蔵の記述が裏づけられる。

（22）この解釈は前掲註(9)白井宏らによる「酒井農圃『俳諧雑記』翻刻・略注」（『凌霄』一一、二〇〇四年）を参考にした。

（23）ｷｻｲ 00145～00148、ｷｻｲ 00038「心学御題控」巻一―五。

（24）ｷｻｲ 01463「やしなひ草上」（京都書林、天明四辰年、天保九戊年五月再板）。

（25）『会友大旨』は柴田実編『増補　手島堵庵全集』（清文堂、一九七三年）に収録されたものを使用した。

（26）このようなことからも『心学御題控』の史料としての特徴を今後明らかにしていく必要がある。また、亀屋九兵衛（＝中沢道二）と師である手島堵庵の師弟の影響関係等についても検討課題として挙げられる。

(27)　徳島県立文書館寄託大久保家文書オオク01215001「明倫舎規則全」。このなかに「半田村根心舎読書次第」がある。
(28)　キカイ01463「やしなひ草上」、キカイ01462「やしなひ草下」、キカイ01461「やしなひ草二篇上」、キカイ01460「やしなひ草二篇下」。
(29)　キカイ00882・00883「都鄙問答」(一―四)、キカイ00880「倹約斉家論」、キカイ00881「私案なしの説」、キカイ01756「前訓」、キカイ00277・00278「かなめぐさ」(新板上・下)、キカイ00248・00249『道二翁道話』上・下。
(30)　米沢恵一「半田村根心舎の人たち」上下『ふるさと阿波』九一・九二、一九七七年)、同「半田村における石門心学の盛衰」(一―四、『ふるさと阿波』一四四―一四六・一四八、一九九〇―一九九一年)、名倉佳之「酒井弥蔵と石門心学」『酒井家文書総合調査報告書』一九九七年)。
(31)　徳島県立文書館寄贈大久保家文書オオク00311「根心舎夜鶯」。
(32)　佐藤義勝『近世阿波俳諧史』(航標俳句会、二〇〇〇年)。また、南香の三回忌に追善句集『菊の手向』(キカイ00218)が刊行されている。
(33)　キカイ00150「路友先生石碑造立控帳」。
(34)　このうち、三宅熊三郎(俳号歩雪)は、『雑記』・『年行司』では名前が確認できないが、半田水音分社三世社長であることが指摘されており(前掲註(10)米澤書)、嘉永二年の出雲への旅(『出向ふ雲の花の旅』(キカイ00086)に記録)に同行し、途中句を詠み合っていることが確認できる。
(35)　傍線を引いていない人物についても、弥蔵と俳諧を通じて交友をしていた人物がいる可能性があると考えるが、実名・俳号で各々の活動を区別しているため、同一人物かどうかの特定が難しい。これについては今後の課題としたい。
(36)　石川謙『石門心學史の研究』(岩波書店、一九三八年、九六九頁)。
(37)　前掲註(10)米澤書、二頁。
(38)　キカイ00007「毎年三月正御影供百味御膳講之記」、キカイ00266「八幡宮祭礼御勇」。
(39)　キカイ00140「神社仏閣参詣所覚」。
(40)　キカイ00104「開帳由来書」。
(41)　弥蔵が明治一四年に作成した「善光寺因縁御歌」(キカイ00026)による。これによれば、明治一四年一一月九日に「二〇〇万遍にミ(満)てり」とある。明治一五年三月二一日に、慈雲閣(見性寺)境内に「光明真言二百万遍供養塔」を建立した。今も半田村見性寺に現存している。
(42)　キカイ03257「堺屋武助臨終書」。
(43)　キカイ00121「讃州象頭山参詣覚」。
(44)　キカイ00109「象頭山五岳山参詣覚帳」。
(45)　キカイ00039「天照皇太神宮　豊受皇太神宮御影参り」。
(46)　キカイ00140「神社佛閣参詣所覚帳」、キカイ00074「神社佛閣参詣覚」、キカイ00133「神社佛閣参詣覚」、キカイ00073「神社佛閣参詣覚帳」、キカイ00134「神社佛閣参詣覚帳」。
(47)　弥蔵が開帳の際に購入あるいは筆写した開帳目録・霊宝録は酒井家文書に多数現存している。
(48)　キカイ01591「聞書控」。
(49)　キカイ00030キカイ「高祖大師一千五十年御忌獻備有志帳」。キカイ00763「明治二十年丁亥四月吉日奉納十里拾箇所遍路同行二人」。
(50)　キカイ00116「法楽書　完」。
(51)　「旅日記」とは以下の一一部である。キカイ00081「見る若葉聞く郭公旅日記」、キカイ00082「見る青葉聞く郭公旅日記」、キカイ00083「弘化二年乙巳春中旅日記」、ｷｶｲ 00084「仏生会卯の花衣旅日記」、ｷｶｲ 00141「踊見旅日記」、ｷｶｲ 00085「散る花の雪の旅日記」、ｷｶｲ 00086「出向ふ雲の花の旅」、ｷｶｲ 00084「旅日記法農桜」、ｷｶｲ 00088「極楽花の旅日記」、ｷｶｲ 00080「梅の花見の旅日記」、ｷｶｲ 00254「さくら卯の花旅日記」。

（52）その八人とは、敷地屋国蔵、敷地屋兵助、大坂屋嘉吉、今津屋角蔵、大久保熊三郎、西浦屋吉右衛門（文久四年加入）、敷地屋岩蔵（同）、そして弥蔵である（ｷｶｲ 00007「毎年三月正御影供百味御膳講之記」）。

（53）その記録はｷｶｲ 01673「法書」にある。

（54）安丸良夫「日本の近代化と民衆思想」（上）（下）（『日本史研究』七八・七九、一九六五年）、後、同『日本の近代化と民衆思想』（青木書店、一九七四年）及び『安丸良夫集』一（岩波書店、二〇一三年）に所収。

（55）通俗道徳と真宗信仰の関係については上野大輔「近世後期における真宗信仰と通俗道徳」（『史学』八二―一・二、二〇一三年）がある。

（56）政治社会状況に関する情報を書き留めた冊子については、ここで全てを挙げることはできないがｷｶｲ 00224「異国船來朝抜書」、ｷｶｲ 00243「大地震大津波末代噺全冊」、ｷｶｲ 00226「異国船度々来朝ニ付御觸書之写」、ｷｶｲ 00225「泰平武威勇士鏡」、ｷｶｲ 00294「元治元甲子十一月長防御征伐ニ付廣島表御参集御宿陣附」等がある。

（57）北原糸子『地震の社会史――安政大地震と民衆――』（講談社、二〇〇〇年）、田中葉子「黒船・地震・コレラ」（荒野泰典・石井正敏・村井章介『日本の対外関係7　近代化する日本』吉川弘文館、二〇一二年）等。

（58）安丸良夫「世直し状況下の民衆意識」（佐々木潤之介編『日本民衆の歴史5　世直し』三省堂、一九七四年）、後、同『安丸良夫集』二（岩波書店、二〇一三年）所収。

（59）堀切実「美濃派俳諧史と心学」（『江戸文学』二六、二〇〇二年）。また田中道雄氏は、立川曾秋（宝暦八―文化一二年）という近江国甲賀郡和田村の地方俳人の活動を取り上げ、曾秋の著述には蕉門俳諧と石門心学の共通の性格を見いだせるとし、曾秋がこの二つを矛盾なく両立できたことを指摘している（同「立川曽秋と『曽秋随筆』――蕉門俳諧と石門心学の接点として――」『鹿児島大学教育学部研究紀要』二七号、一九七六年）。

（60）前掲註(3)杉書、青木美智男「地域文化の生成」（朝尾直弘ほか編『岩波講座日本通史』一五、岩波書店、一九九五年）等。

（61）山本光正「旅日記にみる近世の旅について」（『交通史研究』一三、一九八五年）、同「旅から旅行へ――近世・近代の旅行史とその課題――」（『交通史研究』六〇、二〇〇六年）をはじめとする近世の旅に関する研究や、大藤修『近世の村と生活文化――村落から生まれた知恵と報徳仕法――』（吉川弘文館、二〇〇一年）、前掲註(4)青木書等の生活文化に関する研究においても指摘されている。

（62）前掲註(54)安丸論文。

（63）前掲註(3)杉書。

（64）「御影参り諸事控帳」（ｷｶｲ 00459）にある。表紙には「御影参り諸事控帳　エ、ジヤナイカ〳〵　堺屋弥蔵」とある。これによると同行者一四人は次の人物である。

慶應四年辰正月六日同者出立の拵へ左之通

式三番叟　春田庚
前田宇八

七福神

蛭子三郎	坂本鹿左衛門
大黒天	富屋文兵衛
福禄寿	春田三十郎
寿老人	篠原新太郎
布袋和尚	山本弥三吉
弁才天	大久保定助
毘沙門天	西浦屋五兵衛
お多福	杉本文蔵
歌はやし	中出利吉
三弦	鶴沢久吉
宰領役	西浦屋吉右衛門
	堺屋弥蔵

〆十四人

　ここに見られる一四人のなかで、弥蔵とともに俳諧・心学・信仰に関する文化活動を行っていた人物との重なりは、弥蔵とともに宰領役をつとめている西浦屋吉右衛門が石門心学の師路友先生の墓碑建立の際に出銀した者であることが分かる。それ以外の人物は、姓を見ると（例えば春田、篠原、大久保）おそらく弥蔵とともに活動を行っていた人物と代替わりした人物かと思われる人物が複数いる。

（65）桑原恵「おかげ参り関係史料その他について」（徳島県立文書館『酒井家文書総合調査報告書』一九九七年）。

（66）さらに、明治十八年には「世ハ移り替りて今ハ切支丹　神も佛も無き世かとぞ思ふ」（『年行司』巻十二）、明治一九年には「此頃世上の有様を見て吟ず　敷島を穢す異国の屎まびれ　神風祓ひ清め給へや」（『年行司』巻十二）という記述をしている。「異国」（別の記述には「西洋」とも）化に対する憂い（「神も仏も無き世かとぞ思ふ」）が窺える。

表3－1　『俳諧雑記』『俳諧年行司』人名一覧

番号	人名表記	名称・他の号	居住地	生没年・備考	巻	芭蕉塚建立	石門心学	旅の同行者
1	雅弘（雅厚）	敷地屋兵助、謙山居雅弘	半田村小野	1809～1877。敷地屋系商人。嘉永7年正月「筆小屋」を始める。	巻一～十一	○	○	○(弘化4年『散る花の雪の旅日記』)
2	鼡友（鼠友・素友・素遊）	大久保岩吉、福寿堂鼡友	半田村小野	1814～。敷地屋系商人。文久元年長州「征伐」に動員。	巻一～十二	○		○（弘化2年『弘化二春中旅日記』）
3	北斗			1807～。(敷地屋系商人)	巻一・二			
4	女 右京	大久保岩吉母	半田村小野	1787～。(敷地屋系商人)	巻一～九	○		
5	孤竹庵・梅雅	木村由蔵	半田村木ノ内	1771～1853。木村系商人。半田水音分社「社長」二世。弥蔵の俳諧の師。	巻一～巻六	○		
6	梅月	堺屋武助。弥蔵の父	半田村小野	1762～1835。	巻一			
7	花山	堺屋新兵衛、弥蔵の伯父	阿波国美馬郡脇町		巻一・三	○		
8	可笑				巻一			
9	花暁	兼松氏、春月堂花暁	半田村小野	～1852。	巻一～五	○		
10	硯渕	沖津鹿太。何龍	半田村小野		巻一・二・三・四	○		
11	蚊山			～1841。	巻一			
12	松柏堂	松柏堂加璋	半田村小野		巻一	○		
13	巨泉		半田村	天保11年「五十の春をむかえて」(巻一)	巻一			
14	臥林庵	山下壬生右衛門、通称は長弘、臥林庵蘭室	美馬郡脇町井尻	1761～1841。稲田氏の臣	巻一			
15	阿久		三好郡中ノ庄村		巻一・七			
16	南香	大久保重兵衛、一貫齋	半田村木ノ内	～1846。(敷地屋系商人)	巻一・二・三	○		
17	与次郎		半田村小野西		巻一			
18	鍛冶屋馬八				巻一			
19	如水		半田村		巻一・二・四	○		
20	貫道阿闍梨		半田口山村	「神宮寺精舎の現住」	巻一			
21	雨柳		半田村小野		巻一・八	○		
22	梅似	木村総平、孤竹庵、孤竹坊	半田村木ノ内	1809～1883。孤竹庵梅雅の嗣子。明治2年小高取。木村系商人。	巻二・三・四・八・十			
23	志道	迎月亭	半田村小野	1807～	巻二・三・四・五・六・七・八	○		
24	祖父江氏	祖父江多賀之助、楊柳園梅室カ	半田村		巻二			
25	雲観	北嶋屋主人	三好郡池田町		巻二			
26	稲田筑後様御家臣藤本氏			稲田筑後家臣（※『半田町誌』等では名前を確認できず）	巻二			
27	稲田筑後様御家臣定方氏			稲田筑後家臣（※『半田町誌』等では名前を確認できず）	巻二			
28	杏邨酔者草				巻二			
29	隣家なる若者		（半田村）	天保15年石鎚山へ参詣の門出を見送りて弥蔵句を捧る	巻二			
30	隣家の男子		（半田村）	弘化5年正月の祝儀の品を贈る	巻三			
31	辻町井後蘆州子	中村屋。	三好郡辻町		巻二・三・五・八			

32	沢齋	春林軒沢斎	半田村小野	1815～。「隣家沢齋」(巻五)	巻二・五	○		
33	讃葭原松岡氏		讃岐国葭原		巻二			
34	如竹	木村与平。仲秋庵。	半田村木ノ内	～1851。(木村系商人)	巻二・三・四	○		
35	素仁	祖父江貞六、楊柳園素仁	半田村逢坂		巻二・七	○		
36	疊波	虚心亭疊波	半田村小野	1799～。文久2年「虚心」(巻八)	巻二・八	○		
37	(疊波坊)		半田村小野		巻七			
38	如流	東屋文左衛門。石川如流	三好郡辻町	1804～？	巻二・八・九			○(嘉永2年『出向ふ雲の花の旅』)
39	たつ女				巻二・三			
40	二夕	雅弘(敷地屋兵助)の父	半田村小野	？～1848。	巻二・三			
41	文十				巻二			
42	竹齊				巻三			
43	貞光石堂		貞光村	1804～	巻三・巻七			
44	朴鶴				巻三			
45	花蔵院善通寺僧		讃岐国善通寺	善通寺僧	巻三			
46	三久	波月(「波月三久事」とあり)			巻三・七			
47	がく(学)の人仲三		麻植郡学村		巻三			
48	今津屋角蔵		半田村		巻三		○	○(弘化4年『散る花の雪の旅日記』)
49	大久保堯平		半田村	(敷地屋系商人)	巻四			
50	似竹	三崎屋半兵衛。木村。	半田村	(木村系商人)	巻四			
51	蔭山先生	蔭山雲園。	郡里村	郡里村出身の俳人／嘉永2年に半田村へ移住／安政6年巻八には「山城谷(三好郡山城谷村)雲園」とあり	巻四・六・七・八			
52	花翠	大久保花翠	半田村	1838～。(明治11年に初老)	巻四・十・十一・十二			
53	花水				巻四			
54	三時庵風阿				巻四			
55	美山		半田村小野		巻二・四	○		
56	南枝				巻四	○		
57	京都方圓斎			嘉永3年「文通」とあり(四-23)	巻四			
58	池田花兆		三好郡池田町		巻四・十			
59	辻唇風		三好郡辻町		巻四			
60	辻碧渓		三好郡辻町		巻四			
61	竹雅	木村金蔵。豊秋庵。	半田村木ノ内	1805～1878。半田水音分社「社長」五世。木村系商人。	巻四・九・十	○		○(嘉永2年『出向ふ雲の花の旅』)
62	松甫		肥前国平戸	嘉永4年肥前国平戸の行脚来りて吟ず	巻四			
63	五葉	中出杉助、楊柳庵・不易亭五葉	半田村逢坂		巻四・五・六・七・十二	○		
64	鹿鳴		美馬郡拝原村	1793～。嘉永4年に耳順	巻四			
65	脇町讃岐屋徳蔵		美馬郡脇町	弥蔵妻お臺の弟	巻五・十			

66	木ノ内出来や林右衛門事里笑子	出来屋林右衛門（1813～）	半田村木ノ内	（木村系商人）	巻五	（○「里鐘」）		
67	大泉居春水	（大泉居春水：五-22・六-20・八-16・九、春水：五-6・十-37）	半田村		巻五・六・八・九・十			
68	尹春		半田村		巻五・七			
69	其翠	曦松亭。「篠原其翠」とも。	半田村	1833～。父は篠原福太郎、稲田氏家臣（『半田町誌』上巻370頁）	巻五・六・七・八・九・十・十一・十二			○（嘉永2年『出向ふ雲の花の旅』）
70	春田春水	（春田宗三郎ヵ）	半田村		巻六-34			○（嘉永5年『梅の花見の旅日記』）
71	海辨尊衲		讃岐国綾松山	嘉永5年龍頭山（半田口山村）にて法華経講釈する。「讃岐国綾松山后主となりて」	巻五			
72	南都の人		南都	（弥蔵と狂歌をやりとりする）	巻五			
73	女梧鳳	弥蔵の姉	半田村		巻五・六			
74	慎々	木村貞右衛門、木村苺谷、一渓舎慎々、森々	半田村木ノ内	1799～1862。半田水音分社「社長」四世。木村系商人。	巻五・七・八	○		
75	晴堂				巻五			
76	辻石居		三好郡辻町		巻五・六・八			
77	一章		三好郡辻町		巻六			
78	霞夕	芙蓉園露夕	半田村逢坂		巻六	○		
79	梅鼎	五葉の妻	半田村逢坂		巻六			
80	辻竹酔		三好郡辻町		巻五			
81	辻町如岱		三好郡辻町		巻五・六			
82	安斎	大久保（敷地屋）熊三郎。養気堂一信。	半田村逢坂	1813～。嘉永5・安政3・4年に取立役（『半田町誌』上巻461頁）敷地屋系商人	巻五・七	○	○	
83	蕙風	結城玄通	半田村小野		巻五・六・十一			
84	敷地屋国蔵		半田村	1801～。安政2年6月親孝行表彰（『半田町史』（1950年）63・186頁にも記述あり。これによれば「稲田九郎兵衛頭人美馬郡半田村五人与」）。敷地屋系商人。	巻六・八・九		○	○（弘化4年『散る花の雪の旅日記』）
85	敷地屋芳太郎		半田村	安政2年6月親孝行表彰。元治元年から五人与。敷地屋系商人。	巻六・八			
86	常磐園松雨				巻六・七			
87	春江亭亀往	亀十			巻六・七・八			
88	観風亭半山				巻六・七			
89	長楽居金糸				巻六			
90	如跡	根心舎如跡。木ノ内元木屋、木村新蔵。	半田村木ノ内	1819～1895。半田水音分社「社長」七世。安政2年6月親孝行表彰。木村系商人。	巻六・九・十・十二	○		
91	二楽		半田村		巻七・十			
92	自貞尼		半田村小野		巻七	○		
93	梅世		半田村逢坂		巻七	○		
94	烏旭		半田村逢坂		巻七・十二			
95	元女				巻七			
96	大泉為之丞		半田村	安政6年から庄屋（『半田町誌』上巻457頁）	巻八・十二			○（弘化4年『散る花の雪の旅日記』）
97	不老亭亀翁		半田村		巻七・八			

98	斤士	大島亭斤士	半田村	各務支考を祖とする美濃水音社に属す。半田水音分社「社長」八世。	巻七・八・九・十・十二			
99	昼間村大和屋直兵衛		三好郡昼間村		巻七			
100	(「古人」) 路友先生	敷地屋卯兵衛	半田村	～1831。弥蔵の石門心学の師。敷地屋系商人。※「路友先生の吟」を思い出して記している。	巻七			
101	鼎山		郡里村		巻八・九			
102	山城谷雪女				巻八			
103	竹岱				巻八・十・十一			
104	烏聲				巻八			
105	南長次郎			参宮見送る	巻八・十			
106	敷地屋幾兵衛			参宮見送る。敷地屋系商人。	巻八			
107	清水村の雅女		清水村	耳順の祝吟を乞われる	巻八			
108	清水雪女		清水村		巻九・十			
109	梅谷				巻八・九			
110	橘井堂臥龍				巻八・十			
111	郡里梅林		郡里村		巻八			
112	中藪庄助		半田村中藪		巻八			
113	敷地屋和平		半田村	敷地屋系商人。	巻八			
114	郡里竹裏楼		郡里村		巻八			
115	里雪	紅粉屋春次郎	板野郡西條村		巻八			
116	「朋友村上至道」				巻八			
117	貴泉	平尾氏貴泉		1823～。文久2年に初老。明治14年に還暦	巻八・十二			
118	敷地屋亀助			敷地屋系商人	巻九			
119	「去る浪人」				巻九			
120	重清鶴年		重清村		巻九			
121	不石				巻九・十			
122	里跡	木村林右衛門、出来屋	半田村木ノ内	木村系商人。明治4年に還暦。	巻九・十			
123	花雄				巻九			
124	持宝院慈覚				巻九			
125	烏暁		半田村逢坂		巻九	○		
126	一釣		半田村		巻九			
127	讃芳野住青節老人		讃岐国芳野上村		巻九			
128	堺屋卯兵衛		美馬郡脇町		巻九			
129	大久保再平		(半田村)	1812～。明治4年に還暦。(敷地屋系商人)	巻十			
130	小笠原雲岱		美馬郡重清村	1812～。明治4年に還暦	巻十			
131	菊好堂主人			明治2年に初老の賀	巻十			
132	冨永氏主人			明治3年に不惑の賀	巻十			
133	敷地屋貞吉		半田村	敷地屋系商人。	巻十			
134	西者				巻十			
135	山居				巻十			
136	小笠徳蔵				巻十			
137	素扇				巻十			

138	春斎				巻十			
139	春居				巻十			
140	口山大庆三楽	重本伊平カ	半田口山村		巻十・十二			
141	大久保百太郎		半田村木ノ内	明治6年に初老。(敷地屋系商人)	巻十一			
142	木門庵主覚心			明治7年に還暦	巻十一			
143	西浦梧鳳			明治10年に初老の賀	巻十一			
144	南嶺	万寿居新吉	半田村		巻十一			
145	喜楽	梅の喜楽	重清村	1804～。明治8年に「七十二翁」	巻十一			
146	木村与一郎		半田口山村	明治9年戸長に(『半田町史』1950年、68頁)	巻十一			
147	智勇				巻十一			
148	保竹				巻十一			
149	大坂仲女				巻十一			
150	橋本源八		半田村逢坂	1839～。明治11年に初老	巻十一			
151	藤本久平		半田村中藪	1819～。明治11年に還暦	巻十一			
152	岩倉村西野氏		美馬郡岩倉村	1809～。明治11年に古希	巻十一			
153	龍頭山我佛		半田口山村		巻十二			
154	井上梅渓				巻十二			
155	佐藤氏				巻十二			
156	大坂徳左衛門		明治14年半田村木ノ内へ移住		巻十二			
157	寿仙				巻十二			
158	脇町真福寺住僧・如龍	如龍	美馬郡脇町		巻十二			
159	中山氏の主人				巻十二			
160	大泉池塘		半田村	1849～。明治19年に初老	巻十二			
161	脇町の千葉氏主人		美馬郡脇町		巻十二			
162	重清村の宇山氏主人		美馬郡重清村		巻十二			
163	淇水山人	木村豊太郎	半田村	1829～1916。	巻十二			
164	娯水庵莓谷	木村新吉	半田村	1831～1917。半田水音分社「社長」九世。	巻十二			
165	瑞気園桃翠				巻十二			
166	大坂氏露光				巻十二			
167	立木舎如流	木村半平	半田村木ノ内	1816～1891。(木村系商人)	巻十二			
168	木村源太郎		半田村	(木村系商人)	巻十二			
169	木村豊助			(木村系商人)	巻十二			
170	木村時太郎			(木村系商人)	巻十二			
171	木村勇太郎			(木村系商人)	巻十二			

出所)ｻｶｲ 00963～00974『俳諧雑記』(巻一～三)・『俳諧年行司』(巻四～十二)により作成。表中、「芭蕉塚建立」の欄に○がある人物は、天保12年の芭蕉150年忌において半田村に芭蕉塚(雲雀塚)を建立した時に歌仙を巻いた人物。「石門心学」の欄に○がある人物は天保2年没の石門心学指導者「路友先生」の墓碑建立の際の出銀者(ｻｶｲ 00150「路友先生石碑造立扣」)。「旅の同行者」欄は、弥蔵の「旅日記」において同行者として名前がある人物に、○と「旅日記」の表題を記入した。

補　章　民衆の旅に見る歴史人物への関心と庶民文化
――阿波半田商人酒井弥蔵の旅を通して――

はじめに

本書第一章において、阿波国美馬郡半田村の商人酒井弥蔵（一八〇八―一八九二）の遍路日記には、俳諧や名所旧跡への関心が強く表れていることを指摘した。また、第三章において、弥蔵の神仏への信心が俳諧や石門心学等の地域文化と密接に関わって形成していることを指摘した。それでは弥蔵にとって神仏とは一体どのようなものと捉えたら良いだろうか。本章では、弥蔵がいかなる庶民文化を享受して「神仏」をどのように捉えているのか、弥蔵の寺社参詣の旅に見られる旧跡及び歴史人物への関心に焦点を当ててその足がかりを得たい。

近世の民衆は信仰（参詣）を理由にすることで、長期間の移動が認められた。そのため、旅は寺社参詣の形をとることが多かった。徒歩による旅が基本であった近世においては、道中も楽しみであり、なるべく多くの寺社・名所旧跡を巡ろうとしたことが民衆の姿が指摘されている。こうした寺社参詣の旅は、本来強い信仰心に基づいて行われるものであったが、近年は信仰心を前提としつつも、そこに付随する様々な文化的関心を背景に旅が行われていることに注目がなされている。そうした文化的関心を抱きながら旅先で新たな発見をしたり知見を深めることが、地域における教育や文化の発展に寄与するものとして捉えられているのである。(1)

具体的には旅の背景にある文化的関心についての成果が出されている。難波信雄氏は、近世の奥州民衆が残した「道中記」には、民衆が日頃享受していた歌舞伎や浄瑠璃等の芸能によって醸成された文化的関心が表現されていることに注目し、寺社参詣の旅は民衆をとりまいていた芸能や伝承の世界の追認と発見の旅でもあったと指摘した。(2) 須磨が名所化する背景を視野に入れ、旅人の背景にある予備知識を考察した鈴木理恵氏は、旅人は歌舞伎・浄瑠璃などの芸能を通じて名所に関わる伝説・歴史（人物や事件等）に対する予備知識を持ち、旅のなかで確認し知識の補充をしたことを指摘した。(3) 鎌倉での参詣行動の分析を通じて都市知識人層と村落上位層の階層差を抽出した原淳一郎氏は、村落上位層の鎌倉における参詣ルートは読本や浮世絵を含む大衆文化・芸能などから得られる歴史的知識が影響している点を指摘した。(4) さらに青木美智男氏は、松尾芭蕉等の紀行文が漂白の旅紀行文を作成したことを明らかにした。

これらの研究を通して、民衆が残した旅の記録には、日頃享受する庶民文化（浄瑠璃等の芸能、俳諧等）への関心が反映しており、旅先で興味を示す名所旧跡等に関する記事に焦点を当てることで、どのような文化的関心を醸成して旅に赴いているのかが追跡できることが示された。今後はこれを個別具体的な事例に則して実際に享受した庶民文化の内容に踏み込んで検討していくことで、当時の民衆の関心をより豊かに描出するすることができるのではないだろうか。

以上を踏まえ、本章では、酒井弥蔵の旅の記録に表れる旧跡関係記事から特に歴史人物に焦点を当て、弥蔵が関心を向ける人物はいかなる人物か、それらの人物を日常のいかなる時に意識しているのかを明らかにすることで、右の課題にせまりたい。

第一節　酒井弥蔵の旅と庶民文化への関心

すでに第一―三章で指摘したように、酒井弥蔵は、自身の旅に関する多くの記録を残したことで知られている。それに加え、半田周辺の脇町や讃岐の金比羅宮で興行された歌舞伎や人形浄瑠璃の番付や浄瑠璃台本を収集していたこと、春耕園農圃という俳号を持ち[5]、俳諧・石門心学活動を活発に行う人物であったこと、「記録魔」とも呼ばれるほど諸活動の記録を多く残していること等が知られており、本章の課題の考察にあたってきわめて興味深い人物である[6]。弥蔵は信仰の実践の一つとして寺社参詣の旅を行っていたが、旅の記録には名所旧跡に関心を示している。では、どのような旧跡に関心を示しているのだろうか。それは日頃享受する庶民文化と関係があるのだろうか。

（1）歴史人物への関心

弥蔵は旅のなかでどのような旧跡に関心を示しているのだろうか。**表1**は、弥蔵の「旅日記」のなかで言及のある主な旧跡についてまとめたものである。これを見ると、一つの旧跡について長い記述があるわけではないが、弥蔵が道中に見物した旧跡がどのような意味を持っているのか、その由来について知り得たことを書き留めておこうとしていることが窺える。では具体的に見ていきたい。

嘉永四年の『極楽花の旅日記』は讃岐善通寺の百味講に出席するために赴いた旅の記録である。百味講とは、弘法大師の忌日の法会である。百味講の後は、四国霊場をいくつか巡っている（四国霊場七十六番金倉寺―八十八番大窪寺）。その道中には、弘法大師に関する旧跡のみならず、いくつかの源平合戦に関する旧跡を見ている。屋島寺（四国第八十四番霊場）からの眺望に「遠く八良に小豆島見ゆる、又東の出口に血の池あり、昔時源氏の士血刀を洗ひし池と言水赤し、東の坂を下りて檀の浦に佐藤次《ママ》信碑名あり」と記している。屋島壇ノ浦では、阿波国の「三好郡辻町連中」の四人に会い、「此辺名所一見を同道と申て是より見巡る也」として、「内裡跡安徳帝の御所跡。……佐藤次信墳。太夫黒馬の墓是は次信追善の為に義経より法師の元へ送りし馬の墓也、世に太夫黒と言」等の見物が済んだ後、「檀の浦画図」を購入した。ここから次の目的地「八栗山」（八十五番八栗寺がある）までの上り坂では「源平の戦ひと見る躑躅かな」と、俳句も詠んでいる。讃岐志度寺（八十六番霊場）に向かう途中にある源氏ヶ峰においては、「昔時義経此岡に登りて、源平両軍の気を見し所也、腰掛石もありと言ふ」と記している。このように『極楽花の旅日記』の記述からは、この旅では源平合戦に関する旧跡に大きな関心を寄せていることが窺える。

源平合戦に関する記事は、嘉永二年の出雲の杵築大社の神代神楽を見物に行くことを目的とした旅の記録『出向ふ雲の花の旅』にもある。

能登原（現、福山市沼隈町）で、「昔時平家の大将能登守教経、讃岐八島より長門赤間ヶ関へ落行時、此所に上りて弓を放つ、其矢南の島に落て竹となる、今矢島とて竹茂りたる島あり」と記している。

弥蔵は源平合戦について、日頃から関心を持っていたのだろうか。実は、弥蔵は歌舞伎『義経千本桜』（二代目竹田出雲・三好松洛・並木千柳、延享四年大坂竹本座初演）を文政四年・弘化二年に見ている（後述）。『義経千本桜』は、『平家物語』に描かれた内容、すなわち源平屋島合戦において、佐藤継信は義経を狙った能登能登守教経の矢面に立ち、主の身代わりとなって忠死をとげたこと、教経は檀の浦合戦での活躍後に入水したことが前提となり、「平家の大将」教経は入水したと見せかけて実は生き延びていたという設定で描かれている。この設定により、屋島合戦で兄佐藤継信を教経に射殺された佐藤忠信が、兄の敵を討つのである。[7] 弥蔵は旅の前に源平合戦に関する浄瑠璃を見ていたのである。さらに弥蔵は、天保九年に『源平合戦記』と題した源平屋島・檀の浦合戦に関する軍記物語の写本を作成するほど、関心を持っていたのである。[8]

このような旧跡に関する記事は、歴史人物の名が必ずといってよいほど登場する。弘化四年の『散る花の雪の旅日記』も善通寺の百味講に参加することを目的にした旅を記録したものである。三月二〇日の午の刻に善通寺に着いたが、「百味講出席も早」かったので、「霊場五ヶ所参りに趣（ママ）」いた（七十一番弥谷寺→七十三番出釈迦寺→七十二番曼荼羅寺→七十四番甲山寺→七十五番善通寺の順）。弥谷寺から出釈迦寺への道中、

芳原村、爰に西行法師の芋畠の歌あり、石に印有
月見よと芋か子供の寝入しを
起しに来たか何かくるしき
芋畑西手の山上に西行庵りの古跡あり、水茎の岡といふ歌有

のように、付近にある西行の歌碑七基と西行庵に目を留めている。引用箇所の一行目にある「芋畑の歌」とは、花部英雄氏によると西行が芋名月の晩に芋を所望したときに詠んだ歌であるという西行伝承に関わるものだという。[9]

この旅で西行の歌碑や西行庵に目を留めているのはどのような背景があるのだろうか。この旅での善通寺の僧との歌のやりとりが大きく関係しているものと思われる。善通寺の僧は「西行六五〇年忌に」当たって「契り置く其言の葉も久の松　六ツ百とせの今に栄へて」という歌を詠んでいる。そのことを、弥蔵は自身の俳諧を交えた日記と言われる「俳諧雑記」（巻三）に弘化四年三月の記事として書き込んでいるのである。すなわち、西行の年忌を意識しながら歌碑や西行庵を見ている可能性が高いのである。さらに西行は、弥蔵作成の石門心学の会輔の問答集と言われる天保九―一〇年頃に書かれた『心学御題控』（全五巻中の巻き五）に、名前が出ている。「一、田舎にて出世なき人の都へ出て立身有や如何」という問いに対する答えを考えるにあたっての参考となるべき言行として「西行上人終りの歌に　苦しミの海を渡れバ墨染の袖にも懸る沖津白浪」が引用されているのである。[10] そのうえ、西行は浄瑠璃等にも描かれている。現存する弥蔵の記録では、西行が登場する浄瑠璃『軍法富士見西行』（並木千柳・小川半平・竹田小出雲、延享二年大坂竹本座初演）を嘉永元年に見物していることが確認できる（後述）。『軍法富士見西行』は、西行にまつわる種々の

表1　旅のなかで訪れる主な旧跡と内容

所在地	旧跡	由緒・内容	年月	旅日記
伊予国領家村	椿堂	弘法大師御杖を立置し旧跡あり、今、其御杖椿と成り、枝葉茂りある也、寺有参詣仕る、世に爰を椿堂と言	天保14(1843)年5月	『見る青葉聞く郭公旅日記』
伊予国石鎚山	覗の行場	数千丈の厳窟也、下にハ不動明王有、役の行者の御作なり	天保14(1843)年5月	『見る青葉聞く郭公旅日記』
讃岐国香川郡	仏生山法然寺	円光大師の開基にして、松平讃岐守様（割注：「高松城主」）の御菩提所なり	弘化3(1846)年4月	『仏生会卯の花衣旅日記』
讃岐国	仏生山滝宮	抑此所ハ其昔、菅公当国を治め給ひし旧跡にして、本地ハ祇園牛頭天王なり、法然上人旧跡も西手の川に数多あり、難有所なり、悉く拝見、昔此処に菅公雨乞し給ふに、民百姓の喜ひに思ひ合して（俳句）草蒔る雨喜ふ歟枝蛙　（俳句）旧跡の尊き宮や松の華	弘化3(1846)年4月	『仏生会卯の花衣旅日記』
讃岐国	善通寺	抑、讃岐之国善通寺は弘法大師第一の旧跡たる事、皆人の知る処にして、其昔より毎年三月廿一日、信心の輩百味飲食を奉る事久し	弘化4(1847)年3月	『散る花の雪の旅日記』
讃岐国ひとの村	七仏薬師如来	爰に大師（弘法大師）御作の七仏薬師如来有り、名木古験松あり、大池二ツ有、此土手にて詠吟ころひ寝て遊ん土手や春の草	弘化4(1847)年3月	『散る花の雪の旅日記』
(四国霊場72～75番巡りの道中）讃岐国芳原村	西行庵りの古跡	爰に西行法師の芋畠の歌あり、石に印有／芋畑西手の山上に西行庵りの古跡あり、水茎の岡といふ歌有／（西行の歌十首写す）	弘化4(1847)年3月	『散る花の雪の旅日記』
備後国阿伏兎観音の西	能登原	昔時平家の大将能登守教経、讃岐八島より長門赤間ヶ原へ落行時、此所に上りて弓を放つ、其矢南の島に落て竹となる、今矢島とて竹茂りたる島あり	嘉永2(1849)年3月	『出向ふ雲の花の旅』
備後尾道	浄土寺	浄土寺と言ふ勅願寺あり、当寺ハ平の内府小松重盛公の建立也、本尊者十一面観世音、本堂東の方に多宝塔あり、境内堂舎多し	嘉永2(1849)年3月	『出向ふ雲の花の旅』
備後尾道	大山寺天満宮	当社ハ菅丞相旧跡にして境内名木松あり	嘉永2(1849)年3月	『出向ふ雲の花の旅』
備後宮島厳島神社	鳥居	御額ハ人皇百六代後奈良院御震筆　外面厳島大明神　内ノ方伊都岐島大明神	嘉永2(1849)年3月	『出向ふ雲の花の旅』
備後宮島厳島神社	千畳敷	大閤秀吉公御建立、廿五間に十八間、西に経蔵二ヶ所あり	嘉永2(1849)年3月	『出向ふ雲の花の旅』
備後宮島厳島神社	毘沙門の堂・釣鐘堂	内大臣宗盛公（平宗盛 清盛の第二子）の御建立	嘉永2(1849)年3月	『出向ふ雲の花の旅』
備後吉田	毛利元就公の墓	―	嘉永2(1849)年3月	『出向ふ雲の花の旅』
備中高松	旧高松城	此所ハ昔時豊臣秀吉公毛利と合戦の場所也	嘉永2(1849)年3月	『出向ふ雲の花の旅』

備中宮内	道勝寺	境内に平家の士瀬尾太郎の塚有	嘉永2(1849)年3月	『出向ふ雲の花の旅』
伊予宇摩郡	金光山仙龍寺の岩窟	(弘法)大師四拾弐歳厄除御自作の尊像	嘉永3(1850)年3月	『旅日記法農桜』
讃岐琴引八幡宮からの眺望	一夜庵興正寺	足利尊氏公建立の寺也	嘉永3(1850)年3月	『旅日記法農桜』
讃岐勝間村	満濃池	勝間村に左りに大池あり、世に万農太郎、勝間の次郎とて、讃岐国第二番の池なり、右手に石の塔あり、弘法大師の御作也と言ひ伝ふ	嘉永3(1850)年3月	『旅日記法農桜』
讃岐	金倉寺	此所は智證大師(弘法大師の甥)御誕生の所にて御影堂に安置す、本堂は薬師如来也	嘉永4(1851)年3月	『極楽花の旅日記』
讃岐	道隆寺	此寺は多度津城主京極壱岐守様の御菩提所にて大地也、本堂は薬師如来、御影堂大師、此寺三備州の接待場にて賑ふ	嘉永4(1851)年3月	『極楽花の旅日記』
讃岐	天皇寺	本社崇徳天皇前に左近の桜・右近の橘あり、本堂観世音・御影堂大師、鳥井(居)前に并(並)松の馬場あり、此宮は天皇崩御被遊し時に金棺しハらく爰に置奉りし所也、今の宮有所也	嘉永4(1851)年3月	『極楽花の旅日記』
讃岐川綾川上	瀧の宮	延喜式内の神にて昔時菅丞相雨乞せし社也	嘉永4(1851)年3月	『極楽花の旅日記』
讃岐	白峰寺	昔時保元平治の乱に崇徳天皇当国に流され、此所に皇居し給ふ故に松山の御所と言、此節桜の盛りなるを見て、　松山や昔時なからの御所さくら	嘉永4(1851)年3月	『極楽花の旅日記』
讃岐	屋島寺　獅子の霊岩	弘法大師入日を拝せし処也	嘉永4(1851)年3月	『極楽花の旅日記』
讃岐屋島	屋島寺からの眺望(檀の浦)	遠くハ良に小豆島見ゆる、又東の出口に血の池あり、昔時源氏の士血刀を洗ひし池と言水赤し、東の坂を下りて檀の浦に佐藤次信碑名あり	嘉永4(1851)年3月	『極楽花の旅日記』
讃岐志度寺への道中	「東の岡に石の鳥居あり」	此辺源氏の峯と言、昔時義経此岡に登りて、源平両軍の気を見し所也、腰掛石もありと言ふ	嘉永4(1851)年3月	『極楽花の旅日記』
阿波	阿波の霊場(四国霊場)	高祖大師(弘法大師)御修行の御跡 ※以後も弘法大師関係記事多いがここでは略す	安政5(1858)年3～4月	『さくら卯の花旅日記』
阿波国名東郡西つか(須賀)村	丈六寺	丈六寺と言ふ禅宗寺あり、当国太守様を始、家老中老一家中の石碑あり、山上に鎮守秋葉山大権現六社也、其外堂塔多し、中門、大門并松等あり、松林広し、前二勝浦川有	安政5(1858)年3～4月	『さくら卯の花旅日記』
阿波国板野郡神宅村	大山寺	仏王山大山寺本尊勧世音、三重塔あり、二王門其外方丈・庫裏等建ものあり、奥院は三丁上にあるよし、黒岩大権現と承り候也、大門の外ニ源九郎義経公の馬の基(墓ヵ)もあり	安政5(1858)年3～4月	『さくら卯の花旅日記』

説話等を交えながら平家都落ち後の都における木曾義仲の事跡を扱ったもので、西行は義仲が本心を打ち明ける相手として、西行にまつわる種々の説話や伝承が取り入れられながら描かれている。

このように、日頃石門心学や浄瑠璃等の文化活動において触れる機会のあった西行に対して、年忌への意識が結びついて西行に関係した旧跡（歌碑・西行庵）に関心を示していることが窺えるのである。

菅原道真に関する旧跡に関する記事からも様々な意識や関心が窺える。弘化四年に仏生山法然寺を目的にした旅（『仏生会卯の花衣旅日記』）での讃岐瀧宮天満宮の記事には、

抑此所ハ其昔、菅公当国を治め給ひし旧跡にして、本地ハ祇園牛頭天王なり、法然上人旧跡も西手の川に数多あり、難有所なり、悉く拝見、昔此処に菅公雨乞し給ふに、民百姓の喜ひに思ひ合して

草蒔る雨喜ふ歟枝蛙
旧跡の尊き宮や松の華

とある。菅原道真が治めた旧跡・道真が雨乞をしたという「昔時」への関心と、雨乞に対する「民百姓の喜ひ」に思いを巡らして句を詠むという俳諧への関心と結びついて記述がなされている。その五年後の嘉永四年の旅（『極楽花の旅日記』）では「延喜式内の神にて昔時菅丞相雨乞せし社也」と、『延喜式』に記されているという知識も加わり、雨乞についても記している。(11) 同時にこの旅で通った高松西にある「大天神の社」は「今日（三月二三日）より廿五日迄、天満宮様（＝菅原道真）の九百五拾年忌を取越て勤るよしにてねり供養ある」と記している。実はこの一カ月前の二月二四日には、「天満宮九百五拾年御忌庭議音楽大曼荼羅供」のために「早朝思立、此御忌に又逢ふ事は叶ふまいと」瀧宮天満宮へ出立しているのである（『梅の花見の旅日記』）。このように、「旅日記」の菅原道真の記事は、宗教的な営為としての年忌を行う対象と、道真が関係した歴史的への関心（雨乞・『延喜式』等）として出てくるのである。そしてやはり旅に赴く以前、道真が登場する浄瑠璃『菅原伝授手習鑑』（竹田出雲・竹田小出雲・三好松洛・初代並木千柳、延享三年八月大坂竹本座初演）を弥蔵は文政八・九年に見物していた。

歴史人物の墓碑にも関心を寄せていることが窺えるのが、『伊勢参宮道中神社仏閣参詣』（天保一一年）である。これは、「旅日記」という俳諧を交えたものではない。表題にある通り伊勢参宮の道中に弥蔵が参詣した寺社の名前を箇条書きにしたものであるが、よく見ると「参詣」の対象として歴史人物の墓碑が記されている。例えば三月二日には、「嗚呼忠臣楠氏之墓」や、「清盛公石塔」（真光寺）、「一ノ谷敦盛公石塔」（須磨寺）等を「参詣」したとある。

以上のことから、弥蔵は旅の道中で、歴史人物や歴史上の戦い等が大きく関係した旧跡に関心を寄せている。その背景には、先行研究でも指摘があるように、日頃享受する庶民文化が大きく関係している。例えば源平合戦、西行、菅原道真に限定して見るだけでも、歌舞伎・浄瑠璃見物、軍記物語の筆写、石門心学活動等の日頃の文化活動が大きく影響して、人物の年忌意識とともに関心が表出していることが窺える。

では、弥蔵の旅の背景をなす文化活動の内容はどのようなものだろうか。

（2）歌舞伎・浄瑠璃

弥蔵の旅の背景に大きく関わったと思われる歌舞伎・浄瑠璃の演目についてまずは見てみたい。

酒井家文書の芝居関係史料には、浄瑠璃台本や芝居番付、芝居画本、弥蔵が「所々ニ而見物」した歌舞伎・浄瑠璃の外題を記録したもの（後述）がある。資料の年代は、安永期から明治二〇年代のものまで含まれており、弥蔵とその父武助が収集・記録したものと考えられる。

弥蔵がいつ何を見たのかが分かるのが、弥蔵による記録「所々ニ而見物　芝居狂言番付」である[12]。これには弥蔵が「見物」した地元半田、貞光、脇町、あるいは金比羅で興行された歌舞伎・人形浄瑠璃を中心に、その演目を芝居番付の形式を模して年月日、興行場所、演目の外題名、座元、役名、役者名、口上等について記している。これとほぼ同形式で座元ごとに記した一三点の史料がある[13]。これらの史料を分析してみると、弥蔵が「見物」したものは人形浄瑠璃が多く、演目は多岐にわたり、記録されたものだけでも約七〇にのぼる。多いものから順に挙げると仮名手本忠臣蔵（一七）、妹背山婦女庭訓（一二）、一ノ谷嫩軍記（九）、伽羅先代萩（九）、本朝廿四孝（七）、近頃河原達引（六）、玉藻前旭袂（五）、「桂川連理枝（柵カ）」（五）、ひらかな盛衰記（五）、木下蔭狭間合戦（五）、鏡山旧郷錦絵（五）、源平布曳瀧（五）、近江源氏先陣舘（四）、箱根権現躄仇討（四）、田村麿鈴鹿合戦（四）祇園祭礼信仰記（四）等がある。

「仮名手本忠臣蔵」は、一七回と最も回数を重ねて見ている。また、「仮名手本忠臣蔵」第七段の浄瑠璃脚本も酒井家にあり[14]、特に好んで見ていたようである。また、「源平物」も多くの演目を見ていることが分かる。旅で関心を示していた源平屋島の合戦について取り上げた「源平八島合戦」（初演外題が「弓勢智勇湊」[15]）は弘化二・嘉永三・明治七・同九年に繰り返し「見物」している。「源平布曳瀧」（明治七・同一一・同一二・同一四・同二〇年見物）や、「一ノ谷嫩軍記」（文政七・天保一五・明治四・同七・同一一・同一二・同一四・同二〇（二一・一〇月）年見物）、「ひらかな盛衰記」（文政二・九（二一・九月）・天保一四・明治四年に見物）も繰り返し見物している。武田信玄・上杉謙信の抗争を背景に、信玄の子勝頼と謙信の息女八重垣姫の恋愛等を描いた「本朝廿四孝」も、文政四・同五・同九年、明治一二・同二〇（二一・一〇月）・同二一年と、何度も見物している。秀吉没後、加藤清正を主人公にして豊臣家の没落を描いた「八陣守護本城」は明治七年に見物している。『太平記』に取材し、後醍醐天皇に味方する楠木正成と、六波羅方の宇都宮公綱の争いを中心に描いた「楠昔話」も文政九年・明治九年に見ていることが確認できる。

（3）石門心学

旅のなかで西行に関心を示している背景に、石門心学活動も関係していることを述べた。弥蔵の石門心学活動には、西行の他にどのような人物が登場しているのだろうか。

そもそも半田村では弥蔵が生まれる三年前の文化二年に三六名の出銀者により心学講舎根心舎が造立した。弥蔵は「心学御題控」（巻一—五）と題する心学問答の記録を文政一一年（弥蔵二一歳）—天保一三年（三五歳）頃の間に残している[16]。この「心学御題控」には石門心学的な倫理として参考にされるべき人物の言行や教訓的と見なされる歌が引用されており、様々な人物の言行等が引かれている。例えば石田梅岩や手島堵庵、孔子や孟子については「論語ニ」（巻二）、「孟子ニ曰く」（巻一・五）等のように繰り返し引用されている。言行が引用される人物のなかには、「弘法大師御歌に」（巻三・五）、「親鸞上人歌」（巻三・五）、「法然上人歌」（巻三・五）、「住吉大明神御歌ニ」（巻四）のような信仰に関わる人物・神の歌として登場したり、「楠正成歌」（巻二）、「源平八島合戦に」（巻二）、「東照神君家康公曰」（巻五）、「長尾（上杉）謙信抜身ニて切掛而問、……信玄唐図扇ニ而請而答」（巻五）のように、歴史人物や歴史上の戦いが登場する。弥蔵が「心の師と仰いでいた[17]」と言われる芭蕉は「芭蕉翁吟」のように、巻一—四で繰り返し登場する。

これらの人物に対して弥蔵はどのような意識を抱いていたのかについては詳しくは分からない。だが、特に孔子・孟子については、『俳諧年行司』（巻七）に、安政五年の記述として次のようにある。

> 我が生得と浮世との違ひあり、此頃世渡りのはしを悟りて狂歌
> だまされてだまして渡る世の中に誠を語る孔孟は馬鹿

これは、此頃の世渡りのはし＝だまされてだまして渡る世の中には、孔子・孟子の教えは通用しないという憂いを表明した狂歌であると考えられる。弥蔵が石門心学活動等において孔子・孟子の教えを深く信じていたがゆえに、嘆いているものと思われる。

注目されるのは、石門心学活動で登場する人物のなかには、歌舞伎・浄瑠璃で登場する人物もいることが分かる。とりわけ楠正成は、天保一一年の旅において「嗚呼忠臣楠氏墓」を参詣していたが、旅より前の文政九年に浄瑠璃「楠昔話」を見、文政一二年頃の石門心学の会輔で登場しているのである。

（4）書物

弥蔵が旅のなかで関心を示す人物や歴史上の出来事は、歌舞伎や浄瑠璃、石門心学活動において登場する人物と深い関わりがあることが分かってきたが、弥蔵が購入したり、筆写した書物の影響も強いことが分かる。

酒井家文書には、弥蔵が購入した版本や、版本から写し取った写本、さらにはいくつかの書物の一部を抜萃して筆者した抜き書き集が多く含まれている。各書物には、「〇年〇月〇〇書ニ而求之」や、「〇年〇月〇日写之」のような識語があり、弥蔵がいつ何を筆写し購入したのかが追えるようになっている。弥蔵が関心を示すのは歴史人物や歴史上の出来事を扱った軍書・歴史書を、弥蔵の識語に従って年代順に並べた**表2**を参照しつつ検討したい。

①軍書・系図・武鑑等

まず、軍書について、弥蔵がどのようなものを筆写したり購入しているのかを見たい。大坂冬の陣から夏の陣を中心に描いた『軍書難波戦記』は巻十と二三を文政九・一一年に「写之」とある。足利義晴・義輝・義昭と信長・秀吉の時代の世相を描いた『軍書室町殿物語』巻十一は、文政九年「四月十八日写之」とあり、真田幸村の実録『厭蝕太平楽記』巻六・七・二十四が文政九年「九月十六日写之」とある。武田信玄と上杉謙信の川中島の戦いを描いた版本『越後川中嶋名士武鑑』は嘉永四年に「讃岐松尾町書林柏屋ニ而求之」とある[18]。

弥蔵は歴史人物の系図をいくつか写していることも確認される。「北条家系図」と楠木氏が橘氏の末裔であるとする「橘氏系図」を記した『系図北条九代記楠三代記』は嘉永二年「八月十七日写之」とあ

表２　酒井家文書中にある主な軍書・歴史書等書物（明治5年までに購入・筆写したもの）

和暦	西暦	年齢	軍書・歴史書等書物の筆写・購入歴
文政9	1826	19	『軍書灘波戦記』巻23＜00748＞、『軍書室町殿物語』＜00744＞ 『軍書厭蝕太平楽記』巻6・7＜01744＞、『厭蝕太平楽記』巻24＜00747＞
文政11	1828	21	『軍書難波戦記』巻10＜00738＞
天保4	1833	26	『掌中和漢年契全冊』【版】＜01503＞
天保5	1834	27	『楠氏壁書完』＜00701＞、『神代系図』＜01641＞
天保9	1838	31	『中興武将傳』＜00733＞、『源平八島合戦』＜00750＞
天保12	1841	34	『中興武将伝建久以来年代記』＜00710＞
天保13	1842	35	『本朝大系図之内抜書藤原系図完并菅原系図追加』＜00765＞
嘉永1	1848	41	『源平武鑑全』＜00729＞ 『和漢軍書要覧』上・下（「嘉永元年十一月十八日求之」→明治十四年正月至四月「写之」）＜00741～742＞ 『足利武鑑全』＜00726＞
嘉永2	1849	42	『豊臣勇士鑑全』＜00739＞、『系図北条九代記楠三代記』＜00734＞ 『増補大日本二千年袖鑑』【版】＜00757＞
嘉永4	1851	44	『川中嶋名士武鑑』【版】」＜00758＞、『豊國名士鑑完』【版】＜00759＞
嘉永5	1852	45	『天保武鑑抜書』＜00732＞ 『本朝大系図之内抜書藤原系図完并菅原系図追加』＜00765＞
安政3	1856	49	『本朝年代記』＜00696＞
安政4	1857	50	『東鑑抜書全』＜00745＞
安政5	1858	51	『阿波國大古武鑑』＜00778＞
安政6	1859	52	『本朝古人高名壽數録』＜01479＞
文久1	1861	54	『武鑑写抜書并當國郡高附』＜00743＞
文久2	1862	55	『松平薩摩守殿家臣武鑑』＜00231＞
元治1	1864	57	『本朝官名』＜00703＞
慶応1	1865	58	『南海道武鑑』＜00700＞、『清和源氏系圖』＜01742＞
慶応2	1866	59	『大日本神代』＜00802＞
慶応3	1867	60	『日本遷都考・本朝大古年代記・天子寿数録』＜00764＞ 『南朝太平記』＜00731＞
明治1	1868	61	『本朝官職考』＜00781＞、『百官名盡』＜00780＞
明治2	1869	62	『袖珍御列藩武鑑全』＜00694＞
明治3	1870	63	『本朝将軍伝』＜00699＞、『大日本國盡全』＜00755＞ 『南朝太平記』＜00731＞、『新国盡』＜00705＞ 『北條九代記完』＜01787＞
明治4	1871	64	『蝦夷国盡日本国号記』＜00709＞
明治5	1872	65	『本朝年代記全』＜00252＞、『本朝姓氏録抜書』＜00253＞

出所）徳島県立文書館寄託酒井家文書により作成。＜　＞は酒井家文書整理番号を示す。

【版】は購入された版本を示す。それ以外は写本・抜書集である。

る。表紙には「武鑑」とあるが、中身を見ると、系図が中心に書かれたものもある。『源平武鑑』には、源頼朝と平清盛に連なる源氏・平氏の系図を筆写しており、嘉永元年「水無月中二日写之」とある。足利家の系図、足利家「御一門衆」「諸御大名衆」の名前を書きつけ、「追加」として「清和源氏新田氏系図」と「徳川家康公御系図」も記した『足利武鑑』は嘉永元年「十二月十五日写之」とある。

豊臣秀吉の事跡を加藤清正や蜂須賀家政等の武将の活躍も交えて描いた『豊臣勇士鑑』は嘉永二年「五月十七日写之」とある[19]。実はこれは嘉永二年の出雲杵築大社への旅（『出向ふ雲の花の旅』に記録）の道中、備中高松城跡で「此所は昔時豊臣秀吉公毛利と合戦の場所也」と記しているおり、旅から帰村した翌月に『豊臣勇士鑑』を写しているのである。弥蔵が筆写した『豊臣勇士鑑』を見ると、「同年（天正一〇年）竹田勝頼を亡してより中国たん代となりて毛利と戦ひしか、同年六月二日京都本能寺にて信長公討れしと聞て……」と、「毛利と戦ひ」が、秀吉の事跡のなかでどのような位置にあるのかを旅から帰ってから確認していることが窺える。また、弥蔵は天保一一年の伊勢参宮への旅の道中で、楠正成の墓碑「嗚呼忠臣楠氏之墓」を「参詣」していたが、六年前の天保五年に『楠氏壁書完』（「楠正成居所之壁書」）を筆写している。これには「一、遊ひも度重れは楽にならす」等の「十二箇条」を記した後、朱書で「嗚呼忠心楠氏之墓」とある。つまり、旅の前に楠正成の墓碑に刻まれた言葉を知っていたのである[20]。

このように、軍書は主に文政から天保期にかけて、系図や武鑑・名鑑は主に嘉永期に活発に筆写している。歌舞伎や浄瑠璃、あるいは石門心学活動において知る歴史人物や歴史上の出来事を理解する際、これらの書物を用いて理解を深めていたのではないだろうか。

② 領主に関するもの

弥蔵は、徳島藩の領主である蜂須賀家や、徳島藩家老稲田氏に関する系図や履歴に関してもいくつか筆写している。嘉永五年に「抜書」したとする『天保武鑑抜書』には「天保武鑑之内将軍家御系図并当国太守様之部乍恐謹写置物也」と識語にあり、（徳川）将軍家の系図とともに「当国太守様」である蜂須賀家の系図が描かれている[21]。安政五年「衣更着念五日写之」とする『阿波国大古武鑑』には、永禄年中に細川氏が阿波国を管領したところから、長宗我部氏の進出と、蜂須賀氏が徳島藩の藩主となるところまでの阿波国の歴史を記している[22]。また、安政六年には『峻徳院様（蜂須賀斉昌）御葬礼御行列御役附』や、同年に『武鑑写抜書并当国郡高附』等という徳島藩主の葬礼情報や阿波国内各郡の石高を書き取ったものもある[23]。「庚午事変」（稲田騒動）が発生した明治三年作成の『淡路國須本城代稲田九郎兵衛家臣武鑑諸役人附』には、稲田家家臣の一覧と稲田家が北海道へ移住したという情報も書かれている[24]。

以上のような書物に登場する人物が、歴史のどの段階に登場するのかを確認していったと思われるのが、次の天皇・将軍等歴代に関する書物である。

③ 天皇・将軍等歴代の年代記

天皇については「安政三丙辰二月五日書之」という識語を持つ『本朝年代記』がある[25]。天神七代・地神五代が書かれ、人皇一代─三七代までの天皇歴代について、続柄や即位・崩御、略歴および重要事件などが記されている[26]。これには「年号記　大化五　白雉廿二　白鳳十四……建久九」と、大化は五年まで、白雉は二二年まで、という意味で年号と数字を記した部分が「建久九」まであり、「建久三壬子年　右大将頼朝公征夷大将軍任ス、是将軍之始也、年号ハ武将傳ニ記ス故ニ建久巳後ハ此書を見るべし……」と末尾にある。

では「此書を見るべし」という「武将傳」とは何か。天保一二年「七月写之」とする『中興武将伝建久以来年代記』[27]は、源頼朝から（徳川一二代）家慶にいたる歴代将軍について、名前・続柄・治世の年数・諡号・執権等が記され、治世の間の年号と年数・死去の年月日（足利尊氏であれば「康永二　貞和五　観応二　文和四　延文五　延文三年四月廿九日尊氏薨ス五十四歳……」）も記されており、建久以来の年代と将軍の略歴が分かる表記となっている。これを記す三年前の天保九年には『中興武将傳』[28]と題して、源頼朝から（徳川一三代）「家祥公」が「家定公と御改名」までの歴代将軍の略歴を「写」していた。このように天皇や将軍の歴代を確認することで、年代と時間（歴史）の流れも意識するようになったものと思われる。

以上、弥蔵が旅先で旧跡に関心を示す背景を、日頃の文化活動に焦点を当てて検討した。弥蔵は歴史人物や歴史上の出来事に関係する旧跡に関心を示していたが、それらの人物・出来事は、歌舞伎や浄瑠璃を見たり、石門心学活動、書物の筆写（軍書・人物の系図・年代記等）等の日常的な文化活動で登場・取り上げられていたのである。注目されるのは、一人の人物・一つの歴史上の出来事が、複数の活動で取り上げられていることである。

表3は、弥蔵が旅先で訪れる旧跡を通して関心を示していた歴史人物が、他のどのような活動に登場しているのかをまとめたものである。どの人物も複数の活動で繰り返し取り上げられることにより、弥蔵の関心は高まり、旅のなかで関心が表出したものと考えられる。

表3　「旅日記」に現れる主な歴史人物と文化活動との関係

	（旅）	歌舞伎・浄瑠璃	石門心学	軍書・歴史書等
弘法大師	○		○	○
親鸞	○		○	
法然	○		○	
菅原道真	○	○		
西行	○	○	○	
源義経	○	○		○
佐藤次信	○	○		○
平教経	○	○		○
楠正成	○	○	○	○
徳川家康	○		○	○
豊臣秀吉	○			○
松尾芭蕉	○		○	

第二節　歴史人物と年忌意識

（1）年忌意識と俳諧

弥蔵の旅には、複数の文化活動（歌舞伎や浄瑠璃の見物、石門心学活動、書物の筆写等）が関連し合いながら醸成された関心が反映していた。本章の課題である信仰と浄瑠璃・俳諧等の文化的関心がいかに総合的に民衆の旅の背景をなしていたのかを明らかにするうえで注意したいのは、弥蔵は歴史人物の年忌を強く意識していた点である。年忌という宗教的な営みは、日頃どのように意識されていたのだろうか。歴史人物の節目の年忌については、慶応元年頃に弥蔵が整理して、『古考』という察しに記している。(29)

弘法大師一千年御忌　天保五年午三月廿一日
西行法師六百五十年　弘化四未年
蓮如上人三百五十年忌　嘉永元年申三月廿五日
菅丞相九百五拾年忌　嘉永五年子二月廿五日
親鸞上人六百年忌　文久元年酉十一月廿八日
東照神君二百五十年忌　元治二年丑四月十七日
（一行アキ）
東照神君家康公二百年　文化十二年丑四月十七日
豊国明神秀吉公二百五十年　弘化四年未八月十八日
清正公大神儀二百五十年　蔓延元申年
義士四十七人百五十年忌　嘉永五年子二月四日
芭蕉翁百五拾年忌　天保十四年卯十月十二日
東照神君家康公二百五十年　慶応元年丑四月十七日

これは、人物の節目の年忌が何年の何月何日に迎える、ということを表わしたものであり、弥蔵が年忌を意識する人物のうち、節目の年忌を迎えた人物を列挙したものと思われる。弘法大師、西行、菅丞相（菅原道真）、親鸞、家康、秀吉、芭蕉は旅のなかでも関心を向けていた人物である。興味深いのは、「義士四十七人」に象徴されるように、日頃浄瑠璃等で関心が高まったと思われる人物の年忌を意識していることである。

人物の年忌の際には、具体的に何かの行為を行っているのだろうか。この点で注目されるのは、年忌に句を詠んでいることである。

嘉永五年は「赤穂の義士百五拾年遠忌なれバ、乍恐も忠心の程を咸《ママ》じ奉、吊もの也　其名こそ高き雲井の桜哉 無二ノ忠心不朽高名春耕九拝」というように「赤穂の義士百五拾年遠忌」に際し「赤穂の義士」の「忠心」を「不朽高名」と評した句を詠んでいる。これは、俳句を交えた弥蔵の日記ともいうべき『俳諧雑記』（巻一―三、天保五―嘉永二年）『俳諧年行司』（巻四―十二、嘉永二年―明治二二年）のなかにある（『俳諧年行司』巻五）。弘法大師の千年忌には、半田口山にある真言宗寺院龍頭山神宮寺（弥蔵の檀那寺）において奉燈句会が開催され、弥蔵は句の集者の「補」という役を担っている。(30) 松尾芭蕉の忌日の句会（芭蕉忌）には毎年のように参加している。天保一四年には芭蕉一五〇回忌に合わせて半田村慈雲閣において芭蕉塚（雲雀塚）を建立し、「供養せん実にや峠の雲雀塚」と、「供養」の意識を句に詠みこんでいる（『俳諧雑記』巻一）。嘉永三年二月一五日には「釈尊入滅し給ひしより、星霜経る事二千七百九十有九なれ共、仏の御徳今爰にあり」と、釈迦の「入滅」からの年と「御徳」を感じ、翌年の常楽会（釈尊入滅の日の涅槃会）の際は「釈尊の御入滅より今年迄二千八百（「年」脱カ）也」（『俳諧年行司』巻四）と記述している。これらの人物への供養や年忌意識は、いずれも俳諧を交えた記述とともに見え、俳諧文化と大きく関わっていることが分かる。

これらの人物の忌日を整理してまとめたのが次の『永代過去帳年中行司記』である。

（2）『永代過去帳年中行司記』

実はここまでに挙げた、弥蔵が関心を示している歴史人物のほとんどが、『永代過去帳年中行司記』（以下、『過去帳』[31]）なる弥蔵作成の冊子に記載がある。表題に「過去帳」とある通り、人物の戒名や忌日（月忌）等を記したものであるが、家内の者を記したものではない。主に、神や仏となった歴史人物が記されたものなのである（作成年代等については後述）。

『過去帳』にはどのようなことが書かれているのだろうか。記載形式を見ると、一般の過去帳と同じである。朔日から三〇日までの日ごとの構成となっており、年月にかかわらず朔日が忌日（月忌）である人物等が見開きを使って記され、次の見開きには二日、という具合で三〇日まで続く。「廿五日」を例に記載事項を見てみると、図のようになっている。

見開き右側の一行目には該当日の三十番神が、見開き左側の一行目には三十日秘仏がそれぞれ記されており、右側には神（となった人物）が、左側は仏（となった人物）が書かれている。それぞれの行は三段に分けられており、一段目に人物の戒名・神仏名、二・三段目は月忌（該当日の年月を記す）・その人物の生きた年齢や注記が記される。注記というのは、天皇代数、大名・武将等の俗名のほか、死亡理由等が記される場合もある。図の左から三行目楠正成を例に見ると、一段目には戒名「忠徳院殿大圓義龍大居士」、二段目には「建武三年五月於湊川ニ自害」、三段目には「嗚呼忠臣楠氏基（ママ 墓カ）」とある。記載形式は一般の過去帳と同じでも、記載内容に注目すれば、人物がどのような死を遂げたか等も書かれ、弥蔵の歴史への関心も窺える。

この『過去帳』の作成契機・過程については、不明な点が多い。作成年代を見ると、内表紙に「文政六年癸未十二月発、堺屋弥蔵十六歳永代過去帳年中行司記」、末尾の識語に「明治六年己酉十二月七日改正　阿波国北方美馬郡半田村小野酒井弥蔵　六拾六歳翁」とある。これをそのまま読めば、文政六（一八二三）年（一六歳）から作成し始め、明治六年（六六歳）の一二月七日に書き改めたということになる。いつの段階でどの内容を書いたのか、現在のところ分からないが、各頁の右上にある三十番神・三十日秘仏は他の記述と比して筆の太さが違い、他の記述よりも先に書いたことが窺える[32]。

では、『過去帳』にはどのような神仏・人物が記されているのだろうか。『過去帳』には、総数二七四の人物・神仏が書かれている[33]。次の①―⑥に分類し、**表4**に記載した（とりわけ、弥蔵の旅の記録に登場する神仏・人物名は太字で表示した）。

まず目につくのは①三十番神・三十日秘仏を含む神仏である。②は弘法大師等の祖師等とする。③は天皇等である。神武天皇～「百二拾二代帝」孝明天皇（天皇の代数は、明治以前の数え方で記している）が書かれているが一五・一六・二八代は記されていない[34]。書き忘れたか「崩御」日が確定できない等によるものと思われる。「南朝二代」後村

表 4 『永代過去帳年中行司記』に記載される人物等の分類

分類	記載される人物等	合計数
① 神仏等	三十番神（旅の記録にあり：**春日大明神、住吉大明神、吉備大明神**）、三十日秘仏、**白鳥大神宮**、塩釜大明神、**金峯山蔵王大権現、金毘羅大権現**、新田大明神、香推大明神、**石清水八幡宮、山王大権現、外宮豊受皇大神宮、内宮天照皇太神宮、厳島大明神、東照大権現、高津大明神、豊国大明神、座摩太神宮**、高良玉垂大明神、六孫王大権現、**天満大自在天神**（「右大臣**菅原道真**公霊」）、大聖不動明王	80
② 祖師等	**役小角**、元三大師、傳教大師、**日蓮上人、弘法大師、円光大師**、蓮如上人、**親鸞上人**	8
③ 天皇等	神武天皇～孝明天皇（初代～122代※　欠15・16・28代）、「南朝二代」後村上院天皇、聖徳太子	119
④ 将軍・執権等	源頼朝・源頼家・源實朝 平（北條）時政・北條泰時・北條時頼 **足利尊氏**・足利義詮・足利義満・足利義持・足利義量・足利義教・足利義勝・足利義政・足利義尚・足利義稙・足利義澄・足利義晴・足利義輝・足利義昭（欠、足利義栄） 織田信長・「信長嫡子秋田信忠」 「**関白太閤秀吉**」 **徳川家康**・徳川秀忠・徳川家光・徳川家綱・徳川綱吉・徳川家宣・徳川家継・徳川吉宗・徳川家重・徳川家治・徳川家斉・徳川家慶・徳川家定・徳川家基	37
⑤ 領主等	蜂須賀正勝、「大近(ママ匠ヵ)院殿光室玄圭大姉」（蜂須賀正勝の正室ヵ）、蜂須賀家政・松平阿波守至鎮・松平阿波守忠英・松平阿波守光隆・松平阿波守綱通・松平阿波守綱矩・松平阿波守宗員・松平阿波守宗英・松平阿波守宗鎮・松平阿波守至央・松平阿波守重喜・松平阿波守治昭・松平阿波守斉昌・松平阿波守斉裕（旅の記録：「**当国太守様**」）	16
⑥ その他	孟子、文宣皇帝孔夫子（孔子）、**西行法師**、源頼義・源義家・源為義、**平清盛**・平重盛（「清盛嫡男」）、源（新田）義貞、**楠正成**・楠正季（「和田七郎正季」）・楠正行、武田晴信（信玄）、長尾（上杉）謙信、加藤清正、大石内蔵之助	16

注）36代と38代・46代と48代天皇は重祚している。

出所）徳島県立文書館寄託酒井家文書ｻｶｲ 00021「永代過去帳年中行司記」により作成。
　　④⑤⑥は俗名、（　）は筆者による補足。

上院天皇、聖徳太子もここに分類した。④に将軍・執権等を挙げる。源頼朝からの三代（頼朝・頼家・實朝）、「平（北条）時政」（北条氏初代）・泰時（三代）・時頼（六代）、室町幕府将軍である足利尊氏から一五代義昭（ただし一四代義栄は欠）、織田信長・「信長嫡子秋田信忠」、「関白太閤秀吉」、そして徳川幕府初代徳川家康から一三代家定と、夭折した家基が記されている。⑤に弥蔵にとっての領主等を挙げる。戦国武将蜂須賀正勝、蜂須賀正勝の正室と思われる「大近《ママ》院殿光室玄圭大姉」、蜂須賀家政、そして徳島藩主初代「松平阿波守至鎮」から一三代斉裕までが記されている。そして⑥はその他とした。⑥に分類されるのは孟子、文宣皇帝孔夫子（孔子）、西行法師、源頼義・源義家・源為義、平清盛・平重盛（「清盛嫡男」）、源（新田）義貞、楠正成・楠正季（「和田七郎正季」）・楠正行、武田晴信（信玄）、長尾（上杉）謙信、加藤清正、大石内蔵之助である[35]。

　興味深いのは、⑥に挙げた人物に代表されるように、歌舞伎・浄瑠璃、石門心学、書物等、弥蔵が享受した庶民文化で取り上げられる人物と、『過去帳』に記される人物等が見事に一致している。歴史人物に対しては、庶民文化で醸成された関心を示すとともに、年忌という宗教的な営みも意識していたのである。

　ここで注意すべきは、『過去帳』は弥蔵が年忌を意識する人物の全てが書かれているわけではない点である。例えば松尾芭蕉は『過去帳』には記されていないが、年忌法要の句会をしている。『過去帳』に書かれた神仏・人物には、弥蔵が忌日や霊祭を意識した神仏・歴史人物のなかで、何らかの選択が働いているものと考えられる。第三章において指摘した、弥蔵が精力的に行った信仰実践や石門心学・さらには俳諧の活動を通して形成された弥蔵の理想とする生き方や、大切にする教え（「神明仏陀聖賢の教え」や石門心学の教え等）と関わる人物が『過去帳』には含まれているものと考えているが、現段階では今後の課題としておきたい。

おわりに

　本章では、近世後期に多くの旅を経験した酒井弥蔵に即して、信仰や浄瑠璃・俳諧等の文化活動がいかに関連し合いながら民衆の旅の背景をなしているのかを検討した。

　弥蔵は信仰実践の一つとして寺社参詣へ赴いているが、その道中では歴史人物や歴史上の出来事に関係する旧跡に関心を示していた。関心を示す歴史人物には、歌舞伎や浄瑠璃・石門心学・軍書や年代記等の書物の筆写で繰り返し取り上げられることで、関心が高まった人物と考えられる。さらに、それらの人物に対しては、日常のなかで年忌を強く意識し、「供養」の意識を俳諧に詠む等していた。すなわち、発露としての信心と、年忌という宗教的な営みと（それを表現する行為としての俳諧と）、歌舞伎や浄瑠璃・石門心学・書物等の庶民文化が結びつきながら、総合的に弥蔵の旅の背景をなしていたと考えられるのではないだろうか[36]。

　弥蔵が日頃の文化活動によって関心を持った人物は、『過去帳』に書かれていたことが分かったが、『過去帳』に記された人物が、弥蔵の生き方や大切にする教え等といかに関わっているのだろうか。この問いは当該期の民衆が何に関心を持ち、何に課題意識を持って生活していたのかという問題にも迫り得ると考えているが、この点については今後の課題としたい。

註

（1）高橋敏『日本民衆教育史研究』（未來社、一九七八年）、同『近世村落生活文化史序説――上野国原之郷村の研究――』（未來社、一九九〇年）、難波信雄「道中記にみる近世奥州民衆の芸能知識と伝承」（『東北学院大学東北文化研究所紀要』二六、一九九四年）、大藤修『近世の村と生活文化――村落から生まれた知恵と報徳仕法――』（吉川弘文館、二〇〇一年）、青木美智男『日本文化の原型　近世庶民文化史』全集日本の歴史別巻（小学館、二〇〇九年）、鈴木理恵『近世近代移行期の地域文化人』（塙書房、二〇一二年）。

（2）前掲註（1）難波論文。

（3）鈴木理恵「近世後期における旅の学習効果――メディアとしての名所――」（辻本雅史編『知の伝達メディアの歴史研究――教育史像の再構築――』思文閣出版、二〇一〇年）、のち同『近世近代移行期の地域文化人』（塙書房、二〇一二年）に第三章「旅の学び」として収載。

（4）原淳一郎「近世における参詣行動と歴史意識――鎌倉の再発見と懐古主義――」（『歴史地理学』四七―三、二〇〇五年）、のち同『近世寺社参詣の研究』（思文閣出版、二〇〇七年）に第六章「鎌倉の再発見と歴史認識・懐古主義」として収載。

（5）文政一〇年三月までは如月亭梅子の号を用い、その後春耕園・春耕・農甫・農圃が使われている。弘化・嘉永期以降は竹嵿居山人も用いられている。

（6）使用史料は徳島県立文書館寄託酒井家文書（一八〇四点。文書の整理番号キカイ00001～01804）と、広島県福山市酒井氏蔵酒井家文書（四七〇二点。同キカイ01805～06506）である。以下、酒井家文書中にある史料は特に断りがない限りキカイ＋番号で示す。

（7）佐谷眞木人「『義経千本桜』と『平家物語評判秘伝抄』」（『藝文研究』九五、二〇〇八年）。

（8）キカイ00750「源平八島合戦」の中を開くと、内題に「讃州八島合戦記」、目次は「源平八嶋檀浦合戦記目録」とある。識語に、「天保九年戊戌参月八日写之　堺屋弥蔵（花押）」とある。

（9）花部英雄『西行伝承の世界』（岩田書院、一九九六年、一八四頁）。

（10）この歌は、弥蔵の記録では「西行上人終りの歌」とあるが、現在、西行の辞世の歌には諸説ある。

（11）讃岐瀧宮神社はこの旅の他にも訪れており、弘化三年の「仏生会卯の花衣旅日記」では「抑此所ハ其昔、菅公当国を治め給ひし旧跡にして、本地ハ祇園牛頭天王なり、法然上人旧跡も西手の川に数多あり、難有所なり、悉く拝見、昔此処に菅公雨乞し給ふに、民百姓の喜ひに思ひ合して（俳句）草蒔る雨喜ふ歟枝蛙（俳句）旧跡の尊き宮や松の華」と、法然（円光大師）の旧跡や、「菅公」が雨乞し、「民百姓の喜ひに思ひ合して」俳句を詠んでいることも注目される。

（12）キカイ00176「所々ニ而見物　芝居狂言番付」。この史料については佐藤武「酒井家文書の芝居関係資料について」（徳島県立文書館『酒井家文書総合調査報告書』一九九七年）でも取り上げられている。

（13）キカイ00142「座本蛭子家忠太夫」、キカイ00144「木戸芝居覚書」、キカイ00177「日本第一大操座本上村阿波掾（芝居）」、キカイ00178「日本第一大操座本市村六之丞藤原政清（芝居）」、キカイ00179「座本蛭子家忠太夫（芝居）」、キカイ00180「座本道具屋谷右ヱ門（芝居）」、キカイ00181「座本中村久太夫（芝居）」、キカイ00182「大操座本吉田傳治良藤原政清（芝居）」、キカイ00183「日本第一大操座本大山吉五郎藤原重政（芝居）」、キカイ00200「日本第一冠諸芸衆能座本上村久太夫藤原貞光（芝居）」、キカイ00201「座本上埜源左衛門（芝居）」、キカイ00196「座本蛭子家忠太

夫」、ｷｶｲ 00197「座本上埜源左衛門（芝居）」。
(14) ｷｶｲ 00206「假名手本忠臣蔵第七」。
(15) 久堀裕朗、神津武男「淡路座上演作品解題」（引田家資料調査委員会編『引田家資料　淡路人形浄瑠璃元祖上村源之丞座座本』淡路人形協会、二〇一一年）によると「源平八島合戦」は淡路座による改題である。
(16) ｷｶｲ 00145～148「心学御題控」巻壱―四、ｷｶｲ 00038「心学御題控」巻五。
(17) 徳島県立文書館「特別企画展　芭蕉をめざした男――酒井弥蔵の旅日記――」（二〇〇八年）。
(18) ｷｶｲ 00748「軍書灘波戦記」、ｷｶｲ 00738「軍書難波戦記（写）」、ｷｶｲ 00744「軍書室町殿物語（写）」、ｷｶｲ 01744「軍書厭蝕太平楽記（写）」、ｷｶｲ 00747「厭蝕太平楽記（写）」、ｷｶｲ 00750「源平八島合戦（写）」、ｷｶｲ 00758「甲越川中嶋合戦全」。
(19) ｷｶｲ 00765「本朝大系図之内抜書藤原系図完并菅原系図追加（写）」、ｷｶｲ 00734「系図北条九代記楠三代記（写）」、ｷｶｲ 00729「源平武鑑全（写）」、ｷｶｲ 00726「足利武鑑全（写）」、ｷｶｲ 00739「豊臣勇士鑑全（写）」。
(20) ｷｶｲ 00701「楠氏壁書完（写）」。
(21) ｷｶｲ 00732「天保武鑑抜書（写）」。
(22) ｷｶｲ 00778「阿波國大古武鑑」。
(23) ｷｶｲ 00743「武鑑写抜書并當國郡高附」、ｷｶｲ 01601「峻陵院様御葬礼御行列御役附」。
(24) ｷｶｲ 00281「淡路國須本城代稲田九郎兵衛家臣武鑑諸役人附（写）」。
(25) ｷｶｲ 000696「本朝年代記」。
(26) 歴代天皇や後述する歴代将軍に関する一つの有力な情報源は、節用集の付録［王代年代記・将軍譜］が大きく関わるのではないだろうか。先行研究によると、元禄七（一六九四）年版の節用集にはじめて「本朝年号略記」として天皇名を付した元号名一覧と、「中興武将伝略」という、源頼朝から徳川綱吉にいたる歴代将軍について、その名前・続柄・治世の始終年・謚号、およびその時の執権ないし大老名が記される欄が現れる。「本朝年号略記」は享保二（一七一七）年までには「王代年代記」として、天照大神以下の天神地神、神武以下今上まで天皇歴代ごとに即位・崩御年と略歴および重要事件を挿絵入りで記載する長大な歴史年表形式が確定する（横田冬彦「近世の出版文化と〈日本〉」（『歴史の描き方1　ナショナル・ヒストリーを学び捨てる』、東京大学出版会、二〇〇六年）他）。酒井家文書には享保九年刊と思われる『万海節用和国宝蔵』がある（ｷｶｲ 00304「万海節用和国宝蔵」）。この『万海節用和国宝蔵』に記された歴代天皇について書かれた部分と、弥蔵が安政三年に記した『本朝年代記』を並べてみると次のようになる。

五代孝昭天皇　ひのへとら元年
いとくの太子なり、三十二才にて御そくゐ、御ざい位八十三年、八月五日にほうぎょ、御とし百十四
六代　孝安天皇　つちのと丑元年
かうせうの御子也、三十六にて御そくゐ、ざい位百二年、庚午正月九日にほうぎょし給ふ、御歳百三十七才（以上、酒井家蔵書にある『万海節用和国宝蔵』の付録部分）

五代孝昭天皇　丙寅元年
いとくの太子なり、十八にて太子に立、三十二にて即位、在位八十三年、御年百十四にて崩御、都を掖のうへ池上の宮に居ます也

六代　孝安天皇　己丑元年
かうせうの第二の御子也、二十才にて太子に立、三十にて即位、
在位百一年御年百三十にて崩御し給ふ　宝地秋津の宮に都す大和
の国なり（以上、弥蔵作成の『本朝年代記』）

二つを並べてみると、都の情報の有無等、情報の量にいくつかの違いがあるが、記載形式・内容ともに密接に関わっていると考えられる。

(27) キオイ00710「中興武将伝建久以来年代記」。

(28) キオイ00733「中興武将傳」。

(29) キオイ00704「古考」。

(30) キオイ00444「法楽発句」。

(31) キオイ00021「永代過去帳年中行司記」。

(32) また、『過去帳』の作成をし始める文政六年（一六歳）頃に弥蔵が書いたものを見ると、文政五年一〇月から一一月に檀那寺である龍頭山神宮寺での開帳見物をし、その際に説法「(弘法)大師御一生御伝記」も聞き、文政六年七月一四日には光明真言を読誦し始めている。これらのことから、神仏や宗教に対する関心が高まり始めたことが『過去帳』作成の背景にあったのではないだろうかと考えている。

(33) ただし、この数値は重複記載分（例えば「東照大権現」と、人物としての徳川家康は「十七日」に重複している。豊臣秀吉も同様）を一として数えたものである。

(34) ただし二八代安閑天皇は、「八日」の頁に金峯山蔵王大権現が書かれた二段目に、「人皇二十八代安閑天皇　祭礼八月又七月一八日」と記されている。

(35) 『過去帳』に書かれた神仏・人物のうち、①―⑤に着目した場合に想起されるのが、河内国石川郡大ヶ塚村の上層農民で酒造業をも兼ねた商人でもあった河内屋可正（壺井五兵衛、一六三六―一七一三）のもとで、息子清左衛門が書いた、『河内屋年代記』に記された事柄である（若尾政希「歴史と主体形成――書物・出版と近世日本の社会変容――」（『歴史学研究』八二〇、二〇〇六年）、同「同」（『書物・出版と社会変容』2、二〇〇七年）、同「近世における「日本」意識の形成」（『〈江戸〉の人と身分5　覚醒する地域意識』吉川弘文館、二〇一〇年）、横田冬彦「近世の出版文化と〈日本〉」（『歴史の描き方1　ナショナル・ヒストリーを学び捨てる』、東京大学出版会、二〇〇六年））。『河内屋年代記』には宗旨浄土真宗の祖師である親鸞の回忌年数等の信仰（宗門）に関わる事柄、天皇・将軍の治世や「信長公御逝去より〇年」などのいわば天下・国家の歴史に関する情報、代官所支配となった年から何年など支配関係の変遷に関する事柄、および河内屋の家の歴史に関わる事柄や大ヶ塚という地域に関する記述（災害等）があり、家・地域・信仰・支配関係・「天下・国家」の動きから歴史を了解して『河内屋年代記』という歴史叙述に反映していると指摘される。弥蔵の『過去帳』は『河内屋年代記』のような年代記（歴史叙述）ではないが、『河内屋年代記』に記された事柄に倣って『過去帳』に記された神仏・人物に注目すると、①②信仰、③④「天下・国家」、⑤支配（領主等）に関わる人物が記されていると見ることができる。このような観点から見ると、『過去帳』は、⑥に分類される人物を記している点が特徴的である。

(36) 注意しなければならないのは、各々の文化活動の内実や影響力には違いがあると思われることである。また、同じ活動に取り上げられたとしても、弥蔵が抱く各人物像の内実にも違いがあるはずである。この点、本章では検討できず、残された課題としたい。

第二部　行き倒れ人からみえる遍路

第四章　近世後期阿波における行き倒れ人と村の対応
——四国遍路の扱いをめぐって——

はじめに

本書第一—三章においては、近世後期に四国遍路の旅を行った一人の人物に即した検討を行うことで、民衆の四国遍路の旅に込める信心や意識のありようを、地域文化の営みのなかから考察した。本章と次章は、四国遍路のさなかに行き倒れてしまった人々に関する史料を用いて、自ら記録を残さなかった人々の信心や境遇と、そうした人々と接した四国住民の意識を考察する。本章は、行き倒れた遍路の信心や境遇を考察する前提として、行き倒れ人に関する記録の作成過程を検討し、あわせて遍路とそれ以外の行き倒れ人に対する四国住民の対応に違いがあるのかを検討する。

近世は旅が隆盛した時代である。近年は旅先となる地域を分析対象とした研究が盛んで、近世の旅の様々な側面が豊かに描き出されつつある[1]。なかでも寺社参詣は旅の主要な目的の一つと理解され、近世の旅の特質を考えるうえで重要なテーマとなっている。寺社参詣とは異質な側面を持つとも言われながらも[2]、寺社参詣と複合化されて行われることが指摘されており、「参詣」と密接な関わりがあると考えられるのが「巡礼」である[3]。しかし、両者の関連もさることながら、寺社参詣への注目に比べて、巡礼に関しては、歴史学的な観点からの検討はまだまだ少ないのが現状である[4]。巡礼を取り上げることは、近世の寺社参詣、ひいては近世の旅の特質を解明するうえで重要な足がかりとなるのではないだろうか。

日本の巡礼で代表的なものの一つが四国遍路である。民衆の経済的上昇と相俟って、貞享・元禄期前後から遍路の数はしだいに増えること、同時期に遍路の途中で病気になった者に対する対処法を規定した徳島藩の触が出されるようになることが、新城常三氏によって指摘されている[5]。この指摘は、遍路の数の増加とともに途中で行き倒れる遍路も増加し、行き倒れに対して何らかの対応が必要とされつつあったことを示唆しているのであろう。

この点に関して、近年の近世史研究における行き倒れ人に注目した論考では、行き倒れ人に対する村の対応手続きに関する議論が行われるようになっている[6]。それによると、行き倒れ人へ対応する体制は、元禄期以降からしだいに整備され、明和期には往来手形で身許を確認し、宿継村継によって国元まで送還する方向で、諸藩の対応が一致していくこととなったとされている[7]。と同時に、幕府令のみで行き倒れ対策の議論をすることの危うさが指摘され、地域の具体的な対応のあり方にも注目すべきだとされている[8]。それらをふまえると、今後はそれぞれのフィールドの支配体制の特徴や、どのような者が多く通行する地であるのかなど、個々の地域の特性を踏まえたうえで行き倒れ人対応手続きの実態を明らかにする必要があると考える。

そこで本章では、四国遍路が多く通行する阿波における行き倒れに注目して、行き倒れ人への村の対応の実態を検討する。行き倒れ遍路への村の対応に注目したのが井馬学氏である。[9]井馬氏によると、「村役人の指示で病気遍路に対して手厚い保護が行われている」と同時に、村人が「遍路に親切にするのはお大師様に対して善根を積むことになり、ひいては自分に利益がもたらされると考え、積極的に遍路を労わる行為を生み出した」という。行き倒れ遍路への対応を、行政手続きと信仰の両面に着目して論じた重要な研究である。さらに、町田哲氏は阿波国名東郡早渕村で組頭庄屋を務めていた後藤家の文書（鳴門教育大学収蔵、後藤家文書[10]）を使用して近世後期の早渕村周辺地域での「倒れ遍路」に対してどのような手続きを経て対応をしているのかを明らかにした。[11]町田氏は後藤家文書に即した形で検討を行い、時代とフィールドを限定することで実証的な論を展開している。しかし、分析対象とされている「倒れ遍路」とは記録のなかにどのように表現されているのか、また、「倒れ遍路」への対応のあり方は遍路に特化されるものなのかが明らかとなっていない。

以上を踏まえて、本章では近世後期において阿波国（徳島藩領、現徳島県）の村落の人々が行き倒れ人に対応するなかで作成した行政手続き上の記録を使用して、①阿波の行き倒れ人はどのような理由で阿波に来ているのか、そのうち四国遍路はどのように記されているのかを明らかにすること、②行き倒れ人のなかでも四国遍路を理由に来村している者に対しての対応の実態を明らかにすること、③行き倒れ人のなかでも四国遍路以外の理由で来村している者への対応の実態を明らかにし、②と比較して対応に違いがあるのかどうかを明らかにすることを課題とする。その際、同じ徳島藩内でも地域による対応の違いがあるかという点にも分析の重点を置きたい。

第一節　阿波における行き倒れ人と四国遍路

遍路が多く通行する阿波においては、遍路を理由に来ている行き倒れ人が多いことが想定されるが、そのような行き倒れ人はどのような記述として表われ、どのくらいの割合でいるのだろうか。

分析対象となる行き倒れ人については、近年の行き倒れ人に関する研究を参照して[12]その地に人別のない流入者（短期の奉公人や日雇取、「行旅難渋者」等を想定する）が病になったり死亡した場合にとられる手続きの過程で作成された記録に残された者と定義したい。筆者はこれまで阿波の五つの家文書と『御大典記念阿波藩民政資料』[13]という資料集から、行き倒れ人に関する事例を一二九件確認した。五つの家の史料とは、先に紹介した鳴門教育大学収蔵の後藤家文書、徳島県立文書館所蔵の木内家文書[14]、徳島県立文書館寄託の秋本家文書[15]、徳島県立文書館寄託の阿部家文書[16]、徳島県立文書館購入の近藤家文書[17]である。各家に残された行き倒れ遍路関係史料の内訳を見てみよう。

後藤家文書には早渕村で組頭庄屋を勤めた後藤家が管轄する組村＝早渕組の村々での行き倒れ人に関する事例が天保二（一八三一）年六月二日から明治四（一八七一）年正月六日までに八六事例あった。組頭庄屋とは、他藩の大庄屋と共通する側面をもち、郡内にいくつかの村を組み合わせた組村を統括する存在で、郡中諸割賦・組村割賦を運営するだけでなく、藩からの「触・達」の伝達、組村からの訴訟・歎願・公事出入の調停・処理、組村の風俗・治安維持、農作状況・家数などの調査・報告などを主要な任務としていたことが指摘されている。[18]

木内家文書には木内家が庄屋を勤める竹瀬村周辺での行き倒れ人が天明三（一七八三）年一二月一四日から明治四（一八七一）年三月一二日までに二八事例、秋本家文書には秋本家が庄屋を勤める小仁宇村周辺での行き倒れ人が文政一〇（一八二七）年と見られる亥年一一月一〇日から文久三年と見られる亥年四月一日までに一一事例、阿部家文書には阿部家が庄屋を勤めた上浦村での行き倒れ人が文化二（一八〇五）年と見られる丑年一〇月二日の事例と天保八（一八三七）年五月五日の二事例、近藤家文書には近藤家が庄屋を勤めた坂東村での行き倒れが一事例（年代不明）、『御大典記念阿波藩民政資料』には麻植郡鴨島村での行き倒れ（年代が確定できない未年の事例）が一事例、合計一二九事例を確認できた。巻末に、各史料群ごとに把握できた行き倒れ人の事例を**別表1〜4**としてまとめたので、参照されたい。

なお、後藤家文書と秋本家文書には、後藤家や秋本家が関わったことの確認できない行き倒れ人に関する史料がある。例えば、秋本家は阿波国那賀郡小仁宇村で庄屋を勤めた家であるが、小仁宇村からは約一〇キロメートル離れた南荒田野村[19]で行き倒れた者の事例も含まれている。[20]この史料は秋本家が他村での行き倒れ人への対応の仕方を参照したものと考えられる。このような事例のように、後藤家・秋本家が関わったことが確認できなかったものは事例数として数えなかった。[21]また、家族連れで来た者のうちの二人が数日内に死亡する場合があるが、村の対応としては二人同時に行っていることから、同一事例として数えた。[22]

行き倒れ人に関する史料のうち、年代の分かる一二四件の事例を、各史料群ごとに年代別の件数を出してみたのが**表4－1**である。残っている史料の全体的な傾向として、近世後期、ほとんどが一九世紀に集中している点が挙げられる。また、ほとんどが死亡した行き倒れ人に関する記録であり、木内家文書にのみ病気等により行き倒れるが死亡は確認されない行き倒れ人に関する記録が四事例あることが分かる（**表4－1**に「死亡前の史料」と記している）。記録の残る件数として一番多い年は天保八年の一九件であり、次いで天保九年の一六件が多い。また、この一二四件を一〇年ごとに区切って分布を見てみると、一八三一（天保二）年—一八四〇（天保一一）年の七五件を最多として、次いで一八六一—一八七〇（明治三）年の一四件、一八五一（嘉永四）年—一八六〇年の一二件が多い。では、近世後期の阿波の村落の人々が記録した一二九の行き倒れ人の事例から、阿波で行き倒れた者はどのような理由で来村したのか、そのうち四国遍路を理由に来村した者はどのような記述として表れているのかを見てみよう。行き倒れ人に関する行政手続きの過程では、行き倒れ人の来村理由が次のように記されている。

史料4－1[23]（傍線は筆者による。以下同）

一、男女弐人　予州新谷領浮穴郡大南村　亀蔵
　　　　　　　　　　　　同人妻　ちゑ
右之者夫婦連ニ而四国辺路為修行当月五日府中村迄罷越候所、右亀蔵病気ニ付彼是養生相加へ候得共、今朝五ツ時相果候……

表４－１　5つの家文書と『御大典記念阿波藩民政資料』に残された、阿波で死亡した行き倒れ人の年代別事例数

和暦	西暦	後藤家文書に見える行き倒れ人※1	木内家文書に見える行き倒れ人※2	秋本家文書に見える行き倒れ人※3	阿部家文書に見える行き倒れ人※4	近藤家文書に見える行き倒れ人※5（丑年に1件）	『御大典記念阿波藩民政資料』に見える行き倒れ人※6（未年に1件）	計
天明3	1783		1（死亡前の史料）					1
天明5	1785		1（死亡前の史料）					1
享和1	1801		1					1
享和2	1802							
享和3	1803							
文化1	1804							
文化2	1805		1		1			2
文化3	1806							
文化4	1807							
文化5	1808		1					1
文化6	1809							
文化7	1810							
文化8	1811							
文化9	1812							
文化10	1813		1					1
文化11	1814		1					1
文化12	1815							
文化13	1816							
文化14	1817							
文政1	1818		1					1
文政2	1819							
文政3	1820		1					1
文政4	1821							
文政5	1822		1					1
文政6	1823		1					1
文政7	1824		2					2
文政8	1825							
文政9	1826							
文政10	1827		1	1				2
文政11	1828							
文政12	1829							
天保1	1830							
天保2	1831	6						6
天保3	1832	3						3
天保4	1833	4						4
天保5	1834	7		1				8
天保6	1835	4	2					6
天保7	1836	4						4
天保8	1837	16	2		1			19
天保9	1838	14	2					16
天保10	1839	5						5
天保11	1840	4						4
天保12	1841							
天保13	1842	1						1
天保14	1843							
弘化1	1844	1						1
弘化2	1845							
弘化3	1846	1						1
弘化4	1847	1						1
嘉永1	1848			1				1
嘉永2	1849							
嘉永3	1850		1	1				2
嘉永4	1851	2	2	1				5
嘉永5	1852			1				1
嘉永6	1853							
安政1	1854							
安政2	1855							

安政3	1856		1					1
安政4	1857							
安政5	1858							
安政6	1859			1				1
万延1	1860	1	1（死亡前の史料）	1				3
文久1	1861	4		1				5
文久2	1862			1				1
文久3	1863			1				1
元治1	1864							
慶応1	1865							
慶応2	1866							
慶応3	1867							
明治1	1868							
明治2	1869	2						2
明治3	1870	3						3
明治4	1871	1	2					3
計		84（他に、年代不明の事例が2件）	27（他に年代不明（文政期）の死亡前の事例が1件）	11	2	0（他に年代不明の事例が1件）	0（他に年代不明の事例が1件）	124

注1）名東郡早渕村で組頭庄屋を勤めていた後藤家文書（鳴門教育大学収蔵、文書の目録点数4845）に見られる行き倒れ人関係史料の事例数86を、年代が分かる事例84件を記載。同文書には組頭庄屋後藤家の組村でない所で行き倒れた遍路の事例も含まれている。そのうち、後藤家が関わっていないものは事例数に数えていない。

注2）板野郡竹瀬村で庄屋を勤めていた木内家の文書（徳島県立文書館所蔵）。文書番号ｷﾉｳ00932002「諸控」（Aとする）、およびｷﾉｳ000807000「見分紀書扣　四冊之内三」（Bとする）およびｷﾉｳ00803000「辺路死骸見分紀控」（Cとする）をもとに作成。　A：「諸控」には行き倒れ人関係史料20件の事例が確認される。B：「見分紀書扣　四冊之内三」（ｷﾉｳ00807000）…文化5年～慶応2年までの異死人、怪我人、行き倒れ人に関して17件の記録がある。そのうち、5件が竹瀬村周辺村人の異死人や怪我人の記録で、残り12件が行き倒れ人の記録である。　C：「辺路死骸見分紀控」は明治4年の2件の死亡人の記録がある。Aで記録のあるものの、なかにはBでも同一事例についての記録があるものがある。ABCを合わせると、木内家文書では、行き倒れ遍路の事例数は全部で天明3年～明治4年までに28件確認された。

注3）那賀郡小仁宇村で庄屋を勤めていた秋本家の文書（徳島県立文書館寄託、総点数3391）。行き倒れ人の事例数は全部で11。

注4）名西郡上浦村で庄屋を勤めていた阿部家の文書（徳島県立文書館寄託、文書点数145）。行き倒れ人関係の史料は、天保8年と丑年（郡代の役職期間から推測すると文化2年）の史料3点（事例数2）ある。

注5）板野郡坂東村で庄屋を勤めていた近藤家の文書（徳島県立文書館購入、文書点数1477）。行き倒れ人関係の史料は、年代不明な丑年の史料5点（事例数1）がある。

注6）『御大典記念阿波藩民政資料』（徳島県、大正5年）には麻植郡鴨島村で行き倒れた者に関する史料が一件所収されている。同書によると「麻植郡川眞田輝逸氏所蔵」とある。

史料4－1は阿波国名東郡府中村で死亡した者の死骸見分紕に関する史料である。傍線部の箇所には来村理由が記されている。この事例では「四国辺路為修行」であるが、「四国辺路為執行」・「四国修行（執行）」・「四国辺路」という記述が多く見られる。「四国辺路順拝」・「四国順拝」と記述された事例もある。同一事例でも「四国辺路執行」と記述する村役人もいれば、「四国順拝」と記述する村役人もいるので、厳密に使い分けているようには見えない。これらの記述がなされている行き倒れ人を、四国遍路を行っている者（と阿波の人々に見なされた者）とする。すると、分析対象全体の約七六パーセントにあたる九九事例あることが分かった。他には、諸国を巡拝している途中に行き倒れたと見られる者（史料上では「諸国神社仏閣順拝」等と記述）が一四事例（一一パーセント）、「髪結渡世」、「稼ぎ」を理由に来て行き倒れた者がそれぞれ一事例、来村理由が不明である行き倒れ人の事例は一四事例ある。以上から、記録が残された阿波における行き倒れ人の特徴として、約七六パーセントという大半が四国遍路を行っている者であり、約一一パーセントの者が諸国を巡拝している者、約一一パーセントが来村理由の不明な者、約一パーセントが渡世のために来村している者だということが窺える。

これらの行き倒れ人に対して、阿波の村落の人々はどのように対応しているのだろうか。次節では四国遍路の途中で行き倒れた者に対して、どのように対応をしているのかを、秋本家文書に即した形で検討する。

第二節　遍路のさなかに行き倒れた者への対応
――秋本家文書を例に――

（1）小仁宇村で行き倒れ人が発生したときの秋本家の対応

秋本家文書にある行き倒れ人の事例は全て四国遍路を行っている者の事例である。秋本家のある小仁宇村（現、徳島県那賀郡那賀町）は那賀川中流湾曲部の右岸に位置し、四国八十八ヶ所の札所の位置から見ると、二十一番太龍寺（標高約六〇〇メートル）から直線距離で約五キロメートルの位置にある。村高は文化一〇年、天保四年、安政七年ともに一六三石余りであり、徳島藩領と山田貢の給地となっている。なぜ、秋本家文書に行き倒れ人に関する史料があるのかを秋本家の記録のなかから見ていこう。秋本多三郎が文化一一年に柏木叟右衛門（仁宇谷組頭庄屋）と糸田川夏助へ提出した史料によると、秋本家は信濃国諏訪里出身、秋元和泉守盛貞を出自とする由緒を持つ家である。[24] 文政六（一八二三）年に郡代手代に提出した由緒書（「乍恐奉申上覚」）[25]によると「私迄九代連続当村肝煎役被仰付罷在候」とあり、代々小仁宇村の肝煎を勤めているという。そして文政八（一八二五）年から庄屋を勤めている。[26] 秋本家文書の行き倒れ人に関する史料は、文政一〇（一八二七）年と思われる亥年から、文久三（一八六三）年と思われる亥年までの計五五点（年代順に並べると一一事例）あり、小仁宇村で倒れた事例（二件）、和食村で倒れた事例（七件）、百合谷村で倒れた事例（一件）、阿瀬比村で倒れた事例（一件）がある。これらの史料は、秋本家が庄屋を務めている小仁宇村で行き倒れ人が発生したときのものと、行き倒れ人の死後に秋本家が死骸見分を行った記録であることが分かる。**表4-2**に、秋本家文書に見られる行き倒れ人が倒れた場所と、死亡後の死骸見分に関わる村役人・見分の内容を整理してみた。史料に死骸見分役として出てくる村役人は、土佐町の年寄役以外は全て「庄屋」か「庄屋御用代」と肩書がある者が勤めている。秋本家文書に、行き倒れ人に関する史料があるのは、秋本家が庄屋を勤めていたことが関係していると見ることができる。

　では具体的に秋本家がどのように行き倒れ人と関わっているのかを見てみよう。最初に秋本家のある小仁宇村で行き倒れ人が発生した場合に、村人や秋本家はどのように対応しているのかを見てみる。嘉永元（一八四八）年か万延元（一八六〇）年と思われる申年一二月一六日に長州厚狭郡有帆大休村の太助という者が小仁宇村で死亡した。太助が死亡した後、**図4-1**のような文書のやりとりがある。

図4-1

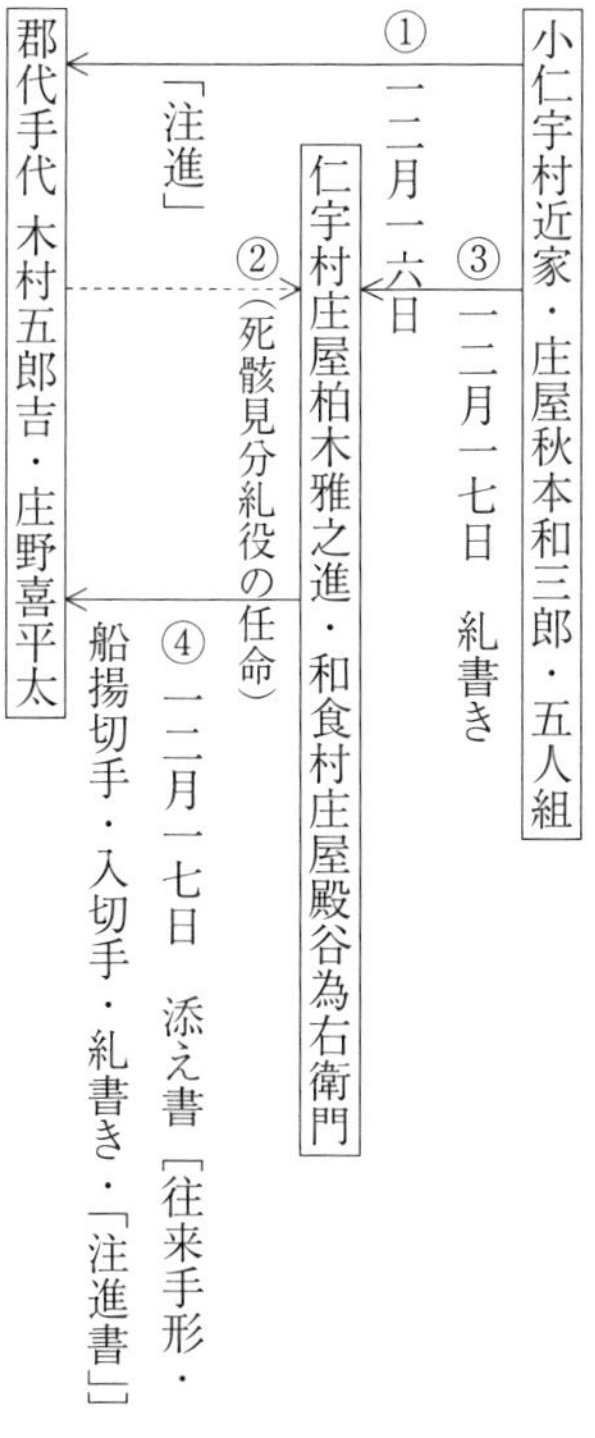

　まず、①の矢印に注目したい。太助が死亡した日の一二月一六日、小仁宇村の庄屋である秋本和三郎と五人組[27]の鹿蔵は郡代手代に対して次の**史料4-2**にあるような内容を「注進」（この史料の端裏に「注進書」とある）した。

史料4-2[28]

乍恐奉願上覚

一、男壱人　長州厚狭郡有帆大休村太助

右之もの四国辺路為修行仕候処、当月六日当村へ罷越病気ニ御座候処、今日病死仕候ニ付、何卒早々御見分被仰付被為下候得者、難有奉存候、右之段乍恐書付ヲ以奉願上候、以上

那賀郡小仁宇村庄屋　秋本和三郎

同村五人与　鹿蔵

海部那賀

御郡代様御手代

木村五郎吉殿

庄野喜平太殿

　これによると、今日、すなわち一二月一六日に太助が病死したということ、早々に太助の死骸見分を命じてほしいことを秋本和三郎と鹿蔵は願い出ている。この「注進」の後に取られる手続きはどのように行われるのか。先に③の矢印の方向に出される**史料4-3**を見てみよう。

史料4-3[29]

御糺ニ付申上覚

（中略）

表4－2　秋本家文書に見られる行き倒れ人の死骸見分札に関わる村役人と見分結果

番号	行き倒れ人の倒れた場所	死骸見分札役	見分の結果	典拠史料
秋本家事例1	和食村南川	小仁宇村庄屋 秋本多三郎・中山村庄屋森又左衛門	病死に相違ない（風邪と持病の積気が死因）	アキモ 02254000,01491001～01491003
秋本家事例2	和食村	小仁宇村庄屋秋本多三郎・和食村町寄仁右衛門	地盤はれ病、虫病が起こり、積気もあった。病死に相違ない	アキモ 00862001～00862007
秋本家事例3	小仁宇村	仁宇村庄屋柏木雅之進・和食村庄屋殿谷為右衛門	病死に相違ない	アキモ 00270000,00271000,00272000
秋本家事例4	和食村西在	小仁宇村庄屋 秋本和三郎・仁宇村庄屋柏木雅之進	病死に相違ない	アキモ 00301000,00302000
秋本家事例5	百合谷村	和食村庄屋御用代 殿谷勝之進・小仁宇村庄屋 秋本和三郎	病死に相違ない 持病：疝気	アキモ 00278001～00278004
	百合谷村		病死に相違ない 持病：積気	
秋本家事例6	和食村	百合村庄屋勘田倍蔵・小仁宇村庄屋 秋本和三郎	病死に相違ない	アキモ 02379000、01498001～01498004
秋本家事例7	和食村	仁宇村御用代 柏木理右衛門・小仁宇村庄屋 秋本和三郎	病死に相違ない 病気：風邪？	アキモ 00279000、00280000、00281001、00281002
秋本家事例8	和食村	小仁宇村庄屋秋本和三郎・仁宇村庄屋御用代 柏木利右衛門	病死に相違ない	アキモ 02259000,02260000,02261000,00209001,002090012,00214000,00248000,00664000,00662000
秋本家事例9	小仁宇村	阿井村庄屋 加藤光平・和食村庄屋 殿谷勝之進	病死（見分に関する記載なし）	アキモ 00662000,02353000,01890000,00283000,02354000,00282000,00246000
秋本家事例10	和食村	小仁宇村庄屋 秋本和三郎・土佐町年寄縫蔵	病死に相違ない 病気：虫病	アキモ 00663000,01526001～01526003
秋本家事例11	阿瀬比村	小仁宇村庄屋 秋本和三郎・和食村庄屋 殿谷勝之進	病死に相違ない	アキモ 00284001～00284003,02307000

出所）徳島県立文書館寄託、秋本家文書を使用して作成（典拠している史料は文書館の整理番号（アキモ＋番号）で表記）。

A右之者四国辺路為修行罷出、当月六日当村へ罷越、B病気指発り、倒臥居申候ニ付、隣家之ものゟ所役人中へ申出、C小屋懸ケ仕遣養生相加へ居申候得共、当月十六日ニ病死仕候ニ付、D其段所役人中ゟ御注進被仰上候ニ付、E右死骸御見分御糺御用御蒙り被成候御趣ヲ以、今日御立越被成、右死骸見分仕候処、F諸疵等も無之、何以疑敷義無之、病死ニ無相違様相見へ候所、病中服薬給物等心ヲ付遣候儀哉と御糺被仰付候段、夫々奉畏候、右太助義当月六日当村へ罷越、病気指発り倒臥居申候ニ付、私共行懸り近家之もの共申談所御役人中へ其段申出、小屋懸仕醫師相懸ケ服薬為仕、給物等心ヲ付御座候処、次第ニ病気相重り養生ニ不相叶、昨十六日朝五ツ時病死仕候段、相違無御座候、万一不実ヶ間敷義申上置、追而相顕候得者、如何様御咎被仰付候ニも、少シも迷惑と申上間布候、依而近家之私とも御糺ニ付書付ヲ以申上所、少シも相違無御座候、以上

小仁宇村近家
百次郎（他二名略）

申十二月十七日

殿谷為右衛門殿
柏木雅之進殿

右近家之もの共御糺被仰付通、長州厚狭郡有帆大休村太助、四国辺路為修行、当月六日当村へ罷越、病気指発り倒臥居申ニ付、小屋懸仕遣シ養生相加え候へ共、昨十六日朝五ツ時病死仕候ニ付、其段御注進申上候処、右死骸御見分之上、諸疵無之弥病死ニ相違無之候得共、太助病発ゟ相果候迄之間、疑敷子細見聞及候義ハ無之哉と被仰付奉畏候、G近家之ものとも御糺被仰付通、何以疑敷子細見聞及候もの無之、実々病死ニ相違無御座候旨申上候処、H死骸之儀者本寺大龍寺導師ヲ以、最寄之三昧へ土葬ニ取隠、有姿木札ニ相記立置候様被仰付、并太助所持之雑物等取調子被成候所、格別之品も無御座候ニ付、私共へ取斗候様被仰聞、夫々奉畏候、依而私共御糺ニ付奥ヲ以申上処、少シ（も）相違無御座候、以上

申十二月十七日

小仁宇村庄屋
秋本和三郎
同村五人与
鹿蔵

御当テ
右同断

史料4-3は小仁宇村の村人が、太助が死亡までの経緯を説明し、庄屋の秋本和三郎・五人組の鹿蔵は村人たちの申出に相違ないことと太助の亡骸の対処について、死骸見分糺役の和食村庄屋殿谷為右衛門・仁宇村庄屋柏木雅之進に対して報告した文書の控えである。

傍線部によると、A長州厚狭郡有帆大休村太助は、四国辺路修業として、一二月六日に小仁宇村へ来た。B太助は病気になり、倒れ臥していたところ、百次郎ら三人が行き懸り、近家の者で相談して、役人中へ申し出た。C小屋懸けし、医師に診せ、服薬を施し、給物など心をつけて与えていたが、次第に病気が重くなり、養生に叶わず、一二月一六日に病死した。Dそのことを所役人（＝秋本和三郎・鹿蔵）が「注進」した。E死骸見分糺御用のために今日（一七日）小仁宇村に（和食村庄屋殿谷為右衛門・仁宇村庄屋柏木雅之進が）来て、太助の死骸

見分をした。そして、見分の過程でF諸疵がないことや疑わしいことがないことから、病死に違いないように見えるが、病中に服薬や給物を、心をつけて遣わしたのか、ということを小仁宇村の百次郎らは糺され、それに対して、秋本和三郎と鹿蔵はG百次郎らの申出の通り、疑わしい点がなく、病死に相違ないと答えた。そして、H死骸は太龍寺の導師によって最寄りの三昧（墓所）へ土葬し、有姿を木札に記して立て置くように秋本和三郎と鹿蔵は（殿谷為右衛門・柏木雅之進に）指示された旨が記されている。

さて、②の矢印の方向に提出される史料は、秋本家文書中にはない（点線で表わした理由はこのためである）。が、**史料4－3**の傍線部Eによると、行き倒れ人の死骸を見分するために和食村庄屋殿谷為右衛門と、仁宇村庄屋柏木雅之進が小仁宇村へ出向いていることから、藩（郡代手代カ）の方から行き倒れ人の死骸見分をするよう命じられているものと思われる。というのは、秋本家が死骸見分を行う他の事例では②の矢印に当たる史料が残されているからである。

そして④の矢印の方向に出された文書についても述べておきたい。④の方向に出される文書は秋本家が作成したものではないが、控えとして残されていると考えられる。簡単に紹介しておこう。

史料4－4㉚

奉申上覚

長州厚狭郡有帆大休村太助義四国辺路為修行罷越、小仁宇村ニ而病死仕候ニ付、右村役人共ゟ其段御注進奉申上、死骸見分糺御用私共へ被仰付、早速右村へ罷越死骸見分仕候所、諸疵等も相見へ不申候、病死ニ相違無御座、太助病発ゟ相果候迄之運、近家之ものの糺書、所役人共奥書仕らせ、別紙ニ委曲申上候、右ニ付導師之義ハ小仁宇村旦那寺大龍寺へ相頼、最寄三昧へ土葬ニ仕、木札ニ書記建置候様申渡、太助所持之雑物等相改候得共、聊之品御座候得ハ、所役人共如何様共取斗候様申聞御座候、依而御指下被仰付候太助往来寺請状壱通、豫州三ツヶ浜舟《(ママ》場《揚カ)》切手壱通、宍喰口御番処入切手壱通、所役人御注進書壱通、此度相糺候近家之もの書付壱通共、都合五通奉指上候、以上

申十二月十七日　　仁宇村庄屋
　　　　　　　　　　柏木雅之進
　　　　　　　　和食村庄屋
　　　　　　　　　　殿谷為右衛門

海部那賀
御郡代様御手代
　木村五郎吉殿
　庄野喜平太殿

史料4－4は、**史料4－3**の内容に間違いないことを、死骸見分糺役である仁宇村庄屋と和食村庄屋が郡代手代に報告したものである。**史料4－3**と同内容のことが、死骸見分糺役の立場から書かれている。

さて、ここまでの秋本和三郎の動向を追ってみると、一二月六日、太助が行き倒れたことを近家の百次郎らに伝えられ、小屋懸養生を行う→一二月一六日、太助が死亡した旨を郡代手代に「注進」する→一二月一七日、死骸見分糺に対して、太助が死亡するまでの経緯を報告し、病死に違いないことを報告する→亡骸は大龍寺の導師の引導で最寄の三昧へ土葬し、木札に記して建て置く手配をするよう、死骸

見分糺役である仁宇村庄屋（柏木雅之進）と和食村庄屋（殿谷為右衛門）から指示される。以上のような流れで、秋本家は小仁宇村で行き倒れ人が発生した際に対応を行っていることが分かる。

（2）小仁宇村以外で行き倒れ人が発生したとき

前項では秋本家が庄屋を勤める小仁宇村で行き倒れ人が発生したときの秋本家の対応のあり方を検討した。ここでは小仁宇村以外で行き倒れ人が発生したときの秋本家の対応の仕方を見ていこう。次に見る事例は、紀州日高郡下富安村の瑞厳という僧が文政一〇（一八二七）年と思われる[31]亥年の一一月一〇日に和食村で死亡したときの事例である。文書のやりとりを**図4-2**で示してみる。

図4-2

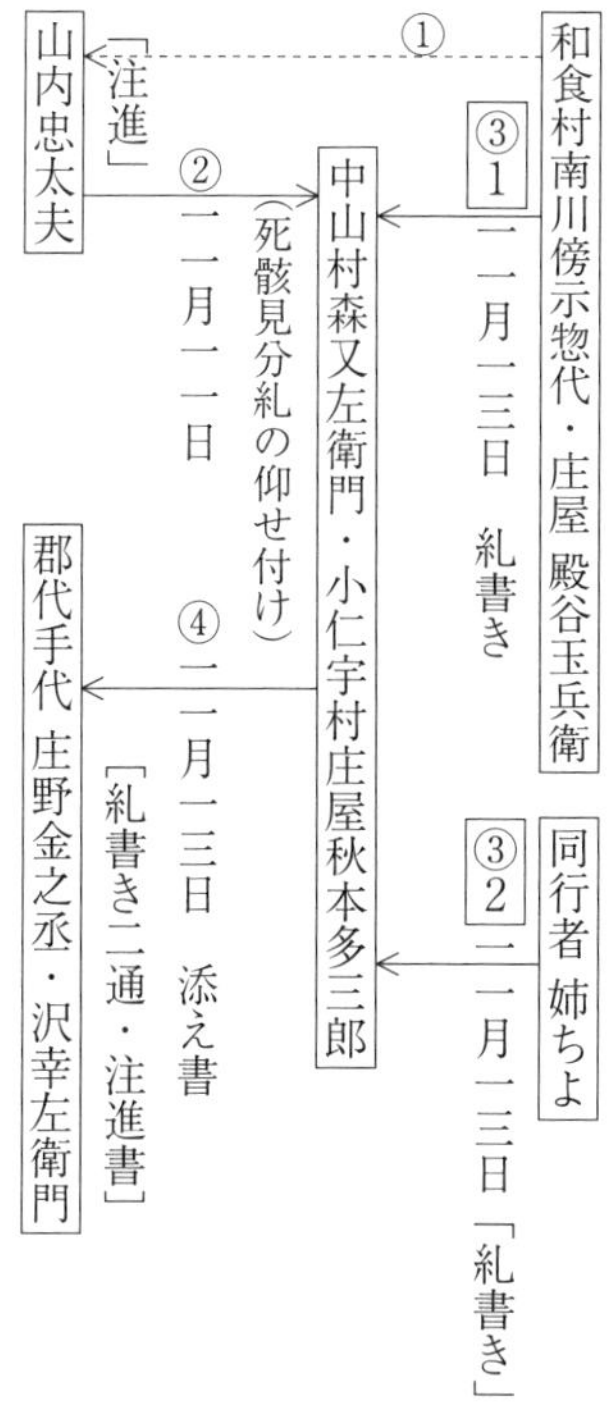

①の矢印にあたる文書は秋本家文書には存在が確認できないが、先に見た事例からすると、①の矢印にあたる文書のやり取り（「注進」）は存在していたのではないかと思われる。②の矢印に出される文書は、山内忠大夫[32]（郡代ヵ）から、小仁宇村庄屋秋本多三郎と中山村庄屋森又左衛門に対して「見分」を命じたもの（次の**史料4-5**）である。

史料4-5[33]

紀州日高郡下富安村道心瑞厳并姉ちよ同道ニ而、四国辺路執行として和食村迄罷越候処、瑞厳義病気指発、彼是養生加へ遣候得共、養生ニ不相叶、夜分先病死候旨注進有之候、依而其方共へ見分糺申付候条、篤と見分之上、何以疑敷子細も無之候者、寺院導師を以、最寄三昧へ取隠可申付候、尤ちよ義ハ往来手形ニ右訳令付紙出立可申付候、以上

亥十一月十一日　　山内忠太夫

小仁宇　中山
両村庄屋共方へ

史料4-5によると、道心の瑞厳が姉のちよとともに「四国辺路執行」として和食村まできた。瑞厳が病気になり、病死したという注進があったので、「其方共へ」つまり小仁宇村・中山村の庄屋へ見分糺を申し付ける、とのことである。

次に③1の矢印にあたる**史料4-6**を見てみよう。**史料4-6**は瑞厳が死亡した地の惣代である「和食村南川傍示惣代」が、見分糺役である秋本多三郎と森又左衛門に、瑞厳が死亡するまでの経緯を報告し、さらに和食村庄屋殿谷玉兵衛が見分糺役の小仁宇村庄屋秋本多三郎と中山村庄屋森又左衛門に、惣代の申し出に間違いがないことを報告した箇所である。

史料４－６㉞

右者義四国辺路為執行、姉ちよ同道ニ而罷出、先月八日当村迄罷越、A病気指発り歩行相調不申迷惑之旨申候ニ付、所御役人中へ右之趣申出、B近所之私共出合、小家懸仕、醫師ニ相懸服薬等相用、彼是養生仕遣シ居申候所、養生ニ相叶不申、当月十日之夜病死仕候ニ付、右之趣所御役人中ゟ御注進申上候処、右死骸御見分御糺御用御蒙り被成候御趣ヲ以、今日御立越被成、C死骸御見分之上被仰聞候ハ、病死之躰ニ相見へ候、彼者如何様之病気ニ而有之候哉、并ニ病中麁略成義等ハ無之哉、有姿可申出旨、被仰聞奉畏候、彼者地盤発病ハ風邪ニ而御座候所、追々持病之積気相重り、相疼ミ申ニ付、彼是養生相加へ病中喰物等も心ヲ付、其上瑞巌姉ちよ義相詰、相添居申候義ニ而、何以麁略成義等ハ少シも無御座候、隣所之私共手前御糺ニ付、右之段申上所、少シも相違無御座候

（中略）

右之通紀州日高郡下富安村瑞巌当村ニ而病死仕候ニ付、近所之者共并ニちよ手前御糺ニ付申出之通、相違無之哉、并ニ病中麁略成義等ハ無之哉、委曲可申出旨被仰聞、奉畏候前段近所之者共并ニちよ申出之通、少シも相違無御座候、私共も病中喰物等諸事心ヲ付、彼是養生取加へ候得共、養生ニ相叶不申、当月十日夜病死仕候旨、申上候所、尚又被仰聞候ハ、D死骸見分仕候所、病死之躰ニ相見へ、何以子細無之様、相見へ申候ニ付、大龍寺導師ヲ以最寄三昧へ取隠候様、Eちよ義ハ往来手形ニ付紙仕候ニ付、勝手次第出立仕候様被仰聞、夫々承知奉畏候、私共手前御糺ニ付申上所少も相違無御座候（後略）

史料４－６によると、瑞巌とちよは一一月八日に和食村まで来たがA瑞巌の病気が起こり、歩行が調い難いことを申してきたので、そのことを和食村の村役人へ申し出た。そしてB「近所之私共」が小屋懸けし、医師に診せ服薬を用い、養生させたが、一〇日の夜に病死した。C瑞巌はどんな病気であったのか、また病中に麁略に扱ってはいないだろうか、と秋本多三郎と森又左衛門は問い糺したことに対して、和食村の村人は次のように答えた。瑞巌は「地盤」（徳島の言葉で「ぢばんから」＝前からという意味がある）㉟発病していたのは風邪であったが、持病の「積気」が重なり、疼んでいることを申してきたので、養生をさせた。また、病中に食事なども心をつけて施した。その上姉のちよも付き添っていたので、「麁略」には扱っていない、と。D死骸は、子細がないように見えたので、大龍寺導師の引導で最寄りの三昧（墓所）へ葬ることを（秋本多三郎と森又左衛門に）指示された。E同行していたちよに関しては、往来手形に付紙をして「勝手次第出立」するよう、指示された。ちよが「勝手次第出立」することになった事情を窺えるのが③②の矢印にあたる**史料４－７**である。**史料４－７**は、**史料４－６**で見た内容と同内容を、死亡した瑞巌の同行者である姉のちよの立場で書かれたものである。

史料４－７㊱

右ハ私弟ニ而御座候所、心願御座候ニ付、四国為順拝私同道ニ而罷出、大龍寺奥院黒瀧寺へ札相納、夫ゟ先月八日和食村之内南川と申所迄罷越シ、右瑞巌病気指発り、歩行相調不申ニ付、隣所へ

申出之所、早速所御役人中へ申出、近所之衆中御立合小家懸ケ仕被下、家廻りニ御手当テ、其上醫師ニ御懸被下、養生相加へ候得共、養生ニ相叶不申、当月十日夜九ツ時病死仕候…（中略）…此上ハ何卒右死骸取隠候様、私義心願成就仕度奉存候間、早々出立仕候様、奉願上度旨申上候所、尚又被仰聞候ハ、申出之通子細も無之義ニ相見へ候ニ付、死骸之義ハ大龍寺導師ヲ以当村三昧へ取埋候様被仰聞、并ニ瑞厳所持之品々相改候所、不正之品等も無之ニ付、ちよ了簡ニ可任旨被仰聞、其上往来手形ニ瑞厳病死之趣、御付紙等迄も被仰付、此上ハ勝手次第出立可仕旨被仰付、難有奉畏候、右之段御糺ニ付申上所、少シも相違無御座候、以上

傍線部によると、ちよは心願成就したいので、出立させてくれるよう願ったということが分かる。

では、**図4－2**の④の矢印にあたる**史料4－8**を見てみよう。これは死骸見分糺役の小仁宇村庄屋秋本多三郎と中山村庄屋森又左衛門から、郡代手代の庄野金之丞と沢幸左衛門へ提出された文書の控えである。

史料4－8(37)

奉申上覚

一、紀州日高郡下富安村瑞厳并ニちよ両人四国為順拝罷出、右瑞厳和食村ニ而病気指発り、当月十日之夜、病死仕候ニ付、右死骸見分糺御用私共へ被仰付、早速右村へ罷出、死骸相改申候所、病死ニ相違無御座、何以疑敷義相見へ不申、并ニ姉ちよ手前相糺申候所、何以存志《（ママ）》無御座、早々出立仕度旨別紙之通申出候ニ付、死骸之義ハ大龍寺導師ヲ以最寄三昧へ取埋候様、并ニ荷物等も相改申候所、不正之品等ハ所持不仕候ニ付、ちよ義者往来手形ニ付紙仕、勝手ニ出立仕候様申付御座候、仍而ちよ申出書壱通、村役人隣所之者とも糺書壱通、御注進書付壱通、〆三通相添奉指上候、以上

これによると、瑞厳が遍路の途中で行き倒れ、病死したこと、死骸見分糺役として（秋本多三郎と森又左衛門右衛門は）和食村まで出向き糺した。死骸の様子から死因は病死であり、疑しい点が見受けられないこと、ちよも異存はなく早々出立したい旨を申し出ていること、死骸は大龍寺導師の引導で最寄の三昧へ埋めることを指示したこと、荷物を改めたところ不正の品は所持していないのでちよは往来手形に付紙をして「勝手ニ出立」するよう指示したこと、以上の内容を秋本多三郎と森又左衛門は郡代手代へ報告し、最後にちよの申し出書き一通（**図4－2**の③2の矢印の文書）と、村役人隣所の者への糺書き一通（**図4－2**の③1の矢印の文書）と、「御注進書付」一通（**図4－2**の①の矢印の文書）の合計三通を添えて、提出している。**図4－2**には、郡代手代へ提出した際に添えられたものを［　］で表記している。

以上、文書のやりとりと報告内容を見ると、この地域での行き倒れ人への対応の仕方は、ある程度決まった行政手続きのなかで動いていることが分かる。秋本家文書に即して、行き倒れ人への対応の仕方を検討してみると、次のような行政手続きで対応していることが分かる。

村人が行き倒れ人を発見（生存）すると、まずは村役人である庄屋・五人組へ届け出る→近所の者が小屋懸し、医師による施療と、服薬や食事を施し、養生する→養生に叶わずに、死亡したら再び庄

屋・五人組へ届け出る。

行き倒れ人が死亡した後の手続きは、①各村の庄屋・五人組は、郡代手代に対してその旨を届け出る、②（文政一〇年の事例では）郡代、（嘉永五年と万延元年と文久二年の事例では）組頭庄屋は、行き倒れ人が死亡した場所以外の村の村役人二人に死骸見分紀を命じる。死骸見分紀役になった村役人は、現地に赴いて死骸見分紀を行う、③この取紀に対して、行き倒れ人の同行者・村役人はその者の死去に至る経緯とその者が病死に間違いないこと等を死骸見分紀役の村役人に報告する、④死骸見分紀役は、③の内容に相違ないこと、行き倒れ人の所持品、死骸処理（寺院の導師の引導で最寄りの墓所へ埋葬すること）等を村役人らに指示した旨を記した文書を作成し、①の注進書き、行き倒れ人の往来手形・国入切手、船揚り切手等を添えて郡代手代にまとめて提出している（死亡した行き倒れ人の同行者がいる場合は往来手形や切手は添えられない）、以上の流れが確認できる。

では、徳島藩領内の他地域では、秋本家文書に見られたような対応と同じような手続きをしているのだろうか。また、先述したように秋本家文書に見られる行き倒れ人の事例は全て四国遍路を行っている者の事例であるが、他の理由で来村した行き倒れ人に対しても同じ対応をしているのだろうか。次節では阿波国内でもフィールドを変えて竹瀬村で庄屋を勤めていた木内家に残る史料を使用して検討したい。

第三節　行き倒れ人への対応手続き
――木内家文書を例に――

(1) 木内家と行き倒れ人

竹瀬村は現在の徳島県板野郡藍住町で、徳島県の北東部に位置する。四国八十八ヶ所の札所の位置からいうと、二番札所極楽寺から三番札所金泉寺の間の旧吉野川の向いに位置しており、札所と札所を結ぶ道から直線距離で約一・二キロメートル離れている。竹瀬村の村高は寛文四（一六六四）年・天明七（一七八七）年は一五二石余、文化八年は二九五石余（うち蔵入地分一四七石余、給地分一四八石余）[38]となり、『旧高旧領取調帳』[39]では三〇七石余（うち蔵入地一三八石余、一六九石余は藩士六人の給地[40]）となっている。家数は享和三（一八〇三）年には六五軒[41]、文化一二（一八一五）年は六三軒[42]ある。耕地には藍が栽培されていた[43]。阿波国においては吉野川一帯は阿波の「北方」と呼ばれ、近世にあっては藍作を中心とする商品生産地域として、領国経済のなかで重要な位置を占めていたことは高橋啓氏の指摘するところであり[44]、竹瀬村は徳島藩の藍作にとって重要な地域の一つといえよう。竹瀬村で庄屋を勤めていたのが木内家である。

木内家の由緒書き（「家系一巻」[45]）によると、貞享二（一六八五）年から五人組を勤め、享保二〇年に肝煎役を勤める。延享四（一七四七）年には小家から壱家となり（壱家―小家は村内での家間のまとまりを意味する[46]）、安永四年の棟付帳[47]の控えの記載によると、「庄屋」の肩書がある。木内家は以後、代々庄屋を勤める。徳野隆氏によると、藍商としても活動し明和期以降持高五〇―七〇石を維持しているという[48]。

木内家文書中の行き倒れ人に関係する史料は、三点の帳面にまとめられている。一つ目は「諸控[49]」である。これは、「庄屋の仕事の手引書」とも言われ[50]、以下で述べるような各項目ごとにまとめられている。行き倒れ人に関する史料は「御注進」「御案内」という項目のなかの、「異死」「遍路病死」「同送戻」という項目に収録されている。このなかには計二八件の行き倒れ人に関する記録があるが、うち八件は地元住民の縊死などの異死の記録となっている。先に述べた行き倒れ人の定義からいうと、「諸控」には八件を除く二〇件の行き倒れ人の記録があることになる。

行き倒れ人に関する記録の二つ目は、「見分糺書四冊之内三[51]」である。これは、文化五年—慶応二年までの異死人、怪我人、行き倒れ人に関して一七件の記録がある[52]。そのうち、五件が竹瀬村周辺の村人の異死（縊死や溺死）や怪我の記録で、残り一二件が行き倒れ人に関する記録である。

三つ目は、「辺路死骸見分糺控　明治四未年三月[53]」である。これには、明治四年に二件の死亡者の記録がある。

これらの三点の史料から、行き倒れ人の記録を年代順に並べてみると、「諸控」と「見分糺書四冊之内三」には同一事例の記録があることが分かった。「諸控」には藩（郡代手代）への「注進書き」の控えが記録されており、「見分糺書四冊之内三」には死骸見分に関する「糺書き」の控えがある。三点の史料から、行き倒れ人の事例を数えてみると、明和三（一七六六）年—明治四（一八七一）年までに二八件確認できた（**別表2**を参照）。

木内家文書にある行き倒れ人に関する史料は、木内家が庄屋を勤める竹瀬村で行き倒れ人が発生した場合か、木内家が死骸見分糺を行ったときのものである。これらの点は秋本家と同様であり、木内家文書に行き倒れ人に関する史料が含まれているのは、木内家が庄屋を勤めていたことが関係すると考えられる。

木内家文書にある行き倒れ人の事例は、四国遍路を行っている者が二三事例、諸国を巡拝中の者が一事例、渡世のために移動中の者が二事例、来村理由が明確に記されていない者が二事例ある。

では、まずは「四国辺路執行」を理由に来村した者が行き倒れた場合に、竹瀬村周辺地域ではどのような対応をしているのかを見てみよう。

（2）四国遍路の途中で行き倒れた者への対応

文政七（一八二四）年三月四日に、播州の三郎太夫が成瀬村の善兵衛の家で死亡した事例を取り上げる。三郎太夫の死亡後、**図4-3**のような文書のやりとりが確認される。

図4-3

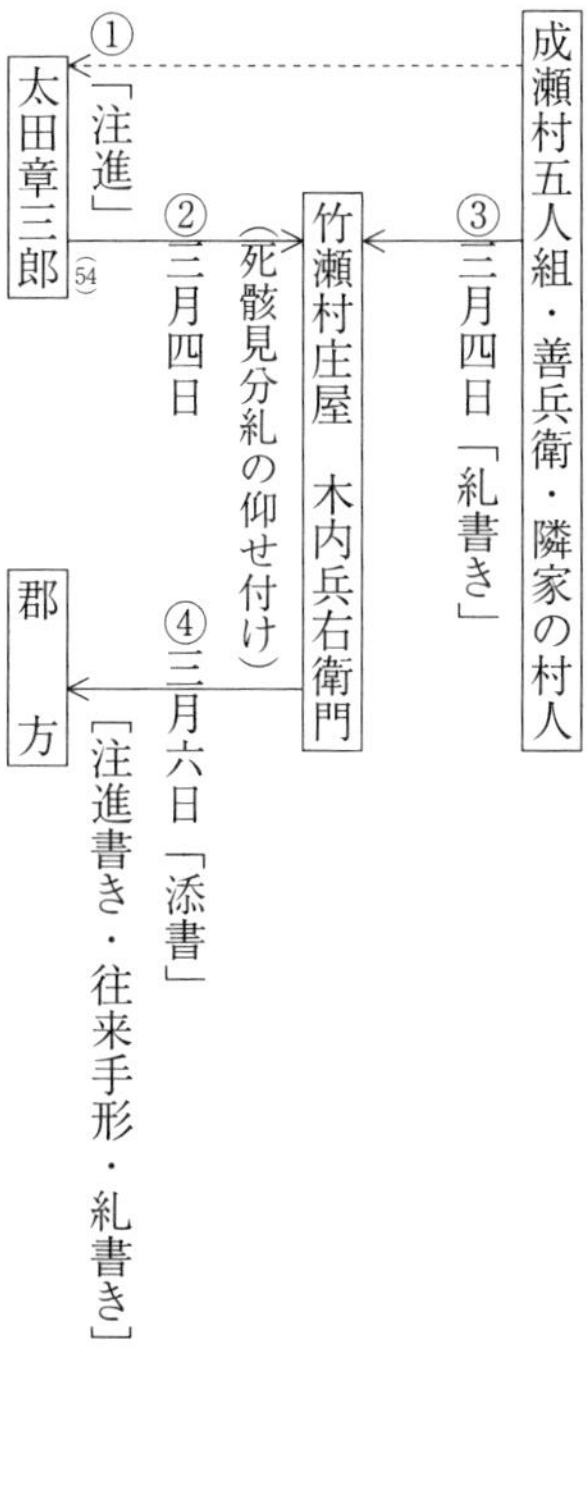

①の矢印に出される文書は、先の秋本家文書で検討したものと同様に、木内家文書には存在しないが実際にはやりとりが行われているものと思われる。そのため点線の矢印で示している。②は、見分を命じる文書のやりとりである。この事例の場合は、竹瀬村庄屋の木内兵右衛門が見分を行っているが、他の事例では組頭庄屋が見分を行っている場合もある。これについては後述する。では、③の矢印の方向に提出された**史料4－9**（成瀬村五人組・善兵衛・隣家の村人が死骸見分糺を行う竹瀬村庄屋木内兵右衛門へ提出）により、三郎太夫が死亡するまでの経緯・死亡後の手続きがどのように行われているのか見てみよう。

史料4－9[55]

御糺ニ付申上覚

A播州飾東郡明田村三郎太夫義四国辺路為執行罷越、B当月朔日私宅ニ而一宿仕セ候所、C病気ニ而歩行難相調候ニ付、養生加へ遣候得共、今朝病死仕候ニ付、D村役人中より御注進申上候所、E右死骸御見分為御糺今日御出被成、御見分之上御糺被成候所、F根元瘡毒病人ニ而御座候所、麻疼相煩歩行相調不申候ニ付、食事等心ヲ付介抱仕醫師ニ相懸服薬等仕セ候得共、熱気強御座候所、終今朝六ツ時相果申候、右申上通病死ニ相違無御座候、万一偽申上置後日ニ相顕候得ハ、其節如何様共可被仰付候、御糺ニ付右申上所相違無御座候、以上

文政七申年三月四日　成瀬村　善兵衛

木内兵右衛門殿

御糺ニ付申上覚

右善兵衛申上ル通三郎太夫義病死ニ相違無之哉、若疑布子細有之候ハヽ、不相包申出候様隣家之私共被召出、被入御念御糺被成候所、三郎太夫病中就用事ニ折々罷出見及候所、G右善兵衛申上ル通地盤病人之上加病仕居申、善兵衛ゟ彼是心ヲ付相労、養生仕遣居申候へ共、終今朝相果申候、聊以疑布子細無御座、全病死ニ相違無御座候、万一偽申上置追而相顕候得者、私共如何様被仰付候而も迷惑と申上間布候、御糺ニ付申上ル所相違無御座候、以上

三月四日　成瀬村

菊太郎（他四名略）

木内兵右衛門殿

右之通御糺ニ付申上段私共於一座ニ承知仕候、尚又私共手前ヲも重々御糺被成候所、H御注進申上ル通病中罷出見及候所、病躰重相見、終ニ病死仕候段相違無御座候、仍三郎太夫死骸之義取埋置候様被仰渡奉畏候、右之段奥書ヲ以申上候、以上

成瀬村五人組

利八（他二名略）

木内兵右衛門《（ママ）》

史料4－9によると、A播州飾東郡明田村の三郎太夫は四国辺路執行として来た。B三月一日に善兵衛宅で一宿した。C病気で歩行が困難である様子なので善兵衛が養生させたが、三月四日の朝病死した。Dそのことを村役人が「注進」した。E死骸見分糺として、今日（三月四日）、木内兵右衛門が来て「御糺」を行った。F三郎太夫はもともと瘡毒（梅毒）[56]を煩っており、「麻疼《（ママ疹カ）》」があらわれ、歩行が困難と

なった。善兵衛は食事などに気をつけ、医師に診せ服薬を施したが、三月四日の朝に三郎太夫は死亡した。死因は病死で間違いない。成瀬村の菊太郎ほか村人によれば、G善兵衛の申出通り疑わしい点もなく、病死に相違ないという。成瀬村の五人組の者によると、H注進した通り、病中三郎太夫のところへ来たところ、「病躰」が重く見えたので病死したことは相違ないとのことである。そして三郎太夫の死骸は「取埋」めて置くように指示された旨が記されている。

注目したいのは、善兵衛が三郎太夫を宿泊させている点である。善兵衛が宿泊業を営む家なのかどうかは明らかにできないが、善根宿(57)として家に泊めている可能性が高いと考える。木内家文書に確認される行き倒れ人の事例二八件のうち、三件は村人の家に泊まり、そのまま病気を発症するケースである。そしてその三件とも先ほど秋本家文書で見られた「小屋懸」という言葉が見られない。屋内で倒れているのだから、小屋懸けをしないことは当然とも考えられるが、屋内で倒れた者がいた場合、屋外に出さずにそのまま屋内で養生させていると考えられる。

死亡してからの手続きを見ると、文書のやりとりや報告内容は、基本的には秋本家で見た行き倒れ人に対する手続きと同様である。このような対応の仕方は四国遍路以外の理由で来た行き倒れ人へも適用するのだろうか。

（3）四国遍路以外を理由に来村した行き倒れ人への対応

①来村理由が明確に四国遍路ではない行き倒れ人への対応

来村理由が明確に四国遍路ではない行き倒れ人の事例が木内家文書には二事例ある。限られた史料ではあるが、それらの史料を見ることで、四国遍路を理由に来村した行き倒れ人とそうでない行き倒れ人への対応の違いがあるのかを見てみたい。**史料4-10**は文化二（一八〇五）年に髪結渡世で来た清兵衛という者の事例である。

史料4-10(58)

乍恐御注進奉申上覚
一、当村郷付浪人佐々木次三郎酒店表門道縁ニ、福嶋町出生之由ニ而清兵衛と申者、髪結渡世ニ仕、当村隣村打廻り、其日暮シニ仕居申候所、今早朝当司見及候所、右清兵衛行倒、息遣悪敷相見へ居申ニ付、声懸候得共、返答無御座、手足冷居申ニ付、酒店へ舁入段々介抱仕遣候得共、追々絶命ニ及申様相見へ申ニ付、注進之内之儀□□、無是非元之所へ舁出シ候段迷惑奉存候、地盤慥成倅御座候趣咄ニ承居申ニ付、早速彼方へ申遣候所、当年奥野村郷付浪人田中舟兵衛方ニ相勤居申ニ付、早速呼寄、右之段申聞せ候所、只今福嶋出生とハ申出候得共、福嶋町ニ一向何之由縁も無御座、平生酒好之親儀ニて御座候へハ此屍御取捨被下度旨申出候、右ニ付酒店隣家之者共相尋候所、昨日七ツ時酒呑ニ罷越日暮過ニ罷帰申、聊喧嘩口論も不仕、何之子細も無御座趣ニ御座候、倅申出之通此屍御取捨させも可被仰付哉、乍恐御成下り被為仰付可被下候、右之段私共ゟ御注進奉申上候、以上

文化弐丑年正月九日

板野郡竹瀬村庄屋
木内兵右衛門
同村五人組
庄左衛門

宅左衛門
熊右衛門
板野　勝浦　御郡代様御手代
黒田丹次殿（他三名略）

傍線部を見ると、清兵衛は「酒店表門道縁」に倒れ、息づかいが悪いように見えたので声をかけたところ返答もなく、手足が冷たくなっていた。酒店へ入れて介抱をしたが、追々「絶命」に見えた、とのことである。また、伜がいるとのことで尋ねたところ、「平生酒好」の親なので、このまま「取捨」（葬儀なしの簡単な埋葬という意味と思われる）てほしいと申してきた。酒店の者と隣家の者に尋ねたところ、喧嘩口論もなく何の子細もないので、伜の申し出の通り「取捨」とするか注進する、とのことである。清兵衛に関する史料はこれしかないので、結局この後清兵衛の亡骸がどのように扱われたのかは分からない。しかし、倒れてから死亡するまでの間に、「介抱」され、死亡するまでの経緯を説明して庄屋が「注進」しているという点は、これまで見てきた行き倒れ人と同様である。もう一つ事例を見てみたい。

史料4－11(59)

乍恐奉願上覚

一、淡州三原郡上本庄村百姓丈作と申者、当村并成瀬村ニ相稼居申処、一昨晦日ニ私方へ参候者夜逗留仕申候処、昨日俄ニ中風指発り早速療治等仕候得共終相果申、随而岡崎村惣作義彼者従弟ニ而御座候ニ付、早速彼方へ申遣申候所、最寄三昧へ取埋呉候様、惣作申出候ニ付、取埋申度奉存候間、右之段乍恐御慈悲之上愈々御下知被為仰付被下候ハヽ、有難仕合奉存候、右之段奉願上候、以上

板野郡竹瀬村頭入百姓先規奉公人
金作

文化十一戌年八月二日

右之通金作奉願上候ニ付、稼御手形等頂戴仕、御富岡へ参り居申義哉之旨相糺候得共、稼御手形ハ頂戴不仕罷出居申趣ニ御座候、尤上本庄村薬勝寺宗門寺請状所持仕居申ニ付、則写仕相添指上申候、愈々御下知被為仰付被下候ハヽ、私共難有仕合奉存候、以上

戌八月二日
竹瀬村庄屋
木内兵右衛門

黒田・野口・笹倉・久保添当テ
五人与

傍線部によると、竹瀬村と成瀬村に稼ぎに来ていた丈作という者が、金作のところで逗留した。そこで中風が起こり、金作は療治等を施したが終に死亡した、とのことである。さらに、丈作の従弟である岡崎村の惣作へ申し遣わしたところ、死骸は最寄の三昧へ取埋めてほしいとのことである。この丈作の事例でも、逗留先で倒れた場合はそこで療治等を施されている。近世では、行き倒れ人に対しては医師に診せ、服薬などを施すという規定は幕府の規定でも確認されるうえ、先行研究でも明らかとなっている(60)。わずかな事例ではあるが、行き倒れ人への世話の場面に注目すれば、四国遍路を理由に来村した者でなくても、逗留先で倒れたり道端で行き倒れた場合は、世話を受けるという原則

があることが分かる。また死亡した場合は村役人へ届け出て、亡骸の処理についての指示を仰ぐという点においては、同じ行政手続きを取っていることが窺える。

②来村理由が明確でない行き倒れ人への対応

次に往来手形を持たない身元が不明確な、来村理由もはっきりと記されていない行き倒れ人の扱いを見てみたい。文政六（一八二三）年九月一五日に東貞方村で道心が死亡した。**史料4－12**は道心が死亡するまでの経緯を村人が説明し、**史料4－13**は死骸見分を行った竹瀬村庄屋木内兵右衛門が亡骸の処理について郡代へ報告したものである。

史料4－12[61]

彼者義当月八日夜、当村迄罷越歩行相調不申、地盤瘡毒病人ニ而、其上下痢相添居申候、其已来六日程之間、役人中ゟ手配ヲ以食事等相施、彼是心ヲ付養生加へ遣候へ共、十四日ゟ絶食仕、終昨十五日朝六ツ時相果申候

史料4－13[62]

別紙札書之通札挟ニ讃州多度郡白方村と書記御座候迄ニ而、聢と生所名等相分不申者故、死骸之義ハ先仮埋ニ仕置候様村役人へ申付候、依而御渡被遊候御注進書ニ右札書相添、此段奉申上候

死亡する前の世話の場面に注目すると、これまで検討してきた行き倒れ人と同様に食事などを施し養生をさせていることが分かる。生所が分からない者なので、死骸は先ず仮埋め（仮に土中にうずめるという意味と思われる）となったようである。

ここまでの検討で、竹瀬村周辺地域では、遍路であるかどうかに関わらず、行き倒れ人に対しては世話をして養生させていること等から、行き倒れ人の移動理由の違いによって行き倒れ人の扱いに差は出ないと考えてよいのではないだろうか。ただし、注意が必要なのは、後藤家文書にある行き倒れ人の事例のなかには、往来手形を持たない行き倒れ人一二事例のうち、四事例は「乞食体」の者と判断され、亡骸の扱いは「取捨」という表現となっている。木内家文書にある行き倒れ人の事例からは行き倒れ人の移動理由の違いによって行き倒れ人の生存中の扱いに差は出ないと見えるが、「乞食体」の者である場合の亡骸の扱いには、他の行き倒れ人と違いが生まれる可能性がある。「乞食体」と判断される事例は「辺路体」とも記されており、この記述に注目することは阿波の人々の遍路認識に迫るものだと考える。これについては次章で取り上げたい。

（4）行き倒れ人への対応のあり方

では本節の最後に木内家文書に即してみた場合の、行き倒れ人への対応の仕方をまとめてみる。まず、行き倒れ人の死骸見分札に関わっている村役人に注目して秋本家文書と比較すると、木内家文書には「組頭庄屋」が死骸見分札を行っている事例がある。『藍住町史』[63]によると、竹瀬村周辺の組村は、矢上・乙瀬・住吉・笠木・奥野・竹瀬・本村・成瀬・東中富村・勝瑞・東貞方・西貞方・吉成・中原の一五カ村であるという。住吉村の山田家が少なくとも安永五（一七七六）年には組頭庄屋を勤め、また本村の斎藤家長之丞も天保一一（一八四〇）年六月から安政六（一八五九）年一二月まで勤めているとあ

る。行き倒れ人に関する史料には、組頭庄屋として住吉村の山田五郎左衛門と本村の斎藤家長之丞の名前が見える[64]。そこで、木内家文書にある死骸見分紲役の分かる一二事例の行き倒れ人に対して、誰が死骸見分紲を行っているのかを整理したのが**表4－3**である。組頭庄屋が死骸見分紲を行う例は、二事例のみである。ただし組頭庄屋が見分に当たる筈だったが、御用等で留守のため、代わりに隣村の村役人が死骸見分紲を行うこととなったという記述がある例が七事例、残り三事例は理由は不明だが、組頭庄屋以外の村役人が死骸見分紲を行っている。これらのことから、竹瀬村周辺地域では、原則組頭庄屋が死骸見分役を担っていたという可能性が高いことが窺えるのである。

年代による変化があるのかという視点から「注進」（**図4－3**では①の矢印の方向に出される文書）に関して述べたい。「注進」は村役人から藩（郡代または郡代手代）に対して行われ、その点に関しては特に年代による違いが見られない。ところが、「諸控」には嘉永三（一八五一）年の行き倒れ人の史料の最後に「辺路御注進之義書付之義、近頃与頭庄屋へ差出候様相成居申候」というメモ書きがある。これによると「近頃」は注進書きを（それまでは郡代手代に出していたが）組頭庄屋へ差し出すようになっている、とのことである。つまり嘉永三年頃は、郡代手代への注進は形式上のもので、実際は郡代手代から組頭庄屋に死骸見分紲が命じられたと見なしたうえで、組頭庄屋が即座に死骸見分紲を行っている可能性も出てきた。

以上をふまえると、竹瀬村周辺地域での行き倒れ人対応手続きは、次のように行っていることが分かる。村人の家など屋内で倒れた者がいた場合、まずは村役人へ届け出る→その家の者や近所の者が医師に診せ、服薬や食事を施し養生させる→死亡したら再び庄屋・五人組へ届け出る。屋外で行き倒れ人が発生した場合も、まずは行き倒れ人がいる旨を村役人へ届け出る→近所の者が小屋懸けし、医師に診せ、服薬や食事を施し養生させる→死亡したら再び庄屋・五人組へ届け出る。

行き倒れ人が死亡した後の手続きは、①各村の庄屋・五人組は、郡代手代に対してその旨を届け出る（「注進」）、②（文政元年から文政十年までは）郡代が、（天保六年の事例では）郡代手代が死骸見分紲を原則組頭庄屋に命じる。組頭庄屋は現地に赴いて死骸見分紲を行う、③この取紲に対して、行き倒れ人の同行者・村人・村役人はその者の死去に至る経緯とその者が病死に間違いないこと等を組頭庄屋に報告する、④組頭庄屋は③の内容に相違ないこと、行き倒れ人の所持品、死骸処理等を村役人らに指示した旨を記した文書を作成し、①の注進書き、行き倒れ人の往来手形・国入切手、船揚り切手等を添えて郡代手代にまとめて提出する。以上のような流れが確認できる。そしてこの手続きは、遍路であるかどうかにかかわらず適用されるものと考えられる。

さて、ここまでに秋本家文書と木内家文書を使用して、それぞれの史料群に即して行き倒れ人への対応のあり方を分析してきた。ここで後藤家文書に即して行き倒れ人への分析を行った町田哲氏の検討結果と照らし合わせてみる[65]。すると、**表4－4**に示したような違いが見えてきた。違いの一つ目は、後藤家文書では、行き倒れ人が増加する天保八（一八三七）年二月以降は藩（郡代手代）への注進が行われていないのに対して、秋本家・木内家文書では、天保八年二月以降も注進が行われている点である（ただし木内家周辺では嘉永三年頃には「注進」は形式化していた可能性もある）。二つ目は、死骸見分紲を担う存在である。後藤家文書（町田氏の検討）と木内家文書に即してみると、死骸見分紲を行うのは、原則、組頭庄屋が行っているのに対して、秋本家文書に即して見てみると、死骸見分紲は隣村二カ村の庄屋または町の年寄が行っている（いつも決まった者が行っていない）。これらのことから、行き倒れ人に対する世話や亡骸の扱いに関する報告内容には地域による大きな違いはないが、行政的な対応手続きに関与する村役人や手続き上の省略の有無については、同じ藩内でも地域による違いがあることが明らかとなった。

おわりに

本章は、近世後期において阿波の村落の人々が行き倒れ人への対応手続きのなかで作成した記録を使用して、第一節では行き倒れ人がどのような理由で阿波に来ているのか、そのうち四国遍路を理由に移動している者はどのように記されているのかを検討し、第二節では四国遍路の途中で行き倒れた者に対しての対応のあり方を分析し、第三節では四国遍路と四国遍路以外の行き倒れ人への対応のあり方に違いがあるのかを検討した。本章で明らかになった点をまとめ、残された課題や今後の展望を示したい。

現存する記録では、近世後期の阿波における行き倒れ人一二九事例のうち、九九事例（約七六パーセント）という大半が四国遍路を行っている者であり、一四事例（約一一パーセント）が諸国を巡拝している者、一四事例（約一一パーセント）が来村理由が不明の者、二事例（約一パーセント）が渡世のために来村している者だということが第一節により明らかとなった。注目されるのは、現存する行き倒れ人に関する記録からは、阿波における行き倒れ人の特徴の一つとして、四国遍路を行っている者が多いということが窺えることである。ではそのことが阿波の行き倒れ人対応手続きのあり方にどのような影響があるのだろうか。それに関しては不明な点もあるが、他地域の行き倒れ人を扱った先行研究と比較して、阿波の行き倒れ人対応手続きに見られる傾向を、二点指摘したい。一点目は、史料の残っている年代が一八世紀に二事例あり、残りは一九世紀に集中しているということである。元禄期の徳島藩の触に病気の遍路の扱いに言及したものがあることから、一七世紀に行き倒れ人がいないというわけではない。では記録が一九世紀に集中して残っているのはなぜなのだろうか。阿波における行き倒れ人への対応手続きのなかで作成された記録には、往来手形を持っている公的な証明を持つ者であるか、不審な死ではないかどうかに関して言及がある。そのことから、一九世紀に集中して村方の史料に残るのは、治安や「胡乱者」への取締りが強化された時期であることと関係していると思われる[66]。二点目は、阿波で死亡した行き倒れ人に関する史料には、死亡者に同行しているのが幼少の者でない限り、死亡後に国元に知らせるという手続きについての言及がほとんど見られない点である。往来手形に関する研究では、一九世紀の往来手形に、死去時のその地での埋葬を願う旨と国元への報告不要の旨（いわゆる捨て往来）が書かれていたことが指摘されている。実際に、一九世紀に阿波で行き倒れた、四国遍路や諸国巡拝を理由に来た者が携行していた往来手形（各文書群に現存する）には、死去時に国元への連絡が不要である旨が書かれている。さらに注意されるのは、木内家文書に見られる稼ぎ・渡世のために来ていた行き倒れ人の二事例では、親類へ連絡を取っていることである。この点に関して、郡山における行き

表 4－3　木内家文書に見られる行き倒れ人の死骸見分糺に関わる村役人と見分結果

番号	行き倒れ人の倒れた場所	死骸見分糺役（役になった経緯）	見分の結果	典拠
木内家事例6	竹瀬村	住吉村組頭庄屋山田五郎左衛門	病死／疑敷義はない	A B
木内家事例8	檜村	竹瀬村庄屋木内兵右衛門（住吉村組頭庄屋山田五郎左衛門が見分役に当たるはずだったが、山田が病気だったので御用代として竹瀬村庄屋木内兵右衛門が見分を行った）	溺死／疑敷子細はない	B
木内家事例10	成瀬村	竹瀬村庄屋木内兵右衛門	病死／「諸疵何以疑布義無御座」	B
木内家事例11	東貞方村	竹瀬村木内兵右衛門（住吉村組頭庄屋の五郎左衛門が見分する筈であったが、御用で留守だった。留守居の者が竹瀬村庄屋木内兵右衛門のところに来たので、木内兵右衛門が見分に当たった）	病死／疑敷義はない	B
木内家事例12	成瀬村	竹瀬村庄屋木内兵右衛門	病死／疑敷義はない	B
木内家事例13	住吉村	竹瀬村庄屋木内兵右衛門（本村組頭庄屋斎藤長之丞が見分する筈であったが、御用で留守だったので、留守居の者が木内兵右衛門（竹瀬村庄屋）のところへ来たので木内兵右衛門が見分に当たった）	病死／疑敷義はない	B
木内家事例15	東中富村（6日）	竹瀬村庄屋木内兵右衛門（住吉村組頭庄屋山田五郎左衛門が見分糺を仰せ付けられたが、山田五郎左衛門が木内兵右衛門へ見分糺を行うよう、申し来たので木内兵右衛門が見分に当たった）	病死／疑敷義はない	B
木内家事例16	竹瀬村	竹瀬村庄屋木内兵右衛門	疑敷義はない	B
木内家事例17	竹瀬村	本村組頭庄屋斎藤長之丞	病死／疑敷義はない	A B
木内家事例21	竹瀬村	竹瀬村木内兵右衛門（住吉村組頭庄屋の五郎左衛門が見分する筈であったが、出府をしていて留守だった。山田半兵衛も御用だったので木内兵右衛門が見分に当たった）	病死／疑敷義はない	B
木内家事例22	竹瀬村	東貞方村庄屋四宮勘五郎（住吉村組頭庄屋の山田半兵衛が見分する筈であったが、御用であったので、四宮勘五郎が見分に当たった）	病死／疑敷義はない	A B
木内家事例25	竹瀬村	竹瀬村庄屋木内兵右衛門（本村組頭庄屋の斎藤長之丞が見分する筈のところ、風邪であったので竹瀬村庄屋木内兵右衛門が見分に当たった）	病死／疑布子細はない	A B
木内家事例27	東中富村	竹瀬村里長補木内鹿之平	病死／疑敷義はない	C

出所）以下の史料ＡＢＣを使用して、死亡した遍路のうち、死骸見分役が判明するものを年代順に並べたものである。
Ａ：「諸控」（ｷﾉｳ 00932002）、Ｂ：「見分糺書扣　四冊之内三」（ｷﾉｳ 00807000）、Ｃ：「辺路死骸見分糺控」……明治４年の2件の死亡者の記録がある。そのうち、遍路の死亡件数である1件を表に記載した。

表4－4　後藤家・木内家・秋本家文書に見られる行き倒れ人の扱いの流れ

【A】後藤家文書に見られる行き倒れ人の扱いの流れ	【B】木内家文書に見られる行き倒れ人の扱いの流れ	【C】秋本家文書に見られる行き倒れ人の扱いの流れ
村人による行き倒れ人の発見（生存）	村人による行き倒れ人の発見（生存）	村人による行き倒れ人の発見（生存）
↓	↓	↓
村役人へ届け出る	村役人へ届け出る	村役人へ届け出る
↓	↓	↓
最寄りの者が小屋懸けし、医師による施療と、服薬や食事を施し、養生させる	最寄りの者が小屋懸けし、医師による施療と、服薬や食事を施し、養生させる	最寄りの者が小屋懸けし、医師による施療と、服薬や食事を施し、養生させる
↓	↓	↓
死　亡	死　亡	死　亡
↓	↓	↓
村役人へ届け出る	村役人へ届け出る	村役人へ届け出る
↓	↓	↓
①村役人が郡代手代に対して行き倒れ人が死亡した旨を「注進」する。※天保8年2月以降は組頭庄屋へ行き倒れ人が死亡した旨の文書を提出し、組頭庄屋はただちに②の手続き（死骸見分や同行者・村役人の取糺しをおこなう	①村役人が郡代手代に対して、行き倒れ人が死亡した旨を「注進」する※天保8年2月以降も行っている	①村役人が郡代手代に対して、行き倒れ人が死亡した旨を「注進」する※天保8年2月以降も行っている※天保8年2月以降も行っている
↓	↓	↓
②①の届出をうけた郡代は、管轄下の組頭庄屋に対して死骸見分・取糺しを命じる。組頭庄屋は現地におもむき、死骸見分や同行者・村役人の取糺しをおこなう。	②①の届出をうけた郡代（手代）は原則、組頭庄屋に対して死骸見分・取糺を命じる。組頭庄屋は現地に赴いて死骸見分や同行者・村役人の取糺しをおこなう（*文政元年から文政十年までは、郡代から、天保六年の事例では郡代手代から死骸見分糺役を命じられる*）。	②①の届出をうけた郡代（手代）は隣村二ヶ村の庄屋または町の年寄に、死骸見分糺役を命じ、現地に赴いて行き倒れ人の死骸見分糺を行う（*文政十年は郡代が、嘉永五年と万延元年と文久二年は組頭庄屋森哲三の留守居が死骸見分糺役を命じる*）。
↓	↓	↓
③②の取糺に対して、同行者・宿元・村役人はその者の死去に至る経緯とその者が病死に間違いないこと等を組頭庄屋に報告する。	③②の取糺に対して、同行者・宿元・村役人はその者の死去に至る経緯とその者が病死に間違いないこと等を組頭庄屋に報告する。	③②の糺に対して、遍路の同行者・遍路が死亡した場所の村役人は、その者の死去に至る経緯とその者が病死に間違いないこと等を死骸見分糺役に報告する。
↓	↓	↓
④組頭庄屋は③の報告（「約書（つづめがき）」）に見分の結果相違ないこと、行き倒れ人の状態・所持品、死骸処理等を村役人らに指示した旨を記した「添状」「添書」を作成し、①の届書、行き倒れ人の往来手形・寺請手形・国入切手・船揚り切手等を添えて郡代手代にまとめて提出。	④組頭庄屋は③の報告（「約書（つづめがき）」）に、見分の結果相違ないこと、行き倒れ人の状態・所持品、死骸処理等を村役人らに指示した旨を記した「添状」「添書」を作成し、①の届書、行き倒れ人の往来手形・寺請手形・国入切手・船揚り切手等を添えて郡代手代にまとめて提出。	④死骸見分糺役は、③の報告（「約書（つづめがき）」）に、見分の結果相違ないこと、行き倒れ人の状態・所持品、死骸処理等を村役人らに指示した旨を記した「添状」「添書」を作成し、①の届書、行き倒れ人の往来手形・寺請手形・国入切手・船揚り切手等を添えて郡代手代にまとめて提出。

倒れ人の対応手続きを検討した松本純子氏の論考によると、郡山では主に商い等の渡世にともなって移動していた行き倒れ人が多く、その対応の過程では国元へ連絡するか、国元への連絡を意識した記述（国元が遠国かどうか言及する等）があるという。[67]これらのことから、阿波における行き倒れ人の史料に、死亡後に国元に知らせるという手続きについての言及がほとんど見られないのは、四国遍路や諸国巡拝をしている者に合わせた対応システムとして機能していた可能性があると考えられる。これを明らかにするためには、今後は阿波の行き倒れ人対応手続きの成立過程を明らかにする必要がある。

第二節以下では、四国遍路を理由に来村した行き倒れ人への対応のあり方と、四国遍路以外の理由で来村している行き倒れ人への対応のあり方に違いがあるのかを分析するために、秋本家文書・木内家文書を使用して各史料群に即した検討を行った。すると、四国遍路であるかどうかにかかわらず、決まった行政手続きのなかで世話や亡骸の処理等の対応をしていることが明らかとなった。従来の四国遍路に関する研究では、行き倒れた遍路に対する労わりの行為を、空海への善根を積む行為と関係づけて説明しているが、[68]空海への善根を積む行為であるという信仰の面は、遍路であるかどうかにかかわらず行き倒れ人に対しては決まった行政手続きのなかで対応しているという面を考慮に入れて検討していく必要があるのではないだろうか。

他方で、次のことに留意する必要があると考える。本文で詳しくは触れられなかったが、往来手形を所持していない行き倒れ人のなかには決まった行政手続き通りに埋葬される者と、「仮埋」される者と、「取捨」とされる者がいることである。このうち、「取捨」とされるのは、「乞食体」の者と判断される者である。阿波の人々は遍路であるかどうかというよりも、「乞食体」の者であるかを問題としているのだろうか。また、「乞食体」と記される者は「辺路体」とも記されている。なぜ「乞食体」と「辺路体」が同一事例に記されているのだろうか。この問いは、阿波の人々がどのような者を遍路と認識しているのかということに迫るものだと考えるが、この点については次章で検討したい。

註

（1）青柳周一『富嶽旅百景――観光地域史の試み――』角川書店、二〇〇二年等。

（2）原淳一郎氏は、「基本的に「日本的巡礼」と」「参詣」は異質のものと考えている。なぜなら四国遍路、西国巡礼の人々は特定の場所を遍路する。そしてその聖地すべてに宗教的意義が冠されているからである」と述べると同時に、「「参詣」研究の体系化がなされていない現状にあって、「参詣」と「巡礼」の差異を云々するのは得策ではない」という（同『近世寺社参詣の研究』（思文閣出版、二〇〇七年）一九頁）。

（3）近年、歴史学、地理学、民俗学を専門分野とする研究者が集まって寺社参詣研究を学際的に進展させようとする試みがなされている（原淳一郎、中山和久、筒井裕、西海賢二『寺社参詣と庶民文化』岩田書院、二〇〇九年）。このなかで、中山和久氏は民俗学の立場から分析対象としての「巡礼」の定義を述べている。中山氏は、「寺社参詣の中」に巡礼を捉え、巡礼を「神仏などの超自然的存在との関わりで営まれる「聖なる旅」」と位置づける。そして、「狭義の巡礼」とは「日本語の「巡礼」は、「巡」に含意されるような訪れるべき聖地の複数性と、「礼」に含意されるような道のりの長距離性とを併せ持った概念」であることを指摘し、「人類に普遍的な「聖なる旅」の文化」を分析する概念としては、狭義の巡礼に、広義の「巡礼」（翻訳語としての巡礼、および参詣・登拝・巡拝を含めたもの）を設定するのが有効であろうと述べる。中山氏の指摘に学ぶ点は多いが、近世の「寺社参詣」と「巡礼」とは何を持って分けるのか、そもそも違いがあるのかどうかも含めて、筆者自身も考えていきたい。今現在は、地道に事例を積み重ねていくことが必要な段階であると考えている。

（4）主に挙げられるのが、新城常三『新稿社寺参詣の社会経済史的研究』（塙書房、一九八二年）、速水侑『観音信仰』（塙書房、一九七〇年）、田中智彦『聖地を巡る人と道』（岩田書院、二〇〇四年）、西海賢二『近世のアウトローと周縁社会』（臨川書店、二〇〇六年）等。

（5）前掲註（4）新城書。

（6）高橋敏「近世民衆の旅と行旅病死」（『沼津市史研究』第二号、一九九三年）、松本純子「行き倒れ人と他所者《ヨソモノ》の看病・埋葬」（『東北文化研究室紀要』四二、二〇〇一年）、同「近世における行き倒れの一分析」（『日本歴史』六五一、二〇〇二年）、柴田純「行旅難渋者救済システムについて――法的整備を中心にして――」（『史窓』五八、二〇〇一年）、同「近世のパスポート体制――紀州藩田辺領を中心に――」（『史窓』六一、二〇〇四年）、同「近世パスポート体制の影――乞食の処遇をめぐって――」（『史窓』六八、二〇一一年）等を参照。

（7）幕府の元禄元年令にはじまり、明和四（一七六七）年令にいたって整備・確立したとされている（前掲註(6)高橋論文・松本二〇〇二年論文等）。

（8）柴田純氏は、元禄元（一六八八）年の幕府令より以前に、諸藩では行き倒れ人に対する対応の実態があったことを明らかにした（前掲註(6)柴田二〇〇一年・二〇〇四年論文）。

（9）井馬学「徳島藩の遍路対策と村落の対応」（『四国遍路の研究Ⅱ』鳴門教育大学、二〇〇五年）。

（10）鳴門教育大学収蔵、後藤家文書。文書の目録点数四八四五。後藤家は名東郡早渕村で組頭庄屋を勤めていた。史料の閲覧は同大学附属図書館のホームページからさせていただいた。以後、後藤家文書の整理番号に従って「後藤家文書番号」で表記する。行き倒れ遍路関係の史料は、町田哲・井馬学「後藤家文書遍路関係史料」（鳴門教育大学「四国遍路八十八ヵ所の総合的研究」プロジェクト『四国遍路の研究Ⅱ』二〇〇五年三月）にも活字史料として掲載されている。

（11）町田哲「近世後期阿波の倒れ遍路と村」（『徳島自治』八八、二〇〇六年）、同「同」（『阿波の遍路文化』徳島地方自治研究所、二〇〇七年）

（12）前掲註(6)を参照のこと。この他に行き倒れを扱った先行研究は、阿部知博「近世死体投棄禁令と検死――「取捨」から「取置」へ――」（『歴史科学と教育』八、一九八九年）、木下光生「近世大坂における墓所聖と葬送・諸死体処理」（『日本史研究』四三五、一九九八年）、延智子「江戸の行倒人対策」（竹内誠編『近世都市江戸の構造』三省堂、一九九七年）、五島敏芳「往来手形考」（『史料館研究紀要』二九、一九九八年）、木下光生「近世近代移行期における畿内三昧聖の実態」（世界人権問題研究センター『研究紀要』一一、二〇〇七年）、田中真次「城下町鳥取における行倒れ死骸処理の実際」（『解放研究とっとり』四、二〇〇一年）、同「近世城下町の行倒死と「片付」」（『部落問題研究』一八四、二〇〇八年）、篠村正雄「弘前藩における旅人の死の取り扱いについて」（『年報「ひろさき」』一〇、二〇〇一年）、藤本清二郎「江戸期、城下町における行倒人・孤独人の介抱と扶養——和歌山城下非人村への収容者を中心に——」（『紀州経済史文化史研究所紀要』二五、二〇〇五年）、等がある。近年の他国者の埋葬や供養をめぐる死亡地の人々や国元家族等の意識を取り上げた研究に澁谷悠子「近世後期蝦夷地における他国者の埋葬・供養をめぐる意識——福山城下・弘前城下の比較を通じて——」（『歴史』一二〇、二〇一三年）。

(13) 大正五年に刊行された、御大典奉祝協賛会の編による資料集。『御大典記念阿波藩民政資料』（下巻、一五五一—一五五三頁）には、後述するように麻植郡鴨島村での行き倒れ人（「麻植郡川眞田輝逸氏所蔵」、年代が確定できない未年の事例）を一件確認した。

(14) 文書の目録点数三〇七一。木内家は板野郡竹瀬村で庄屋を勤めていた。以後、木内家文書の文書番号を示す際には、徳島県立文書館の史料整理番号に従ってｷｳﾁ＋番号と表記する。

(15) 文書の目録点数三三九一点。秋本家は那賀郡小仁宇村で庄屋を勤めていた。以後、秋本家文書の文書番号を示す際には、徳島県立文書館の史料整理番号に従ってｱｷﾓ＋番号」と表記する。

(16) 文書の目録点数一四五。阿部家は名西郡上浦村で庄屋を勤めていた。以後、阿部家文書の文書番号を示す際には、徳島県立文書館の史料整理番号に従ってｱﾍﾞｹ＋番号と表記する。

(17) 文書の目録点数一四七七。近藤家は板野郡坂東村で庄屋を勤めていた。以後、近藤家文書の文書番号を示す際には、徳島県立文書館の史料整理番号に従ってｺﾝﾄﾞ＋番号と表記する。

(18) 高橋啓「近世後期阿波における「諸割賦」をめぐって」（有元正雄編『近世瀬戸内農村の研究』渓水社、一九八八年、のち「近世後期の村落と「諸割賦」」として高橋啓『近世藩領社会の展開』渓水社、二〇〇〇年に所収）。後藤家周辺の組頭庄屋に関する研究は阿佐浩道「徳島藩の組頭庄屋——後藤家文書をてがかりに——」（『鳴門史学』一九、二〇〇五年）を参照。

(19) 南荒田野村は、小仁宇村から約一〇キロメートル離れているうえ、小仁宇村と同じ組ではない。木村礎校訂『旧高旧領取調帳　中国・四国編』（東京堂出版、一九九五年）では村高一八三四石余のうち、蔵入地七五九石余・大龍寺領四石余で残りは藩士二三名の知行地となっている。

(20) ｱｷﾓ 00247000「未得御意候得共（其村政次郎四国順拝中当村で病死報知並に子息仲七の引取方問合の件）」。

(21) 矢三村（やそうむら）で病死した摂州兎原郡脇浜村清右衛門倅　末吉という者の事例（後藤家文書二—四三—七「御行着ニ付奉申上覚（四国辺路病死に付）他」と、名東郡下助任村で病死した摂州大坂天満船大工町播磨屋喜助という者の事例（後藤家文書二—四三—一三「四国辺路病死之節他国文通之事」）は、後藤家が関わっていない。

(22) **別表1**における後藤家事例1、**別表3**における秋本家事例5が当てはまる。

(23) 鳴門教育大学収蔵、後藤家文書の文書整理番号二—四七—四②「御糺ニ付奉申上覚」。史料の閲覧は同大学図書館のホームページからさせていただいた。町田哲・井馬学「後藤家文書遍路関係史料」（鳴門教育大学「四国遍路八十八ヵ所の総合的研究」プロジェクト『四国遍路の研究Ⅱ』二〇〇五年三月）の一〇頁に活字史料として掲載。

(24) ｱｷﾓ 00640000「書付ヲ以奉願上覚（元祖秋元和泉守盛貞以来の筋目に付引記控書により書写指上の件控）」。

(25) ｱｷﾓ 00638000「乍恐奉申上覚（先祖秋元和泉守以来の引記再度相認め窺上の件）」これは、文政六年に秋本多三郎が木村五郎吉（郡代手代）と坂東弥寿郎（郡代手代）へ提出した由緒書きである。なぜ、提出したかについては「右之通私先祖ゟ之引記先達而御取調べ之節糸田川夏助殿迄前段之通相認メ、指出御座候、然所夏助殿病死仕候ニ付、前段之有姿御役所様へ顕然仕居申義哉、乍恐尚又相認メ奉窺上候」と秋本多三郎は述べる。

(26) アキホ 01463000「覚（本家相続の者故此度詮儀の上本百姓居並に庄屋役申付の件）」およびアキホ 00646001「小仁宇村庄屋五人組相勤候年数並に勤功之運相認指出帳」。

(27) アキホ 00270000「乍恐奉願上覚（長州の男一人四国辺路修行中当村で病死に付早々見分願出の件控）」。

(28) アキホ 00272000「御糺ニ付申上覚（長州の男一人四国辺路中病死の義病中手当方に付委曲申上の件下書）」。

(29) 徳島藩の五人組とは高田豊輝氏によると「庄屋または肝煎・町年寄を補佐する村（浦・町）役人。一村の定員は原則として五人（五人よりも多い村も少ない村もある）」という（高田豊輝『阿波近世用語辞典』自刊、二〇〇一年）。

(30) アキホ 00271000 奉申上覚（長州の男四国辺路中小仁宇村で病死に付死骸見分の処病死相違無き旨等の件）。

(31) この事例の年代を確定するために、史料に出てくる山内忠大夫という人物の役職に就いていた期間を見てみたい。徳島大学附属図書館に所蔵されている蜂須賀家文書「蜂須賀家家臣成立書并系図」（画像を徳島大学附属図書館のホームページ上で公開している）の「山内忠太夫」の項によると、「同六未年（文政六年―引用者）二月八日海部那賀御郡代被仰付、同七午年十一月三日御役替御蔵奉行御勘定方江被仰付、同九戌年十二月廿二日海部那賀御郡代帰役被仰付、同十三寅年三月十二日旧臘異国船漂流之砌注進有之……」とあり、文政十年は文政九年に海部那賀郡の郡代を帰役となっているままならば郡代という役職についていることになる。

(32) 山内忠太夫に関しては前掲註(31)を参照のこと。

(33) アキホ 02254000「紀州日高野（下富安村瑞厳四国巡拝中和食村にて病死の件）」。

(34) アキホ 01491002「御糺ニ付申上覚（四国辺路執行中当村にて病死の瑞巌死骸見分の処風邪に積気重なり病死並に粗略等無き旨報告の件控）」。

(35) 橋本亀一『阿波の國言葉』国書刊行会、一九七五年（一九三九年に発行されたものを原本として復刻）を参照。

(36) アキホ 01491001「御糺ニ付申上覚（私弟瑞巌儀私同道四国巡拝中和食村南川で病死に付当村三昧へ埋葬並に私出立仰付承知の件控）」。

(37) アキホ 01491003「奉申上覚（紀州日高郡下富安村瑞巌四国順拝中和食村で病死に付死骸見分の処病死に相違ない旨並に書類三通相添指上の件控）」。

(38) 藍住町史編集委員会編『藍住町史増補』臨川書店、一九八七年、一四六頁。

(39) 前掲註（19）木村書。

(40) 西尾武極知行が九〇石余、津田越後知行が二八石余、武井理三郎知行が一石余、原軍左衛門知行が一七石余、郷司万蔵知行が二石余、荒木七郎兵衛知行が三〇石余。

(41) セノウ 00309000「古棟附帳略寫」。

(42) 藍住町史編集委員会編『藍住町史増補』臨川書店、一九八七年、一四六頁。

(43) 平凡社地方資料センター編『徳島県の地名』平凡社、二〇〇〇年。

(44) 高橋啓「商品生産の展開――阿波藍の生産と流通――」『近世藩領社会の展開』渓水社、二〇〇〇年。

(45) セノウ 00626000「家系一巻」。

(46) 宮本和宏氏によると、「壱家―小家は村内での家間のまとまりを意味するものであり、小家から壱家への付け上げ等を藩が管理している事実から考えて、藩が村の実状を踏まえて編成したものであるということができる。一軒の壱家を核とし、数軒の小家を包摂する組織であるが、その内部構造については十分明らかにされていない」という（宮本和宏「藩政と棟附帳」『阿波・歴史と民衆Ⅱ』徳島地方史研究会創立二〇周年記念論集刊行委員会、一九九〇年）。

(47) ｾﾝﾀ 00042000「板野郡竹瀬村棟附人数御改帳（控）」。棟付帳とは宇山孝人氏によると、幕藩制社会初期に全国的に実施された、いわゆる「人別改」の帳簿である「人別帳」と同一系譜を引くものであり、本来夫役徴収を目的として百姓の土地緊縛・身分固定（身居）を図って作成されたものだと推察されている（宇山孝人「「棟付帳」研究の課題」徳島地方史研究会『史窓』九号、一九七九年）。高橋啓氏によれば夫役の徴収方法に関しては「棟付割」から、明暦三（一六五七）年をさかいに、いわゆる「二歩役」（＝「人頭税」）へと移行し、「棟付帳」そのものも次第に夫役徴収台帳から農政全般の支配台帳としての戸籍原簿へと変質していったという（高橋啓「徳島藩における夫役制度をめぐって」（上）（下）『史窓』三・四号、一九七二・一九七三年）。

(48) 徳野隆「藍住町の古文書」（『阿波学会紀要』五二号、二〇〇六年）によると宝暦年間には藍玉の他国売りにも乗りだし、明和四年には控地五町以上、村内でも突出した大高持ちとなる。

(49) ｾﾝﾀ 00932002「諸控」。

(50) 前掲註(48)徳野論文。

(51) ｾﾝﾀ 00807000「見分糺書四冊之内三」。

(52) 町田哲氏が「見分糺書四冊之内三」を史料紹介している（町田哲「「木内家文書」の四国遍路関係史料について」（『阿波学会紀要』五二、二〇〇六年）。そのなかでは二〇件分（紐綴巻付の文書を含む）が書写されているとしており、事例数が一致できなかったが、紐綴巻付の史料が「見分糺書四冊之内三」の本文中の事例と同じと判断したため、筆者の数える事例数が町田氏より少ない理由と考えられる。

(53) ｾﾝﾀ 00803000「辺路死骸見分糺控」。

(54) 太田章三郎は文政四年から文政一三年まで板野郡代を勤めている（『鳴門市史』上巻一九八二年五四八頁による）。

(55) ｾﾝﾀ 00807000「見分糺書四冊之内三」。

(56) 全身に紅斑や膿疱が出、現在では性感染症の一つとして知られる。鈴木則子氏によれば、一六世紀以降、梅毒によって激しい皮膚症状を呈するときは人々の嫌悪の対象ともなったという（鈴木則子「江戸時代の医学書に見る梅毒観について」（福田眞人・鈴木則子編『日本梅毒史の研究』思文閣出版、二〇〇五年、四三頁）。

(57) 四国遍路に関する研究では遍路への「接待」として、遍路を家に泊めることを「善根宿」という風習があることが言及されている。

(58) ｾﾝﾀ 00932002「諸控」。

(59) ｾﾝﾀ 00932002「諸控」。

(60) 前掲註(12)五島論文、前掲註(6)高橋論文、柴田二〇〇一年・二〇〇四年論文、松本両論文等。

(61) ｾﾝﾀ「見分糺書四冊之内三」。

(62) ｾﾝﾀ「見分糺書四冊之内三」。

(63) 藍住町史編纂委員会『藍住町史』徳島県板野郡藍住町役場、一九六五年。

(64) 『藍住町史』によると、住吉村の山田家が少なくとも安永五（一七七六）年には組頭庄屋を勤め、また本村の斎藤家長之丞も天保一一（一八四〇）年六月から安政六（一八五九）年一二月まで勤めているとある。同じ組のなかで組頭庄屋が二人以上存在するのか等、この地域の組頭庄屋体制に関しては今後の課題となる。

(65)　前掲註(11)町田二〇〇六・二〇〇七年論文。

(66)　町田哲氏は、文久三年以降に徳島藩が他国遍路に対する実質的な入国禁止を打ち出しているとし、その過程は、他国無切手者と乞食＝勧進層への取締りと密接に関わっていることを指摘している。

(67)　前掲註(6)松本両論文。

(68)　前掲註(9)井馬論文。

第五章　行き倒れ人関係史料にみえる遍路
――近世後期阿波を事例に――

はじめに

前章では、近世後期の阿波の村落の人々が、四国遍路を理由に来村した者を含む行き倒れ人にいかに対応したのかを検討したが、検討のなかでは阿波の人々がどのような者を遍路と認識しているのかということが課題として浮かび上がった。本章では、阿波の人々から見た遍路の境遇や信心・存在形態について検討したい。

日本近世は交通環境などの整備とともに、民衆の旅が可能になった時代である。旅の目的は様々であるが、湯治、出稼ぎや行商・商取引、修行、修学、好知、物見遊山、そして町・村の安全や繁栄・無事などを祈願するための信仰の旅、個人の後生菩提等のための巡礼旅、あるいは遍歴・遊歴の旅、一揆首謀者等の逃亡の旅などがあったことがこれまでの研究で指摘されている。本章で取り上げる四国遍路もそのような旅の一つであるが、近世の四国遍路には、どのような人が来ていたのだろうか。そして四国の地域住民の目にはどのように映っているのだろうか。これに関して、新城常三氏は「遍路には平均的農民・市民のほか、女性などの非独立層や、経済的弱者」、「平癒祈願の病人のほか、疾患その他のため、生活基盤を失い、乞食遍路に身を落したもの」が「多いことが特徴的である」[1]と指摘している。つまり、遍路には「女性などの非独立層」「経済的弱者」「病人」「乞食」等が多いという特徴がみられるという。新城氏は藩政史料・村方に残る触書、版本等を用いて近世の遍路の特徴を根拠づけた。だが、新城氏が挙げる遍路は、どんな身なり・所持品で、どのくらいの年齢の者が、何人で、どんな病気をかかえて来ているのか等、その具体像についてはほとんど明らかになっていないのが現状である。

この点を考えようとしたとき、民俗学、社会学、文化人類学等が取り組んできた、遍路を迎えるにあたっての四国住民の歴史民俗的背景にせまるデータ・解釈が参考になる[2]。例えば病人・病気に関しては、『四国偏礼功徳記』（真念著、元禄三（一六九〇）年）に巡礼の功徳として病気治癒の話が載っていること、そして現今の四国遍路霊験譚として人口に膾炙するものには病気治癒譚が圧倒的であることが指摘されている[3]。女性の遍路に関しては四国の寺に残る過去帳から女性の遍路を抽出したり[4]、近代には四国地方の嫁入り前の娘たちが集団で部分的な遍路に出るという風習等の民俗事例の紹介も進んでいる[5]。さらに物乞いをする遍路に対する、近世から近代にかけての四国住民のまなざし・心性の変化にも注目がなされている[6]。こうした研究から、四国住民が巡礼や巡礼者をどのようなものとして認識し、接しているのかを考察する手がかりを学ぶことができる。本章は、このような指摘に学びながらも、心願叶わず遍路の途中で行き倒れ、死亡した例が数多く残るという事実に注目したい。というのも、四国には遍路のさなかに倒れた者が、病になったり死亡した場合に取られる手続きの過程で作成された史料が多く残っており、そこに彼ら彼女らの境遇（性別、経済的状況、持病の有無等）が少なからず記されているのである。本章ではこのような史料に含まれる、行き倒れた者たちの声——それは四国の人々により聞き取られたものであるが——に耳を傾けてみたい。

倒れ遍路に関しては、これまで、井馬学氏・町田哲氏の諸論考、及び本書第四章の検討があり、近世後期の阿波国（徳島藩領、現、徳島県）における倒れ遍路に対する村落の対応の具体相が徐々に明らかになってきている。[7]また、近年、町田哲氏が四国遍路と乞食＝勧進層が共通した社会的実態を持っていたことや、遍路と他国無切手者（他国から阿波国へ入国する際の必要な切手を持たない者）の通底性を指摘している。[8]行き倒れ人関係史料を見ると、四国遍路か乞食か、あるいはどちらでもないか判断のつかない行き倒れ人も存在する。そこで本章では、第四章でも取り上げた近世後期の阿波国に残る行き倒れ人関係史料から、明確に遍路かどうか分からない行き倒れ人にも注目したい。

第一節　阿波における行き倒れ人と村

本章で扱う行き倒れ人とは、先の第四章と同様に近年の行き倒れ人に関する研究を参照して[9]その地に人別のない流入者、つまり短期の奉公人や日雇取、「行旅難渋者」等が病になったり死亡した場合に取られる手続きの過程で作成された史料に現れた者とする。第四章において、阿波の五つの家文書と『御大典記念阿波藩民政資料』[10]という資料集から、行き倒れ人に関する事例を一二九件確認し、行き倒れ人に対する村の対応のあり方を検討した。[11]各文書に見える行き倒れ人の事例数とは、鳴門教育大学収蔵後藤家文書に八六件、[12]徳島県立文書館寄託秋本家文書に一一件、[14]徳島県立文書館寄託木内家文書に二八件、[13]徳島県立文書館寄託阿部家文書に二件、[15]徳島県立文書館購入近藤家文書に一件、[16]『御大典記念阿波藩民政資料』に一件である。阿波の村落に残る行き倒れ人関係史料は、一二九事例中九九事例という大半が四国遍路（「四国辺路」・「四国順拝」等）を行っている者である。他には、諸国の神社仏閣を巡拝（「諸国神社仏閣順拝」等）している者が一四事例、「髪結渡世」・「稼ぎ」の者がそれぞれ一事例ずつ、来村理由が不明の者は一四事例確認された。

後藤家文書には名東郡早渕村で組頭庄屋[17]を務めた後藤家の管轄する組村＝早渕組の村々で行き倒れた者に関する史料が残っている。早渕組のうち、延命村に四国霊場第十四番常楽寺が、矢野村には十五番国分寺が存在する。この辺りは札所が集中し札所間の距離が近く、近隣には十三番大日寺・十六番観音寺・十七番井戸寺があり、遍路が比較的多く通行した地域であった。木内家文書には木内家が庄屋を務めた板野郡竹瀬村及び周辺の村で行き倒れた者の史料が残っている。竹瀬村は二番極楽寺から三番金泉寺の川向かいに位置するため、遍路が来村することもあった。秋本家文書にある一一事例の行き倒れ人関係史料は全て遍路を理由に来村した者である。ところが秋本家が庄屋を勤める那賀郡小仁宇村付近は二十一番太龍寺からは約五キロメートル離れ、近世において版を重ねて出版された道中案内記である真念著『四国偏礼道指南増補大成』[18]に記載された道沿いにある地域ではない。実は、巡礼路を踏み越える遍路の存在は近年の浅川泰宏氏の指摘があり、[19]ここでも同様の現象が見られるといえよう。

阿波における行き倒れ人の史料は、四事例を除いてほとんどが死後の手続きの過程で作成されたものである。それらの史料には、行き倒れ人発生について、いつ、どこの誰が、年齢は、単独か複数か等について記している。以下、その様子を概観してみよう。

①年・月

史料の残る年代は、天明三（一七八三）年から明治四（一八七一）年であり、二件（天明三年と天明五年の事例）以外は一九世紀に集中して残っている。記録の残る件数として一番多い年は天保八（一八三七）年の一九件であり、次いで天保九年の一六件となっている。天保八―九年に行き倒れ人発生件数が多い理由については、井馬学氏は「天保の飢饉で困窮し」た人々が「生きる糧を求めて四国の地に渡ってきたのだろう」と指摘する。[20]飢饉の影響と行き倒れ人発生件数を関連づけて理解しようとする重要な指摘であるが、そもそもこのときに来た人々なのかどうかは分からない。もともと阿波に滞在していた者が飢饉等の影響で困窮・発病し行き倒れたことも考えられる。行き倒れ人が何月に倒れているのかを月ごとに事例数を数えてみると、四月の二〇件が一番多く、次いで三月の一六件、六月の一四件、五月の一三件と続く。また、一・二・七月の行き倒れ人発生件数はそれぞれ三、三、四件と少ないが、どの月にも行き倒れ人が発生していることが分かる。

②出身地

行き倒れ人の出身地について、各文書ごとに事例数を示したのが**表5－1**である。伊予出身の者が一一名と一番多く、次いで紀伊の者が九名、地元阿波の者が九名、播磨の者が八名、備中と但馬の者がそれぞれ七名、という結果が出た。なかには奥州白河郡（現、福島県）から来ている者もいるが、傾向としては西国出身の者が多い。近世の過去帳に記された遍路を調査した前田卓氏・浅川泰宏氏の調査とも概ね近い傾向といえる。[21]

③年齢

行き倒れ人の年齢は、阿波の人々の目から見た年齢が記される。例えば、「年齢五拾弐三斗と相見」というように記される。行き倒れ人の年齢について表記のある一〇三事例を、一〇歳単位で事例数を表したのが**表5－2**である。四一―五〇歳の二三人が一番多く、次いで三一―四〇歳の二二人、二一―三〇歳の二一人、五一―六〇歳の一四人が続く。また、一〇歳以下の者が七人もいる。一〇歳以下の者とは、親が連れて移動中に倒れる事例である。七一―八〇歳の者も五人いる。

④同行者の人数

行き倒れ人の対応のなかで作成された史料には、行き倒れた者の同行者の人数や、その後の動向にも言及している。全ての事例で同行者について言及しているわけではないが、おおよその傾向が窺える。まず、同行者がいない者、つまり単独で移動していた者が一番多く、八八事例である。二人連れは二一事例ある。二人連れというのは、親子が多く、夫婦や、兄弟（姉弟）という事例もある。三―五人連れは二〇事例ある。これは、夫婦と子ども、片親と子ども複数というパターンが多いが、なかには母子三人と別の母子二人の五人連れという例もある。

⑤女性の割合

四国遍路には女性の割合が他の参詣地に比して多いことが従来から指摘されている。[22]先に述べたように、分析対象の行き倒れ人の事例に

表5－1　各文書にみえる行き倒れ人の出身地

国・地名	後藤家	木内家	秋本家	阿部家	近藤家	川眞田家	計
予州（伊予）	8	2	1				11
紀州（紀伊）	5	3	1				9
但州（但馬）	6	1					7
阿州（阿波）	5	4					9
讃州（讃岐）	4	1	1				6
播州（播磨）	3	3		1	1		8
備中	3	2	2				7
丹州（丹後・丹波）	5						5
防州（周防）	5						5
濃州（美濃）	3						3
和州（大和）	3						3
山城	1		2				3
芸州（安芸）	2						2
雲州（出雲）	2						2
石州（石見）	2						2
作州（美作）	1			1			2
土州（土佐）	1	1					2
備後	1		1				2
尾州（尾張）		2					2
＜京都＞		1				1	2
＜大坂＞	1	1					2
泉州（和泉）	1	1					2
越前	1						1
奥州〈白河郡〉	1						1
加州（加賀）	1						1
河州（河内）	1						1
近江	1						1
勢州（伊勢）	1						1
摂州（摂津）	1						1
淡州（淡路）	1	1					2
筑前	1						1
肥後	1						1
備前	1						1
豊前	1						1
豊後	1						1
伯州（伯耆）	1						1
若州（若狭）	1						1
甲斐		1					1
筑後		1					1
越中		1					1
長州			1				1
江州			1				1
日向			1				1
不明	9	2					11
計	86	28	11	2	1	1	129

注）国名・地名は史料の表記に合わせ、「京都」や「大坂」もそのまま記した。

出所）鳴門教育大学収蔵後藤家文書、徳島県立文書館所蔵木内家文書、徳島県立文書館寄託秋本家文書、徳島県立文書館寄託阿部家文書、徳島県立文書館購入近藤家文書、御大典奉祝協賛会編『御大典記念阿波藩民政資料』（大正五年）に見える行き倒れ人関係史料により作成。

表5－2　各文書にみえる行き倒れ人の年齢

年齢	後藤家	木内家	秋本家	阿部家	近藤家	川眞田家	人数
～10	6		1				7
11～20	2	1					3
21～30	16	4	1				21
31～40	14	4	3		1		22
41～50	18	2	3				23
51～60	13					1	14
61～70	7	1					8
71～80	4	1					5
合計	80	13	8		1	1	103

出所）鳴門教育大学収蔵後藤家文書、徳島県立文書館所蔵木内家文書、徳島県立文書館寄託秋本家文書、徳島県立文書館寄託阿部家文書、徳島県立文書館購入近藤家文書、御大典奉祝協賛会編『御大典記念阿波藩民政資料』（大正五年）に見える行き倒れ人関係史料により作成。

は、「髪結渡世」・「稼ぎ」の他、来村理由が明確でない行き倒れ人も含まれている。ここでは、女性の遍路がどのくらいいるのかという視点から、来村理由が四国遍路と、諸国の神社仏閣を巡拝の[23]者に限って検討しようとしたが、来村理由が四国遍路と、諸国の神社仏閣を巡拝の者にしか女性は確認されなかった。女性を数えるという場合、年齢にも留意が必要と考える。史料上の表記を見ると、「久次郎娘きく年二歳」という幼少の者もいれば、同じ「娘」でも「文平娘はつ、但歳四拾六」といった四六歳の者もいる。年齢が表記されていない「娘」や「妻」という場合もある。このように年齢が様々であるということを注意しながらも「娘」「妻」等、性別が女と分かる者を女性の数として数えてみると同行者のいない女性一人の者が八事例（うち尼は三事例）確認された。また、行き倒れ人と同行者の人数の合計約二〇九人のなかで、女性であることが確認される人数は約五二人であった。単純に計算すればおよそ四分の一が女性である。先行研究で指摘されている通り、他の参詣地に比べて女性の割合は多いと考えられる[24]。

　以上から、現存する記録から阿波における行き倒れ人の傾向をまとめてみる。まず、行き倒れ人の来村理由については、明確に遍路を目的に流入した者でないと分かる「髪結渡世」、「稼ぎ」の者はそれぞれ一事例しか確認されない。この傾向をふまえて、従来の遍路研究で指摘されている点と比較しながら検討結果を見ると、西国出身の者が多く、女性の一人旅は八事例確認され、行き倒れ人とその同行者の人数のなかで性別が女性と分かる者の割合は約四分の一であった。これは四国遍路の特徴としてこれまでに指摘されている点と共通している。また、新たに分かった点は、分析対象の一二九事例中、およそ三分の二にあたる八八事例は単独で移動中の者だということである。複数で移動している場合は親子連れが多く確認できる。年齢層は二〇―六〇代の者が多いが、これについては他の参詣地への旅人もこのような年齢層が多く見られる。また、年齢層に関してこれまでほとんど明らかになっていなかったこととして、分析対象の一二九事例の行き倒れ人のなかで一〇歳以下が七人、七〇歳以上が五人も確認された。大まかな傾向を述べれば以上の通りである。これらの行き倒れ人は、どのような背景を持って、阿波の国へ、とりわけ四国遍路に来ているのだろうか。次節ではまず病気に焦点を当てたい。

第二節　病気の遍路

阿波における行き倒れ人が死亡した場合の死亡理由を見てみると、溺死が四件[25]であるが、他はほとんど「病死」である。行き倒れ人対応の過程で作成された史料では、見分の結果を村役人が藩へ報告する内容のなかで病死した者の死因を説明する。例えば以下のように記している。

史料5-1[26]

昨朝ゟ俄ニ病気指発、卒中風と相見無言仕ニ付、彼是介抱仕、たかとの最寄之衆中ゟも御心付ニ預り、服薬等相用、無手抜養生仕候得共、終昨夜病死仕候義ニ而少も疑布子細無御座候

これは嘉永四（一八五一）年に備中浅口郡下舟尾村の重蔵（四〇歳）が「卒中風」で死亡した際に、重蔵妻が村役人の見分に対して答えている史料である。「たか」と最寄りの者たちが手抜かりなく養生させたが、病死したので「少も疑布子細」はない、ということを報告している。ここでの疑しいこととというのは、病中にきちんと世話をしていないことであり、類似した表現は秋本家文書では「病中養生方麁略成義等ハ無之」というように見られ、病中に麁略に扱ってはいけないという原則があることが分かる。麁略に扱っていない、あるいは疑わしい死でないことを根拠づけるために具体的に病気の名前を挙げて死因を説明することが多い。上記の「卒中風」の他に例えば、「持病」（「持病之疝気」等）が一六事例[27]、「熱病」が一二事例（第四章における後藤家事例一・一〇・一一・一二・一五・一六・一七・二四・三五・五〇・五五・五八）、「時疫」で死亡した例（後藤家事例三七・木内家事例二〇）や、「虫病」（秋本家事例二・一〇）、「疱瘡」（後藤家事例四〇）、「痳症」（後藤家事例五二）、「水腫病」（後藤家事例六四）で死亡した例もある。「地盤より病気」（「地盤より」とは徳島の言葉で以前からという意味）とのみ記され、具体的な病名を挙げない場合もある。以前から病を患っていたと表記のある場合は、特に「癩病」、「瘡毒」（梅毒、かさの意味）、「持病」（「疝気」や「積気」）が多い。以下、これらに関して検討していく。

①癩病

まず、「癩病」[28]に関して、但馬国七味郡伊兵衛妻（四四―四五歳）の例を見てみる。伊兵衛妻は、伊兵衛の死後、忰の半蔵（八歳）を連れて「四国執行として」天保九（一八三八）年二月に早渕村まで来ていた。

史料5-2[29]

……右之者義忰半蔵召連四国執行として……当村往還筋へ罷越、

病気之体ニ而倒込居申旨、今朝村内之者ゟ申出候ニ付、早速私共罷越見分仕候処、急病と相見最早死去仕居申候、尤地盤癩病相煩居申者ニ而御座候得とも、諸疵何以御疑布子細も無之病死ニ相違無御座候……

この史料は早渕村の村役人が、組頭庄屋の見分に答えている箇所である。倒れている伊兵衛妻を村人が発見し、庄屋に届け出た。村役人が来たときには病死していた。「地盤癩病相煩」、つまり以前から癩病を煩っている者であった。この伊兵衛妻は、発見されてからすぐに死亡したのだが、なぜ癩病と分かったのかというと、伊兵衛妻の人相が記されている「申上覚」(30)に「右伊兵衛妻癩病相煩、面部相崩」とある。当時、口がゆがんだり手足の指が脱落、もしくはかがむ病とは一般的に「癩」の症状とみなされていた(31)。残された悴半蔵は、国元には兄がいるので帰りたいと申し出ているが、「幼年之者」なのでまずは村方で預り、養育し、郡代からの下知を待つよう組頭庄屋が指示したことが同史料に書かれている。上記事例のように、「癩病」と表記のある行き倒れ人は四事例確認でき、全て四国遍路を理由に来村している者である(32)。

② 瘡毒（梅毒）

次に「瘡毒」の病人を見てみる。「瘡毒」とは梅毒のことで、全身に紅斑や膿疱が出、現在では性感染症の一つとして知られる(33)。「瘡毒」と表記された行き倒れ人は六事例で確認された。史料上では以下のように記される。

史料5－3(34)

御糺ニ付申上覚

尾州中島郡一宮村了道と申者、諸国神社仏閣為順拝罷出、当月二日当村迄罷越候所、痛足ニ罷成歩行得不仕ニ付、木家懸仕相労置候所、昨廿六日病死仕候…（中略）…彼者義地盤瘡毒病人と相見、当村へ罷越、行歩相調不申、其已来廿五日程之間、村中ゟ食物并着類等迄差遣、彼是相労置申居所、二三日已前ゟ食事も相進不申候而、昨七ツ時終相果申候……

この史料は諸国神社仏閣巡拝として文政五年九月二日に成瀬村まで来た尾州中島郡一宮村の了道が、同二六日に死亡した際の死骸見分に対して、成瀬村の村人が死亡経緯を説明している箇所である。「彼者義地盤瘡毒病人と相見」というように、瘡毒の病人であると見えた、と説明している。人相を書いた史料には「背中胸ニ瘡毒之跡御座候」とあり、背中と胸に瘡毒の跡があったという。鈴木則子氏によれば、一六世紀以降、梅毒によって激しい皮膚症状を呈するときは人々の嫌悪の対象ともなり、その意味では「癩」患者と同じ扱いを受けたという(35)。今回の検討から、行き倒れ人が癩や梅毒という病であっても、他の行き倒れ人と同様に世話をすることが原則にもなっており、実際に世話をしていることが分かる。

③ 持病（「疝気」や「積気」）

「持病」と記された例は一六事例ある。そのなかで、具体的に持病の病名が記されるのは六事例ある。以下は嘉永四（一八五一）年と思われる亥年に豊後国日出領分早見郡倉成村の百姓源平と妻あいが病死し、源平・あいと同行していた娘の「みき」が村役人からの「御糺」

に答えたものである。

史料5－4㊱

……右源平義ハ地盤せんき持病御座候、并あい義も積気持病御座候ニ付、四国順拝之心願仕、私同道ニ而前段申上通、村中衆江御世話ニ預り、養生御加へ被下候得共、養生ニ相叶不申病死仕……

これによると、源平は「せんき」（疝気）㊲を持病としており、あいも「積気」を持病としていたので、四国順拝の心願があり、「私」みきが同行した、とのことである。興味深いのは、「持病御座候ニ付、四国順拝之心願仕」という箇所である。持病があったので四国順拝の心願があったことを村役人に説明している。この事例の他にも紀州日高郡下富安村の僧瑞厳が、姉ちよとともに「四国順拝」に来た理由を、「地盤積気持病御座候而、四国順拝之心願仕」と説明している事例もある㊳。真念著『四国偏礼功徳記』（元禄三年刊）には遍路を行うことや遍路に接待することで功徳を得た話が載る。これを見ると、第十二譚には三五両で「遍礼」（遍路）を買った年寄りの、疝気が治癒した話や、遍路を行ったことで癩病が治癒した話（第十三譚）等、遍路をしたことで病気が治癒した話が書かれている。このように見ると、病気平癒を「心願」して遍路に来た者が少なからずいることが窺える㊴。

これまでの遍路に関する研究では、病に苦しむ者が遍路に来ていたであろうという指摘はあったものの、実際にどのような病気の者が来ているのかがほとんど明らかになっていなかった。行き倒れ人の病名は様々見いだせたが、特に、癩病、瘡毒、持病については、遍路㊵に来る以前から病気であり、病気なので遍路に来る「心願」があったという事例が複数に渡って確認できる。さらに、そのことを阿波の村人が認識していることも分かる。

第三節　「困窮人」の遍路

次に、遍路に来る背景として「困窮」を見てみたい。次の史料は天保八年に遍路のさなか上浦村において行き倒れ死亡した弥五郎妻ぢうの土葬願（上浦村庄屋宛）である。

史料5－5㊶（傍線は筆者による）

奉願上覚

一、私義、立願御座候ニ付妻ぢう・娘その召連、四国順拝ニ罷越、当月三日ニ御村迄罷越候処、妻義病気指起り私付添介抱仕候処、終ニ今日九□□（破損）病死仕候ニ付而ハ、往来手形指出候様被仰付候、然処寺請往来之儀ハ所持仕候得とも、舟揚り当御国へ入切手之儀ハ所持不仕候ニ付、如何所持不仕哉之旨御尋ニ付申上候、地盤困窮人之私事故、路銀等も所持不仕候ニ付、舟揚之義ハ得請不申候、御国入切手之儀ハ御番所無御座候方ゟ入込ミ、勝手之義存知不申、入切手之義者取不申候、然処私妻之義ハ付添介抱仕、病死ニ相違無御座候、何卒御慈悲ヲ以御注進不被成、土葬ニ取置候様被仰付候得ハ、難有仕合ニ奉存候……

「私」つまり弥五郎は、「立願」があり、妻ぢうと娘そのを連れて「四国順拝」に来たが、妻が病死してしまったという。傍線部は、村役人から「舟揚り」切手（四国上陸証明）や阿波国へ入るときの「入切手」（入国証明）をなぜ所持していないのかを問われ、その理由を答えている箇所である。それによると、以前から困窮人であるので、路銀等も所持していなかったので、舟揚り切手は受け取ることができず、阿波国へは番所のないところから入り込み、入切手があるということは存じていなかったので、入切手は（受け）取らなかった、という。弥五郎は「立願」があって遍路に来たと説明しているが、この事例の他にも、先に見た病気平癒祈願以外で「心願」のために「四国順拝」をしている、と記している例がいくつか確認できる。浅川泰宏氏によれば、「志願」「大願」「信心」等の信仰表明に関するものは、土佐藩による遍路規制令・禁止令のなかで、藩自らが、規制・禁令に一定の制限枠を設けているような、制度的・論理的な曖昧さを常に含み込んだ思考を示すキーワードであったという[42]。本章が分析する**史料5－5**ルドは徳島藩領であるが、浅川氏の指摘を参考にしながら**史料5－5**が上浦村の村役人の立ち会いのもとで弥五郎に説明させていると考えると、切手を所持していない弥五郎に「立願」のために遍路に来たと説明させているのは、妻の亡骸の土葬を認める為の、あるいはこのまま遍路を続けることを認める為のキーワードであった可能性もある。この事例から、「困窮人」が遍路に来ているということ、他国者は船揚り切手・国入切手は持っていることが原則となっていること、ところが実際は倒れるまでは（問われる機会がなければ）切手を持っていないことは知られずに「四国順拝」をしている者としての滞在が可能であることも窺える。「困窮」に関して、次の事例も見たい。

史料5－6[43]（史料中にある（　）は見せ消ち・抹消）

御札ニ付申上覚

一、男壱人　　名西郡神領村　粂吉　歳七拾七

但背五尺三寸位、中肉、顔長、眉毛濃、頬髭生居申、其余目鼻耳口常体、紺浅黄一穴替竪縞綿入着仕、椀、三衣袋、杖所持仕居申候

右ハ地盤困窮之上、老年ニ相及往々稼難出来、無拠当時飢為取凌方々ニ而（辺路）袖乞仕居申内、此度無切手胡乱者為御取（締）□御出張御役人之御咎ニ預り、当月十四日ゟ御救小屋入ニ被仰付罷有候処、五七日以前ゟ時候当と相見へ、熱気強腹瀉仕居申ニ付、色々厚御手当（厚）被仰付候得共、終養生ニ不相叶、今昼過病死仕候……

この史料は文久元（一八六一）年四月、「御救小屋」で死亡した阿波国名西郡神領村の粂吉が死亡するまでの経緯を、「御救小屋」にいた者が組頭庄屋に説明している史料である。粂吉は以前から困窮しているうえ、老年になり稼ぎも出来難く、飢えを凌ぐために袖乞いをしており、「御救小屋」に入るように命じられたという。御救小屋とは、領内の困窮者を救恤することが目的であったが、単なる困窮者救恤のための施設としてだけではなく、袖乞の領民と他国無切手者および遍路を区別し、それぞれを還住、追放する手段として設置・機能していたことが指摘されている[44]。引用史料にも「此度無切手胡乱者為御取（締）□御出張御役人之御咎ニ預り」とあり、「無切手胡乱者」の取締りの動きとも関わりがある事例と見ることができる。この史料で注目したいのは、領民である粂吉の死去に至る経緯を説明する際、一度「辺路」と記入してから抹消していることである。遍路を行うことと、困窮して袖乞いをすることは、共通した面を持つ行為であるからこそ、

一度「辺路」と記入しているということだろうか。この点も含めて、次節では、先行研究で「乞食遍路」と位置づけられる存在は、行き倒れ人関係史料にどのように表記されているのかについて検討する。特に、来村理由を公的に証明する往来手形を持たない身元不明の者の扱いを軸に検討する。

第四節　「辺路体」と遍路

(1)　往来手形有無による死骸処理をめぐって

一般に、一九世紀の往来手形には、身元証明、通行・一宿の保証、死去時のその地での埋葬と国元への報告不要（いわゆる捨て往来）という三つの機能があった[45]。往来手形を持たない者の死後の扱いは以下の通りである。

史料5-7[46]

奉申上覚

……右之者、当月十八日府中村喜次郎方へ罷越、一宿仕らせ呉候様申出候ニ付、止宿仕らせ御座候所、地盤痰持病之趣ニ而、翌晩ゟ右病気指起り相痛申ニ付、服薬等相用候得共相叶不申、同廿日朝五ッ時終ニ死去仕候……諸疵何以疑敷義等相見へ不申、病死ニ相違無御座候、尤札挟ニ辺路札少々、十三仏真言一冊、丸薬弐袋、皮箇之中ニ飯箇り壱つ、椀壱つ、其余杖笠所持仕候得共、往来手形等も所持不仕乞喰体之者ニ候得ハ、最寄三昧へ取捨候様申付置候……

史料5-7は天保二年に府中村喜次郎のところで死亡した「男」に関する見分報告書である。彼は遍路の持ち物としてよく見られる札挟や十三仏真言等を所持しているにも関わらず、「往来手形等」の船上り切手や御国入切手を所持していないため、「乞喰体之者」であると判断され、亡骸は「取捨」（葬儀なしの簡単な埋葬）となった。ただし、「乞喰体之者」と判断されたにも関わらず、この者は喜次郎方で一宿させてもらい、服薬等で世話を受けている。実はこの事例では、喜次郎が「私義最早老年ニ相及、何之弁も無御座、右之者皮箇負台に乗持参仕居申ニ付、何之子細も相考不申辺路と相心得、生国何国共相尋不申止宿仕らせ候」（私は年老いていて何の弁えもなく、男が皮箇を負台に乗せているので、何も考えずに「辺路」と思い、生国等を尋ねずに止宿させた）と釈明しているのである。喜次郎がこのように釈明している背景には、往来手形を持たない身元不明の者を泊めてはいけないという原則があることが分かる。他方で、喜次郎の釈明に「辺路」と思って止宿させたとあるのは、「辺路」であれば、宿の提供等の接待を行う対象と見なすという四国住民の意識があるからこその釈明と見ることができる。

このように、往来手形を所持していない者は、原則として「乞喰（食）体」の者とされ、他の行き倒れ人とは死後の扱いに差が生じていることは従来から指摘されている。一方で、往来手形を持たない者でも「乞食体」の者と判断されない場合があることもこれまでの研究で明らかとなった[47]。筆者の分析対象のなかでも往来手形を所持しない行き倒れ人一九事例中、「乞食体」の者と判断され亡骸が「取捨」となる場合が四事例、「乞食体」の者と判断されず他の行き倒れ人と同様に寺院の僧侶をよび最寄りの墓所へ土葬される場合が二事例確認できる。ところが、もう一つ、亡骸を「仮埋」にすると記される往来手形不所持の行き倒れ人が七事例あるのである。[48]「仮埋」とは仮に土中にうずめるという意味かと思われる。次の**史料5－8・5－9**は「仮埋」となる者の事例である。

史料5－8[49]

御礼ニ付申上覚

一、男壱人　年齢四拾四五歳位
右之者当村堤野神近所ニ而病死仕居……尤往来手形其余所持之品も無御座、何方之者とも相分不申ニ付、先仮埋ニ仕置
……

史料5－9[50]

中上覚

一、男壱人　年齢弐拾弐三歳位
……右之者……難病と相見、余程手負相見候得とも、諸疵何以疑布子細も相見不申、病死ニ相違無御座候、尤何方之者とも不相分不《（ママ）》申ニ付、死骸之義ハ先仮埋ニ申付……

史料5－8によるとこの者は往来手形やその他の所持品もないのでどこの者かも分からず、先ず「仮埋」にするとのことである。**史料5－9**でもどこの者かも分からないので、「仮埋」にする、という。上記はいずれも天保八年の事例である。先にも述べた御救小屋は、天保八年の大飢饉、安政元―二年の南海地震と津波、文久元年に設置され、袖乞の領民と他国無切手者および遍路を区別する手段として機能していたことが指摘されている。[51]この指摘をふまえれば、天保八年に発生した行き倒れ人の亡骸を「仮埋」にすることの意味は、往来手形を所持していないため、領民と他国無切手者・遍路の区別がつかないために「仮埋」という措置がとられていたとも考えられる。しかし、それが理由であれば「乞食体」の者と判断される者も往来手形を持たないためどこの者か分からないはずで、亡骸は「取捨」でなく、「仮埋」でもよいはずである。[52]

行き倒れ人の亡骸を「取捨」や「仮埋」と判断するのは村役人であるが、この場合、村役人のどのような認識が窺えるだろうか。**史料5－7～5－9**を見ると、所持品・身なりに関する言及があり、その内容から、「乞食体」の者かどうかの判断がなされているとも見える。では、行き倒れ人はいかなる物を所持していたのだろうか。

(2) 行き倒れ人の所持品

章末の**表5－3**は行き倒れ人の所持品・着類（衣類）の一覧である。ただし行き倒れ人の所持品について言及した史料がある事例のみとする。表中の事例番号は、第四章における事例番号に当たる。往来手形を持たない者のうち、「乞食体」の者とされ亡骸が「取捨」となったのは後藤家事例六・八・六二・六三、「仮埋」となったのは後藤家事例二九・三〇・三八・四〇・五四・六八・木内家事例一一、他の行き倒れ人と同様に土葬されるのは後藤家事例三六・木内家事例一七である。これを見ると、杖は半分以上となる約五八パーセントの行き倒れ人が所持し、笠・札挟みも約五三パーセント、三衣袋は約五二パーセントの行き倒れ人が所持している。[53]近世の道中案内記『四国偏礼道指南増補大成』には遍路が用意するものとして札ばさみ板と、遍路の

は四国遍路を理由に来村した行き倒れ人が多いことが、このような所持品の傾向が出てきたと考えられる。行き倒れ人の所持品一覧を見ると、路銀を持つ者の所持品は比較的多く、往来手形を持たない者の所持品は比較的少ないという傾向は見えてくる。往来手形を持たない者のなかには、往来手形やその他の荷物は盗み取られたと本人が申し出る場合もある。

さて、往来手形を持たない者のなかで亡骸が「取捨」となる者の所持品を見ると、ほとんどが他の行き倒れ人と同様、杖と笠を所持している。「仮埋」となる者の所持品は様々であるが、杖・笠を所持している者もいれば、荷物を盗み取られる等でほとんどの所持品がない者もいる。往来手形を持つ行き倒れ人の所持品も、杖と笠、札挟みと三衣袋をはじめとする所持品のある者もいれば、所持品のほとんど無い者もおり、様々である。つまり、各事例ごとに様々で、単純に比較することは難しいが、「乞食体」の者と判断される者と、そうでない者で、所持品の傾向の違いを見出すことができない。

すなわち、「乞食体」の者とそうでない者に、姿・見た目にそれほどの差がないと考えられる。また、先の**史料5－7**の事例は、「乞喰体之者」と判断されたにも関わらず、喜次郎は「辺路」と思い、一宿させたとある。このことは、「乞食体」の者と判断される者とそうでない「辺路」に、倒れる前の状態・見た目には顕著な違いがないことを示している。行き倒れ人が病気になり死亡する等村役人が関与した段階で、往来手形の有無が問題となり、「乞喰体之者」かどうかの判断がなされるといえる。さらに、**史料5－7**の端裏書には「辺路体之者」とある。実は、「乞食体」の者とされた四事例の史料には、全て「資具」（持ち物）として「笠」と「つえ」が挙げられている。阿波に「辺路体」と記してある。「乞食体」と「辺路体」が同一事例で記されているということは、「乞食体」の者は、「辺路」と混同されるような存在であるとみなされていることを如実に示しているといえる。このような事例から、袖乞いや物乞いをすることと、遍路を行うことは、見た目・状態に共通した面を持っている、と阿波の人々は認識していたと見ることができる。

以上から、原則として往来手形を持たない者は「乞食体」の者とされ、亡骸は「取捨」となるが、実際は「乞食体」の者かどうかの判断がつかない行き倒れ人が多く存在した。遍路のさなかに倒れた者が多い阿波では行き倒れ人といえば遍路である可能性が高いという前提があったと考えられる。遍路のなかには物乞いをしながら巡る者がいるからこそ、「乞食体」の者は、「辺路体」、つまり遍路と思しき存在とみなされていた。行き倒れ人の亡骸を「仮埋」とするのは、死亡人が領民か他国者かの判断がつかないときの他に、「乞食体」の者か、遍路として来た者かどうかの判断に迷う場合であると考えられる。

おわりに

本章では近世後期の阿波における一二九事例の行き倒れ人に関する史料を用いて、阿波の村人の目を通して見える遍路の境遇や意識・存在形態を検討した。まず、女性の割合は約四分の一であり、他の参詣地に比して多いということが特徴として挙げられる。近代以降に女性遍路の民俗事例が確認できるのは、近世の段階で女性遍路が少なくないことが影響を与えているのではないだろうか。また、これまでの遍路研究ではほとんど明らかになっていなかったこととして、同行者のいない者が八八事例、複数の場合は親子連れが多く確認できたこと、年齢層では一〇歳以下が七人、七〇歳以上が五人も確認されることが分かった。このような者たちの遍路に来る背景が詳細に分かるわけではないが、なかには、第二・三節で検討したように、癩や梅毒、持病などの病気や困窮を契機として「心願」のために単独あるいは複数で遍路に来ていたことは指摘できる。その一方で、その背後には願いが叶わず途中で死亡してしまう者も少なからずいたということも分かる。病気平癒の四国遍路霊験譚が、近代以降も人口に膾炙しているのは、近世に病気平癒祈願の遍路が来ているということ、そしてなかには治癒せずに倒れてしまう者の例を、四国住民が間近で見て認識していたという時代背景が大きな影響を与えているであろう。このうち癩病に関して言えば、昭和一〇年頃まではハンセン病患者の遍路姿はよく見られたようであるが、宮本常一氏の聞き取り調査によると、四国にはハンセン病など「業病」と考えられた者だけが歩く山道があったという。[54]第四節では往来手形を持たない行き倒れ人で、「乞食体」と判断される者と、そうでない者に、所持品において顕著な違いが見られず、行き倒れ人が生存している間は「乞食体」の者も、往来手形を持っている遍路（特に物乞いしながら巡っている者）も、その見た目・状態においては共通の面もあったことを指摘した。

このように見ると、新城常三氏が特徴として挙げる「女性などの非独立層」「経済的弱者」「病人」「乞食」[55]の遍路とは、どれか一つに固定して捉えられるような存在ではなく、それぞれが重なり合い、明確に分かつことはできず、また遍路かどうかも分からない曖昧な状態で、存在していたと考えられる。これは、四国遍路と、乞食＝勧進層や他国無切手者が共通した社会的実態を持っていたという町田哲氏の指摘にも通じる。[56]また、浅川泰宏氏によれば、近世土佐藩は信仰的実践としての遍路を正統なものと認め、そこから逸脱する者を異質として分化させていくまなざしがあるという。しかしながらその分類には「遍路体の者」という言葉に代表されるように、常に境界性が読み込まれ、どこか分かちきれない曖昧さを残すことを指摘している。[57]この指摘に学ぶと、近世は「正統」な遍路かどうか分からないという曖昧さを残して、遍路が存在できた時代であると見ることができる。「正統」な遍路であることを証明するのが当時では往来手形であったと考えられる。往来手形を持つ遍路のなかにも、「乞食体」の者と見た目・状態において共通した面があったからこそ、「正統」な遍路かどうかの曖昧さを残して存在できたのではないだろうか。

明治初期は四国遍路排斥論が、藩・県の達しや新聞等で、活発に取り上げられた時代であることがこれまでの遍路研究で指摘されている。[58]その前段階として、阿波では文久三（一八六三）年以降は他国遍路の一宿禁止、つまり他国遍路の入国が実質的に禁止されたことが先行研究で明らかとなっている。[59]しかしながら文久三年以降も、行き倒れた遍路の事例が確認できる。町田哲氏は、明治二年に播州高砂の太平一家が遍路としてやってきて、一一月三日に一番札所霊山寺を参拝し、以後阿波国内の所々を巡拝したが、「他国者入込候義御制禁之筋は一向に相心得申さす」に、北岩延村まできて太平が病死したという事例を紹介している。氏はこの事例から、他国遍路の入国が原則禁止されていたにも関わらず、実際は太平が死なぬ限りは巡礼が密かに可能であったことは、習俗としての遍路が根強く展開していることを意味すると述べている。[60]習俗としての遍路が根強く展開している背景にある、近世の民衆にとっての四国遍路の位置づけ・意味づけとはいかなるものであったのだろうか。この点については終章で考察したい。

註

（1）新城常三『新稿社寺参詣の社会経済史的研究』（塙書房、一九八二年）一〇五五・一〇五七・一〇六三・一〇七〇頁等。
（2）弘法大師信仰や接待、出版物等に関する総合的な考察は真野俊和『日本遊行宗教論』（吉川弘文館、一九九一年）、同編『講座日本の巡礼第二巻聖蹟巡礼』（雄山閣出版、一九九六年）、佐藤久光『遍路と巡礼の民俗』（人文書院、二〇〇六年）、浅川泰宏『巡礼の文化人類学的研究――四国遍路の接待文化――』（古今書院、二〇〇八年）等。
（3）前掲註（2）真野一九九一年書、一二八―一四四頁。
（4）前田卓『巡礼の社会学』（ミネルヴァ書房、一九七一年、一八八頁）、前掲註（2）浅川書、一七五頁。
（5）森正康「女人不浄観と山岳信仰・四国遍路」（四国地域史研究連絡協議会編『四国遍路と山岳信仰』岩田書院、二〇一四年）。
（6）前掲註（2）真野一九九一年書、二三一―三七頁、前掲註（2）浅川書、二三一―二三八頁。
（7）井馬学a「徳島藩の遍路対策と村落の対応」（『四国遍路の研究Ⅱ』鳴門教育大学、二〇〇五年）、同b「同」（『鳴門史学』一九、二〇〇五年）、町田哲a「「木内家文書」の四国遍路関係史料について」（『阿波学会紀要』五二、二〇〇六年）、同b「近世後期阿波の倒れ遍路と村」（『徳島自治』八八、二〇〇六年）、同c「同」（『阿波の遍路文化』徳島地方自治研究所、二〇〇七年）、本書第四章「近世後期阿波における行き倒れ人と村の対応」（初出は「近世後期における行き倒れ遍路と村の対応」菅原憲二編『記録史料と日本近世社会』（千葉大学大学院人文社会科学研究プロジェクト報告書第二二〇集、二〇一〇年）に所収）。
（8）町田哲「近世後期阿波における「他国無切手・胡乱者」統制と四国遍路――打廻り・番非人・御救小屋――」（『部落問題研究』一九三、二〇一〇年）。
（9）高橋敏「近世民衆の旅と行旅病死」（『沼津市史研究』二、一九九三年）、松本純子「行き倒れ人と他所者の看病・埋葬」（『東北文化研究室紀要』四二、二〇〇一年）、同「近世における行き倒れの一分析」（『日本歴史』六五一、二〇〇二年）、柴田純「行旅難渋者救済システムについて――法整備を中心にして――」（『史窓』五八、二〇〇一年）、同「近世のパスポート体制――紀州藩田辺領を中心に――」（『史窓』六一、二〇〇四年）、藤本清二郎「近世城下町の行倒死と「片付」――和歌山の場合――」（『部落問題研究』一八四、二〇〇八年）等。
（10）大正五年に刊行された、御大典奉祝協賛会の編による資料集。『御大典記念阿波藩民政資料』（下巻、一五五一―一五五三頁）には麻植郡鴨島村での行き倒れ人（「麻植郡川眞田輝逸氏所蔵」、年代が確定できない未年の事例）を一件確認した。
（11）事例件数は巻末の**別表1〜4**を参照のこと。
（12）後藤家は名東郡早渕村で組頭庄屋を勤めていた。後藤家文書の文書番号を示す際には後藤家文書の整理番号に従って後藤家文書＋番号と表記する。後藤家文書には早渕村で組頭庄屋を勤めた後藤家を中心とする組村＝早渕組の村々での行き倒れ人を天保二（一八三一）年六月二日から明治四（一八七一）年正月六日までに八六件確認した。
（13）木内家は板野郡竹瀬村で庄屋を勤めていた。木内家文書の文書番号を示す際には、徳島県立文書館の史料整理番号に従ってキウチ＋番号と表記する。木内家文書には木内家が庄屋を勤める竹瀬村周辺での行き倒れ人を天明三（一七八三）年一二月十四日から明治四（一八七一）年三月一二日までに二八件を確認した。

(14) 秋本家は那賀郡小仁宇村で庄屋を勤めていた。以後、秋本家文書の文書番号を示す際には、徳島県立文書館の史料整理番号に従ってアキモ＋番号と表記する。秋本家文書には秋本家が庄屋を勤める小仁宇村周辺での行き倒れ人を文政一〇（一八二七）年と見られる亥年一一月一〇日から文久三年と見られる亥年四月一日までに一一件確認した。なお、後藤家文書、木内家文書、秋本家文書の「倒れ遍路関係史料」は、鳴門教育大学戦略的教育研究開発室（「四国遍路」プロジェクト推進委員会）『近世阿波の四国遍路関係史料集』（二〇一〇年）に翻刻史料が掲載されている。

(15) 阿部家は名西郡上浦村で庄屋を勤めていた。阿部家文書の文書番号を示す際には、徳島県立文書館の史料整理番号に従ってアベケ＋番号と表記する。阿部家文書には阿部家が庄屋を勤めた上浦村での行き倒れ人を文化二（一八〇五）年と見られる丑年一〇月二日の事例と天保八（一八三七）年五月五日の二件確認した。

(16) 近藤家は板野郡坂東村で庄屋を勤めていた。近藤家文書の文書番号を示す際には、徳島県立文書館の史料整理番号に従ってコンテ＋番号と表記する。近藤家文書には近藤家が庄屋を勤めた坂東村での行き倒れを一件（年代不明）確認した。

(17) 組頭庄屋とは、高橋啓氏によると他藩の大庄屋と共通する側面をもち、郡内にいくつかの村を組み合わせた組村を統括する存在で、郡中諸割賦・組村割賦を運営するだけでなく、藩からの「触・達」の伝達、組村からの訴訟・歎願・公事出入りの調停・処理、組村の風俗・治安維持、農作状況・家数などの調査・報告などを主要な任務としていたという（同「近世後期阿波における「諸割賦」をめぐって」（有元正雄編『近世瀬戸内農村の研究』渓水社、一九八八年、のち「近世後期の村落と「諸割賦」」として高橋啓『近世藩領社会の展開』渓水社、二〇〇〇年に所収））。後藤家周辺の組頭庄屋に関する研究は阿佐浩道「徳島藩の組頭庄屋――後藤家文書をてがかりに――」（『鳴門史学』一九、二〇〇五年）を参照のこと。

(18) 真念『四国偏礼道指南増補大成』。近藤喜博氏によれば、そもそもは真念『四国辺路道指南』（貞享四年刊）を「増補改訂」とされるが、実際は増補でなく簡便にしたものである。版を重ねて出版されたという（近藤喜博『四国霊場記集別冊』勉誠社、一九七四年）。

(19) 前掲註(2)浅川書、二一五頁。浅川氏は、遍路道からはずれた地域の寺に残る過去帳からも客死遍路がいたことを見出し、遍路道からはずれた地域にも遍路が来ていたことを明らかにした。浅川氏は、地域社会から提供される接待に依存する巡礼者たちが、接待を十分に確保するために巡礼路を踏み越えて外部へと向かっていき、その彼らの軌跡の集合体を概念化したものとして「乞食圏」を提起している。

(20) 後藤家の管轄する組村内で死亡した者の出身地・名前・年齢を記録した「遍路病死并異死人見分札控帳」（後藤家文書二―五二）を分析した井馬学氏によれば、ほぼ毎年のように組村内で遍路の死者が二〜五人程発生しており、とりわけ死者数が多いのは天保八年一七人、同九年一六人、嘉永四（一八五一）年二二人、同五年一二人である。嘉永四年は三月下旬から四月下旬にかけての一ヶ月で一四名の死者が出ていることから流行病によるものと井馬氏は推測している（前掲註(7)井馬a論文）。

(21) 前掲註(4)前田書、一五八―一七〇頁、前掲註(2)浅川書、一七四頁。

(22)　前掲註(4)前田書、一八八頁、前掲註(1)新城書、一〇五五頁。

(23)　諸国神社仏閣巡拝中と記されている者は、四国内でも神社仏閣を巡拝し、そのさなかに倒れた者であるので、四国霊場を含む巡拝を行っている者とみなしてよいと考える。近世の道中日記に関する研究成果により、近世、特に一九世紀以降は旅のなかで複数の地を訪れることが盛んに見られることが指摘されている（小野寺淳「道中記にみる伊勢参宮ルートのモデル・ルート」（『筑波大学人文地理学研究』一四、一九九九年）、塚本明「道中記研究の可能性」（『三重大史学』八、二〇〇八年）等を参照）。

(24)　前田氏、浅川氏の調査では死亡した遍路の男女比を概ね三対一としている（前掲註(4)前田書、一八八頁、前掲註(2)浅川書、一七五頁）。また、深井甚三氏によれば安政七（一八六〇）年、他所より女性の参詣が多かったと考えられる成田山の宿泊者中の男女比を見る限り、江戸町人も成田山近隣国住民の場合でも女性は二割前後にすぎないという（深井甚三『江戸の旅人たち』吉川弘文館、一九九七年、九〇頁）。この割合と比較しても女性の遍路の割合は比較的高いと考えられる。

(25)　後藤家文書五—一〇六—一、ｾﾉｹ 00807000「見分紮書扣　四冊之内三」、ｾﾉｹ 00932000「諸控」、ｾﾉｹ 00803000「辺路死骸見分紮控」（第四章における後藤家事例六一・木内家事例八・九・二八）。

(26)　ｾﾉｹ 00932000「諸控」（第四章における事例一三）。

(27)　第四章における後藤家事例六・七・八・一四・一八・三九（「地病」という表記）・四二・五一・五九（「地盤積気持」という表記）・六七・七二・木内家事例一五・秋本家事例一・五・一一・川眞田家（『御大典記念阿波藩民政資料』所収）事例一。

(28)　福西征子氏によれば、癩という語は現代の、いわゆるハンセン病および他の皮膚疾患を含むと解釈されるという（福西征子「幕藩体制下におけるハンセン病　会津・三春・弘前・加賀藩を中心として」（同『語り継がれた偏見と差別——予防立法以前の古書に見るハンセン病——』自刊、二〇一二年）、五六頁）。

(29)　後藤家文書五—四八—一八「但馬七味郡宿村伊兵衛妻早渕村にて病死見分紮添書控他」①（第四章における後藤家事例四五）。

(30)　前掲註(29)後藤家文書五—四八—一八「但馬七味郡宿村伊兵衛妻早渕村にて病死見分紮添書控他」の一連の史料②。

(31)　鈴木則子「江戸時代の医学書に見る梅毒観について」（福田眞人・鈴木則子編『日本梅毒史の研究——医療・社会・国家——』思文閣出版、二〇〇五年、四三頁）。

(32)　第四章における後藤家事例四五・六六、木内家事例五・一七。

(33)　第四章における後藤家事例一二・木内家事例六・一〇・一二・一三・二五。

(34)　ｾﾉｹ 00807000「見分紮書扣　四冊之内三」（第四章における木内家事例一〇）。

(35)　前掲註(31)鈴木論文。

(36)　ｱｷｷ 00278002「御紮ニ付申上覚（豊後の夫婦四国順拝中百合谷村で病死に付娘の紮問への返答の件）」（第四章における秋本家事例五）。

(37)　疝気の主症状は、下腹部から股のつけね辺りに感ずる引き攣れるような激しい痛みであるが、腹部を中心とする多くの症状が疝気の病に包含されていた。なお、疝気や積気については白杉悦雄「疝気と江戸時代のひとびとの身体経験」（山田慶兒・栗山茂久共編『歴史の中の病と医学』思文閣出版、一九九七年）に詳しい。

(38)　ｱｷｷ 01491001「御紮ニ付申上覚」（第四章における秋本家事例一）。

(39)　阿波の住民である美馬郡半田村商人酒井弥蔵は、知人が「大痢」にかかり遍礼三度の心願をかけて平癒した際、御礼の為に端四国八十八ヶ所巡拝（写し霊場）を代参している。阿波の住民にも、病気平癒祈願として四国霊場巡りの心願をかけ、巡拝するという認識があった可能性は高い（本書第二章を参照）。

(40) 持病の二事例（往来手形を持たない公的な移動理由が不明の者）以外は四国巡拝の途中で行き倒れた者である。

(41) ﾏｲｸﾛ 0002400「奉願上覚（四国辺路途中にて妻病死に付、土葬願）」。

(42) 前掲註(2)浅川書、二七五頁。

(43) 後藤家文書二―四三―九「御救小屋入辺路病死都書一巻」（第四章における後藤家事例七五）。

(44) 徳島藩領で御救小屋が設置されたのは、天保八年の大飢饉、安政元―二年の南海地震と津波、文久元年の三回であるという（前掲註(8)町田論文）。

(45) 五島敏芳「往来手形考」（『史料館研究紀要』二九、一九九八年）、前掲註(9)柴田二〇〇一年・二〇〇四年論文。

(46) 後藤家文書二―四七―六「府中村喜次郎方にて辺路体之者病死取紮都メ書ひかへ他」（第四章における事例六）。

(47) 前掲註(7)井馬a論文、町田a論文等。

(48) その他最終的な埋葬の仕方を記す史料がない事例が六件ある。

(49) 後藤家文書五―五六「男壱人何方之者とも不相分早渕村にて病死見分紮都書ひかへ他」（第四章における事例三八）。

(50) 後藤家文書五―五三「男壱人何方之者とも不相分、延命村にて病死見分紮書ひかへ他」（第四章における事例四〇）。

(51) 前掲註(8)町田論文。

(52) 「取捨」となる「乞食体」の者は天保二・三年に一事例ずつ、天保一〇年に二事例確認でき、「仮埋」となる者は「御救小屋」が設置される年かどうかに関わらずいるのである。

(53) なお、遍路のスタイル（装束等）について内田九州男「四国遍路――そのスタイルの諸特徴について――」（愛媛大学「四国遍路と世界の巡礼」研究会編『巡礼の歴史と現在――四国遍路と世界の巡礼――』岩田書院、二〇一三年）には、白装束は一九五八年段階に定着するが、江戸時代、明治・大正期とも白装束ではないことが指摘されている。**表5―3**を見ると、白装束ではないことが分かる。

(54) 宮本常一「土佐寺川夜話」（『忘れられた日本人』未來社、一九六〇年、のち同『忘れられた日本人』岩波書店、一九八四年）。

(55) 前掲註(1)新城書、一〇五五、一〇五七、一〇六三、一〇七〇頁等。

(56) 前掲註(8)町田論文。

(57) 前掲註(2)浅川書、二七六頁。

(58) 前掲註(2)真野一九九一年書、二三三―三七頁、前掲註(2)浅川書、二七六―三一八頁等。

(59) 前掲註(8)町田論文。

(60) 前掲註(8)町田論文。

表5－3　行き倒れ人の所持品

事例番号	着類（衣類）	備考	往来切手	三衣袋	札挟	辺路札	納経	柳箇り	飯箇り	面桶	数珠	椀	風呂敷	杖	笠	負台	路銀	その他
後藤家事例2	古袷紺古一重股引		○	○	○			○				○	○			○	銀札三匁四分八厘	枕、切つぎ、かわ煙草、古襦袢、紙張、小倉嶋古紙入、毛綿紺絣財布、方すづ壱ツ　、小キ折壱ツ此内袷四ツ、剃刀、といし、ひいとろ鏡、□さらし風呂敷ニ包
後藤家事例3	浅黄紋付単物、茶小倉古		○	○			○		○		○	○	○					脚半、草鞋懸、骨柳
後藤家事例6	浅黄島単物、下ニ継々袷壱つ、細帯〆	「乞食体」死骸は取捨	×		○	○			○			○		○	○			薬物、丸薬、十三仏真言
後藤家事例7	浅黄縞綿入古羽織		○	○	○			○	○					○	○		銭弐匁五分	
後藤家事例8	島綿入浅黄単物	「乞食体」死骸は取捨／往来手形は盗み取られたと申出	×									○			○			
後藤家事例10	紺竪縞袷、上へ縞半てん着、紺引すこき帯股引脚半		○		○		○				○		○	○	○		銭三分	
後藤家事例12	縞古単物二細帯		○		○				○	○	○	○	○	○	○			位牌、小刀、財布
後藤家事例13	袷壱つ単物		○		○		○	○						○	○		銭三十文	
後藤家事例14	古縞袷		○	○			○						○	○	○			
後藤家事例15	縞古袷同伴てん		○		○		○							○	○			荷俵
後藤家事例17	縞古袷着仕細帯		○		○		○											
後藤家事例18	紺単物浅黄帯ヲ〆、紺脚半草鞋懸		○	○	○	○	○	○		○		○	○	○			銭五拾文	合羽、莞莚、惣袋、紺浅黄縞単物、長財布、鼠足袋、手負、真田、手拭
後藤家事例19	島単物		○		○		○	○			○			○	○			
後藤家事例20	紺浅黄縞袷、紺脚半〆		○										○	○	○			莞莚、張皮篭、紺手負、手拭
後藤家事例21	毛綿紺竪縞古袷壱枚、同空色古袷壱枚着仕、細帯ヲ〆		○	○					○		○	○	○			○	銀札弐百四拾三匁弐分五厘	蚊帳、古中入綿、手拭、下帯、毛綿袋、麦粟少々、毛綿財布三ツ、小刀、鋏、諸〆玉
後藤家事例22	紺縞毛綿入同袷		○	○	○									○	○			墨貯
後藤家事例23	薄浅黄単物着仕、紺毛綿帯〆		○					○		○				○	○		銭七拾文	毛綿煙草入、煙管
後藤家事例24	縞単物壱つ、古襦袢壱つ、細帯一筋		○	○	○			○	○			○		○	○			
後藤家事例25	縞単物着、毛綿真田帯〆		○						○			○	○	○	○			風鈴、半てん、古継切々
後藤家事例26	竪縞破袷、古襦袢破股引		○	○	○		○							○	○		銭七十文	箱、讃州金毘羅札守、伊勢御払、麦壱合七八勺
後藤家事例27	浅黄綿入壱ツ		○	○				○					○	○	○			麦三合
後藤家事例29	織色袷着細帯ヲ〆	死骸は仮埋	×								○							
後藤家事例30	惣髪ニ而修験体ニ相見不申、縞袷碁盤縞袷浅黄島単物着、引すごき帯〆、雲斎股引	死骸は仮埋	×				○			○		○	○	○	○			大張篭、小張篭ニ大洲御影大小六拾八枚、紺縞袷、守七枚
後藤家事例33	紺縞綿入着細帯〆		○	○				○		○		○		○	○			紺衣
後藤家事例34	紺竪縞破袷		○	○	○		○	○	○			○		○	○	○		
後藤家事例35	紺縞袷、細帯ヲ〆		○	○			○		○					○	○	○		物箇り、粟俵壱ツ
後藤家事例36	紺織包単物着、真田細帯〆、白毛綿襦半	往来手形は盗取られたと申出	×															
後藤家事例38	縞破単物壱ツ	死骸は仮埋	×															
後藤家事例39	紺縞古単物		○	○								○		○	○			
後藤家事例40	紺縞袷、紺茶壱穴替	死骸は仮埋	×															

	単物、古細帯																	
後藤家事例41	紋付ちくさ古着ニ而、さなだ帯、尤形付左尻すけ着用		○	○	○			○			○							土鍋、服こり、小キ塩つほ、道しなん、たはこ入、きせる壱本、形付古物内ニ古き袋数ニ三ツ程
後藤家事例42	縞古袷、破股引		○		○									○	○			皮籠
後藤家事例43	縞古袷、古単物		○	○	○							○				○		重箱、木椀、煙草入、張皮箇
後藤家事例44	毛綿縞綿入弐ツ、同単物壱ツ、小倉帯〆		○	○	○									○	○			
後藤家事例45	縞古綿入古縞伴着、上二縞綴袷		○	○	○						○							
後藤家事例46	紺縞袷、紺茶筋入縞てんちう着、帯壱ツ縄ヲ〆		○	○			○	○				○		○	○			
後藤家事例47	毛綿立縞袷壱ツ、同襦伴壱ツ、縞半てん綿入壱ツ、白毛綿帯〆		○	○	○		○	○				○		○	○	○	銀弐朱壱ツ、壱朱銀六ツ、銭三百五十文四文銭八文、丹州亀山銀札六枚	財布、煙草、米麦三合程麦之粉弐袋、毛綿切□□同帯壱筋、煽子壱本、瓢箪壱ツ、墨貯弐玉、紙壱帖、荷風羽弐枚、ばつち弐ツ、わらし懸□□、四国道中帳壱冊
後藤家事例48	毛綿紺竪縞袷着、毛綿帯ヲ〆、古キ脚半		○	○	○						○	○		○		○		箇り、扇子箱弐ツ
後藤家事例49	縞継之綿入壱ツ		○	○	○		○	○				○	○					
後藤家事例50	茶縞単物		○	○	○													
後藤家事例51	紺花色竪縞綿入浅黄襦伴		○				○	○					○				宇和島銀札壱匁五分	浅黄形付股引、縞打違
後藤家事例52	毛綿、浅黄縞袷着毛綿細帯〆、尤毛綿半てん弐ツ、同浅黄染帯壱筋		○	○								○				○		
後藤家事例53	古単物着、縞帯〆		○		○		○	○								○		古衣
後藤家事例54	縦織藍備中色之地ニ水色横織縞綿入	死骸は仮埋	×															竹箇り
後藤家事例55	形付単物		○				○	○		○							銭六匁	
後藤家事例56	茶浅黄綿入縞袷ニ、紺ごばん縞単物		○		○	○							○	○	○	○		こはん縞単物、扇子箱
後藤家事例57	毛綿綿細帯ヲ〆		○															
後藤家事例59	毛綿竪縞袷、下ニ同単物、同毛綿帯ヲ〆		○	○	○						○			○	○			毛綿はつち、脚半
後藤家事例60	毛綿縞破単物		○	○	○									○	○	○		破箇り
後藤家事例61	毛綿片付単物、縞帯ヲ〆		○	○	○		○		○		○	○		○	○		壱朱壱ツト銀札銭〆三匁	
後藤家事例62	内路単物	「乞食体」死骸は取捨	×	○							○	○		○	○			
後藤家事例63	綴袷太枚	「乞食体」死骸は取捨	×	○	○							○		○	○			
後藤家事例64	毛綿紺色袷壱ツ、同浅黄細帯ヲ〆		○				○					○	○	○				手拭
後藤家事例65	ほろ綿入		○					○						○	○			
後藤家事例66	毛綿紺竪縞単物壱ツ、毛綿浅黄色細帯ヲ〆		○	○	○		○	○	○			○		○	○	○	銭三百八十文	
後藤家事例67	毛綿ほろ単物		○						○					○	○			
後藤家事例68	竪縞破単物	死骸は仮埋	×				○		○		○						銭五十文	
後藤家事例69	継之古袷		○	○	○									○	○			
後藤家事例70	縞単物壱枚しばん壱重帯		○	○	○				○			○						
後藤家事例71	毛綿縞単物壱ツ、襦伴壱ツ		○	○	○		○							○				筒弐ツ
後藤家事例74	紺茶縞袷、鼠紺縞綿入胴着、浅黄染襦伴		○	○	○		○				○	○	○	○	○		壱分銀一切、壱朱銀十一切、銭弐拾文	和合院往来手形、讃州引田浦船揚切手
後藤家事例75	紺浅黄一穴替竪縞綿入		○	○								○		○				

後藤家事例76	継之浅黄単物着仕、細帯ヲ〆		○	○			○			○	○	○		○	○	○		飯入
後藤家事例79	黒紋付古袷着、細帯〆		×	○			○											
後藤家事例85	紺鼠并竪縞袷着仕、脚半ヲ覆		○		○		○						○	○	○			讃州船上切手、讃州丸亀船上切手
後藤家事例86	浅帯袷壱枚、同小倉ヲ〆		○		○							○		○	○	○		古箇
木内家事例3	単物		×															
木内家事例11	古毛綿薄色草物	死骸は仮埋	×		○													
木内家事例12	毛綿殊嶋古綿入、同嶋袴継々襦袢細引帯		○						○									
木内家事例13	古毛綿継々単物、同殊嶋古帯		○	○			○											麦五合
木内家事例15	浅黄綿入上ニ浅帯草物嶋毛綿帯		○															
木内家事例16	紺竪嶋袷		○															
木内家文書17	（記載なし）	所持品は盗み取られたと申し出	×															
木内家事例21	紺竪嶋破		○															
木内家事例22	紺竪嶋浅黄竪嶋単物弐枚		○		○								○			○		浅黄襦袢
木内家事例25	古浅黄竪嶋単物弐枚		○		○				○									
木内家事例27	衣類破れ二而嶋目分り不申		△		○													
秋本家事例2	浅黄草柄、下帯不仕、上に丸キ細帯		○	○	○							○		○	○			
秋本家事例3	古浅黄立嶋草物、并紺古袷しばん毛綿之細帯		○	○	○		○	○			○		○	○	○			白米、米、麦、籾、箱、御国宍喰御蕃處入切手、豫州三ツ濱船上り手形、いんろう、きせる
秋本家事例4	紺立島草柄、襦袢古殿中毛綿之細帯		○	○	○		○					○		○	○			荷籠、讃州丸亀舟場切手、大坂口入切手
秋本家事例8	紺立嶋草柄茶立嶋半天毛綿中色帯		○	○	○		○					○		○	○			荷籠、讃州丸亀船場切手、御国日開谷口入切手
近藤家事例1	裸ニ破れ草柄壱つ上ニ浅黄嶋草柄着仕古襦袢		○	○										○	○		銭百文	櫛、髪附少し、はつたひ三合程、籾五合程　、大麦三合程、米弐合程、山芋、ふばこ入　、□俵
川真田家事例1	毛綿つきつき古単物壱つ毛綿つきつき古るひとへ		○									○						雑物茶碗古碗様之物所持仕‥
計（事例数）				43	44	3	31	20	16	7	16	32	19	48	44	15	16	
%				52	53	4	37	24	19	8	19	39	23	58	53	18	19	

注）「備考」以外は史料の表記に合わせて記した。「路銀」欄の「計」は、路銀を所持していることが確認できる事例数である。

出所）鳴門教育大学収蔵後藤家文書、徳島県立文書館所蔵木内家文書、徳島県立文書館寄託秋本家文書、徳島県立文書館寄託阿部家文書、徳島県立文書館購入近藤家文書、御大典奉祝協賛会編『御大典記念阿波藩民政資料』に見える行き倒れ人関係史料により作成。

終　章　近世後期の四国遍路からみえる民衆意識

本書では、近世後期において四国遍路の旅を行った人々の信心や意識のありようを、民衆思想史・地域文化史の視点を取り入れて明らかにすることを中心的な課題に据えて、四国の地域住民に着目して論じてきた。序章において設定した課題を示すと、①遍路を行った人々の信心の内実を、民衆思想研究において取り組まれてきた民衆の思想形成をうながす危機感・課題意識や信仰を求める契機を視野に入れながら明らかにすること（その場合、著述を残した人だけでなく、自ら記録を残さない（「乞食遍路」のような）存在にも十分注意すること）、②遍路の旅を地域文化・在村文化の営み・人的交流のなかで捉えることで、旅を行った人物の意識や信心のありようを考察すること、③右の①②を明らかにするために、四国遍路の独自性と他の旅との共通性を明らかにすること、である。本章では、③については第一節で、①②についいては第二節で取り上げ、さらに第三節では幕末・維新期への展望を述べたい。

第一節　四国遍路の独自性と他の旅との共通性

(1) 酒井弥蔵の旅から

従来の研究において、他の旅に比して四国遍路は「遊山半分でできるものではなく……篤い信仰心がなければとうてい達成できるものではない」[1]と指摘され、結果的に四国遍路が近世の旅のなかで特殊な位置にあると捉えられてきた。近年の四国遍路研究では、四国遍路と他の旅との共通性や関連性を探ることが一つの重要な課題となっていることを序章において指摘した。

本書の検討からは、四国遍路独自の特徴を持つものと、他の旅と共通に見られるものの両面が明らかになった。本書第一章では、旅の記録の仕方に焦点を当て、阿波半田商人酒井弥蔵の遍路日記と他の「旅日記」の異同を検討した。その結果、弥蔵の遍路日記『さくら卯の花旅日記』は、他の「旅日記」と基本的に記載項目（日付・地名・距離・費用・川渡しや難所の有無等）は同じであった。また、第一・二章において、弥蔵の旅には四国霊場を巡拝しながらも、目的を札所巡りに特化しない旅が複数にわたって見られた。四国霊場を訪れない旅もあった。これら全ての旅には、神仏への信仰をもとに「現当二世（現世と来世）安楽」を求める信心が込められていたこと、俳諧・名所旧跡への関心をともなっていたことが、共通して見られる。すなわち、遍路かどうかにかかわらず弥蔵の旅には、神仏信仰をもとにした「現当二世安楽」を希求する信心をともなっている点、俳諧や名所旧跡への関心等という旅人個人の関心が旅に表れているという点は、四国遍路と他の旅で共通であったと考えることができる。

一方で、再び第一章の旅の記録の仕方に関する検討結果に注目すると、遍路日記『さくら卯の花旅日記』は、弘法大師の「御修行の御跡を慕」って霊場を巡拝することを強く意識して記されていたことと、そうした記述の背景には四国遍路の道中案内記である『四国偏礼道指南増補大成』の強い影響があったことも明らかになった。また、第二章において、弥蔵は八十八ヶ所の札所のいくつかを巡るときには、「〇ヶ所」と記していることから、四国霊場を一つの区分として意識していることを指摘した。そうした四国霊場を巡拝することは、「遍照尊（＝弘法大師）の御跡を慕ひて四国霊場を巡」ることであると、俳諧を通じた交友のなかで意識されていた。すなわち、四国遍路の旅に、弘法大師の修行の跡を「慕」って四国霊場を巡拝するという意識のもとで赴いているという点は、他の旅との違いを見出せる。

(2) 行き倒れ人関係史料から

また、第四・五章の検討からも、四国遍路と他の旅との共通性を示す面と四国遍路の独自性を示す面の両方が窺える。

第四章では、近世後期の阿波において行き倒れた人々に関する行政手続きの過程で作成された史料から一二九事例を見出し、村人の行き倒れ人に対する対応の仕方を検討した。すると阿波の村人は、遍路であるかどうかに関わらず、行き倒れ人に対しては決まった行政手続きのなかで対応していることが明らかになった。また、第五章の検討を踏まえると、遍路と他の旅人・「乞食体」の者には、見た目では判別しづらい共通の面があったことが指摘できる。これらの点を踏まえると、四国住民が遍路と他の旅を明確に線引きしていないという一面が見える。このような意味で遍路と他の旅の共通性が窺える。

一方で、行き倒れ人関係史料には、移動理由等から「四国辺路為修行」・「四国順拝」と、「諸国神社仏閣順拝（拝礼）」と、「乞食体」などは、区別して書かれており、四国遍路は「修行」や「順拝」を行う一つの区分をなすものとして四国住民は認識している。また、第五章一五五頁では、最終的に村役人によって「乞喰体之者」と判断された往来手形不所持の行き倒れ人を、府中村の住民喜次郎が「辺路」と思って一宿させたという例を挙げた。この例からは、「乞食体」の者と遍路には判別しづらい共通の面があったことが窺えるとともに、手形不所持の者を一宿させたときの言い訳に、「辺路と相心得」（遍路と思って）ということがあることが注目される。すなわち、「辺路」であれば、宿を提供する等の接待を行う対象と見なすという、四国住民の遍路に対するある種の特別な意識も窺えるのである。

(3) 小括

以上を踏まえると、四国遍路は、近世の旅のなかでの独自の位置づけ（＝弘法大師の修行の跡を「慕」って四国霊場を巡拝する旅として。時には接待を行う対象（「修行」や「順拝」をしている旅人）として）があるとともに、他の旅との共通性も見られることが分かる。このように見ると、四国遍路がきわめて特殊な位置にあるとは言い切れず、四国遍路を近世の旅の研究に位置づけることが必要となってくる。

近世の旅の研究では、旅の信仰面の分析が手薄であったことから、今後は旅の持つ信仰と遊山の両面を分析することが重要であるとされている[2]。このような課題にとって、四国遍路の研究はますます重要な意味を持ってくる。

本書は、従来から信仰のありようの分析が不可欠とされている四国遍路に着目したことで、旅と、旅とは違う日常の場面において信仰の営みがいかに行われているのかを明らかにすることを検討課題に据えて考察を進めた。その結果、四国遍路以外の寺社参詣の旅においても信仰は単なる名目ではなく重要な契機・目的となっていたことが明らかになったのである（第一―三章）。そして、信仰を目的に赴いた旅において、俳諧文化や名所旧跡に対して関心を示していることも明らかになった。このことは、近世の旅が、信仰と文化的関心の密接な関わりにおいて行われていたことが、一人の人物を通して具体的に見えてきたという点において、近世の旅の研究に新たな論点を提示し得るものと考える。

第二節　四国遍路と地域文化
――通俗道徳との関係を視野に――

（1）地域文化の中の四国遍路

さて、近世の四国遍路を考察するうえで、信仰・信心のありようについての分析が不可欠であるということは、先行研究においても本書でも重視している。こうした立場から、信仰・信心のありようを、人々の課題意識や文化的営みとの関係のなかで読み解こうとしたことが本書の大きな特徴である。

この点、前節で述べたように四国遍路の旅＝弘法大師信仰にもとづいて、弘法大師の修行の跡を「慕」って霊場を巡拝するという意識を持って赴いているものと見た場合、実際に旅にはいかなる信心・願いが込められ、いかに信心の行為が実践されているのかが問われなければならない。このような観点から第二章では、四国遍路の旅に込める信心を酒井弥蔵に即して検討すると、遍路の旅には病気平癒祈願を中心とする「安楽」を求める願いが込められていた。また、弘法大師への信心と俳諧への関心が結びついて旅に赴いていたこと、及び日常を過ごす地域の文化活動からも信心にもとづく行為と俳諧文化が両立するものとして弥蔵の基層に流れていたことを指摘した。

さらに、第一・二章を踏まえると、こうした信心は、弘法大師に限定することなく神仏信仰に共通に込める願いがあるものとして考察する必要がある。こうした見方から、第三章では、信仰・信心に基づく行事や実践が、いかなる人的交流・ネットワークを基盤にいかなる関心のもとに行われていたのかを、酒井弥蔵に即して考察した。弥蔵は半田村に居住する人々や生業で結ばれる地域の人々との俳諧を通じたネットワークを築き、蕉風を目指したその取り組みは高く評価されていた。こうした俳諧のネットワークは石門心学活動の基盤としての役割も果たしており、その交友のなかでは通俗道徳の実践による修養・人格形成が強く意識されていた。さらに地域における信仰実践活動もこうした俳諧や石門心学活動を通して築かれたネットワークの結びつきと不可分な関係にあり、ネットワークと百味講員等に人的重なりが見られた。そればかりでなく、寺社参詣への旅立ちに際して句を送り合う等、互いの信仰を俳諧によって確認し合っていたことや、石門心学の教えが信仰行為を正当づけていたことは、弥蔵の意識面においても信仰と俳諧・石門心学活動が不可分な関係にあったことを窺わせる。

こうしたことを踏まえると、四国遍路等の寺社参詣の旅は、風雅の実践と、石門心学を中心とする通俗道徳の実践により人格形成をはかるという課題を重要視するネットワーク・地域文化を基盤にした、病気平癒等の「安楽」を求める信心行為として行われていたのである。

ここで想起されるのは、安丸良夫氏の通俗道徳論である。[3] 安丸氏は、近代社会成立過程に、「心」の哲学に支えられた勤勉・倹約・孝行・正直等の通俗道徳の実践による自己形成・自己鍛錬が、広範な民衆に内面化され、そのことが日本近代化の原動力となったと位置づけた。通俗道徳の実践による自己形成・自己鍛錬が広範な民衆によって内面化されていたからこそ、平易な日常倫理を中核に据えた教義を説く[4]民衆宗教が人々を引きつけたこと、そしてそのような民衆宗教が「人々をとらえる直接の契機は圧倒的に病気の問題であり、ついで貧乏や不和の問題だった」とし、こうした「病気 ⇅ 貧乏」をくりかえして没落する、あるいは農村荒廃がもたらされるという危機感にゆさぶられて、通俗道徳の実践による思想形成が進められたと指摘する。[5]

これを踏まえながら弥蔵の例を位置づけると、病気平癒等の「安楽」・現世利益を求める信心を旅の直接の契機としながら、その信心は、通俗道徳の実践により人格形成をはかるという課題意識に正当づけられていたといえる。

さらに見落とせないのは、こうした信心と課題意識は、俳諧を中心とする風雅の実践のなかで醸成されたものであったということである。農村荒廃や没落の危機に対する意識とは一見相容れない風雅文化と、通俗道徳の実践による修養・人格形成が密接な関係にあったのである。

他方、第五章の検討では、行き倒れ人関係史料からは、癩や梅毒、持病などの病気や困窮を契機として四国遍路に来ていた者がいることが窺えると指摘した。これらの人々がどのような心願を込めて遍路の旅に来ていたのか、詳細には分からないが、安丸氏の指摘を踏まえると、「病気 ⇅ 貧乏」からの脱却を求め、あるいは脱却できずに救いを求めて遍路に来て、最終的には心願叶わず死亡してしまった者が少なからずいたということが推測されるのである。

自ら記録を残さないこれらの人々と風雅文化との関わりは今後の課題と言わざるを得ないが、地方文人ともいうべき弥蔵と、行き倒れ人関係史料からみえる病気や困窮を契機として遍路に来た者の意識は、信心という点では必ずしもかけ離れたものではなかったのではないだろうか。

以上を踏まえると、四国遍路の旅は、病気や困窮からの救いを求めた、あるいは病気平癒等の「安楽」を求めた信心のもとに行われていたが、こうした旅は、地域における風雅の交流のなかで醸成された、通俗道徳の実践により人格形成をはかるという課題に正当づけられた信仰の実践としても行われていたと見ることができるのである。

（2）地域文化と信仰

このように、旅を地域文化の営みのなかから捉えようとすると、地域文化の営みに信仰という営為が重要な位置を占めていることが浮かび上がってくる。第二・三章の検討を踏まえると、俳諧興行が弘法大師の忌日等の宗教歳時と結びついて行われていたこと、俳諧によって寺社参詣の旅を送り合っていたこと、俳諧・石門心学活動を通した交流のなかで、互いの信仰を確認し合っていたこと等がこのことを示している。

これまでの地域文化・在村文化に関する研究では、検討の対象に信仰の営みを含めることが意識されていたものの、叙述の中心は、俳諧や和歌・漢詩、あるいは学問・教育等であった。例えば御師等の宗教者の訪問が地域における風雅の交流を活発にしたことが指摘されていたが、そこで光が当てられていたのは、俳諧を中心とする風雅文化の発展にとっての御師訪問、という見方であった。一方で、人々の信仰や宗教に関する研究では、特定の教団信仰と地域の民間信仰等の宗教的な要素によって結ばれる諸関係から地域社会を描いた宗教社会論等の興味深い研究はあるものの、信仰と地域の俳諧等の文化的営為が有機的に結びつけられて論じられることはほとんどなされてこなかったのではないだろうか。[6][7]

近世後期において四国遍路の旅を行った人々の信仰・信心のありようを、人々の課題意識や文化的営みとの関係のなかで読み解いていこうとする本書の課題をさらに深めるためには、これまでの地域文化史や宗教史、民衆思想史の視点・成果を取り入れながら、それらを総合化していくことも必要となってくる。

（3）酒井弥蔵研究の今後

地域文化のなかに信仰が重要な位置を占めていることを考察する際に問われるのが、地域文化の担い手の意識や思想である。このような観点から酒井弥蔵を地域文化の担い手として捉えると興味深いのは、酒井弥蔵が上層農民とは言いがたい「小売商」・「雑貨商」と言われていることである。というのも、これまでの研究で、地域文化・在村文化の主な担い手として指摘されているのは村役人層・豪農商層・名望家層などの上層農民であるからである。

半田村の階層構造上の酒井家の位置に関しては、今後の史料の掘り起こしと半田村に居住する他の商人の家に残る史料[8]から明らかにしていかざるを得ないが、酒井家は、第三章で指摘した半田村の二系統の大商人である敷地屋系と木村系の商人に属しないという点だけはこれまでに明らかとなっている。このような弥蔵が、芭蕉句碑建立の「発願人」となり、当日の記録を残していたり、石門心学の師の墓碑を半田村に建立する際に「世話人」をつとめ、かつ百味講の「世話人」もつとめる等、地域における俳諧・石門心学・宗教的な活動において重要な役割を果たし、記録を多数残したのである。これまでの地域文化・在村文化の研究においては、文化活動を行う「諸階層の人々」も視野に入れられていたが、本書は、上層農民とは言いがたい人物が、地域文化の一参加者というにとどまらない、中心的な重要な役割を果たしていた具体例として挙げられるのではないだろうか。

このように考えたときに、今後考えていかなければならないのは、神仏信仰の営みに熱心に取り組む地域文化の担い手としての弥蔵の意識は、階層に規定されるものなのか、地域に規定されるものなのか等ということである。そのためには弥蔵の思想形成過程のいっそうの解明が必要となってくる。

第三章において、『心学御題控』巻一―五の内容の多くは心学の書物の抜き書き集であることを指摘したが、弥蔵の通俗道徳的な意識の形成過程を明らかにするには、それぞれどのような書物からの抜き書きであるのかを確定しなければならないだろう。また、『心学御題控』には源平合戦に関する浄瑠璃の内容を踏まえての問答が記されていたり、松尾芭蕉・西行・弘法大師、徳川家康等の言葉まで出てくる。このような知・情報と、日頃地域で享受する書物・浄瑠璃・説法・講話等が何らかの関係を有していることは補論から窺える。今後さらなる調査が必要である。

さらに、俳諧と石門心学の関係については、第三章において活動の人的重なりと、意識面でのつながり（蕉風をめざすという風流の実践とともに石門心学の会輔で取り上げられるような通俗道徳の実践による人格形成・修養が意識されていたこと）から、密接に関わっていることを指摘した。しかしながら、俳諧活動は雅号（俳号）で、石門心学は実名でそれぞれの活動記録を残しているというように、区別されている。酒井家文書に残された酒井家の蔵書にも、主に雅号で識語を記す書物と、実名で識語を記す書物がある。このような違いは、どのような意識にもとづいて生じたものなのか、こうした点も含めて、俳諧と石門心学・信仰がいかなる関係にあるのかを今後も考えていかなければならない[9]。

第三節　幕末・維新期への展望

ところで、本書ではほとんど触れられなかったが、弥蔵は明治二五（一八九二）年まで生きている。まさに弥蔵が生きた幕末・維新期は、遍路研究では「四国遍路に対する「排斥論」が吹き荒れた時代」であると理解されている[10]。土佐藩は安政の大地震の影響により他国出身の遍路を退去させるという方針を打ち出したことや、明治五年以後は四国各県の布達で遍路の取り締まり令が出され、新聞の社説等では遍路の排斥を訴える内容が書かれるようになると言われている[11]。本節では、この時期の四国遍路について、先行研究で指摘されていることを適宜触れながら、近世後期から幕末・維新期にかけていかなる歴史的展開を見せるのか、展望していきたい。

まず、本書第五章では、近世後期における行き倒れ人関係史料から遍路と「乞食体」の者には識別しづらい共通の面が見出せ、近世は遍路かどうか分からないという曖昧さを残して遍路が存在できた時代なのではないか、と指摘した。また、遍路か、他の旅人か、「乞食体」の者か等の識別は、行き倒れて事情を聴取したり所持品を調べてからなされるのであったが、「乞食体」の者と見なされれば亡骸の扱いに変化が生じるというものであった。

徳島藩では文久三（一八六三）年以降、他国出身の四国遍路の入国を事実上禁止した[12]が、その後も四国遍路の行き倒れ人の事例が後藤家文書からは明治三年まで、木内家文書からは明治四年まで確認できる。この時期まで、倒れぬ限りは巡礼がひそかに可能であったことが窺えることは、第五章でも述べた通りである。

これ以降の四国遍路の実態については、今後の課題と言わざるを得ないが、取り締まりという観点からは、先行研究で以下のように指摘されている。

明治五―八年にかけては、四国各県（高知・愛媛・香川・名東（のち徳島県））から「遍路乞食体の者」「遍路乞食等」「乞食等」の取り締まり令が度々出され、托鉢禁止令、巡礼者に対する四国住民の接待禁止令も出ている[13]。明治一一（一八七八）年には、徳島『普通新聞』社説で、四国遍路が社会問題として論じられた。浅川泰宏氏はこれを、「文明開化に逆行する「野蛮」な悪しき風俗の改良運動の一環として四国遍路を取り上げた」ものであると指摘している[14]。また、明治一九（一八八六）年五月九日―一二日には、高知県の『土陽新聞』（自由民権運動を進めた自由党系の新聞と言われている）の論説で、「遍路拒斥すべし、乞丐逐攘すべし」が掲載される。真野俊和氏はこれを「民権論的色彩に裏打ちされたもの」としたうえで、この論説等から「為政者を含めて、旅人あるいは巡礼をむかえる人々の側の心情のなにかが、確実にかわってしまったのだと考えざるをえない」と指摘している[15]。

本書の検討と先行研究の指摘を結びつけて論じることは難しい点もあるが、遍路への取り締まりという観点から見れば、遍路かどうか分からないという曖昧さが残る「乞食体」の者の存在を問題にしていた時代から、遍路そのものが取り締まりの対象となって認識されていく時代となっていくと展望することができるのではないだろうか。

他方で、明治期の「文明開化」に対する民衆の意識として注目されるのは、酒井弥蔵の『俳諧年行司』にある次のような言葉である。[16]

世ハ移り替りて今ハ切支丹　神も仏も無き世かとぞ思ふ（明治一八年、『年行司』巻十二）

此頃世上の有様を見て吟ず　敷島を穢す異国の屎まびれ　神風祓ひ清め給へや（明治一九年、『年行司』巻十二）

弥蔵が明治一一年に神仏分離に対する反発意識を表明していることは第三章で述べた通りであるが、引用した弥蔵の「吟」からは、「異国」（別の記述には「西洋」とも）化に対する憂い（「神も仏も無き世かとぞ思ふ」）が窺える。さらに、弥蔵は八〇歳になった明治二〇（一八八七）年、妻（六三歳）や孫（養子の子一二歳）等を連れて「十里拾箇所遍路」（四国一番霊場から十番霊場までを巡ること）を行い、その記録も残している。[17] これらの弥蔵の記録からは、「文明開化」や「民権論的色彩」とは、歩を同じくせずに遍路を行っている者が当時存在していたことが窺える。

先に紹介した浅川氏や真野氏の指摘は、遍路に対する取締りや「排斥論」から見た幕末から明治一九年頃の四国遍路の歴史的展開として述べられたものと考えられるが、弥蔵のような存在（四国遍路を行う巡礼者・四国住民）をいかに位置づけながら、四国遍路史上の幕末・維新期という時代を考察していくかということも、今後必要となる。

弘法大師信仰にもとづいて大師の修行の跡を慕って四国霊場を巡拝する――近世後期における四国遍路はこのような位置づけのもとに行われたと考えることができる。民衆の願い・信心が込められた四国遍路は、近世後期から明治期にかけての社会において、どのように機能・変容していくのか、大きな課題である。この課題に答えていくためにも、この時代に生きた四国遍路に関わった人々の意識や営みに即して理解するという方法を、さらに鍛えていかなければならない。

註

（1）新城常三『新稿社寺参詣の社会経済史的研究』（塙書房、一九八二年、一〇四三頁）。

（2）近世の寺社参詣に関する旅の研究では、参詣（信仰）を名目に掲げながら実際は物見遊山のような旅が多く行われていたと解釈されることが多く、旅の目的は信仰か遊山かという議論がなされてきた。これに対し、近年は現世利益を求める信仰と、名所旧跡・景勝地、名物等を楽しむというような遊興性の両面を重視するといった、信仰と遊山の両面を問うことが重要であるとされている（これについては鈴木章生「社寺参詣をめぐる研究の動向と展望――江戸およびその周辺を中心として――」（『交通史研究』五六、二〇〇五年）及び佐藤顕「近世後期における高野山参詣の様相と変容――相模国からの高室院参詣を中心に――」（『地方史研究』三三九、二〇〇九年）に詳しい）。

（3）安丸良夫『日本の近代化と民衆思想』（青木書店、一九七四年）。

（4）安丸良夫「民衆宗教と「近代」という経験」（『天理大学おやさと研

究所年報』三、一九九七年、のち同『文明化の経験――近代転換の日本――』（岩波書店、二〇〇七年）に収録）。

(5) 前掲註(3)安丸書、一六頁。

(6) 杉仁『近世の地域と在村文化――技術と商品の風雅の交流――』（吉川弘文館、二〇〇一年、二二四頁）。

(7) 澤博勝『近世の宗教組織と地域社会――教団信仰と民間信仰――』（吉川弘文館、一九九九年）、同『近世宗教社会論』（吉川弘文館、二〇〇八年）。

(8) 例えば徳島県立文書館寄贈大久保家文書を念頭に置いている。大久保家は、敷地屋系の商家と言われている。

(9) この点に関して今後注目していきたいのは、弥蔵の寺社参詣の記録である「参詣覚」（弥蔵が参詣した寺社名を箇条書きにしたもの）の表紙には、七部のうち署名を記していない二部以外は、「堺屋（左海屋）弥蔵」と実名で署名を記しているのに対し、弥蔵の「旅日記」の表紙には、一一部のうち九部に「春耕園」か「農圃」と雅号が記されていることである。また、「旅日記」の中を開くと、例えば『出向ふ雲の花の旅』には、同行者が詠んだ俳諧を記すときはその者の雅号を記しているが、出雲杵築大社に赴くという信仰行為を行う集団としての「掛連」という連に名前を挙げる場合は、（雅号で記していた同一人物も）実名で記している。俳諧行脚（「旅日記」）の記録には雅号が、信仰実践（「参詣覚」）の記録には実名が、というように分けられるのかどうか、このような点も含めて今後の課題としたい。

(10) 浅川泰宏『巡礼の文化人類学的研究』（古今書院、二〇〇八年、二七六頁にある言葉）。

(11) 前掲註(10)浅川書。稲田道彦氏によると、実際に当時の納経帳には土佐国への入国をほとんどしていないことが確認できるという（稲田道彦「幕末期の四国遍路の巡礼路の変更」『香川大学経済論叢』八四―一二、二〇一一年）。

(12) これについては町田哲「近世後期阿波における「他国無切手・胡乱者」統制と四国遍路――打廻り・番非人・御救小屋――」（『部落問題研究』一九三、二〇一〇年）を参照のこと。

(13) 前掲註(10)浅川書。

(14) 前掲註(10)浅川書。

(15) 真野俊和『日本遊行宗教論』（吉川弘文館、一九九一年）。真野氏の指摘に関しては、浅川氏が「地域社会の心性が確実に変化したとは即断しないが、真野に倣うならば「たとえ建前であったとしても「大願・心願」に基づく移動が認められ、受け入れられる社会」というものが、ここで保証されなくなったという変化があったことは確かだと思われる」と指摘する（前掲註(10)浅川書）。

(16) 徳島県立文書館寄託酒井家文書サカイ00963「俳諧年行司」巻十二。

(17) 徳島県立文書館寄託酒井家文書サカイ00763「明治二十年丁亥四月吉日奉納十里拾箇所遍路同行二人」。

初出一覧

第一章　「近世後期の遍路日記に関する基礎的考察――阿波商人酒井弥蔵の「旅日記」を例に――」（『書物・出版と社会変容』第二〇号、二〇一六年）

第二章　「四国遍路の巡礼地域住民に見る旅の文化――阿波商人酒井弥蔵の信心・俳諧を例に――」（『旅の文化研究所研究報告』第二四号（二〇一四年）

第三章　「民衆の旅と地域文化――阿波商人酒井弥蔵の俳諧と石門心学・信心――」（高橋陽一編著『旅と交流に見る近世社会』清文堂、二〇一七年）

補　章　新稿

第四章　「近世後期における行き倒れ遍路と村の対応――阿波の村落の人々が残した行き倒れ人の事例を手がかりに――」（菅原憲二編『記録史料と日本近世社会』千葉大学大学院人文社会科学研究科プロジェクト報告書第二二〇集、二〇一〇年）

第五章　「行き倒れ人関係史料にみえる遍路――近世後期阿波を事例に――」（『西郊民俗』第二二九号、二〇一四年）

＊既発表論文については、本書をまとめるに際し改稿した。なお、第一―三章・補章は旅の文化研究所第二〇・公募研究プロジェクトによる成果の一部である。

あとがき

二〇〇五年八月一七日、遍路をするために四国徳島に向かった。目的は、ただ歩くため。いつ帰るのかも決めていなかった。当時千葉大学教育学部四年の学生だった私は、児童養護施設でのボランティア等の経験を経て、出身地の中学校で教育実習も終え、卒業するための単位は卒業論文のみという、きわめて真面目な学生生活を送っていた。その真面目さに疲れてしまったのか、このまま「順調に」卒業して先に進んではいけないという直観が、四国に向かわせた。

四国遍路に関心を持つきっかけをくれたのは、当時卒業論文の指導をして下さった佐藤和夫先生に「勤勉に忙しすぎる毎日を送るのは、日本を含む一部の国や地域くらいだよ。外国や日本の過去を見ながら、あなたが感じる真面目さ・勤勉さとは違う文化を見てみるといい」とアドバイスをいただいたことと、先生との雑談のなかで四国遍路の話が出たことであった。西洋哲学を専門とする佐藤先生からは、いつも考えもしない発想をいただき、抱いた疑問を大切に考え続けること、研究の原点としてその疑問にこだわり続けることの重要性を教えていただいた。遍路の旅に出発する際には、旅で肝要なことを教示いただき、四三日間の旅を終えて帰ってきた際にも歓迎してくださった。

卒業論文では、自由民権運動を推進した『土陽新聞』（高知県）に掲載された、四国遍路を排斥する明治一九年の論説を取り上げた。自由民権運動が進める「自由」のなかには、人びとが遍路をする「自由」は含まれていないのか、遍路を排斥することは遍路をする人の「自由」を侵害するとは思わなかったのかという私の素朴な疑問に対して、佐藤先生と研究室に集う仲間たちは、何時間も議論をしてくれた。

その卒業論文で取り上げた私の問題関心を「おもしろい」と思って下さり、一橋大学大学院社会学研究科で修士論文・博士論文の指導をして下さったのが、日本近世思想史を専門とする若尾政希先生である。私が大学院で近世史を学びたいと考えたのは、卒業論文執筆時に、若尾先生が勧めてくれた安丸良夫先生の『日本の近代化と民衆思想』（平凡社ライブラリー版、一九九九年）を読んだことで、安丸先生の民衆思想史研究・「通俗道徳論」が、私が時に苦しく感じる真面目さ・勤勉さと深くかかわっているのではないかと思い、もっと考究してみたいと考えたからである。若尾ゼミでは、日本史を専攻してこなかった、ゼミでの議論が外国語状態の私に、ゼミ第二部（飲み会）で諸先輩方が分かりやすい言葉で解説してくれた。特に、同期の鈴木直樹氏・静間景吾氏とともに始めた勉強会では、私の些細な疑問にも根気強く一緒に考えてくれた。修士論文を同じ時期に書いた黒須あずみ氏も加わって続いた勉強会は、私に大いなる励みとなった。修士課程では、近代史の田﨑宣義先生とゼミ生からも、近代史の視点から様々なアドバイスをいただいた。修士課程の途中から、近世村落史を専門とする渡辺尚志先生にもご指導いただき、近世の村と人びとの具体的な姿を明らかにするには、コツコツと史料を読み込み関連する先行研究を発展的に継承・批判していく必要があることを、先生の精力的な姿勢によって教えていただいた。徳島というフィールドに出逢え、史料所蔵先の徳島県立文書館の方には幾度となくお世話になりながら、修士論文をなんとか書き上げることができ、日本史研究の面白さにどんどん引き込まれていった。

そのまま順調に一橋大学大学院の博士後期課程に進学したところに、出産、仙台への引っ越し、東日本大震災……。自分の進む道はどうしたらよいか、再び立ち止まることとなった。せっかく入学した博士後期課程の単位修得だけはしようと、復学することにした矢先、夫の転任により千葉への引っ越しが決まり、復学の条件が整うこととなった。

復学した後、酒井弥蔵という格好の研究対象に出逢え、歴史学のみならず民俗学の視点からも史料の解釈にヒントが欲しいと考えた。地域の民俗は、書物知と融合しながら形成されているということを、民俗学と歴史学を柔軟に取り入れて研究をされている国立歴史民俗博物館の小池淳一先生には、特別研究員の制度を利用してご指導いただき、弥蔵の史料解釈に広い視野をいただいた。このように周りの多くの人に支えられながら、本書のもととなった博士論文『近世後期の四国遍路と民衆の信心』を、二〇一六年二月に提出することができた。審査をして下さった若尾先生・渡辺先生・近代史の石居人也先生・宗教思想史の深澤英隆先生に感謝を申し上げたい。

博士後期課程を修了してからは、日本銀行金融研究所アーカイブでのアーキビストとしての勤務を経て、現在は、市原歴史博物館で開館準備に携わる学芸員として日々鍛えさせてもらっている。研究で身に付けた基礎力を応用しながらも、分かりやすくかつ深い内容をどのように伝えたらよいか、展示の作り方も含め、諸先輩方からは大いに学ばせていただいている。市原市では、地域に住む方々が守ってきた史料や言い伝えが歴史を形作り、地域の力となっていることを日々実感しながら地域調査を行っている。また、学部生のとき、「民衆思想史に関心があって古文書を読めるようになりたい」と突然訪れた私に初めて古文書の読み方を教えて下さった後藤雅知先生（当時千葉大学教育学部助教授）に、市原市での調査活動を通して再びお世話になっている。市原でも江戸時代に成立した四国八十八ヶ所の写し霊場があり、今後詳しく調べたいと思っている。

本書の内容が、こうした多くの方々から蒙った恩に報いることができているとは到底思えないが、ここに記しきれなかった方も含め一人ひとりがかけがえのない存在となって私に力を与えて下さっている。

刊行にあたっては、当初二〇一六年に出版についてお声がけいただいていたにもかかわらず、仕事の忙しさを言い訳に、出版に向けて前に進めようとしなかった私に、再び連絡を下さり刊行について丁寧に教えて下さった晃洋書房の井上芳郎さんに大変お世話になった。記して心から御礼を述べたい。

最後に、四国遍路に送り出してくれ、折に触れ私の悩みにじっと耳を傾けてくれる父惇と、ありのままの私をいつも受け入れてくれる母美枝子、当たり前のように私を応援してくれる夫の父文典と母敬子、そして共に子育てに奮闘しながらいつもより良い方向に支え続けてくれている夫悠一郎と一一歳の文香、八歳の多瑛子、二歳の道久に、本書を捧げさせていただきたい。

二〇二二年三月

西　聡子

別　　表

別表１　後藤家文書に見られる行き倒れ人

番号	死亡年月日	出身地	名前（年齢・性別など）	同行者（その後の動向）	往来手形の有無	来村理由	着類、所持の物	倒れた場所（その場所での滞留日数）	行き倒れてからの対応	典拠
後藤家事例１	天保２(1831)年6月2日	芸州領備後国世羅郡小国村	つや(47才)、しつ(2才)…親子	さめ（つやの娘)、そめ、喜代吉（そめと喜代吉は親子)	○	「四国辺路為修業」	(つや)「着類浅黄嶋単竪嶋単物帯浅黄嶋細帯着仕候」、(しつ)「着類浅黄嶋単物帯なし」	府中村悦太方(3日)	つや、さめ、しつの親子3人連れと、外にその、喜代吉親子も同行で5人連れで5月28日、府中村悦太のところで一宿した。つやと娘のしつは熱病で「相勝不申」なので、早速役人へ御案内したところ、早々に来て仰せ聞かされたことには、医師・服薬・食物等に心をつけ「外同行迚も同病ニ而相勝不申候様ニ候得ハ」、随分労り、手ぬかりなく介抱するように言われた。油断なくいろいろ手当てしたが、つや、娘しつは昨日から思いのほか病気が募り、容躰が悪くなり、手当てしたが、終に6月1日の夜前8つ時ころに病死した。母つやは彼是心配し、追々病気が重くなり、今朝5つ時に病死した。死骸は寺院の導師をもって、最寄三昧へ土葬に取隠し、有姿を木札に記して建て置くよう組頭庄屋後藤善助が申し付けた。また行き倒れ人の所持品も処理するよう組頭庄屋後藤善助が申し付けた。	※「後藤家文書遍路関係史料」6～7頁（一次史料は後藤家2－47－1)
後藤家事例２	天保２(1831)年6月8日	讃州三野郡本山村	直次郎(40歳ばかり)	なし	○	「四国辺路為修業」	「着類古袷紺古一重股引着」所持品・・・「一、古三衣袋壱ツ　此内ニ札挟壱ツ茶椀壱ツ、枕壱ツ入古風呂敷壱ツ　此内ニ切つぎ入　一、かわ煙草入壱ツ　古襦袢壱ツ　一、紙張壱ツ　小倉嶋古紙入壱ツ、但□（ﾔﾌﾞﾚ）ニ往来切手日開谷村御番所切手入　一、毛綿紺絣財布壱ツ　此内ニ銀札三匁四分八厘入　方（ｶ）すづ壱ツ　一、小キ折壱ツ　此内袷四ツ、剃刀壱挺、といし壱ツ、ひいとろ鏡壱ツ入□（ﾔﾌﾞﾚ）さらし風呂敷ニ包　一、柳骨折壱ツ、負台壱ツ」	早渕村(2日)	7日、早渕村へ来て、急病で「相勝不申」であった。早速、医師、服薬、喰事等心をつけて労り、色々手当てした。8日の朝から特に病気が募り、容体が悪くなり、手当てをしたが、8日の8つ時頃に病死した。死骸は寺院の導師をもって、最寄三昧へ土葬に取隠し、有姿を木札に記して建て置くよう組頭庄屋後藤が申し付けた。また行き倒れ人所持品も処理するよう組頭庄屋後藤善助が申し付けた。	8～9頁（後藤家文書2－47－5)
	天保２	予州新		妻ちゑ（そ			「着類浅黄紋付単物着、茶小倉古着仕」所持品・・		5日、府中村まで来て、亀蔵が病気が起こり、歩行が調い難いので往来端に伏し込んでいたところ、村役人が来て早速医師、服薬を用い、湯水食事等手ぬかりなく手当をするよう、妻ちゑは申し付けられ、養生を加えた	10～11

後藤家事例3	(1831)年6月10日	谷領浮穴郡大南村	亀蔵(41歳)	の後の動向についての記述なし)	○	「四国辺路為修業」	・「骨柳壱ツ、太布風呂布包、三衣袋壱ツ、納経壱冊、数珠壱連、飯骨弐、茶碗弐ツ、脚半、草鞋懸、杖笠」	府中村(6日)	が、追々病気が募り、養生に叶わず、終に10日5つ時に病死した。死骸は寺院の導師をもって、最寄三昧へ土葬に取隠し、有姿を木札に記して建て置くよう組頭庄屋後藤善助が申し付けた。また行き倒れ人の所持品も処理するよう組頭庄屋後藤善助が申し付けた。	頁(後藤家文書2－47－4)
後藤家事例4	天保2(1831)年6月11日	紀州名草郡園部村	惣泉寺弟子 宝山(僧、70歳ばかり)	なし	○	「四国辺路為修業」	「着類浅黄単物、同襦袢、黒キ衣着仕居申候」	延命村常楽寺から下坂(1日)	11日昼ごろ、常楽寺から下坂で行き倒れていたので、延命村の村役人が見てみたところ、最早医療や服薬も「難相通」、湯水等も届けるまもなく、終に死去した。死骸は寺院の導師をもって、最寄三昧へ土葬に取隠し、有姿を木札に記して建て置くよう組頭庄屋後藤善助が申し付けた。また行き倒れ人所持品も処理するよう組頭庄屋後藤善助が申し付けた。	11～12頁(後藤家文書2－47－9)
後藤家事例5	天保2(1831)年6月26日	讃州香川郡西笠井村	新六(50歳ばかり)	なし	○	「四国辺路為修業」	「着類碁盤縞帷子着仕居申候」所持品に関しては「別紙御注進書付之通」とあるが、その書付は現在後藤家文書で確認できないので、所持品は不明	延命村(9日)	18日、延命村まで来て、病気が起こり、打ち伏していた。早速延命村の役人が来て見たところ、熱病で殊の外痛んでいる様子であったので、小屋懸し、医師服薬等を用い、彼是養生を加えたが、終に26日、病死した。死骸は寺院の導師をもって、最寄三昧へ土葬に取隠し、有姿を木札に記して建て置くよう組頭庄屋後藤善助が申し付けた。また行き倒れ人の所持品も処理するよう組頭庄屋後藤善助が申し付けた。	12～13頁(後藤家文書2－47－7)
後藤家事例6	天保2(1831)年11月20日	不明	「男辺路壱人」という記述(60歳ばかり)	なし	×	来村理由に関する明確な記述はないが、「辺路体之者」「辺路体ニ相見候」、「乞喰体」とある	「着類浅黄島単物、下ニ継々袷壱つ着仕、細帯〆居申候」所持品に関して・・・「札挟ニ辺路札少々、十三仏真言一冊、丸薬弐袋、皮箇之中ニ飯箇り壱つ、椀壱つ、薬物壱ツ、其余杖笠所持仕候得共、往来手形も所持不仕、乞喰体之者ニ候」	府中村喜次郎のところ(3日)	18日、府中村の喜次郎のところまで来て、一宿をさせてくれるよう申し出があった。止宿させたところ、「地盤痰」を持病としており、19日晩からその病気が起こり、「相痛申」すので、服薬等用いたが、20日の朝5つ時に病死した。喜次郎は、最早老年なので何のわきまえもしておらず、男辺路が皮箇負台に乗せ持参していたので、辺路体に見え、何の子細も考えず、辺路と心得た、生国何国共尋ねずに止宿させてしまった、と釈明している。往来手形も持たず、乞食体の者に見えるので死骸は最寄の三昧へ「取捨」るように組頭庄屋の後藤善助は府中村役人へ申し付けた。	13～14頁(後藤家文書2－47－6)
後藤家事例7	天保3(1832)年4月1日	備中国小田郡矢掛町	留吉(50歳ばかり)	なし	○	「四国辺路為修業」	「着類浅黄縞綿入古羽織着仕居申候、并ニ札挟、浅黄三衣袋、飯箇り壱つ、柳箇り壱つ、右之内往来手形、上り切手、入切手、銭弐匁五分入、其余杖笠所持仕居申候」	延命村幸吉のところ(2日)	3月晦日、延命村の幸吉のところへ来て、一宿させたところ、持病が起こり、痛んでいたので、早速役人へ申出、医師、服薬等を用い、食物等心をつけて手当てしたが、追々病気が重くなり、養生に叶わず、4月1日に病死した。死骸は寺院の導師をもって、最寄三昧へ土葬に取隠し、有姿を木札に記して建て置くよう組頭庄屋後藤が申し付けた。また行き倒れ人の所持品も処理するよう組頭庄屋後藤善助が申し付けた。	15～16頁(後藤家文書2－47－3)
	天保3		「辺路体			来村理由に関する明確な記	「着類島綿入浅黄単物着仕居申候、并紀之字日々字と		4月5日に延命村まで来て、持病が起こり、早速小屋懸し、医師や服薬を用い、養生を加えているうち、この者が紀州日高郡和田浦与兵衛と申す者である由を	16～17

後藤家事例8	(1832)年5月16日	不明	之男壱人」(50歳ほど)	なし	×	述はないが、「辺路体」「乞食体」とある	相記候、菅笠所持仕申候」「椀等令所持乞喰体之者ニ候間、死骸之義ハ取捨申付置御座候」	延命村(12日)	申し出たが、往来手形は盗み取られたと申し出てきた。病気は追々募り、終に5月16日病死した。椀など所持しており、乞食体の者に見えるので死骸は取捨てるように組頭庄屋後藤善助は延命村役人に申し付けた。	頁（後藤家文書2－47－8）
後藤家事例9	天保3(1832)年7月6日	雲州飯石郡都賀加村	貞市(35歳ばかり)	なし	○	「四国辺路為修業」	「浅黄古単物着仕居申候」(所持品については早渕村の庄屋・五人組が取り計らうよう、組頭庄屋後藤が指示した、という記載のみで、具体的な所持品名は不明)	早渕村(2日)	7月5日昼9つ時に早渕村往還道へ来て、病気で伏し込んでいたので早速小屋懸し、医師や服薬等を用い、養生を加えたが、6日の7つ時に病死した。死骸は寺院の導師をもって、最寄三昧へ土葬に取隠し、有姿を木札に記して建て置くよう組頭庄屋後藤が申し付けた。また行き倒れ人の所持品も処理するよう組頭庄屋後藤善助が申し付けた。	17～18頁（後藤家文書2－47－2）
後藤家事例10	天保4(1833)年3月25日	濃州奥上郡城島村	吉助(43歳ばかり)	なし	○	「四国辺路為修業」	「着類紺竪縞袷、上ヘ縞半てん着、紺引すこき帯股引脚半着、外ニ空色風呂布包、右之内ニ納経壱冊、札挟、数珠、紙入銭三分(文カ)入、其余杖笠所持」	府中村(3日)	23日暮方、府中村往還端に伏し込んでいるという申し出が肝煎へあったので、見たところ、熱病だという趣でいたのだが、早々に出立するという趣を申し出てきた。24日8つ時頃から追々病気が募ってきたので、医師・服薬等を用い、彼是養生をしたが夜前から殊の外「大切ニ相及」、25日明け方に死去した。死骸は寺院の導師をもって、最寄三昧へ土葬に取隠し、有姿を木札に記して建て置くよう組頭庄屋後藤が申し付けた。また行き倒れ人の所持品も処理するよう組頭庄屋後藤善助が申し付けた。	19～20頁（後藤家文書2－48－1）
後藤家事例11	天保4(1833)年4月9日	和州添上郡南都菖蒲池町	伊賀屋徳兵衛(30歳ばかり)	なし	○	「四国執行として」「四国辺路為修業」	「所持之品々別紙御注進書ニ相記有之通」とあり、注進書きがないので詳しい所持品は不明	矢野村(2日)	8日の夜、赤裸で「辺路往来真中」に行き倒れ、死去している旨を9日5つ時に観音寺村番非人が申し出てきた。来て見たところ、申出の通り、死去していた。大熱病などの悪症でもあったのか、面額より肩背中など紫色の形をつけていたが、諸疵もないので、病死に違いないと判断された。死骸は往来手形の旨に任せて寺院の導師をもって、最寄三昧へ土葬に取隠し、有姿を木札に記して建て置くよう組頭庄屋後藤庄助が申し付けた。また行き倒れ人の所持品も処理するよう組頭庄屋後藤庄助が申し付けた。	20～21頁（後藤家文書5－48－4）
後藤家事例12	天保4(1833)年6月3日	紀州上那賀郡粉河村	専蔵(40歳ばかり)	母親の位牌を持っているが、同行者はいない	○	「四国為順拝」「四国辺路為執行」「四国修業として」	「着類縞古単物ニ細帯仕、風呂布包之内ニ母之位牌恵順信女五月十一日と書付有之、外ニ札挟、数珠、財布、小刀壱ツ、箱之中へ入、其余飯箇り、めんつ(面桶)大小弐ツ、茶碗、杖、笠所持仕居申候」	矢野村(2日)	2日の暮方に矢野村往還端に伏し込んでいる旨を矢野村肝煎へ申し出があったので、早速見てみたところ「下地腹病持之上、熱病之趣」でいた。3日朝から追々病気が募ってきたので、医師・服薬など用い、彼是養生をしたが昼頃から殊の外「大切ニ相及」、3日の8つ時に死去した。位牌の母は病死と見えたが、どこで死亡したのか分からなく、矢野村まで来たのは専蔵一人であった。死骸は寺院の導師をもって、最寄三昧へ土葬に取隠し、有姿を木札に記して建て置くよう組頭庄屋後藤が申し付けた。また行き倒れ人の所持品も処理するよう組頭庄屋後藤が申し付けた。さらに、専蔵の母がどこで死亡したのか分からないので、「有姿」を紀州上那賀郡	21～22頁（後藤家文書2－48－2）

									粉河村の役人へ幸便の節に文通をするよう組頭庄屋後藤善助は申し付けた。	
後藤家事例13	天保4(1833)年12月22日	近衛国滋賀郡	大和屋権兵衛(50歳ばかり)	なし	○	「四国辺路為修業」「四国辺路為執行」	「着類袷壱つ単物着仕申候、尤札挟壱つ、納経壱冊、柳こふり壱つ、杖、笠、銭三十文、三衣袋所持仕居申候」	延命村(2日)	21日延命村まで来て、「中風之趣ニ而」伏し込んでいたので、「段々」養生加え手当したが、22日4つ時に病死した。死骸は寺院の導師をもって、最寄三昧へ土葬に取隠し、有姿を木札に記して建て置くよう組頭庄屋後藤善助が申し付けた。また行き倒れ人の所持品も処理するよう組頭庄屋後藤善助が申し付けた。	22〜23頁(後藤家文書2−48−4)
後藤家事例14	天保5(1834)年3月18日	加州金沢新立町	吉田屋安兵衛妻はつ(35、36歳ばかり)	なし	○	「四国辺路為修業」	着類、古縞袷着仕居申候、尤三衣袋壱つ、古風呂布包之内へ納経壱冊、杖笠、所持仕居申候」	北岩延村三昧添(6日)	13日の暮7つ時頃北岩延村の三昧添まで来た。にわかに持病が起こった旨で伏し込んでいた旨を番非人が申し出てきた。早速北岩延村の五人組が見たところ、よほど「相疼」んでいる様に見えた。所持の往来手形を見たら、親子3人連れでいたところ、夫安兵衛は去る6月1日に郡里村で死去した旨は郡里村の組頭庄屋曽我部直右衛門の添え書きがあったが、倅の時次郎は居あわせていない。そのことを尋ねたが「今昔一向」分からなく、「行衛相分不申ニ付」、服薬や給物等心をつけて養生を加えたが終に18日夜前に死去した。死骸は寺院の導師をもって、最寄三昧へ土葬に取隠し、有姿を木札に記して建て置くよう組頭庄屋後藤善助が申し付けた。また行き倒れ人の所持品も処理するよう組頭庄屋後藤善助が申し付けた。	24〜25頁(後藤家文書2−49−9)
後藤家事例15	天保5(1834)年4月15日	防州吉敷郡山口北ノ小路	助左衛門(55、56歳ばかり)	なし	○	「四国為順拝」「四国辺路為修業」	「着類縞古袷同伴てん着仕居申候、笠杖、荷俵、納経、札挟、其余格別所持候品無御座候」	矢野村(3日)	13日矢野村まで来て、道端で病気が起こり、早速や野村肝煎りが来て、見たところ、熱病と見え、難渋の体に見えた。小屋懸し、養生を加えたが終に15日の6つ時に病死した。死骸は寺院の導師をもって、最寄三昧へ土葬に取隠し、有姿を木札に記して建て置くよう組頭庄屋後藤善助が申し付けた。また行き倒れ人の所持品も処理するよう組頭庄屋後藤善助が申し付けた。	25〜26頁(後藤家文書2−49−1)
後藤家事例16	天保5(1834)年4月28日	阿波国海部郡北河内村	台兵衛倅京太郎(年齢不詳)	父台兵衛(勝手次第に出立するよう、組頭庄屋後藤に申し付けられた)	○	「四国令順拝」「心願ニ付親子連ニ而四国修業として」	所持品に関する記述なし	延命村(2日)	5、7日以前より少々「相勝レ不申候得とも」、27日、ようやく延命村まで来たところ、熱病で殊の外「相疼」、医師・服薬を用いて養生を加えたが、終に28日朝病死した。台兵衛の申し出により、死骸は寺院の導師をもって、最寄三昧へ土葬に取隠し、有姿を木札に記して建て置くよう組頭庄屋後藤善助が申し付けた。	26〜27頁(後藤家文書2−49−2)
後藤家事例17	天保5(1834)年5月5日	和州吉野郡北山川合村	弥助(50歳ばかり)	なし	○	「神社仏閣巡拝として」	「着類縞古袷着仕細帯〆居申候、納経札挟所持、其余格別所持之品無御座候」	早渕村(13日)	4月22日、早渕村まで来て、病気が起こり、往来に倒れ込んでいたので、早速早渕村庄屋などが来て見たところ、熱病と見え、先々修行が調い難く難渋の体に見えた。小屋懸し、服薬や給物等、彼是養生を加え、手当をしたが、5日9つ時に病死した。死骸は寺院の導師をもって、最寄三昧へ土葬に取隠し、有姿を木札に記して建て置くよう組頭庄屋後藤善助が申し付けた。また行き倒れ人の所持品も処理する	27〜28頁(後藤家文書2−49−8)

									よう組頭庄屋後藤善助が申し付けた。	
後藤家事例18	天保5(1834)年5月18日	越前南條郡具谷村	四郎右衛門(52、53歳ばかり)	なし	○	「四国為順拜」	「着類紺単物浅黄帯ヲ〆、紺脚半草鞋懸着仕居申候、所持候品、札挟、三衣袋、合羽壱ツ、莞莚壱枚、柳箇り壱ツ、内二惣袋壱ツ、紺浅黄縞単物壱ツ、銭五拾文、めんつ壱ツ、長財布壱ツ、手風呂布壱ツ、納経壱冊、鼠足袋壱足、手負壱ツ、真田壱筋、手拭壱筋、辺路札少々入紺口□風呂布包、其余杖茶碗壱ツ所持仕居申候」	府中村(2日)	17日暮方府中村まで来て、往来に伏し込んでいたので府中村の者が来て見て様子を尋ねたところ、ふいに持病が起こり難渋だということを申し出てきた。早速養生を加え、手当をしたけれど、追々病気が重くなり、18日の8つ時に病死した。死骸は寺院の導師をもって、最寄三昧へ土葬に取隠し、有姿を木札に記して建て置くよう組頭庄屋後藤善助が申し付けた。また行き倒れ人の所持品も処理するよう組頭庄屋後藤善助が申し付けた。	29〜30頁(後藤家文書2−49−7)
後藤家事例19	天保5(1834)年6月17日	筑前国怡土郡深江村	半六(40歳ばかり)	子の福太郎(3歳)・・・府中村善蔵が預かり、養育していたが、9月4日に病死	○	「四国為順拜」	「着類島単物着仕居申候、并二雑物の義ハ札挟、納経、数珠、菅笠、杖、古柳箇り壱ツ所持仕居申候」	府中村(16日)	6月2日頃府中村まで来て、往還端に伏し込んでいたので、府中村の者が来て見たところ、疝癪で痛み難渋している旨を申し出てきた。早速養生を加え、手当をしたが、追々病気が重くなり、昨朝から殊の外疼き、ついに16日暮方に病死した。死骸は寺院の導師をもって、最寄三昧へ土葬に取隠し、有姿を木札に記して建て置くよう組頭庄屋後藤が申し付けた。同行していた子の福太郎(3歳)は府中村の善蔵が預かり、で養育したが、兼ねてから痢病で「始終相勝レ不申二付」医師に懸け種々手当をしたが、9月4日の暮方から厳しく痛み、村役人へ申し出、色々手当し、介抱したが終に4日夜前5つ時に病死した。死骸は寺院の導師をもって、最寄三昧へ土葬に取隠し、有姿を木札に記して建て置くよう組頭庄屋後藤善助が申し付けた。	30〜32頁(後藤家文書2−49−5、2−49−3)
後藤家事例20	天保5(1834)年10月9日	豊後国玖珠郡小田村	直吉(47歳ばかり)	なし	○	「諸国神社仏閣為順拜」	「着類紺浅黄縞袷着仕、紺脚半〆、杖笠、莞莚壱枚所持、并張皮篭之内二納紺手風呂敷、紺手負、手拭入所持仕居申候」	府中村氏神拝殿(?日)	直吉は府中村氏神拝殿に伏し込んでいたので、番非人が打ち廻りで来たところ、病気体で殊の外痛んでいるようだったので、病体を尋ねたが、言舌が分からずということを(番非人が)村役人まで申出てきた。早速村役人が見てみたところ、極々大切(危篤に陥っている状態)に見えたので、番非人へ申しつけ、往来端に舁出し(肩にかつぎ)、重々手当をしたが、終に夜前7つ時頃病死した。死骸は寺院の導師をもって、最寄三昧へ土葬に取隠し、有姿を木札に記して建て置くよう組頭庄屋後藤善助が申し付けた。また行き倒れ人の所持品も処理するよう組頭庄屋後藤善助が申し付けた。	33〜34頁(後藤家文書2−49−4)
							「着類毛綿紺竪縞古袷壱枚、同空色古袷壱枚着仕、細		南岩延村の往来筋川原端柳林で死亡している旨を、百姓の徳次郎が申し出てきた。早速南岩延村の村役人が来て見たところ、最早死去していた。死骸は寺院の導師をもって、最寄三昧へ土葬に取隠し、有姿を木札に記して建て置くよう組頭庄屋後藤善助が申し付けた。往来手形を4通所持していた。内1通は男女	

後藤家事例21	天保6(1835)年正月18日	讃州神河郡西野村	長松(80歳ばかり)	なし	○(往来手形を四通所持している。備考欄を参照)	「四国辺路為修業」「四国順拝として」「四国執行ニ罷越候哉ニも相見候」「四国辺路」	帯ヲ〆居申候、外二所持之品、蚊帳壱ツ、古中入綿少々、手拭壱筋、下帯弐筋、紺風呂布壱枚、毛綿袋壱ツ、三衣袋弐ツ、右之中え麦粟少々入、毛綿財布三ツ、小刀壱本、鋏壱挺、諸〆玉壱ツ、茶碗壱ツ、数珠壱連、負台壱ツ所持仕居申候」 一、古継切之包有之、飯箇り壱ツ、右之中二銀札弐百弐拾壱匁六分紙二而数々二包入有之、尤久布相貯居候儀と相見、右銀札悉吸合居申候、外に二銀札弐拾壱匁六分五厘所持、合弐百四拾三匁弐分五厘所持仕居申候、尤右之内拾匁取仕舞諸調子銀として相渡申候、」	南岩延村(1日)	弐人 阿州那賀郡横見村 藤次郎、娘お分の物で文化15年2月に認めてあるものであった。内1通は讃州神川郡西野村百姓長松、娘ふんの物で文政5年2月に認めてあるものであった。内1通は讃州神川郡西野村長松 天保3年2月21日に認めてあるものであった。内1通は同じく長松の物で、同年同月23日に認めてあるものであった。他に(天保5年カ)年正月9日入切手一枚、長松の名前が書いてあた。また、位牌を弐拾弐枚持っており、但し年号月日のみで俗名等は記していない。そのうち一枚は妙覚信女 天保3辰年2月28日 「阿州城南那賀郡富岡横見村住人長松娘文事」と書き記している。那賀郡横見村住人の旨が書いてある物を見たので、元横見村出生の者でいたところ、家族が死絶し、渡世が出来がたくなり、位牌を所持して讃州切手を認め、四国執行にきたのかと見えた。横見村には親類の者がいないが、一応横見村役人が行き着くよう仰せ付けられたいと組頭庄屋後藤は郡代手代へ申し上げた。横見村の村役人を呼んで尋ねたところ、20ヶ年程以前に娘を連れて四国辺路に出たとのことで、且横見村に近親がいると申し出ているので、近親の永松(長松の兄)を村役人に召し連れさせて指遣わすこととなった。	34〜38頁(後藤家文書2−46−1、2−46−2)
後藤家事例22	天保6(1835)年5月8日	紀州那賀郡神野組三尾川村	忠兵衛(30歳余り)	なし	○	「四国為順拝」「四国執行として」	「着類紺縞毛綿入同袷着仕、札挟壱ツ、三衣袋壱ツ、墨貯壱本、杖笠所持仕居申候」	延命村(18日)	4月20日、延命村まで来たところ、地盤(以前から)瘡毒と見え、歩行が調い難いというので小屋懸し、医師や服薬を用い、養生をしたが、追々病症が重くなり、5月8日に病死した。瘡毒であり所々吹き出し膿汁が流れていたが、疑わしい点はなく、病死に違いない。死骸は寺院の導師をもって、最寄三昧へ土葬に取隠し、有姿を木札に記して建て置くよう組頭庄屋後藤が申し付けた。また遍行き倒れ人路の所持品も処理するよう組頭庄屋後藤善助が申し付けた。	38〜39頁(後藤家文書2−46−3)
後藤家事例23	天保6(1835)年7月13日	摂州大坂形町	徳兵衛(35、36歳)	なし	○	「諸国大社為順拝」	「着類薄浅黄単物着仕、紺毛綿帯〆、柳箇り壱ツ、面桶壱ツ、銭七拾文、毛綿煙草入、煙管、杖、笠所持仕居申候」	早渕村17日)	6月27日、早渕村まで来て往還筋に臥し込んでいる旨を最寄の百姓が申し出てきた。早渕村の庄屋などが見たところ、病気が起こり、難渋の体に見えたので、小屋懸し医師・服薬・給物など心をつけて養生を加えたが、7月13日5つ時に病死した。死骸は寺院の導師をもって、最寄三昧へ土葬に取隠し、有姿を木札に記して建て置くよう組頭庄屋後藤が申し付けた。また行き倒れ人の所持品も処理するよう組頭庄屋後藤善助が申し付けた。	39〜40頁(後藤家文書2−46−4)
後藤家事例24	天保6(1835)年8月29日	予州和気郡松山領山越村	幸助(50歳ばかり)	なし	○	「四国辺路執行として」「四国執行として」	「着類縞単物壱つ、古襦袢壱つ、細帯一筋所持仕居申候得共、丸裸二而相果居申候、其余札挟、三衣袋、柳箇り壱つ、飯箇り壱つ、茶碗三つ、杖、笠所持仕居申候」	南岩延村三昧藪蔭(1日)	夜前に南岩延村三昧藪蔭で病死していたので、見たところ、熱病に見え、丸裸になり死亡していた。疵はない。死骸は寺院の導師を請け、最寄三昧へ土葬に取隠し、有姿を木札に記して建て置くよう組頭庄屋後藤善助が申し付けた。また行き倒れ人の所持品も処理するよう組頭庄屋	41〜42頁(後藤家文書2−46−6)

									後藤善助が申し付けた。	
後藤家事例25	天保7（1836）年5月9日	防州津郡末之間村	徳明（道心、60歳ばかり）	なし	○	「四国順拝として」「四国執行として」「四国修業として」	「着類縞単物着、毛綿真田帯〆、風鈴壱つ、飯箇り壱つ、茶碗壱つ、杖笠、半てん壱つ所持、古継切々風呂布二包、所持仕居申候」	南岩延村北往来筋（8日）	5月2日、南岩延村北往来筋まで来て、病気が起こり、歩行が出来がたいというので、伏せ込んでいた。早速小屋懸けし、医師に見せ服薬等を用い、養生したが、追々病気が募り、5月9日の朝に死亡した。死骸は往来手形の旨に任せ、寺院の導師を請け、最寄三昧へ土葬に取隠し、有姿を木札に記して建て置くよう組頭庄屋後藤善助が申し付けた。また行き倒れ人の所持品も処理するよう組頭庄屋後藤善助が申し付けた。	42～43頁（後藤家文書5－133）
後藤家事例26	天保7（1836）年12月1日	奥州白川郡塙料真木野村	初太郎（百姓、21歳）	なし	○（ただし船上り切手・国入切手は所持していない）	「諸国神社仏閣為拝礼」	「着類堅縞破袷、古襦袢破股引着用仕、往来一礼並二寺請往来所持仕外二、箱壱ツ、右之内二納経壱冊、三衣袋二札挟、銭七十文、讃州金毘羅札守、伊勢御払、麦壱合七八勺紙袋二入、其余杖笠所持仕居申候」	矢野村国分寺（1日）	11月晦日、夜半ごろ、矢野村番非人の庄助が「打廻り」していたところ、初太郎が国分寺境内で病死の体で伏せ込んでいる旨を申し出てきた。国分寺で早速見たところ、もはや医療の手懸りもなく、死亡していたので、寺中の者が番をした。死骸は国分寺の導師を請け、最寄三昧へ土葬に取隠し、有姿を木札に記して建て置くよう組頭庄屋後藤善助が申し付けた。	43～44頁（後藤家文書5－50）
後藤家事例27	天保7（1836）年12月7日	但馬国気多郡稲葉村	磯次郎（40歳ばかり）	なし	○	「諸国大社為参詣」「諸国大社為拝礼」	「浅黄綿入壱ツ着仕、柳箇り、□小風呂布包、三布袋二麦三合程入、其余杖笠所持仕居申候」	延命村（3日）	12月5日延命村まで来て、病気が起こり、医師服薬等を用い、養生したが、7日、病死した。死骸は寺院の導師を請け、最寄三昧へ土葬に取隠し、有姿を木札に記して建て置くよう組頭庄屋後藤善助が申し付けた。また所持品も処理するよう組頭庄屋後藤善助が申し付けた。	44～45頁（後藤家文書2－55）
後藤家事例28	天保7（1836）年12月26日	但州気多郡伊府村	源吉（40歳ばかり）	倅馬蔵、娘なか	○	「四国巡拝として」	記述なし	延命村（2日）	12月25日延命村まで来たところ、病気が起こり、医師「相配」、養生を加えたが、終に26日病死した。倅馬蔵、娘なかは幼年で先々の順拝は調い難く、村方において心をつけ、労わった。馬蔵となかの親類の者のうち、迎えに来るか、「遠境罷越」すのが調い難いならば、便船で大坂表まで送り、そちらで引き渡すか、この書状が「行着之上」、早々おしらせしてほしいと、延命村庄屋源蔵は、但州気多郡伊府村へ書状を書いた（史料は天保8年2月に延命村庄屋から但州気多郡伊府村役人への書状の控えと思われる）	47頁（後藤家文書2－43－1）
後藤家事例29	天保8（1837）年2月15日	往来手形を持っていないので生国は分からない	尼（60歳ばかり）	なし	×	不明（「四国辺路」や「四国順拝」で来たという文言はない）	「織色袷着細帯ヲ〆、数珠弐連所持仕迄二而、外に所持之品無御座候」	南岩延村南往来筋川原端（4日）	2月12日、南岩延村南往来筋川原端まで来て、病気が起こり、伏せ込んだので、小屋懸し、養生を加え、委曲尋ねたが、言舌も分からず、どこの者かも分からず、追々病気が募り、終に15日の晩に病死した。死骸は仮埋にし番人をつけておくように組頭庄屋の後藤善助は申し付けた。	45～47頁（後藤家文書5－178－3）
後藤家事例30	天保8（1837）年3月5日	豫州宇麻郡上山村（往来手形は所持していないが、国所が	清学（50歳ばかり）	なし	×	「四国修業として」	「惣髪二而修験体二相見不申、縞袷碁盤縞袷浅黄島単物着、引すごき帯〆、雲斎股引着仕、大張篭二細二入、中二小張篭二大洲御影大小六拾八枚、めんつう壱ツ、紺	延命村（1日）	3月5日の朝、延命村まで来たところ、「病気之体二相見候二付」、医師服薬等を用い、養生を加えたが、養生に叶わず、夕方病死した。往来手形は所持していないが、乞食体の者には見えない	49～50頁（後藤家文書5－178－

		記してある納経帳を持っていた）					縞袷壱ツ、風呂敷二包、外二守七枚、茶碗壱ツ、納経冊、杖笠、所持仕居申候」		ので死骸は先ず仮埋めするよう、組頭庄屋の後藤善助は申し付けた。	1）
後藤家事例31	天保8（1837）年3月7日	伯州会見郡印部村	平蔵（35歳ばかり）	なし	○	「諸国神社仏閣為拝礼」	「人相着類其余所持之別紙注進書ニ相記有之通」とあり、注進書がないので、所持品などはわからない。	矢野村端観音寺村境往来脇（1日）	3月7日9つ時頃に病死した旨を百姓が申し出た。死骸は往来手形の旨にまかせて寺院の導師を請けて最寄三昧へ土葬に取埋るよう、また有姿を木札に記して建て置くように組頭庄屋の後藤善助が申し付けた。また所持品も処理するよう組頭庄屋後藤善助が申し付けた。	50～51頁（後藤家文書5－178－2）
後藤家事例32	天保8（1837）年3月16日	作州久米北条郡中拼和畝村	喜三右衛門（年齢に関する記述なし）	妻とめ、娘たか、子辰平（勝手に出立するよう申しつけられた）	○	「四国順拝として」「四国執行として」	記述なし	早渕村万弥のところ（？日）	（いつ来村したのかは分からない。空欄になっている）早渕村まで来て、万弥のところで止宿していた。その夜から喜三右衛門は病気が起こり、執行が調い難いというので、万弥のところに逗留した。万弥は村役人へ申し出、医師・服薬等心をつけ、手当てするよう仰せ付けられ、養生をしたところ、追々病気が募り、終に3月16日朝に病死した。死骸は往来手形の旨に任せ、寺院の導師をもって最寄三昧へ土葬に取隠すように組頭庄屋後藤善助はは早渕村の村役人へ申し付けた。	51～52頁（後藤家文書5－178－4）
後藤家事例33	天保8（1837）年4月1日	備中浅口郡柳井原村	道心行円（29歳）	弟　徳之丞（8歳）（国元に母と祖母がおり、兄が死亡したので、早々国元へ帰りたい旨を申し出た。無事に帰ったかどうかは不明）	○	「諸国神社仏閣為拝礼」	「紺縞綿入着細帯〆、紺衣壱ツ、三衣袋壱ツ、柳箇之中入、めんつ壱ツ、茶碗壱ツ、杖笠所持仕居申候	府中村（5日）	3月27日、府中村まで来て、兵左衛門門先で行円が病気が起こり、歩行が調い難い旨を申し出てきた。早速小屋懸し、服薬等用い、養生を加えたが、4月1日暮過ぎに病死した。死骸は往来手形の旨に任せ、寺院の導師を請け、最寄の三昧へ土葬に取り隠し、有姿を木札に記して建て置くよう、組頭庄屋後藤が申し付けた。徳之丞については労り、村方で養育するよう、組頭庄屋後藤善助が申し付けた。	52～54頁（後藤家文書5－49）
後藤家事例34	天保8（1837）年4月7日	播州宍栗郡三方町村	武右衛門倅小三郎（22歳くらい）	なし	○（揚り切手・国入切手は所持していない）	「四国執行として」「四国順拝として」	「紺堅縞破袷着仕、三衣袋壱ツ、柳箇り壱ツ、負台とも、飯箇り壱ツ、札挟壱ツ、納経壱ツ、椀壱ツ、杖笠所持仕居申候」	早渕村（6日）	4月2日に早渕村まで来て、病気の体に見え、堤端に伏せ込んでいた。小屋懸し、服薬等を用い、養生を加えたが、終に4月7日朝に病死した。死骸は往来手形の旨に任せ、寺院の導師を請け、最寄三昧へ土葬に取隠し、有姿を木札に記して建て置くよう組頭庄屋後藤が申し付けた。また行き倒れ人の所持品も処理するよう組頭庄屋後藤善助が申し付けた。	54～55頁（後藤家文書5－50）
後藤家事例35	天保8（1837）年4月21日	雲州飯真郡伸野村	万兵衛（65歳ばかり）	なし	○	「四国執行として」	「着類紺縞袷着、細帯ヲ〆、物箇り壱ツ、負台壱ツ、納経壱冊、三衣袋壱ツ、飯箇り壱ツ、粟俵壱ツ、杖笠所持仕居申候」	延命村（5日）	17日、延命村まで来て、赤井谷筋道端で熱病が起こり、臥し込んでいたので、医師服薬等を用い、養生を加えたが、終に21日朝、病死した。死骸は往来手形の旨に任せ、寺院の導師を請け、最寄三昧え土葬に取隠し、有姿を木札に記して建て置くよう組頭庄屋後藤善助が申し付けた。また行き倒れ人の所持品も処理するよう組頭庄屋後藤善助が申し付けた。	55～56頁（後藤家文書5－62）
			泉屋覚兵衛倅。高		×（往来手形、				22日、府中村氏神社地へ来て、病気が起こった旨で臥し込んだ。早速府中村の村役人が来て、名所を糺したところ、泉屋覚兵衛の倅で、高松行徳院弟子になり、	

後藤家事例36	天保8(1837)年6月24日	大坂本町船場三丁目	松行徳院弟子になり、正明と改名した（30歳ばかり）	なし	所持品とも盗みとられたとのこと）	「四国執行として」	「着類紺織包単物着、真田細帯〆、白毛綿襦半着仕居申、其余所持之品無御座候」	府中村（3日）	正明と改名したことを申し出た。小屋懸し、湯水給物等心をつけ、養生を加えたが、24日、病死した。往来手形、所持品とも盗みとられたとのことだが、その申し出に相違ないように見えたので、死骸は寺院の導師を請け、最寄三昧へ土葬に取隠し、有姿を木札に記して建て置くよう組頭庄屋後藤善助が申し付けた。	56頁（後藤家文書5−61）
後藤家事例37	天保8(1837)年6月26日	泉州泉郡坪井村	新兵衛娘くに（9つ）	新兵衛妻やす、倅楠太郎	○	「四国順拝」「四国執行として」	所持品に関する記述なし	矢野村（2日）	やすによると、やす、楠太郎、くには出願につき、四国順拝に来た。11番藤井寺からくにと弟の楠太郎両人が、時疫で苦しみ、漸く6月25日朝、矢野村まで来て、急に熱気はげしくなり、歩行が調い難く困っていたところ、矢野村で小屋懸をし、服薬や食事など心をつけて養生を加えた。楠太郎は少しずつ快気に向かってきたが、くには26日暮方に大熱で病死した。死骸は寺院の導師をもって、最寄三昧へ土葬に取隠し、有姿を木札に記して建て置くよう組頭庄屋後藤善助が申し付けた。	57～58頁（後藤家文書5−57）
後藤家事例38	天保8(1837)年8月26日	不明	不明（45、46歳くらい）	なし	×	不明（「四国辺路」や「四国順拝」で来たという文言はない）	「着類縞破単物壱ツ着仕、其余何以所持之品無御座候」	早渕村堤野神近所（1日）	早渕村堤野神近所で病死している旨早渕村役人へ申し出があったので、見たところ、病死に違いないと判断し、組頭庄屋後藤善助へ申し出た。往来手形やその他所持品もないので、どこの者かも分からず、先ず仮埋めにして、番人をつけておくよう、組頭庄屋後藤善助が早渕村庄屋へ命じた。	58頁（後藤家文書5−56）
後藤家事例39	天保8(1837)年9月1日	石州銀山御領邑知郡河渡村	勝蔵（50歳ばかり）	なし	○	「四国執行として」	「着類紺縞古単物着仕、三衣袋壱ツ、中古椀入、其余杖笠所持仕候迄ニ而、外ニ所持之品無御座候」	延命村（2日）	8月30日に延命村の赤井谷溜池脇まで来て、「地病」が起こった趣であったので、段々養生を加えたが、9月1日朝に病死した。死骸は往来手形の旨に任せて、寺院の導師をもって、最寄三昧へ土葬に取隠し、有姿を木札に記して建て置くよう組頭庄屋後藤が申し付けた。	58～59頁（後藤家文書5−55）
後藤家事例40	天保8(1837)年10月3日	不明	不明（22、23歳くらい）	なし	×	不明（「四国辺路」や「四国順拝」で来たという文言はない）	「紺縞袷、紺茶壱穴替単物、古細帯着仕居申候」	延命村（12日）	9月20日、延命村の番非人熊助の小屋まで来て、厳しく発熱しており、歩行が調い難いというので、色々養生を加えていたところ、疱瘡になり、段々（いろいろ）手当したけれども殊の外重くなり、生所・名面等を尋ねたところ、南方の者である由を申し出てきたが、どこの者かも分からず、終に10月2日に熊助の小屋近くで病死した。どこの者か分からないので、死骸は先ず仮埋めにするよう、組頭庄屋後藤善助は延命村役人へ申し付けた。	59～60頁（後藤家文書5−53）
後藤家事例41	天保8(1837)年10月8日	土州幡多郡国見村	伝右衛門（44、45歳くらい）	倅泰次（8歳。まず早渕村で預り、労わった。その後の動向は分から	○	「四国執行として」	「紋付ちくさ古着ニ而、さなだ帯、尤形付左尻すけ着用ニ而病死いたし候」泰次の着類・・・「一、古嶋古単物二枚、形付古帯着用いたし候、天保八年酉六月と書付候札はさミ、しゆす壱れん一、破柳こり壱ツ、ふたとも、内ニ土	早渕村（2日）	7日8つ時頃に早渕村まで来て、往来端に臥し込んでいる旨を村内の者から申し出てきた。早速来て、見てみたところ、病気体に見え、服薬など用い、養生を加えたが、終に8日の朝病死した。死骸は往来手形の旨に任せて寺院の導師をもって、最寄三昧へ土葬に取隠し、有姿を木札	60～61頁（後藤家文書5−52）

				ない)			鍋壱ツ、同服こり二ツ、同小キ塩つぼ壱ツ、同道しなん壱冊、同たはこ入二ツ、きせる壱本　一、さん衣袋壱ツ、尤形付古物内ニ古き袋数ニ三ツ程」		に記して建て置くよう組頭庄屋後藤が申し付けた。また、幼年の泰次は先ず村方で預り、労わるよう、組頭庄屋後藤善助は早渕村へ申し付けた。	
後藤家事例42	天保8(1837)年10月24日	丹波氷上郡葛野庄三原村	佐五右衛門(60歳ばかり)	幼女さと(8才)親が死去したので早々国元へ帰りたい旨申し出た)	○	「四国執行として」	「着類縞古袷着仕、破股引着仕居申候、皮籠壱ツ、札挟壱ツ、杖笠其余所持之品無御座候」	延命村(2日)	23日延命村まで来て、持病が起こった趣で段々養生を加え、服薬など用いたが、24日朝に病死した。死骸は往来手形の旨に任せて寺院の導師をもって、最寄三昧へ土葬に取隠し、有姿を木札に記して建て置くよう組頭庄屋後藤が申し付けた。なおまた、幼女さとは先ず村方で預り、労わるよう、組頭庄屋後藤善助は延命村へ申し付けた。	62頁(後藤家文書5−51)
後藤家事例43	天保8(1837)年11月5日	松平河内守様御預所備中川上郡平井村	広蔵(54、55歳くらい)	なし	○	「四国執行として」	「着類縞古袷、同古単物着仕、札挟、三衣袋壱ツ、中ニ茶碗壱ツ入、其余重箱壱ツ、木椀壱ツ、煙草入壱ツ、負台、張皮箇壱ツ所持仕居申候」	早渕村(1日)	11月5日の朝早渕村堤腹で行き倒れている旨を申し出てきたので、早渕村庄屋が来て見たところ、死去していた。疵がないので病死に違いないとのこと。死骸は往来手形の旨に任せ、寺院の導師をもって、最寄三昧へ土葬に取隠し、有姿を木札に記して建て置くよう組頭庄屋後藤が申し付けた。また行き倒れ人の所持品も処理するよう組頭庄屋後藤善助が申し付けた。	63〜64頁(後藤家文書5−59)
後藤家事例44	天保8(1837)年11月24日	丹後中郡荒山村	徳右衛門(56歳ばかり)	なし	○	「四国執行として」	「着類毛綿縞綿入弐ツ、同単物壱ツ、小倉帯〆、其余雑物、札挟壱ツ、杖壱本、菅笠壱蓋、三衣袋壱ツ所持仕居申候」	府中村(1日)	11月24日の朝府中村まで来て、病気が起こり、歩行が調い難い旨を申し出てきたので、早速小屋懸し、養生を加えたが、間もなく7つ時に病死した。死骸は往来手形の旨に任せ、寺院の導師をもって、最寄三昧へ土葬に取隠し、有姿を木札に記して建て置くよう組頭庄屋後藤が申し付けた。また行き倒れ人の所持品も処理するよう組頭庄屋後藤庄助が申し付けた。	64頁(後藤家文書5−60)
後藤家事例45	天保9(1838)年2月13日	但馬七味郡宿村	伊兵衛妻(44、45歳ばかり)	倅半蔵	○	「四国執行として」	「右伊兵衛妻癩病相煩面部相崩、…着類縞古綿入古縞伴着、上ニ縞綴袷着仕、其余札挟、三衣袋、数珠壱連所持仕居申候」	早渕村(1日)	早渕村往還筋へ来て、病気の体で倒れ込んでいる旨を13日の朝村内の者が申し出てきた。早速早渕村の庄屋等が来て見てみたところ、急病と見え、最早死去していた。尤も、「地盤癩病相煩居申者」でいた。死骸は往来手形の旨に任せ、寺院の導師をもって、最寄三昧へ土葬に取隠し、有姿を木札に記して建て置くよう組頭庄屋後藤が申し付けた。幼男半蔵は先ず村方で預り、労わるよう、組頭庄屋後藤庄助は早渕村へ申し付けた。	65頁(後藤家文書5−48−18)
後藤家事例46	天保9(1838)年3月6日	河州志紀郡木本村	善右衛門(55歳くらい)	妻とよ、娘とめ、子浅吉	○	「神社仏閣拝礼として」	「着類紺縞袷、紺茶筋入縞てんちう着、帯壱ツ縄ヲ〆、柳箇之中へ納経一冊、種物品々紙袋ニ仕入置御座候、其余三衣袋、茶碗、杖笠所持仕居申候」	延命村(6日)	善右衛門は倅の浅吉のみ連れて、3月1日延命村まで来た。善右衛門は熱病が起こり、難渋の体に見えたので、養生を加え、委曲尋ねた。妻子を連れて4人連れで来たところ、南方で夫娘(別の史料には夫婦と記述がある)口論し、妻とよは娘とめを連れて分かれた。善右衛門は倅浅吉のみ連れてきた旨を申し出てきた。医療・服薬等用い、手当をしたが、終に養生に叶わず、6日の5つ時に病死した。死骸は往来手形の旨に任せ、寺院の導師をもって、最寄三昧へ土葬に	66〜67頁(後藤家文書5−48−17)

									取隠し、有姿を木札に記して建て置くよう組頭庄屋後藤が申し付けた。また、幼男浅吉は先ず村方で預り、労わるよう、組頭庄屋後藤庄助は早渕村へ申し付けた。	
後藤家事例47	天保9(1838)年3月14日	丹波桑田郡池尻村	源兵衛(60歳ばかり)	なし	○	「四国執行として」「四国修業として」	「着類毛綿立縞袷壱ツ、同襦伴壱ツ、縞半てん綿入壱ツ、白毛綿帯〆、菅笠壱蓋杖壱本、外之雑物負台壱ツ、柳箇り壱ツ内ニ財布壱ツ、尤此内ニ銀弐朱壱ツ、壱朱銀六ツ、銭三百五十文四文銭八文、丹州亀山銀札六枚、三衣袋壱ツ、碗壱ツ、札挟壱ツ、浄土数珠壱連、煙草壱枚袋、米麦三合程麦之粉弐袋、毛綿切□□同帯壱筋、煽子壱本、瓢箪壱ツ、墨貯弐玉、紙壱帖、荷風羽弐枚、ばつち弐ツ、わらし懸□□、四国道中帳壱冊、納経壱冊所持仕居御座候」	府中村喜代次門前(2日)	13日7つ時、府中村喜代次門前で伏し込んでいる旨の申し出があった。早速村役人が病体を見に行ったところ、最早、言舌が旋らせずにいたけれど、重々尋ね、荷物を改めたところ、金子を少し所持していたので、存命のうちに村役人が預かり、小屋懸し養生を加えたが、終に14日の朝病死した。死骸は往来手形の旨に任せ、寺院の導師をもって、最寄三昧へ土葬に取埋め、有姿を木札に記して建て置くよう組頭庄屋後藤が申し付けた。また所持の金子で印石など建遣わすよう、また、行き倒れ人の所持品も処理するよう組頭庄屋後藤庄助が申し付けた。	67~68頁(後藤家文書5−48−13)
後藤家事例48	天保9(1838)年3月24日	阿波国名西郡上山村上分河又名	指次郎(44、45歳くらい)	なし	○(文化年中の往来手形であった)	「神社仏閣拝礼として」	「着類毛綿紺竪縞袷着、毛綿帯ヲ〆、古キ脚半着仕、尤箇り壱ツ、杖壱本、札挟壱ツ、三衣袋壱ツ、内ニ数珠壱連、茶碗壱ツ、外ニ負台壱ツ、扇子箱弐ツ所持仕居申候」	府中村氏神拝殿(2日)	23日夜府中村氏神拝殿で伏し込み、病気が起こったところへ番非人共が盗賊方を打ち廻りに来て、見咎めたところ、九死一生と見え、言舌が分からないけれど、筵に入れ、往来へ舁き出し、まだ脈もあった。湯水等を遣わし、村役人へ申し出た。早速村役人が見に行ったところ、愈々九死一生の病体に見え、しかしながら少々脈体もあったので、小屋懸し、服薬など養生を加えたが24日暮の9つ時に病死した。寺請往来は所持していたが、文化年中の往来手形、殊に国内の者であるので、先ず仮埋めにし、番非人をつけておくよう組頭庄屋後藤庄助が府中村役人に命じた。	68~69頁(後藤家文書5−48−16)
後藤家事例49	天保9(1838)年4月1日	但馬国養父郡奥三谷村	亀次郎娘なお(15歳くらい)	なし	○	「四国執行として」	「着類縞継之綿入壱ツ着仕、其余雑物札挟壱ツ、三衣袋壱ツ、風呂布壱ツ、柳箇り壱ツ、茶碗壱ツ、茶碗壱ツ、椀壱ツ、納経壱冊所持仕居候」	府中村(7日)	3月24日、府中村まで来て、往来端に伏し込んでいた。心願があったので「四国順拝」に来ていたという。病気が起こり、困っている旨を申し出てきたので早速小屋懸し、服薬や給物を心を付けて養生を加えたたが、追々病気が募り、終に4月1日8つ時に病死した。死骸は往来手形の旨に任せ、寺院の導師をもって、最寄三昧へ土葬に取隠し、有姿を木札に記して建て置くよう組頭庄屋後藤が申し付けた。また行き倒れ人の所持品も処理するよう組頭庄屋後藤庄助が申し付けた。	70~71頁(後藤家文書5−48−6)
					○				3月27日、矢野村端観音寺村境の「辺路往来之傍」で熱病を煩い、伏し込んでいた。「出作人観音寺村次郎左衛門方より申し出があったので、早速小屋懸し、食物医療など心をつけて養生を加えたが、3月30日昼時までは	

後藤家事例50	天保9（1838）年3月30日	但馬ニ方郡海上村	当右衛門娘くま（24、25歳くらい）	なし	（船上り切手・国入切手は所持していない）	「四国執行として」	「茶縞単物着仕、つゝれ之古単物ヲ下ニ敷、其上ニ伏込、三衣袋、札挟所持仕、外ニ所持之品無御座候」	矢野村端観音寺村境（4日）	格別の悩みもなく見えたが、追々病気が募り、終に暮の7つ頃に病死した。往来手形のみで、船揚り切手と国入切手を所持していないが、四国遍路に違いないと見えたので（「往来手形而已ニ而、船上り切手・御国入切手等所持不仕候得とも、四国遍路ニ相違無御座相見候ニ付」）死骸は往来手形の旨に任せ、寺院の導師をもって、最寄三昧へ土葬に取隠し、有姿を木札に記して建て置くよう組頭庄屋後藤が申し付けた。また行き倒れ人の所持品も処理するよう組頭庄屋後藤庄助が申し付けた。	71～72頁（後藤家文書5－48－15）
後藤家事例51	天保9（1838）年4月7日	豫州宇和島御庄長月村	覚蔵（70歳ばかり）	なし	○	「四国執行として」	「紺花色竪縞綿入浅黄襦伴着仕、柳箇り壱ツ、紺風呂布ニ包細ニ入、中ニ浅黄形付股引壱ツ、縞打違壱ツ、納経壱冊、宇和島銀札壱匁五分所持仕居申候」	延命村竹次郎方（3日）	竹次郎と市之助倅鳳吉、卯蔵、三人同道で四国順拝に来ていたところ、覚蔵は逆に執行をしていた者で、途中で書状を頼まれ、4月5日に書状を持参し、市之助のところへ来て、その夜竹次郎のところで一宿させたところ、持病が起こった趣であったので、医師や服薬等用いて養生を加えたが、追々病気が募り終に7日の昼9つ時に病死した。	72～73頁（後藤家文書5－48－11）
後藤家事例52	天保9（1838）年4月25日	芸州豊田郡宮原村	わさ倅関松（3つ）	わさ（30歳ばかり、閏4月1日に病死）	○	「四国為修業」「四国執行として」	わさの着類、所持品・・・「着類毛綿、浅黄縞袷着毛綿細帯〆、尤毛綿半てん弐ツ、同浅黄染帯壱筋、三衣袋壱ツ、負台壱ツ、椀弐ツ所持仕居申候」	府中村（関松は19日、わさは23日）	4月7日に府中村まで来たが、病気が起こり、先々歩行が調い難いので生国へ帰りたい旨を村役人まで申出てきた。国境の大坂口まで送ったところ、「根本」豫州船上りの者なので、讃州表では受け取らず、府中村まで送戻ってきた。このことを窺って申し上げ、両人とも労わりっていたところ、倅の関松は「地盤麻症」で「相勝レ不申処」、養生に叶わず、25日の9つ時に病死した。死骸は寺院の導師をもって、最寄三昧へ土葬に取埋め、有姿を木札に記して建て置くよう組頭庄屋後藤が申し付けた。母のわさも「地盤熱病」で「相勝不申」、送戻のことで彼是心配の上、倅の関松が病死し、病気が并発し熱気が募り、色々養生をしたが閏4月1日に病死した。死骸は往来手形の旨に任せ、寺院の導師をもって、最寄三昧へ土葬に取隠し、有姿を木札に記して建て置くよう組頭庄屋後藤庄助が申し付けた。また所持品も処理するよう組頭庄屋後藤庄助が申し付けた。	73～74頁（後藤家文書5－48－7①、③）、75～76頁（後藤家文書5－48－12）
後藤家事例53	天保9（1838）年4月25日	山城国京都	栄次郎（34、35歳ばかり）	なし	○	「四国執行として」	「…途中ニ而剃候哉剃髪仕居申候、着類古単物着、縞帯〆、柳箇り壱ツ、内ニ納経壱冊、古衣壱ツ、札挟壱ツ、負台壱ツ所持仕居申候」	府中村（2日）	24日の夜、氏神拝殿で伏し込み、病気体に見えたので25日の朝往来端に連れ出し、彼是労わったが病死した。死骸は往来手形の旨に任せ、寺院の導師をもって、最寄三昧へ土葬に取隠し、有姿を木札に記して建て置くよう組頭庄屋後藤が申し付けた。また行き倒れ人の所持品も処理するよう組頭庄屋後藤庄助が申し付けた。	74頁（後藤家文書5－48－7②）
後藤	天保9					来村理由に関する明確な記	「縦織藍備中色之	矢野村	3月中旬から矢野村へ来た。路傍に伏し込んでいたので尋ねたところ、「ちうふう」（中風カ）で歩行が調い難くなり、そのうえ病気で難渋であるという趣を申し出てきたので、小屋懸し、医療や飲食など心を付けて養生	76～77頁（後

家事例54	(1838)年閏4月1日	不明	道心(40歳ばかり)	なし	×	述はないが、「四国辺路之体」とある	地ニ水色横織縞綿入着仕、竹箇り壱ツ所持仕、其余所持之品無御座候」	(ひと月半くらい)	をしたが閏4月1日の暮6つ時に病死した。豊前の者であると言い、往来手形は病中に盗まれて所持していないと申し出てきた。船上り切手も国入切手も所持していなく、どこの者かも分からないので先ず仮埋めにし、番人をつけておくよう、組頭庄屋後藤庄助が矢野村の村役人へ申し付けた。	藤家文書5－48－10)
後藤家事例55	天保9(1838)年5月22日	豫州大洲領風早郡大浦村	鶴三郎(22、23歳ばかり)	なし	○	「四国執行として」	「形付単物物着仕居申候、大小柳箇り弐ツ、めんつ壱ツ、納経壱冊、銭六匁、杖笠所持仕居申候」	延命村(4日)	19日、延命村まで来て、熱病の体で伏し込んでいたので、医師や服薬等を用い、養生を加えたが22日に病死した。死骸は往来手形の旨に任せ、寺院の導師をもって、最寄三昧へ土葬に取埋め、有姿を木札に記して建て置くよう組頭庄屋後藤が申し付けた。また行き倒れ人の所持品も処理するよう組頭庄屋後藤庄助が申し付けた。	77～78頁(後藤家文書5－48－14)
後藤家事例56	天保9(1838)年8月6日	淡州津名郡中之内村	槌間(30歳ばかり)	なし	○	「四国執行として」	「茶浅黄綿入縞袷ニ、紺ごばん縞単物着仕、外ニこはん縞単物一ツ、浅黄風呂布壱ツ、負台壱ツ、札挟、辺路札、並ニ扇子箱壱ツ、杖笠所持仕居申候」	矢野村(9日)	7月28日、矢野村端観音寺村境辺路往来端ニ而熱病に見え、平臥していた旨の申し出があった。医師や服薬等を用いで養生を加えたが、8月7日の7つ時に病死した。死骸は往来手形の旨に任せ、寺院の導師をもって、最寄三昧へ土葬に取埋め、有姿を木札に記して建て置くよう組頭庄屋後藤が申し付けた。また行き倒れ人の所持品も処理するよう組頭庄屋後藤庄助が申し付けた。	78～79頁(後藤家文書5－48－8)
後藤家事例57	天保9(1838)年11月28日	讃州山田郡善正村	武右衛門親まち(63歳)	武右衛門妻まさ、娘小町	○	「四国為修業」「四国辺路修業として」	「着類毛綿綿細帯ヲ〆居申候」	府中村(4日)	まちは「地盤風邪」であった。25日にようやく府中村まで来て、病気が重くなり歩行が調い難く難渋していたところ、村役人中より小屋懸し、養生を加えたが、11月28日に病死した。死骸は往来手形の旨に任せ、寺院の導師をもって、最寄三昧へ土葬に取埋め、有姿を木札に記して建て置くよう組頭庄屋後藤庄助が申し付けた。	79～80頁(後藤家文書5－48－9)
後藤家事例58	天保9(1838)年11月27日	但馬朝来郡西牧田村	重次郎倅好蔵(3つ)	重次郎、妻いそ	○	「四国執行として」	特に記述なし	矢野村万次郎方(1日)	27日、矢野村まで来て、万次郎の所で一宿した。そこで好蔵の熱病が起こり、万次郎は医師や服薬等を用い、養生を加えたが、27日の夜に病死した。死骸は母いその願い出の通り、往来手形の旨に任せ、寺院の導師をもって、最寄三昧へ土葬に取隠し、有姿を木札に記して建て置くよう組頭庄屋後藤庄助が申し付けた。	80～81頁(後藤家文書5－48－19)
後藤家事例59	天保10(1839)年4月4日	濃州大野郡伊尾村	長吉(64歳)	倅芳兵衛	○	「四国執行として」	「着類毛綿竪縞袷、下ニ同単物、同毛綿帯ヲ〆、雑もの、札挟壱ツ、三衣袋壱ツ、数珠壱連、毛綿はつち、同脚半、菅笠壱ツ所持仕居申候」	府中村(2日)	3日に府中村まで来た。「地盤積気持」で「相勝不申」であり、服薬等を用い、色々養生を加えたが4日に病死した。死骸は往来手形の旨に任せ、寺院の導師をもって、最寄三昧へ土葬に取隠し、有姿を木札に記して建て置くよう組頭庄屋後藤庄助が申し付けた。	81～82頁(後藤家文書5－106－3)
後藤家事例60	天保10(1839)年4月27日	丹州桑田郡小渕村	杢兵衛(60歳ばかり)	なし	○	「四国為修業」	「着類毛綿縞破単物着、尤負台箱一ツ、破箇り壱ツ、三衣袋、札挟、杖笠所持仕居申候、其余所持之品無御	延命村(3日)	25日に延命村まで来て、常楽寺門前において行き倒れ、死去していたという申し出があったので、延命村の村役人が見たところ、養生に叶いそうになく、死去していた。死骸は往来手形の旨に任せ、寺院の導師をもって、最寄三昧へ土葬に取埋め、有姿を木札に記して建て置くよう組	82～83頁(後藤家文書5－106－

							座候」		頭庄屋後藤が申し付けた。また行き倒れ人の所持品も処理するよう組頭庄屋後藤庄助が申し付けた。	2)
後藤家事例61	天保10(1839)年6月3日	豊前国小倉田城町	孫七娘知稲尼(35歳ばかり)	なし	○	「四国為修業」	「着類毛綿片付単物着、縞帯ヲ〆、尤破箇り壱ツ、三衣袋、札挟、数珠壱ツ、納経壱冊、飯箇壱ツ、茶碗壱ツ、杖笠、壱朱壱ツト銀札銭〆三匁所持仕居申候、其余所持之品無御座候」	延命村常楽寺門前栗木谷溜池(2日)	6月2日に延命村迄来て、常楽寺門前の溜池縁で病気が起こり、養生を加えたが、どうしたことか、3日の夜に溜池辺りで溺死していた。村役人が見に行ったところ、最早養生に叶わず、死去していた。死骸は往来手形の旨に任せ、寺院の導師をもって、最寄三昧へ土葬に取埋め、有姿を木札に記して建て置くよう組頭庄屋後藤が申し付けた。また行き倒れ人の所持品も処理するよう組頭庄屋後藤庄助が申し付けた。	83~84頁(後藤家文書5－106－1)
後藤家事例62	天保10(1839)年6月7日	「生国京都之由」	不明(72、73歳ばかり)	なし	×	来村理由に関する明確な記述はないが、「辺路体」「乞食体とある	「着類内路単物着、尤三衣袋、数珠壱ツ、杖笠、茶碗壱ツ所持仕居申候、其余所持之品ハ無御座候」	矢野村(6日)	6月2日に「辺路体」で矢野村の辺路道端で草臥れていたので、尋ねたところ、「中暑(ママ)」で歩行が調い難いという。小屋懸し、服薬などを用い、養生を加えるうち、生国は京都で七兵衛と申す者の由であったが、往来手形や其余所持の物がなかったので、どこの者かも分からず、追々病気が募り、7日の8つ時に病死した。往来手形も所持しない「乞食体之者」であったので、死骸は早速「取捨」にするよう、組頭庄屋の後藤庄助は申し付けた。	84~85頁(後藤家文書5－106－5)
後藤家事例63	天保10(1839)年11月25日	若州神野村	弥兵衛(50歳ばかり)	なし	×	来村理由に関する明確な記述はないが、「辺路体」「乞食体」とある	「着類綴袷太枚着、尤三衣袋、札挟、杖笠、茶碗所持仕、其余所持之品無御座候」	延命村(1日)	25日辺路往来端で行き倒れていたので、延命村の村役人が来て見たところ、最早言舌も旋らせず死去した。札挟にこの者の名所が記していたが、「往来」・「寺請」・「揚り切手」・「御国入切手」なども所持していなく、「乞食体之者」であったので死骸は番非人に申し付け、早速取捨てにするよう組頭庄屋後藤庄助が申し付けた。	85~86頁(後藤家文書5－106－4)
後藤家事例64	天保11(1840)年4月17日	豫州宇摩郡小林村	和大寺末庵 蓮浄(60歳ばかり)	なし	○	「四国為執行」	「着類毛綿紺色袷壱ツ、同浅黄細帯ヲ〆、毛綿小風呂布壱ツ、同形付手拭壱筋、納経帳六冊、茶碗壱ツ、杖壱本、所持仕居申候」	矢野村(2日)	16日に矢野村の辺路道傍らに行き倒れ、水腫病と見え、病死している旨を17日の5つどきに番非人が申し出てきた。死骸は往来手形の旨に任せ、寺院の導師をもって、最寄三昧へ土葬に取埋め、有姿を木札に記して建て置くよう組頭庄屋後藤が申し付けた。また遍路の所持品も処理するよう組頭庄屋後藤が申し付けた。※「藤井伊助」という者が後藤庄助へ4月18日に(文書のやりとりでいうと日にちは最後)「仍而御渡被遊候御注進書付とも夫々指上申候、以上」という文書を渡している。	86~87頁(後藤家文書2－44-1)
後藤家事例65	天保11(1840)年12月27日	防州吉敷郡小郡山手村	百姓角右衛門倅与吉(40歳ばかり)	なし	○	「四国為執行」	「着類ほろ綿入着、骨柳壱ツ、笠杖迄所持仕居申候」	早渕村北往来(1日)	27日の7つ半ごろに早渕村北往来まで来て、行き倒れ、死去している旨の申出があり、早渕村の庄屋や五人組が見に行ったところ、申出に間違いがなかった。死骸は往来手形の旨に任せ、寺院の導師をもって、最寄三昧へ土葬に取埋め、有姿を木札に記して建て置くよう組頭庄屋後藤庄助が申し付けた。	87~88頁(後藤家文書2－44－2)
									3月29日、延命村まで来て、腹痛になり、歩行が調い難いとい	

									うので小屋懸し、医師や服薬等を用いたが、追々熱気が盛んになり、4月9日に病死した。死骸は往来手形の旨に任せ、寺院の導師をもって、最寄三昧へ土葬に取埋め、有姿を木札に記して建て置くよう組頭庄屋後藤が申し付けた。また行き倒れ人の所持品も処理するよう組頭庄屋後藤が申し付けた。※藤井伊助（後藤家文書）2－43－2より）府中村庄屋）から後藤庄助への4月10日の文書には「地盤癩病之者」であるとのこと。「依而御渡被遊候御注進書并御切手共奉指上候」と記述あり。	
後藤家事例66	天保11（1840）年4月9日	石州中野郡和田村	米蔵（22歳ばかり）	なし	○	「四国為執行」	「着類毛綿紺竪縞単物壱ツ、毛綿浅黄色細帯ヲ〆、三衣袋壱ツ、内二茶碗壱ツ、飯箇り壱ツ、負台壱ツ、柳箇り壱ツ、内二銭三百八十文、納経帳壱冊、菅笠壱ツ、札挟、杖所持仕居申候」	延命村（10日）	（前頁より続く）	88～89頁（後藤家文書2－44－3）
後藤家事例67	天保11（1840）年9月9日	周防大嶋久賀村	清次郎（20歳ばかり）	なし	○	「四国為執行」	「着類毛綿ほろ単物着、飯箇壱ツ、菅笠壱ツ、杖所持仕居申候」	延命村（2日）	8日に延命村まで来たが、持病が起こり、医師や服薬等を用いたが、9日に病死した。死骸は往来手形の旨に任せ、寺院の導師をもって、最寄三昧へ土葬に取埋め、有姿を木札に記して建て置くよう組頭庄屋後藤が申し付けた。また行き倒れ人の所持品も処理するよう組頭庄屋後藤庄助が申し付けた。	90頁（後藤家文書2－44－4）
後藤家事例68	天保13（1842）年5月9日	不明	僧（26、27歳ばかり）	なし	×	来村理由に関する明確な記述はないが、「四国辺路体」とある	「着類竪縞破単物着仕、飯箇り一つ、数珠壱連、納経壱冊、銭五十文斗所持、其余所持之品無御座候」	矢野村国分寺境内（2日）	8日の夜、5つ半時に矢野村国分寺へ来て、通夜堂に一宿していたところ、9日の朝、外辺路・国分寺中の者が呼び起きたが、答えがなく、よく見たら、病死していた。最早医療の手懸りもなく死亡した。往来手形・船上り切手・国入切手など所持していなく、どこの者かも分からないので仮埋めにし、番非人をつけるよう組頭庄屋後藤庄助は国分寺へ申し付けた。	90～91頁（後藤家文書2－32－5）
後藤家事例69	天保15（1844）年12月2日	豫州越智郡高野村	文四郎（62、63歳ばかり）	なし	○（写しがある）	「四国順拝」「四国為執行」	「着類継之古袷着仕、三衣袋、札挟、杖笠所持仕居申候」	矢野村（3日）	11月30日に矢野村国分寺で通夜をし、12月1日に出立したところ、病気が起こり、近所道傍に臥し込んだ。「地盤病気」がある体に見え、小屋懸し、医師や服薬等を用いたが、夕方から俄に病気が募り、2日の7つ時に病死した。死骸は往来手形の旨に任せ、寺院の導師をもって、最寄三昧へ土葬に取埋め、有姿を木札に記して建て置くよう組頭庄屋後藤が申し付けた。また行き倒れ人の所持品も処理するよう組頭庄屋後藤庄助が申し付けた。	91～93頁（後藤家文書2－43－10）
後藤家事例70	弘化3（1846）年10月26日	「紀伊中納言様御領分」勢州飯高郡松坂在大口村	恵明（25、26歳）	なし	○	「諸国神社仏閣拝礼として」※注進書きの包紙に「辺路病死御注進書」とある	「着類縞単物壱枚しばん壱重帯、三衣袋、札挟、飯ごり、茶碗壱ツ、札挟」	早渕村（1日）	（注進書きのみが存在する）早渕村端に行き倒れ、死去している旨を26日の朝番非人が申し出た。見たところ、「病死之体ニ相違無御座候」ということであった。	93～94頁（後藤家文書2－38－4）
後藤家事例71	弘化4（1847）年8月15日	肥後求磨郡上村	忠太（30歳くらい）	なし	○	「四国辺路執行として」※往来手形には「四国	「着類毛綿縞単物壱ツ、襦袢壱ツ、筒弐ツ、札挟壱ツ、納経帳壱冊、杖、三衣袋壱つ、所持	府中村（1日）	（注進書きのみが存在する）15日昼7つ時に番五郎地先まで来て、伏し込んでいたので、見たところ、死亡していた。	94～95頁（後藤家文書2－6

						八拾八ヶ所巡拝」とある	居申候」			−6)
後藤家事例72	嘉永4(1852)年3月27日	和州五条吉野郡十津川郷谷瀬村	岩蔵(年齢に関する言及なし)	倅大次郎(もともとは親子5人連れだった。予州、土州で3人は病死した)	○	「四国為修業」	記述なし	延命村(2日)	3月26日に延命村まで来たが、岩蔵は途中で持病が起こり、養生をしたが27日に病死した。死骸は往来手形の旨に任せ、寺院の導師をもって、最寄三昧へ土葬に取埋め、有姿を木札に記して建て置くよう組頭庄屋後藤が申し付けた。同行者の大次郎は幼年のため、先々の順拝は調い難く、延命村で労わった。	95頁(後藤家文書2−43−5)
後藤家事例73	嘉永3(1851)年12月〜翌年6月までの間(嘉永4年6月に死亡?)	備後国福山領深津郡深津村	長十妻かね(年齢に関する言及なし)	倅浅次、娘さと	○	「四国為順拝」	記述なし	府中村(?日)	嘉永3年年の12月に備後国深津村を出発し(嘉永4年6月までの間に)府中村まで来たが、かねが病気になり、養生をしたが、病死した。浅次とさとは府中村で養育していた。親の長十が迎えに来て、引き渡した(府中村と深津村の書状のやりとりが史料として残っている)	95〜96頁(後藤家文書2−43−3、2−43−2)
後藤家事例74	安政7(1860)年3月5日	紀州高野山	和合院家来 善次(40歳ばかり)	なし	○	「四国為順拝」「四国為拝礼」	「着類紺茶縞袷、鼠紺縞綿入胴着、浅黄染襦伴着仕、筒ヲ紺風呂敷二包、札挟、数珠、納経一冊、三衣袋、茶碗壱ツ、杖笠、壱分銀一切、壱朱銀十一切、銭弐拾文、和合院往来手形、讃州引田浦船揚切手所持仕候」	府中村(2日)	紀州高野山の和合院の往来手形を持って、2月に国元を出立し3月4日夜に府中村まで来た。病気が起こり、伏し込んでいたので容体を尋ねたところ、「地盤少々病気之上、俄熱気相起り」、歩行が調い難いという旨を申し出てきたので、最寄の百姓である松次郎方へ引き取らせ、医師を手配し、服薬を用いて養生を加えたが病気が重くなり、5日の7つ時に病死した。往来手形に善次が病死した時は知らせるように書かれていたので、死骸は往来手形の旨に任せ、府中村の大坊導師をもって三昧へ土葬することを和合院の役人へ伝えるように取り計らった。高野山和合院と書状のやりとりをしている。	97〜101頁(後藤家文書2−43−14)
後藤家事例75	文久元(1861)年4月24日	阿波国名西郡神領村	粂吉(77歳)	なし	記述なし	表題に「御救小屋入辺路」とある	「紺浅黄一穴替竪縞綿入着仕、椀、三衣袋、杖所持仕居申候」	御救小屋(場所は不明)(11日)	粂吉は、「地盤困窮」の上、老年になり、稼ぎができにくく、仕方なく飢えを凌ぐために方々で袖乞をしていた。この度、無切手胡乱者を取り締まる為に出張をしている役人の見咎めに預かり、4月14日から「御小屋入」に仰せ付けられ、そうしているうちに5、7日以前から「時候当」と見え、熱気強く、腹瀉(下痢)になったので、色々厚く手当をするよう海部郡岐々浦わた倅喜右衛門と、勝浦郡宮井村熊蔵と、名東郡田宮村善作(3人は小屋内の者)が仰せ付けられたが、養生に叶わず4月24日昼過ぎに病死した。死骸は粂吉の親類へ引き渡した(芝原村組頭庄屋の福田篤三郎と富田浦組頭庄屋助役の富永吉郎次と、早渕村組頭庄屋御用代の後藤麻之丞が死骸見分をした)。	101〜103頁(後藤家文書2−43−9)
後藤家事	文久元(1861)	小出伊勢守殿領分丹	僧休心房	なし	○	「四国西国為	「着類継之浅黄単物着仕、細帯ヲ〆、負台箱二納経壱冊、三衣袋、札挟、数	延命村	丹波国桑田郡千ヶ畑村清雲院の往来手形を所持し、昨年(1860)年閏3月に国元を出立した。今年(1861年)の7月27日に延命村まで来て、途中で病気が起こり、臥し込んでいたので、服薬などを用い、養生加えたが	103〜104頁(後藤

例76	年7月28口	波国桑田郡広野村	(75、76歳くらい)			順拝」	珠、飯入、めんつう、茶碗二ツ、杖笠所持仕候」	(2日)	28日に病死した。死骸は往来手形の旨に任せ、寺院の導師をもって、最寄三昧へ土葬に取埋め、有姿を木札に記して建て置くよう、また死亡した者の所持品も処理するよう組頭庄屋後藤麻之丞が申し付けた。	家文書2－43－11）
後藤家事例77	文久元(1861)年8月23日	美濃国本須郡生津村	岩吉(28歳)	親子五人連れだったが、予州で娘3人とも亡くなる。妻むめ（33才）とともに阿波へ	○	「四国順拝として」「四国為拝礼」	記述なし	矢野村国分寺(2日)	3月に国元を出立した時には家族5人連れでいたが、予州で娘3人共病死した。阿波国へは夫婦連れで佐野口で切手を頂戴し、8月22日に矢野村国分寺まで来て、一宿していた。岩吉が夜前から病気が起こり、国分寺は色々手当をしてくれたが、8月23日の9つ時に病死した。死骸は往来手形の旨に任せ、寺院の導師をもって、最寄三昧へ土葬に取埋め、有姿を木札に記して建て置くよう組頭庄屋後藤麻之丞が申し付けた。残ったむめは死骸を「相片付候得は」国元へ帰りたいとのことなので、往来手形に一人減ったことを付紙し、むめへ渡した。	104～105頁（後藤家文書2－43－6）
後藤家事例78	文久元(1861)年8月3日	阿波国板野郡	堂浦加子人藤四郎（年齢に関する記述なし）	妻しの、子槙太、子熊太郎	○	「四国巡拝」「四国為順拝」	「着類古襦袢壱枚着仕罷在候」（所持品に関する記述なし）	矢野村国分寺(7日)	4人連れで5月に宿元を出発し、阿波北方を巡拝していた。ようやく7月27日に矢野村国分寺まで来て、藤四郎が国分寺の門前において病気が起こったので、村役人へ申し出た。村は色々手当をし、養生をしたが、8月3日に病死した（人別のある地の役人や親類へ連絡することにしたが、その間日数もかかるので）死骸は先ず仮埋めにするよう組頭庄屋後藤麻之丞が矢野村の村役人へ申し付けた。※日数がかかったことを同行者のしのが説明している：「病身者二而順拝速取不申、存外日数相懸り・・・」	105～106頁（後藤家文書2－43－8）
後藤家事例79	明治2(1869)年5月7日	不明	不明(70歳ばかり)	なし	×	不明※「袖乞体と相見、胡乱ヶ間敷義も無之旨申上候」とある	「着類黒紋付古袷着、細帯〆、三衣袋壱ツ、納経弐冊所持相果居申候」	南岩延村（4日）	5月4日に南岩延村往来筋で伏し込んでいたので、早速来て見たところ、中風（脳卒中）と見え、言舌も分からなかったのでどこの者かも分からないけれど先ず湯水などを遣わし村方の役人へ申し出たところ、小屋ができた上、療養を加えたが、7日に病死した。「袖乞体ニ而、胡乱ヶ間敷義」はないと判断された。	107～109頁（後藤家文書5－272）
後藤家事例80	明治2(1869)年11月晦日	姫路藩御支配所幡州加古郡高砂東宮町	太平(44歳)	妻まさ（37歳）、兼松(11歳)、角蔵（7つ）、やて（3つ）	○	「四国順拝として」	記述なし	北岩延村（1日）	もともと太平は病身であり、心願があったので四国順拝をしていた。国元を出発したときは5人連れで讃州丸亀へ船揚りし、讃州の札所を納め、11月3日に阿波霊山寺（1番札所）へ拝礼し、「他国者入込候義御制禁之筋は一向相心得不申二付」、国内の霊場を順拝し、11月30日に北岩延村まで来たところ、太平は病気が起こり、妻まさが手当てをし、北岩延村では給物などを与えて養生をしたが、追々病気が重くなり、30日の夜に病死した。死骸は先例の通り寺院導師をもって三昧へ土葬するよう、また、残りの者は取り究めの通り、最寄の境い目まで送り出すように早渕村組頭庄屋後藤麻之丞と、北新居村組頭庄屋仁木純之助が申し付けた。	109～110頁（後藤家文書5－221）

後藤家事例81	明治3(1870)年正月25日	紀州名草郡木田村	留次郎（年齢に関する言及なし）	なし	○	「四国順拝として」	「縞継々袷半てんを着細帯を〆」	府中村往来筋（11日）	正月15日に府中村まで来て、病気が起こり、往来端に臥し込んでいることを打廻番非人が申し出てきた。府中村の村役人は見に行き、病気に違いないと判断したので、色々手当をし養生をしたが25日8つ時に病死した（上の内容を「牧民処御役処」へ注進している史料のみ存在）	110頁（後藤家文書7－232－7）
後藤家事例82	明治3(1871)年5月10日	播州但馬郡小田辺村	仁兵衛弟相之助（29歳）	なし	○	「神仏拝礼として」（「四国辺路体之者」と牧民処は記述している）	「所持之品役人共御注進書ニも相記有之通」とある。（注進書きは史料がない）	南岩延村往還（?日）	南岩延村往還で10日の8つ時に病死した。死骸は先例の通り葬り、また所持品も処理するよう組頭庄屋後藤麻之丞が申し付けた。	110～111頁（後藤家文書7－232－7）
後藤家事例83	明治3(1871)年6月1日	阿波国那賀郡江野村	島吉（年齢に関する言及なし）	なし	○	「四国為順拝」	記述なし	早渕村（1日）	6月1日の夕方早渕村の往還筋で臥し込んでいる者がいると村端の者が申し出てきたので、番非人の茂吉郎へ手当をするよう手配したところ、行き倒れで死絶していると申し出てきた。夜前から番をするように早渕村の村役人は茂吉郎へ申し付けた。死骸は仮埋めにして、島吉の親類の者と連絡を取り、親類に者が引き取ることになった。	111～112頁（後藤家文書7－232－1、7－232－3、7－232－4）
後藤家事例84	明治4(1872)年正月6日	防州大島郡池尻村	久次郎娘きく（2歳）	久次郎（途中で病死）、妻せき、娘わき	○	不明（往来手形は持っているようだが、来村理由は不明）	記述なし	中村百姓亀弥方（1日）	親子4人連れで10月に国元を出立し、12月上旬に阿波国へ入り、男久次郎は途中で病死し、残りの3人で中村へ来た。亀弥の屋敷で一宿し、きくが疱瘡になり、夜半に病死した。死骸は先例の通り最寄の三昧へ土葬に取り埋めるよう、組頭庄屋の後藤麻之丞が申し付けた。	113～114頁（後藤家文書7－232－5、7－232－8、7－232－6）

以下は、年代不明の史料

後藤家事例85	（年代不明「当申ノ四月」とあるが詳細は不明）9月11日	備前国津高郡	又四郎（年齢に関する言及なし）	倅歌次（5歳くらい）	○	「四国順拝として」	「着類紺鼠并竪縞袷着仕、脚半ヲ覆、古箇風呂敷二包、納経一冊、札挟、杖笠、往来手形、讃州船上切手、讃州丸亀船上切手所持仕居申候」	一宮村（3日）	9月9日に一宮村まで来たが、又四郎が途中で病気が起こったので、小屋懸し、医師を手配し服薬を施し養生をしたが11日に病死した。死骸は往来手形の旨に任せ、寺院の導師をもって、最寄三昧へ土葬に取埋め、有姿を木札に記して建て置くよう組頭庄屋後藤が申し付けた。同行者の歌次は幼年のため、先々の順拝は調い難く、延命村で労わった。	106～107頁（後藤家文書2－43－12）
後藤家事例86	?年?月?日	豫州大洲領北郡北多田村	道心百姓清吉子心学（28歳）	なし	○	「四国辺路執行として」	「毛綿浅帯袷壱枚、同小倉ヲ〆、雑物札挟壱、負台壱、古箇壱、碗壱、菅笠壱、蓋杖壱本所持仕候」	府中村（?日）	5日（何月か不明）に府中村まで来て、病気が起こり、歩行が困難だと申してきた。聞いてみると、往来手形は道筋で盗み取られたと申している。小屋懸し、養生をしたが「今日」病死した（注進書きのみ存在）。	114頁（後藤家文書5－271）

出所）典拠史料について……「後藤家文書遍路関係史料」→町田哲・井馬学「後藤家文書遍路関係史料」（『四国遍路の研究Ⅱ』鳴門教育大「四国遍路八十八カ所の総合的研究」プロジェクト報告書その2、2005年3月）の翻刻史料集と、鳴門教育大学収蔵後藤家文書（鳴門教育大学附属図書館のホームページでデータベース化）により作成。

別表2　木内家文書に見られる行き倒れ人

番号	年月日	出身地	名前（年齢・性別など）	同行者（その後の動向）	往来手形の有無	来村理由	着類、所持の物	倒れた場所（その場所での滞留日数）	行き倒れてからの対応	典拠
木内家事例1	天明3(1783)年12月14日	大坂子場南勘四郎町	浅田屋曽助	―	○	「四国辺路執行」	―	竹瀬村	曽助は讃州丸亀に着舟し、日開谷口から入り込み、12月10日に竹瀬村まで来たが、歩行が調い難く、平臥した。長病人のため、四国順拝が調わないため、国元へ送る手配をする。	A
木内家事例2	天明5(1785)年11月9日	備中小田郡神之嶋	孝次郎	―	○	「四国辺路執行」	―	竹瀬村(10日)	8月8日に国元を出発し、阿波へ来たが、調わないので本国へ帰りたく思い、11月2日に竹瀬村へ来たところ、「病気相疼」、歩行ができないと申し出てきた。竹瀬村の役人が立ち合い、医師に懸け、服薬手当等施したところ、少しよくなったが、歩行はできにくく、送り状発行願いをしてくれるよう、申し出た。11月11日に国元へ送り戻しを始めた。	A
木内家事例3	享和元(1801)年10月29日	本人によれば播州	不明(62、63歳くらい)	なし	×	「四国辺路執行」	「着類明黄破、単物着仕、外ニ所持之品一向無御座候」	竹瀬村(11日)	10月18、19日頃から竹瀬村へ来て、敷縁に伏していたので、尋ねたところ、「四国辺路執行」に来たという。中気（脳卒中カ）で歩行が調い難いと申すので、朝飯など指遣し、労わったが、29日4つ時に死亡した。生まれた所を尋ねたところ、播州と言ったが、「乱心之様ニ相見へ」、国所も分からなかった。往来手形も所持していなかった（そのことを「御注進申上候」とする史料のみ存在）。	A
木内家事例4	文化2(1805)年正月9日	福嶋町（徳島城下の町人町）	清兵衛	なし	×	髪結渡世	記述なし	竹瀬村	清兵衛は、福嶋町出生の由にて髪結渡世で竹瀬村や隣村を「打廻り」、その日暮らしをしていた。正月9日、竹瀬村の者が見たら清兵衛が行き倒れていた。息遣いが悪く見えたので、「聲懸候得共」、返答がなく、手足が冷たくなっており、介抱をしたが、追々絶命に見えた。	A「遍路病死の項目」
木内家事例5	文化5(1808)年9月28日	甲斐国都留郡郡内領境村	八右衛門(37、38歳位)	なし	○	「四国順拝」「四国辺路」	記述なし	竹瀬村(3日)	9月26日、竹瀬村まで来た。病気でいたので最寄りの百姓が労り、食事等も遣わしたが、28日に病死した。癩病人に見えた。	A
木内家事例6	文化10(1813)年閏11月29日	阿州三好郡西宇村	太喜次（三好郡西宇村西宇武之丞の家来北河惣七の倅）	なし	○	本人：「於四国」竹瀬村役人：「四国辺路執行」	記述なし	竹瀬村(20日)	閏11月10日頃に竹瀬村に来た。痛足になり、小屋懸して労り、食事などを与えた。14日に在所へ送り戻しを願ってきたが、家来の者なので、主人から手配を仰せ付けられるまでの間、労わったが、「地盤瘡毒病人」と見え、そのうえ痰飲が起こり、29日に病死した。死骸は最寄りの三昧へ先ず仮埋めにするよう住吉村組頭庄屋の山田五郎左衛門が竹瀬村の村役人へ申し付けた。	AB
木内家事例7	文化11(1814)年8月1日	淡州三原郡上本居村	丈作（百姓）	なし	○	稼ぎ	記述なし	竹瀬村(2日)	7月30日、成瀬村で稼ぎをしていたところ、竹瀬村金作のところで逗留した。8月1日、中風が起こり、療治等したが、死亡した。岡崎村の惣作という者は従弟であるが、(死骸を)最寄三昧へ取埋めてくれるよう惣作が申し出た（史料は、惣作の申し出通り、最寄三昧へ取埋めてよいか、郡代手代へ下知をもらうよう願出をしている）	A「異死人の項目」
	寅（文	豫州松				「四国			成瀬村の渡し場まで来て、水を浴びていたら、深いところに落ち、成瀬村の恭右衛門などが渡船で進んだが、10間程下の檜村川筋で引き揚げ、労	

木内家事例8	政元(1818)年ヵ）6月8日	山久米郡久米村	利作（30歳ばかり）	なし	○	辺路執行として」	記述なし	檜村（1日）	わり、灸治等を施したが、息絶え、「自ラ溺死ニ相違無御座候」と報告した。死骸は最寄りの三昧へ先ず仮埋めにするよう住吉村組頭庄屋の山田五郎左衛門と木内兵右衛門が檜村の村役人へ申し付けた。	B
木内家事例9	文政3(1820)年5月7日	讃州鵜足郡（往来手形は「難居申」、村名は分からない	往来手形は「難居申」、名前は分からない	なし	「往来手形難居申」	「四国辺路」	記述なし	竹瀬村と川端村の村境（1日）	5月6日夕方、竹瀬村・川端村両村境で病気躰で臥しこんだ。川端村からは人家が遠いので、竹瀬村の最寄りの者が見当たり、労わり、食事などを遣わした。翌7日朝、隣家百姓が見に行ったところ、荷物はそのまま置き、辺路がいなかったので、尋ねたら、川端村川渕において溺死したとのことであった。	A
木内家事例10	文政5(1822)年9月26日	尾州中島郡一宮村	了道(僧)（27,28歳くらい）	なし	○	「諸国仏閣為順拝」	記述なし	成瀬村（25日）	了道は「地盤瘡毒病人」のように見え（背中・胸に瘡毒の跡がある）、諸国神社仏閣順拝として5月2日に成瀬村まで来たが、「痛足」になり、歩行が困難となった。それ以来25日程の間、村では食物や着類を遣わし、「木家懸」し、労わったが26日7つ時に病死した。死骸は取埋めにするよう死骸見分を行った木内兵右衛門（竹瀬村庄屋）は成瀬村の村役人へ申し付けた。	B
木内家事例11	文政6(1823)年9月15日	不明	不明	なし	×	明確な記述なし	「古毛綿薄色草物」を着ており、その余所持の雑物はない 札挟は所持している。	東貞方村（8日）	往来寺請等を所持していなかったので名前・出身地は分からない（札挟に讃州多度郡白方村と書き記してある）。9月8日夜に東貞方村へ来て、道縁に臥し込んでいたので、「木家懸」して労わった。「地盤瘡毒病人」（腰・足等に瘡毒の跡がある）で、そのうえ、下痢をしていた。6日程の間、食事などを施したが、14日から絶食し、15日朝6つ時に病死した。	B
木内家事例12	文政7(1824)年3月4日	播州飾東郡明田村	三郎太夫（30歳）	なし	○	「四国辺路為執行」	「着類毛綿殊嶋古綿入、同嶋袴継々襦袢細引帯ニ仕居申候、手骨折、一飯骨折壱所持仕居申候」	成瀬村善兵衛のところ（4日）	3月1日、成瀬村善兵衛のところで「一宿仕せ候所」、病気で歩行が調い難いというので、養生をした。「根元瘡毒病人」（右の足に瘡毒の跡がある）でいたところ、麻疹（疹ヵ）が顕れ、歩行が調わないとのことで、食事などを与え、医師にかけ、服薬させたが、3月4日の朝、病死した。死骸は取埋めにするよう死骸見分役の木内兵右衛門は成瀬村の村役人へ申し付けた。	B
木内家事例13	文政7(1824)年9月3日	豫州浮穴郡安場村	乙次郎（35歳ばかり）	なし	○	「四国辺路為執行」	「着類古毛綿継々単物、同殊嶋古帯仕居申候、骨折之内々□□并三衣袋ニ麦五合程入、納経帳壱冊所持仕居申候」	住吉村（3日）	9月1日、住吉村往来縁で臥し込んでいたところ、最寄の者が見当たり、養生を加えた。「地盤瘡毒病人」（足に瘡毒の跡がある）で、歩行がしにくい上、下痢もしてたので、小屋懸して労わり、食事など心をつけて養生したが、9月3日7つ半時に病死した。死骸は寺院導師をもって最寄りの三昧へ取埋め、有姿を木札に記して建て置くよう、死骸見分を行った木内兵右衛門（竹瀬村庄屋）が住吉村の村役人へ申し付けた。	B
木内家事例14	文政（明確な年月日は不明）	摂州大坂玉造	嘉兵衛	—	○	「四国辺路」	—	竹瀬村ヵ	9月18、19日頃に阿波へ来た。おととい、竹瀬村（ヵ）へ来て、佐々木次郎門前に野宿していたので、隣家の者から村役人に申し出、早速行き、切手など改めたところ、往来手形と讃州宇多津舟揚切手を所持しており、「御当所改印并日次等」所持していた。病躰には見えないが、痛足で歩行が困難のため、先ず小屋懸し、隣家の者が食事など施した（史料はこの内容を「御案内奉申上候」として終わる。倒れた場所に関しては、「当村」としか記述がないが、おそ	A

									らく竹瀬村のことを指しているのだと思われる）	
木内家事例15	文政10（1827）年正月5日	筑後国上妻郡北川内村	平左衛門（72歳）	同行者である倅の忠八は順拝をしたいと申し出た。往来手形に平左衛門が病死した旨を付紙して出立した。	○	「四国辺路為執行」	「着類浅黄綿入上ニ浅帯草物嶋毛綿帯仕居申候」	東中富村祐左衛門のところ（6日）	平左衛門、倅忠八の親子連れで12月晦日に祐左衛門のところで、逗留していたところ、1月4日昼時に持病の疝痛が起こり、医師にかけ、服薬を施し、養生したが、老人のことゆえ、追々弱り、絶食し、5日の朝6つ時に平左衛門が病死した。死骸は取埋にするよう、死骸見分を行った木内兵右衛門（竹瀬村庄屋）が東中富村の村役人へ申し付けた。	B
木内家事例16	天保6（1835）年5月27日	京都新町花屋町	左助（30歳くらい）	なし	○	「四国辺路為執行」	「紺竪嶋袷着仕、手骨折壱ツ所持仕居申候」	本村の氏神王子権現社地（1日）	5月26日暮方に本村の兵蔵門前を通りすぎるところを兵蔵は見た。しかし氏神王子権現社地で臥し込み、病気躰に見えたということを、5月27日朝、惣太郎娘らが通り懸るときに見たので、隣家の兵蔵へ申し聞かせたところ、早速兵蔵が来て、養生を加えたが、4つ時に絶命した。「地盤より病気」でおり、本村までようやく来たように見えた。死骸は寺院導師をもって葬るよう、死骸見分を行った木内兵右衛門が本村の村役人へ申し付けた。	B
木内家事例17	天保6（1835）年11月18日	「泉州堺之由」	不明（17歳の尼）	なし	×	「四国辺路為執行」	記述なし	竹瀬村（12日）	11月7日暮方に竹瀬村まで来て、臥し込んでいた。最寄の者が来て様子を尋ねたところ、病気で歩行が調い難いというので、よく見たら、癩病人に見えた。そのことを村役人まで申出て、すぐに村役人が来て国所や往来手形等を尋ねたら、泉州堺の者だと言う。往来手形は荷物に認めおいたところ、途中で荷物を残らず盗まれたので寒中身薄で困っていたという。小屋懸し、最寄の者が順番に給物等を与え労わったが、18日夜8つ時に死亡した。往来手形がないけれども、何れ無宿乞食躰の者にも見えなかったので、死骸は寺院導師をもって最寄りの三昧へ土葬し、有姿を木札に記して建て置くよう、死骸見分を行った斎藤長之丞（本村組頭庄屋）が竹瀬村の村役人へ申し付けた。	AB
木内家事例18	天保8（1837）年2月25日	紀州牟婁郡奥熊野	安右衛門	なし	○	「四国辺路為執行」	記述なし	竹瀬村（3日）	2月23日暮方に竹瀬村の熊次郎門前迄来て、灰屋で臥し込み、熊次郎が食事等を遣わし労わったが、25日夜8つ時に病死した（史料は注進書きのみ）。	A
木内家事例19	天保8（1837）年8月17日	紀州那賀郡	吉左衛門子吉松	家族5人連れ	○	「四国辺路為執行」	記述なし	竹瀬村（1日）	死亡した吉松の父 吉左衛門は8月8日に奥野村で病死したので、妻子4人は8月16日夜前竹瀬村まで来て、野宿していたところ、吉松が17日朝5つ時に病死した（史料は注進書きのみ）。	A
木内家事例20	天保9（1838）年閏4月11日	但馬国養父郡九鹿村	和五郎	母かや（国元へ帰りたい旨を申し出て、送戻の手配をしているうちに、病死した）	○	「四国辺路為執行」	記述なし	竹瀬村（母も含めて16日）	4月28日に竹瀬村まで来て、地蔵堂前に母子共臥し込み、「時疫と相見へ」たので、小屋懸し、医師にかけ、養生したが、和五郎が閏4月11日に病死した。母かやは、いまもって歩行が調い難く、四国順拝は調い難いので国元へ帰りたい旨を願い出た。送戻の手配をし、閏4月15日に村継での送戻の手配が調ったが、追々病気が重くなり、閏4月15日の朝5つ時に母も死亡した。	A
木内	天保9（1838）	紀州宝野郡下	文平娘			「四国	「衣類紺竪嶋破	矢上村	12月12日朝、矢上村まで来て、病気躰で臥し込み、小屋懸をして医師にかけ、服薬や食べ物を与え、養生をしたが、追々病気が重くなり、14日の朝6つ時に病死した。死骸は寺院	

家事例21	年12月14日	田原村（浦）	はつ（46歳）	なし	○	西国為順拝」	差仕居申、所持之品無御座候」	（3日）	導師をもって最寄りの三昧へ葬り、有姿を木札に記して建て置くよう、死骸見分を行った木内兵右衛門（竹瀬村庄屋）が矢上村の村役人へ申し付けた。	B
木内家事例22	嘉永3（1850）年9月2日	土州安喜郡入川内村	為蔵（50歳ばかり）	なし	○	「四国辺路為執行」「四国辺路修業」「四国執行」	「着類紺竪嶋浅黄竪嶋単物弐枚着仕居申、所持之品浅黄襦袢ト□風呂敷二包、札はさみ負台壱ツ所持仕居申、其余処持之品無御座候」	竹瀬村（滞在日数は不明）	8月17日に「袖乞辺路躰」で竹瀬村まで来て、痛足で歩行が困難というので養生し、快気した。19日に川端村新田の弥太次門前まできて、臥し込んでいた所、そこから弥五郎が手を引き、竹瀬村清五郎のところまで送り出し、臥し込んでいたので、最寄の者へ申し付け、日々順番で食事等遣わし労わり、養生していたところ、病死した（はっきりした日にちは分からない）。死骸は寺院導師をもって最寄りの三昧へ葬り、有姿を木札に記して建て置くよう、死骸見分を行った四宮勘五郎（東貞方村庄屋）が竹瀬村の村役人へ申し付けた。また、為蔵の所持品も処理するよう、四宮勘五郎が竹瀬村の村役人へ申しつけた。	AB
木内家事例23	嘉永4（1851）年3月17日	備中浅口郡下舟尾村	重蔵（40歳ばかり）	妻さお、娘いちの、男子永之丞、遊右衛門の5人連れ（その後は順拝をしたい旨を申し出たという旨の付紙と、国元に帰りたい旨を記した文書の両方がある。付紙の方に「此通ニ認置差上申候」とあるので、順拝を続けたのかと思われるが、詳細は不明）	○	「四国辺路為執行」「四国為順拝」	記述なし	竹瀬村たかのところ（2日）	3月12日、竹瀬村のたかのところで一宿を頼んだ。翌朝、出立の用意をしていたところ、重蔵が病気が起こった。卒中風（毛卒中）に見え無言になり、たかや、最寄の者が服薬などを用い、手ぬかりなく養生をしたが、3月13日（又は17日。日にちを一度消しているため）に夜に病死した。死骸は寺院導師をもって最寄りの三昧へ葬り、有姿を木札に記して建て置くよう、死骸見分を行った斎藤長之丞（本村組頭庄屋）が竹瀬村の村役人へ申し付けた。	A
木内家事例24	亥（嘉永4カ）（1851）年9月18日	尾州愛智郡日のき村	利助妻はる	夫利助と夫婦連れ（夫の利助は、はるの死去後、しばらく逗留していたが、9月18日に出立した）	○	「四国辺路為執行」	記述なし	竹瀬村（3日）	9月6日、竹瀬村嘉兵衛門門前まで来て臥し込み、尚又7日、三代太妻のところまで来て臥し込んでいたので、隣家の者が食べ物等を遣わし、夫も介抱し、医師の療治を受けたが、8日5つ時に病死した。	A
木内家事例25	安政3（1856）年11月11日	越中戸並郡大塚村	伊右衛門倅米助（40歳ばかり）	なし	○（国入切手は持っているように見えない）	「四国辺路為執行」	「着類古浅黄竪嶋単物弐枚着仕居申、飯骨払、札挟之外所持之品無御座候」	竹瀬村（3日）	11月9日夜中に竹瀬村氏神馬場で臥し込み、10日早朝に鹿蔵が見当たり、最寄の者が来て様子を尋ねたところ、「地盤ヨリ病気」でようやく来て、歩行が調い難くなったという。よく見たら瘡毒病人と見え、村役人まで申出て、食べ物など遣わし、小屋懸し、養生したが、11日暁からは言舌も分からず様になり、5つ時に死去した。死骸は寺院導師をもって最寄りの三昧へ葬り、有姿を木札に記して建て置くよう、死骸見分を行った木内兵右衛門（竹瀬村庄屋）が竹瀬村の五人組へ申し付けた。	AB
木内	万延元	阿州板	市左衛門娘しげ、子多賀、			「四国			四国辺路中につたとしけが病気が起こり、歩行ができなく困っているので那賀郡本庄村へ送戻の願出をしてきた。見たところ、「実之難渋之体」	

家事例26	(1860)年4月	野郡川端村	為蔵妻つた、子吉左衛門の4人	—	○	辺路執行」	—	那賀郡本庄村	に見え、医師服薬など用いた。国内の者であり、日数もかかるので届け出をしないで送り出した（送り戻しをしている最中の竹瀬村の通過記録となっている）	A
木内家事例27	明治4(1871)年3月12日	阿波国那賀郡朝生村の寺請けを持っている	藤太郎	なし	△（阿波国那賀郡朝生村の大聖寺の寺請け状を持っていたが、大聖寺は寺請け状を差し出した覚えはないという）	「四国辺路」「四国辺路執行体」	「衣類破れ二而嶋目分り不申、那賀郡朝生村大聖寺寺請所持致候得共、添紙二而札はさみ文字分り不申、外二處持之品無御座、何れ出生之者とも相分り不申候」	東中富村（1日）	3月12日暮方、東中富村の犬伏九郎原が所持している家庇に臥し込み、病気躰に見えたことを最寄の百姓から村役人へ申し出た。早速村役人が来て見て藤太郎へ尋ねたが、答えず、医師にかけ服薬手当てをしているうち、夜10時に、急病で死亡した。藤太郎が所持していた寺請け状を持って阿井村へ懸け合ったところ、藤太郎は阿波の北方の出生の者で、先年金助と申す者の懇意になり、金助のところで住居していた。が、まもなく立ち去り、その後金助も死去し、只今絶家し、阿井村出身の者ではなく、大聖寺の寺請け状を所持していたが、藤太郎へ寺請けを出した覚えはないという。寺請けは「添紙」と見え、他に所持の品がなかった。死骸は寺院導師をもって最寄りの二昧へ葬り、有姿を木札に記して建て置くよう、見分を行った木内鹿之平（竹瀬村里長補）が東中富村の村役人へ申し付けた。	C
木内家事例28	明治4年5月19日	不明	男溺死人	なし	（言及なし）	（洪水で流れ着いた）	「面体目口模屹と相分り不申、髪抜ケ、脛少たれ崩レ、下帯之上ゟ小倉帯を〆、溺死日数凡十日ヲ過居申様相見へ、丸裸二而出生何れ之者とも相分不申候」	乙瀬村(1日)	5月19日、風雨洪水で乙瀬村八坂社馬場へ溺死している者が流れついたが、19日の「洪水中ハ通行」ができず、翌20日に最寄りの百姓が通りかかり見つけたことを村役人（組頭と伍長）へ申し出てきた。早速見分したところ、今回の（「当時之」）溺死とは思えず、目口等の様も分からず毛髪もなく、年齢も分からな状態であったが、疑わしいことは何もないので死骸は導師をもって最寄りの三昧へ葬り、有姿を木札に記して建て置くよう、見分を行った木内鹿之平（竹瀬村里長補）が東中富村の村役人へ申し付けた。	C

出所）徳島県立文書館所蔵、木内家文書中にある以下の史料を使用して、年代順に並べたものである。文書番号ｷﾉｳ 00932002「諸控」（Aとする）、およびｷﾉｳ 000807000「見分紀書扣　四冊之内三」（Bとする）およびｷﾉｳ 00803000「辺路死骸見分紀控」（Cとする）をもとに作成した。A：「諸控」には行き倒れ人関係史料20件の事例が確認される。B：「見分紀書扣　四冊之内三」（ｷﾉｳ 00807000）……文化5年～慶応2年までの異死人、怪我人、行き倒れ人に関して17件の記録がある。そのうち、5件が竹瀬村周辺村人の異死人や怪我人の記録で、残り12件が行き倒れ人の記録である。C：「辺路死骸見分紀控」は明治4年の2件の死亡人の記録がある。Aで記録のあるものの中にはBでも同一事例についての記録があるものがある。ABCを合わせると、木内家文書では、行き倒れ遍路の事例数は全部で天明3～明治4年までに28件確認された。

別表3　秋本家文書に見られる行き倒れ人

番号	死亡年月日	出身地	名前（年齢・性別など）	同行者（その後の動向）	往来手形の有無	来村理由	着類、所持の物	倒れた場所（その場所での滞留日数）	行き倒れてからの対応	典拠史料
秋本家事例1	亥（文政10（1827）カ）年11月10日夜9つ時	紀州日高郡下富安村	瑞厳（38歳）	姉のちよ（早々出立したいと願い出ているので、往来手形に瑞厳が病死した旨の付紙をつけ、勝手次第に出立させる）	○	「四国辺路執行」、「四国順拝」	特に記述なし（「不正之品ハ所持不仕」）	和食村南川（不詳）	10月8日、和食村まで来て病気が起こり、歩行が「相調不申」、困っている旨を申してきたので、そのことを役人へ申し出、近所の者が小家懸し、医師に診せ、服薬を施し、養生させたが、養生に叶わず、11月10日の夜に病死した。ちよによれば、瑞厳は「地盤発病」は風邪であったが、持病の積気が重なり、「相疼」、瑞厳の姉ちよも添い、養生をしたが病死した。死骸は大龍寺の導師をもって最寄りの三昧へ取り隠すよう、死骸見分を行った秋本多三郎と森又左衛門が和食村の村役人へ申し付けた。	ｱｷﾓ 02254000，01491001～01491003
秋本家事例2	天保5（1834）午年6月28日	予州温泉郡柳村	富右衛門（37歳）	倅の梅五郎（順拝を成就してから帰りたいと言うので、往来手形に同行者が死亡した旨を付紙し、少々路銀等も指遣わして出立させた）	○	「四国辺路」「四国辺路執行」	「着類浅黄草柄、下帯不仕、上に丸キ細帯仕り居申候 札挟、杖、竹皮之笠、茶碗壱ツ、三衣袋壱ツ」	和食村（4日）	冨右衛門と梅五郎、徳五郎は3人連れで四国辺路に来ていたが、二男の徳五郎は阿波国日和佐村で病死し、冨右衛門と梅五郎は2人で順拝していた。6月25日に和食村まで来たが、和食村五人組の矢野清助の門前で倒れ、歩行が調い難く、難渋の躰に見え、養生させた。しかし早々快気の様子が見えないので、近家の者が小屋懸し、養生を加えたが叶わず、6月28日暁5つ時に病死した。地盤はれ病のように見え、虫病が起こり、積気もあったのか、「相疼ミ」、難渋に見えたので、服薬などを用い、重々養生を加えたが、病死した。死骸は寺院の導師をもって土葬に取隠す様、死骸見分を行った秋本多三郎と仁右衛門が和食村の村役人へ申し付けた。	ｱｷﾓ 00862001～00862007
秋本家事例3	申（嘉永元（1848）カ）年12月16日朝5つ時	長州厚挟郡有帆大休村	太助（50歳ほど）	（同行者なし）	○	「四国辺路修行」	「着類古浅黄立嶋草物、并紺古袷しばん毛綿之細帯ニ而着仕居申候、尤下帯無之」持ち物…数珠、納経、札挟、杖、右すげ笠、白米、米、麦、籾、三衣袋、柳どり、箱、御国宍喰御蕃處入切手、豫州三ツ濱船上り手形、古浅黄風呂敷、いんろう、きせる	小仁宇村（11日）	12月6日に小仁宇村へ来て、病気が起こり、倒れ臥していた。隣家の者が行き懸り、申し談じて、役人へ申し出た。小屋懸し、医師に診せ、服薬を施し、給物など心をつけていたが、次第に病気が重くなり、養生に叶わず、12月16日朝5つ時に病死した。死骸は「小仁宇村旦那寺大龍寺」の導師へ頼み、最寄りの三昧へ土葬し、有姿を木札に記して建て置くよう、死骸見分を行った殿谷為右衛門と柏木雅之進が小仁宇村の村役人（秋本和三郎）へ申し付けた。また、太助の所持品も小仁宇村で取り計らうよう、見分を行った殿谷為右衛門と柏木雅之進が小仁宇村の村役人（秋本和三郎）へ申し付けた。	ｱｷﾓ 00270000，00271000，00272000
							「着類紺立島草柄、襦袢古殿中毛綿之細帯ニ而着仕居申候、尤下帯無之」		8月22日に和食村西在という所まで来たが病気が起こり、倒れ臥していたので隣家の者が役人へ申し出、小屋懸し、養生した。ひろは国元へ送戻を願い出たので、9月6日に村役人から役所へ願い出た。送戻手形をもらい、早々送り戻す筈が、ひろの病気が重くなり、厚く養生した。9月12日に村継で桑野村まで送ったが、和食村の送り状日付帳とも「悪布	

秋本家事例4	戌（嘉永3年1850カ）年9月16日	備中窪屋郡倉敷村	ひろ（29歳）	（同行者なし）	○	「四国辺路順拝」「四国順拝」	持ち物…納経一札、札挟壱ツ、さん衣袋壱ツ、茶挽壱ツ、挽壱ツ、荷籠壱ツ、菅笠壱ツ、杖一本、往来手形壱通、讃州丸亀舟場切手壱通、大坂口入切手壱通	和食村西在（15日＋4日）	（あしき）候ニ付」、13日に和食村まで送り戻しになった。彼是しているうちに病気がさらに重くなり、近家の者が申し談じて役人へ申し出、医師に診せ、服薬など施し、給物など心をつけて看病したが、次第に病気が重くなり、養生に叶わず、9月16日早朝に病死した。死骸は「和食村旦那寺大龍寺」の導師へ頼み、最寄りの三昧へ土葬し、有姿を木札に記して建て置くよう、死骸見分を行った秋本和三郎と柏木雅之進が和食村の村役人（殿谷為右衛門）へ申し付けた。また、ひろの所持品も和食村で取り計らうよう、見分を行った秋本和三郎と柏木雅之進が小仁宇村の村役人（秋本和三郎）へ申し付けた。	アキモ 00301000, 00302000
秋本家事例5	亥（嘉永4（1851）カ）年3月13日夜5つ時	豊後国早見郡倉成村	源平	源平とあいの娘であるみき（順拝をしてから国元へ帰りたいと願い出ているので、往来手形に源平夫婦が病死した旨の付紙をして出立させた）	○	「四国辺路執行」「四国順拝」	特に記述なし（「不正之品も所持不仕」）	百合谷村（26日）	源平は疝気を持病としており、あいは積気を持病としていたので四国順拝の心願があり、源平、あい、みきは親子3人連れで四国順拝していた。薬王寺まで札を納めた。2月18日に百合谷まで来て、2月18日にあいが病気になり、歩行が調い難いことを近家の者が申し出たので、百合村の惣代は百合村兼帯朝牛村の村役人へ上のことを申し出た。百合村の惣代も出向き、小屋懸し、医師に懸け、服薬を用い、家廻りで手当をし、養生を加えたところ、2月21日に源平も病気になった。源平も同じように医師に診せ、養生を加え、手当をしているうち、源平は養生に叶わず、3月13日夜5つ時に病死した。源平が死亡したことを役人へ申し出、注進書きを認めている内、あいも養生に叶わず3月14日朝6つ時に病死した。死骸は大聖寺導師をもって最寄りの三昧へ取り隠すよう、死骸見分を行った秋本和三郎と殿谷勝之進が百合谷村兼帯朝生村肝煎である谷蔵へ申し付けた。	アキモ 00278001～00278004（四点）
	亥（嘉永4（1851）カ）年3月14日朝6つ時	豊後国早見郡倉成村	あい		○	「四国辺路執行」「四国順拝」	特に記述なし（「不正之品も所持不仕」）	百合谷村（27日）		
秋本家事例6	嘉永5（1852）子年9月12日	日向国臼杵郡御料塩見村	くに	今朝市、ぎん、つる、とり（往来手形にくにが病死した旨の付紙をし、出立させた）	○	「四国順拝」「四国邊路修行」	特に記述なし（「不正之品も無之」）	和食村（16日）	くには今朝市、ぎん、つる、とりと5人連れで8月26日に和食村まで来た。くにが病気が起こり、痢病になり、歩行が調わないことを申し出てきた。くには病気なので小屋懸するよう、村役人から、仰せ付けられ、「村中罷出」、小屋懸し、医師に診せ、服薬を用い、家廻りで手当てをし、介抱していたが、くには9月12日早朝に病死した。死骸は「和食村旦那寺大龍寺」をもって、和食村の三昧へ取り隠すよう、死骸見分を行った秋本和三郎と勘田倍蔵が和食村の村役人へ申し付けた。	アキモ 02379000、01498001～01498004
秋本家事例7	安政6（1859）未年4月28日卯上刻	讃岐国塩飽本島大浦	千代（50歳）	夫の源太郎（源太郎は疝病で先の順拝も出来がたいので、早々国元へ帰りたい旨申し出た）	○	「四国辺路修行」	「着類紺小はん嶋袷」	和食村（2日）	千代と源太郎は4月27日八つ時に、和食村まで来て、千代は病気が重なり、歩行が調わない旨を申し出、和食村の役人も罷り出て小屋懸し、医師に診せ、服薬を用い、家廻りに手当をてし、養生をし、介抱したが、千代は養生に叶わず、4月28日卯上刻に病死した。源太郎によれば、千代は風邪で病気が重なった。死骸は「和食村旦那寺大龍寺」の導師をもって最寄りの三昧へ取り隠す様、死骸見分を行った秋本和三郎と柏木理右衛門が和食村の村役人へ申し付けた。	アキモ 00279000、00280000、00281001、00281002
							「着類紺立嶋草柄茶立嶋半天毛綿中色帯二而		5月3日に和食村時元傍示まで来て、病気になり、隣家の者から役人へ申し出、小屋懸し、医師に診せ、服薬等用い、養生加えるうち、5月7日朝	アキモ

秋本家事例8	万延元(1860)申年5?月7日	江州甲賀郡信楽神山村	仁右衛門悴りさ	萬左衛門倅宇右衛門、妻ぬい	○	「四国邊路順拝」「四国順拝」	着仕居申候」所持品・・・納経、札挟、三ん衣袋、茶碗、荷籠、菅笠、杖、往来手形、讃州丸亀船場切手、御国日開谷口入切手	和食村時元傍示（5日）	5つ時に病死した（※4月という表記と5月という表記があるが、ここでは、5月に統一した）。死骸は「和食村旦那寺大龍寺」の導師をもって、最寄りの三昧へ土葬に取隠し、有姿を木札に記して建て置くよう、死骸見分を行った秋本和三郎と柏木理右衛門が和食村の村役人へ申し付けた。また、りさの所持品も和食村で取り計らうよう、見分を行った秋本和三郎と柏木理右衛門が和食村の村役人へ申し付けた。	02259000, 02260000, 02261000, 00209001, 00209002, 00214000, 00248000, 00664000, 00662000
秋本家事例9	文久元(1861)酉年7月2日卯上刻	山城国愛宕郡新田村	次郎吉(39歳)	倅の三次郎(12歳)（幼少のため、先の順拝は出来がたいので国元まで送り戻す。国元の山城国愛宕郡高野河原新田庄屋とやりとりなどをして、75日滞在の後、9月15日に出発して大坂表まで送り届ける）	○（入切手は「相見へ不申候」）	「四国辺路修行」	特に記述なし	小仁宇村（次郎吉が発病から病死まで4日間）（同行者三次郎の滞留期間：75日）	次郎吉は倅の三次郎を連れて6月29日に小仁宇村へ来たが、次郎吉が病気が起こり、近家の者が小屋懸し、養生を加えたが、追々病気が重なり、7月3日朝卯上刻に病死した。死骸は大龍寺の導師をもって、最寄りの三昧へ取埋めた。同行者である倅の三次郎は幼少のため、先の順拝は出来がたいので国元まで送り戻す。郡代や三次郎の国元の山城国愛宕郡高野河原新田庄屋とやりとりなどをして、75日滞在の後、9月15日に出発して大坂表まで送り届ける手配を秋本和三郎は行った。	ｱｷﾓ 00662000, 02353000, 01890000, 00283000, 02354000, 00282000, 00246000
秋本家事例10	文久2戌年3月6日7つ時間もなく	備中国下道郡川邊村	喜代助	喜代助の母しけ（往来手形に付紙をし、勝手次第に出立させた）	○	「四国邊路」「四国邊路順拝」	特に記述なし（「不正之品等も無之」）	和食村蛭子社（1日）	3月6日7つ時、和食村蛭子社まで来たところ、喜代助は虫病が起こり、隣家の者が来て医師など手配をしたが、間もなく病死した。しけによると、日和佐の薬王寺（23番札所）まで札を納めて和食村まで来たとのことであった。死骸は大龍寺の導師をもって最寄りの三昧へ取り隠すよう、死骸見分を行った秋本和三郎と縫蔵が和食村の村役人へ申し付けた。	ｱｷﾓ 00663000, 01526001, 01526002, 01526003
秋本家事例11	亥（文久3(1863)カ）年4月朔日9つ時	禁裏本御料城州宇治郡山科郷大塚村	平井権左衛門(42歳)	倅の綱次郎(11歳)（幼少のため、先の順拝は出来がたいので帰国したい旨を申し出た。その後、無事に帰国したのかは不明）	○	「四国邊路執行」「四国順拝」	「着類紺染綿入股無之一股中色草柄一股さらし古下帯も綿細帯二而〆着仕候」所持品に関しては「不正之品等も無御座」	阿瀬比村地蔵堂（1日）	4月朔日朝5つ時、阿瀬比村地蔵堂まで来たが、権左衛門は疝気が起こり、歩行が調わない旨を申したので、近家の者が出て服薬を用い、医師など手配しているうち、病気が重なり9つ時に病死した。死骸は大龍寺の導師をもって最寄りの三昧へ取り隠すよう、死骸見分を行った秋本和三郎と殿谷勝之進が阿瀬比村の村役人へ申し付けた。	ｱｷﾓ 00284001～00284003, 02307000

出所）徳島県立文書館寄託、秋本家文書を使用して作成（典拠史料の欄に、文書館の整理番号ｱｷﾓ＋番号で記している）。

別表4　阿部家（上浦村）・近藤家（坂東村）・『御大典記念阿波藩民政資料』（鴨島村）に見られる行き倒れ人

事例番号	年月日	出身地	名前（年齢・性別など）	同行者（その後の動向）	往来手形の有無	来村理由	着類、所持の物	倒れた場所（その場所での滞留日数）	行き倒れてからの対応	典拠
阿部家事例1	丑（文化2カ）10月2日	播州美嚢郡吉田村	武兵衛、妻		○	「四国為順拝」	往来手形は持っているが、舟揚手形、国入切手は所持していない（他に、所持品のことは記述なし）	上浦村（「去廿六日」（明確な月は不明）～10月2日）	9月26日、上浦村まで来たが、武兵衛が病気が起こり、歩行が調い難いので、送戻を願い出た。往来手形と船揚切手、行き倒れ人の願い書きを郡代まで提出し、郡代が送戻「手形」を指し遣わしたので、上浦村で日継帳を認め、遍路の願書きと往来手形を添え、送り出す様、手配をするよう、郡代から申しつけがあった（史料は郡代から上浦村役人へ宛てたもの）	ｱﾍｹ 00032000
阿部家事例2	天保8年5月5日	作州真嶋郡上浦村	弥五郎妻（年齢に関する記述なし）	弥五郎、弥五郎娘	○	「四国辺路」弥五郎の口上書には「四国順拝」	往来手形、舟揚切手は所持している（他に、所持品のことは記述なし）	上浦村（3日）	5月3日に上浦村まで来たところ、弥五郎妻が病気に起こり、弥五郎は付き添って介抱したが、5日に病死した。以下は弥五郎の口上書の記述：往来手形を差し出す様、弥五郎は言われた。「寺請往来」は所持しているが、舟揚国入切手は所持していないので、なぜ所持していないのか、弥五郎は問われた。弥五郎が答えるには、「地盤困窮人」の「私事」ゆえ、路銀等も所持していない。「舟揚」は請けられなかった。国入切手は番所のないところから入り込み、「勝手之義」は存じていなかった。弥五郎は付き添って介抱し、妻は病死に違いないので、注進しないで「土葬ニ取置」くよう、上浦村役人から弥五郎へ命じてくれればありがたい、と願い出た。	ｱﾍｹ 00023000、ｱﾍｹ 00024000
近藤家事例1	丑11月11日	播州宍粟郡川原田村	勘七女房（40ばかり）	5つばかりの娘さよ（村で労り、養育した）	○	「四国辺路執行」「四国辺路修業」	「裸ニ破れ草柄壱つ上ニ浅黄嶋草柄着仕古襦袢仕居申候」所持品……一、銭百文　櫛壱つ髪附少し右三品紙袋ニ入　一、はつたひ三合程袋ニ入　一、籾五合程　袋ニ入　一、大麦三合程　同壱つ入　一、米弐合程　同壱つ入　一、山芋　少し　一、ふばこ入　壱つ　一、□俵　壱つ　一、杖　壱本　一、檜笠　壱蓋	坂東村弥四郎地縁（1日）（娘の滞留日数……少なくとも2か月）	11日の朝、坂東村弥四郎地縁に行き倒れ、死亡していた。庄屋の申付により、坂東村の百姓は5つばかりの娘（さよ）を労り、養育した。申し談じて、亀蔵のところへ預け、養育することとなり、村中からも労わった。翌年の2月12日暮方、播州川原田村勘七が庄屋の孫左衛門の書状を所持し、坂東村へ来て、娘を連れて帰りたい旨を申し出た。	ｺﾝﾄ 201157、ｺﾝﾄ 200771、ｺﾝﾄ 201101、ｺﾝﾄ 200354、ｺﾝﾄ 201248、
川眞田家事例1（民政資料の事例）	未8月24日	京都六条花屋町	近衛屋吉兵衛（60歳ほど）	なし	確認できない	「四国邊路」	「着類毛綿つきつき古単物壱つ毛綿つきつき古るひとへ帯着仕居り申候」「雑物茶碗古碗様之物所持仕居申に付、右品之取扱候番乞食へ指遣し申候」	鴨島村（滞留日数は不明）	「疼足旅労之体」で歩行が調い難く、鴨島村で卒倒した。万端心をつけ、労わったが、「地盤相労れ」ていたうえ、持病が起こり、24日に病死した。茶碗や古碗のような物を所持していたので、それらを取扱っている番は乞食へ指遣した。	『御大典記念阿波藩民政資料』1550頁

出所）徳島県立文書館寄託、阿部家文書（名西郡上浦村庄屋阿部家の文書）、徳島県立文書館購入、近藤家文書（板野郡坂東村庄屋近藤家の文書）、御大典奉祝協賛会編『御大典記念阿波藩民政資料』（大正5年刊。表に掲げた事例は1550～1553頁に記載のある行き倒れ人。「川眞田輝逸氏所蔵とある」ため、川眞田家と表記した）を使用して行き倒れ人の事例を抽出して作成。典拠史料の欄には阿部家文書と近藤家文書の事例については徳島県立文書館の整理番号「ｱﾍｹ＋番号」「ｺﾝﾄ＋番号」と記す。

《著者紹介》
西　　聡子（にし　さとこ）

略歴

1983年　東京都生まれ

2016年　一橋大学大学院社会学研究科博士後期課程修了　博士（社会学）

現　在　市原歴史博物館学芸員

主要論文

「近世後期の遍路日記に関する基礎的考察――阿波商人酒井弥蔵の「旅日記」を例に――」（『書物・出版と社会変容』第20号、2016年）

「近世後期の地域文化と四国遍路――阿波半田地域を事例に――」（『四国遍路と世界の巡礼』第3号、2018年）

四国遍路と旅の文化
――近世後期民衆の信心――

2022年7月20日　初版第1刷発行　　＊定価はカバーに表示してあります

著　者　西　　聡　子 ©
発行者　萩　原　淳　平
印刷者　藤　森　英　夫

発行所　株式会社　晃　洋　書　房
〒615-0026　京都市右京区西院北矢掛町7番地
電話　075（312）0788番（代）
振替口座　01040-6-32280

装丁　野田和浩　　印刷・製本　亜細亜印刷（株）
ISBN978-4-7710-3623-9